Dieter Giesen
Andrea Lossen

MIT DEM WOHNMOBIL DURCH NEUSEELAND

Die Anleitung für einen Erlebnisurlaub

DER WOHNMOBIL-VERLAG
D-98634 Mittelsdorf/Rhön

Bibliografische Information der Deutschen Bibliothek

Die Deutsche Bibliothek verzeichnet diese Publikation in der Deutschen Nationalbibliografie.
Detaillierte bibliografische Daten sind im Internet über <http://dnb.ddb.de> abrufbar.

Titelbild: Bay of Islands

Fotos:
Janika Giesen: S. 14 beide, S. 15 beide, S. 16 beide, S. 19 oben
Roland Heinrich: S. 9 unten, S. 80 oben, S. 159 unten, S. 216 unten, S. 217 oben
Andreas Mohr: S. 102 oben, S. 159 oben, S. 342, S. 424 unten, S. 442
Mira Wagner: S. 345 oben
Alle anderen von den Autoren

Karten: Alle von den Autoren

Korrigierte und stark erweiterte 2. Auflage 2015

Druck:
www.schreckhase.de

Vertrieb:
GeoCenter ILH, 70565 Stuttgart

Herausgeber:
WOMO-Verlag, 98634 Mittelsdorf/Rhön
GPS: N 50° 36' 38.2" E 10° 07' 55.6"
Fon: 0049 (0) 36946-20691
Fax: 0049 (0) 36946-20692
eMail: verlag@womo.de
Internet: www.womo.de

Autoren-eMail: giesen@womo.de

ISBN 978-3-86903-692-2

EINLADUNG

Die „Kiwis", wie sich die Neuseeländer selber gerne nennen, leben in einem jungen Land. Noch vor tausend Jahren gab es hier keine Menschen. Und dennoch wird Ihnen das „schönste Ende der Welt" gar nicht so fremd vorkommen. Es erwarten Sie schneebedeckte Berge wie in den Alpen, Fjorde wie in Skandinavien und weiße Sandstrände wie der Karibik. Dazu Regenwälder und Gletscher, die bis fast an Küste heran reichen, Vulkane, Geysire und brodelnde Schlammlöcher.

Neuseelands Natur ist atemberaubend und seine Tier- und Pflanzenwelt einzigartig. Die riesigen Kauri-Fichten, der flugunfähige Nationalvogel Kiwi und der frech-schlaue Bergpapagei Kea gehören dazu. Doch nicht nur das Land wird Sie verzaubern, auch die polynesisch-geprägte Kultur der Maori, ihre Handwerkskunst, ihre Begrüßungszeremonie, ihre im Erdofen gefertigten Hangi-Gerichte und ihre Mythen.

Die ersten Einwanderer Neuseelands tauften ihre neue Heimat in ihrer bildhaften Sprache Aotearoa, Land der langen weißen Wolke.
Heute leben die Maori prächtig mit den Weißen „Kiwis" zusammen, die als entspannt, offen und gastfreundlich gelten. Auch kulturelle und kulinarische Attraktionen werden Ihnen geboten: feine Weine, frische Meeresfrüchte, ausgezeichnete Café-Variationen und unschlagbare Carrot Cakes.

Neuseeland ist ein dünn besiedeltes Land, in der die Ansammlung von fünf „Kiwis" als Menschenauflauf und ein fünf Kilometer langer Strand mit mehr als 10 Menschen als „crowded" gilt. Es ist ein sicheres und sehr einfach zu bereisendes Land, ein Paradies für Camper. Wer das Campen, Wandern und die Natur liebt, kommt voll auf seine Kosten. Lassen Sie sich von Andrea Lossen und Dieter Giesen in 21 ausgewählten Touren durch die Naturschönheiten Aotearoas, vom Cape Reinga im winterlosen Norden, bis in das 1.600 km südlich gelegene Fjordland führen.

Neuseeland wird als Reiseland immer beliebter, fahren Sie los!

Ihre

Waltraud Roth-Schulz

Sehr geehrter Leser, lieber WOMO-Freund!

Reiseführer sind für einen gelungenen Urlaub unverzichtbar – das beweisen Sie mit dem Kauf dieses Buches. Aber aktuelle Informationen altern schnell, und ein veralteter Reiseführer macht wenig Freude.
Sie können helfen, Aktualität und Qualität dieses Buches zu verbessern, indem Sie uns nach Ihrer Reise mitteilen, welchen unserer Empfehlungen Sie gefolgt sind (freie Stellplätze, Campingplätze, Wanderungen, Gaststätten usw.) und uns darüber berichten (auch wenn sich gegenüber unseren Beschreibungen nichts geändert hat).
Bitte füllen Sie schon während Ihrer Reise das Info-Blatt am Buchende aus und senden Sie es uns sofort nach Ihrer Heimkehr zu (gerne auch formlos als eMail).
Dafür gewähren wir Ihnen auch bei späteren Buchbestellungen direkt beim Verlag ein Info-Honorar von 10%.
Aktuelle Korrekturen finden Sie unter: www.forum.womoverlag.de

Um die freien Übernachtungs- und Campingplätze auf einen Blick erfassen zu können, haben wir diese im Text in einem Kasten nochmals farbig hervorgehoben und, wie auf den Karten, fortlaufend durchnummeriert. Wir nennen dabei wichtige Ausstattungsmerkmale und geben Ihnen eine kurze Zufahrtsbeschreibung. "Max. WOMOs" soll dabei andeuten, wie viele WOMOs dieser Platz maximal verträgt und nicht, wie viele auf ihn passen würden (schließlich gibt es auch Einwohner und andere Urlauber)!
Übernachtungsplätze mit **B**ademöglichkeit sind mit hellblauer Farbe unterlegt. **W**anderparkplätze sind grün gekennzeichnet. **P**icknickplätze erkennen sie an der violetten Farbe. Auf Schlafplätzen, denen die gerade genannten Merkmale fehlen – also auf einfache **S**tellplätze – weist die Farbe Gelb hin. Empfehlenswerte **C**ampingplätze haben olivgrüne Kästchen. Wanderungen, die wir Ihnen besonders ans Herz legen möchten, haben wir hellgrün unterlegt.

Und hier kommt das Kleingedruckte:
Jede Tour und jeder Stellplatz sind von uns meist mehrfach überprüft worden, wir können jedoch inhaltliche Fehler nie ganz ausschließen. Bitte achten Sie selbst auf Hochwasser, Brandgefahr, Steinschlag und Erdrutsch!
Verlag und Autoren übernehmen keine Verantwortung für die Legalität der veröffentlichten Stellplätze und aller anderen Angaben. Unsere Haftung ist, soweit ein Schaden nicht an Leben, Körper oder Gesundheit eingetreten ist, ausgeschlossen, es sei denn, unsere Verantwortung beruht auf Vorsatz oder grober Fahrlässigkeit.

Inhaltsverzeichnis

Zeichenerklärungen für die Tourenkarten

Touren / abseits der Touren

Autobahn
4-spurige Straße
Hauptstraße
Nebenstraße
Schotterstraße

11 WOMO-Stellplatz
12 WOMO-Wanderplatz
13 WOMO-Picknickplatz
14 WOMO-Badeplatz

Alle Plätze sind zum Übernachten geeignet und im Text und auf den Karten fortlaufend nummeriert.

Leuchtturm
Kirche, Kloster
1493 m Berggipfel
Sehenswürdigkeit
Aussicht, Rundsicht
Trinkwasser/Dusche
E Ver-/Entsorgung
WC Toilette/Plumpsklo
24 Campingplatz-Tipp
GPS S45° 56' 13" E170° 20' 6"

Gebrauchsanweisung

Neuseeland eignet sich wie kein zweites Land dafür, mit dem Wohnmobil erkundet zu werden. Dieser Reiseführer will Ihnen bei der Planung Ihrer Reiseroute und der Suche nach Übernachtungsplätzen helfen. Er liefert darüber hinaus Informationen zu den Hauptsehenswürdigkeiten, Wanderungen, Badestränden sowie Cafés und Restaurants. Er eignet sich auch, wenn Sie mit dem Pkw durch Neuseeland reisen möchten, denn fast alle Campingplätze in Neuseeland verfügen über *Tourist Cabins* und *Motel Units*, bieten also auch Pkw-Reisenden Unterkunftsmöglichkeiten. Schließlich ist dieser Reiseführer auch denen von Nutzen, die im Zelt übernachten wollen.

Wir beschreiben insgesamt 21 Touren, 9 auf der Nordinsel und 12 auf der Südinsel Neuseelands. Die Touren variieren in ihrer Länge und in ihrem Zeitbedarf. Während die Touren N01 und N05 jeweils mindestens vier Tage erfordern, kann Tour N08 problemlos an einem Tag gefahren werden. Wer die 21 Touren in voller Länge fahren will, benötigt dazu unseres Erachtens mindestens sieben Wochen. Viele Neuseelandurlauber werden nicht so viel Zeit haben. Sie müssen Abstriche machen, einige Touren ganz ausfallen lassen, oder Abkürzungen wählen. Wenn Sie nur drei Wochen zur Verfügung haben, empfehlen wir Ihnen, sich zunächst auf eine Insel zu konzentrieren, und Neuseeland lieber nochmals zu besuchen. Neuseeland ist zu schön, um im Eiltempo durchfahren zu werden.

Vor jeder unserer Touren finden Sie eine Übersicht, in der wir Ihnen Stell- und Campingplätze vorschlagen, Badestrände nennen, Sie auf Wanderrouten hinweisen und Cafés oder Restaurants empfehlen. Diese Angaben werden dann im anschließenden Text näher beschrieben. Die ebenfalls zu jeder Tour gehörende Tourenkarte dient der Orientierung. Eine professionelle Straßenkarte, die Sie von den Wohnmobilvermietern erhalten, ist zusätzlich unbedingt erforderlich. Wir empfehlen den *New Zealand, Motorhome and Camping Atlas, ISBN 9878-1-877302-794* von Hema Maps.

Damit Sie auf der Suche nach Übernachtungsmöglichkeiten nicht unnötig Zeit verlieren, schlagen wir Ihnen 338 Plätze für die Übernachtung vor. Wenn Sie sich für die von uns ausgearbeiteten Touren entscheiden, wird immer einer dieser Plätze in Ihrer Nähe sein. In den Tourenkarten sind die jeweiligen Übernachtungsplätze der Tour eingetragen. Die Plätze sind innerhalb einer Tour fortlaufend nummeriert und für jeden Übernachtungsplatz finden Sie an einer geeigneten Stelle einen zugehörigen Kasten mit Informationen. Wir beschreiben dort alle Stell- und Campingplätze, liefern Ihnen meist auch Bilder und immer die GPS-Koordinaten und eine Anfahrtsbeschreibung.

Von den Reisführern des WOMO-Verlages sind Sie gewohnt, dass der Schwerpunkt auf freie Stellplätze gelegt wird. In Neuseeland wird das freie Campen durch zwei Umstände eingeschränkt. Zum einen führen weite Abschnitte der beschriebenen Touren durch National Parks, in denen freies Campen generell verboten ist. Neuseelands Umweltschutzbehörde *Department of Conservation* (DOC) bietet hier einfache und preisgünstige Campingplätze an. Zum anderen sind weite Teile Neuseelands Farmland. Die Straßen führen vorbei an scheinbar endlos langen Zäunen und die Einfahrten zu den Farmen sind Privatwege und oft durch Tore blockiert. Nach wie vor hat freies Campen (*Freedom Camping*) in Neuseeland jedoch große Tradition und ist im Selbstverständnis der Neuseeländer ein natürlich gegebenes Recht. Wir haben 208 Stellplätze für Sie ausgesucht, an denen Sie in landschaftlich meist überaus reizvoller Umgebung übernachten können. Unter den Stellplätzen, befinden sich 58 (darunter 35 DOC-Campingplätze), an denen eine Gebühr (*Fee*) erhoben wird. Wir weisen diese im zugehörigen Kasten unter „Preise“ aus. Fehlt diese Angabe, so wird keine Übernachtungsgebühr fällig (150 Plätze).

Neben den 208 Stellplätzen haben wir 130 kommerzielle Campingplätze für Sie ausgewählt und beschrieben. Zur Standardausstattung der kommerziellen Campingplätze gehören Ver- und Entsorgung, sanitäre Einrichtungen, große und gut bestückte Gemeinschaftsküchen, Waschmaschi-

nen, Trockner und Grillbereiche. Bietet der Campingplatz darüber hinaus Spielplätze, Swimmingpools oder andere Extras, so weisen wir im zugehörigen Kasten unter *Ausstattung* darauf hin. Bei Stellplätzen wird die maximale Zahl an Wohnmobilen angegeben, während bei Campingplätzen unter WOMOs die Anzahl der Stellplätze (*Sites*) ausgewiesen wird. Fehlt der Zusatz „mit Stromanschluss", so sind keine Plätze mit Strom (*powered Sites*) verfügbar. Die angegebenen Preise sind die Preise der Hochsaison im Januar und Februar 2014. Bitte teilen Sie uns keine geänderten Preise mit. Vor jeder Neuauflage recherchieren wir die aktuellen Preise, zwischenzeitliche Anhebungen sind leider an der Tagesordnung. Fast jeder Campingplatz bietet eine Entsorgungsstation (*Dump Station*), die für Übernachtungsgäste kostenlos ist. Daneben verfügt nahezu jede Gemeinde über eine gut ausgeschilderte Dump Station.Beachten Sie folgende Web-Seite:

maps.aa.co.nz/browse/amenities/dump+stations

Alternativ bietet der folgende Link eine pdf-Datei mit Dump Stations zum Download an (Stand 2008):

www.100roads.com/images/nz/01/buklet_dump_stations.pdf

Schließlich können Sie vor Ort in den i-Sites und Visitor Centres nach einer derartigen Liste für die Region fragen.

Für alle Übernachtungsplätze geben wir die GPS Koordinaten an und empfehlen Ihnen sehr, ein **Navigationsgerät** zu nutzen. Für all diejenigen unter Ihnen, die Ihr Ziel selber suchen möchten, geben wir Weg- oder Zufahrtsbeschreibungen an. Die dort gemachten Angaben *links* oder *rechts* beziehen sich dabei auf die Richtung der Tour. Auf der hinteren Umschlagseite finden Sie eine Übersichtskarte, die Ihnen einen Überblick darüber gibt, in welchen Teilen Neuseelands die einzelnen Touren verlaufen.

In der Übersicht, die jeder Tour vorausgeht finden Sie neben Stell- und Campingplätzen die Rubriken *Baden*, *Wandern* und *Essen*. Die aufgelisteten Stichworte sind im folgenden Text fett gedruckt. Bei den Badestränden haben wir die schönsten Strände aufgenommen, die sich zum Baden eignen. Bitte informieren Sie sich vor Ort über Sicherheitsaspekte beim Schwimmen. Auf attraktive Wanderungen weisen wir hin, beschreiben sie jedoch nicht im Detail, vielmehr nennen wir Ihnen den Namen der Wander-Broschüren, die Sie in den Touristen Informationen (*i-Sites*) bekommen. Von einzelnen Cafés oder Re-

staurants, die wir empfehlen können, haben wir Namen, Anschrift und Telefonnummer notiert. Bitte beachten Sie, dass bei der Angabe der Webseite ein Trennzeichen entstehen kann, das nicht Bestandteil der Webseite ist. Soweit die Bilder nicht mit einer Bildunterschrift versehen sind, geht ihr Verständnis aus dem benachbarten Text hervor.

Im hinteren Teil des Buches finden Sie die Rubrik **Tipps und Infos**. Wir haben dort viele wichtige Informationen zu den Gegebenheiten in Neuseeland für Sie zusammen gestellt. Insbesondere die Hinweise unter den Stichworten **Campen** und **Wohnmobil** dürften Sie brennend interessieren. Ihnen werden in diesem Reiseführer immer wieder englische Ausdrücke begegnen wie: Hauraki Gulf, Kaikoura Range, Whangarei Harbour oder Coromandel Peninsula. Wir haben uns entschlossen diese nicht zu übersetzen, weil sie Ihnen in Neuseeland auf Schildern, in Broschüren oder in Landkarten immer im Original begegnen. Einige andere englische Begriffe haben wir für Sie unter **Sprache** in der Rubrik **Tipps und Infos** übersetzt.

Wir haben nach bestem Wissen gründlich recherchiert, können aber keinen Anspruch auf die Richtigkeit und Gültigkeit aller Angaben erheben, denn eine Restaurant-Empfehlung erweist sich oft als kurzlebig und ein heute noch heißer Stellplatz-Tipp kann schon morgen durch Baumaßnahmen oder behördliche Aktivitäten seine Qualität einbüßen. Sie helfen uns daher sehr, wenn Sie uns Veränderungen präzise mitteilen und uns auf neue Stellplätze aufmerksam machen. **Wir sind Ihnen für Ihre elektronischen Zuschriften wirklich sehr dankbar.** Bitte richten Sie Ihr Schreiben an den Verlag oder an

Dr. Andrea Lossen, Dieter Giesen
Bahnhofanlage 18
D 68723 Schwetzingen
giesen@womo.de

Ein Wohnmobil-Reiseführer lebt ganz wesentlich von der Aufmerksamkeit und den Tipps seiner Leser.

Einige Freunde haben uns bei der Anfertigung dieses Reiseführers sehr geholfen. Wir bedanken uns ganz herzlich bei: Lydia Wagner, Gertrud Ohling-von Haken, Dr. Ralf Gréus, Nicolaus Kronauer sowie Erika und Dr. Kurt Schefczik.

TOUR N01
N
50 km
Cape Reinga
North Cape
Cape Maria van Diemen
Parengarenga Harbour
Great Exhibition Bay
Ninety Mile Beach
Rangaunu Bay
Nauhora Heads
Whatuwhiwhi
Doubtless Bay
Ahipara Bay
Awanui
Kaitaia
Mangonui
Taupo Bay
Ahipara
Herekino Forest
Raetea Forest
WC 18
Matauri Bay
Puketi Forest
Warawara Forest
Kerikeri
Bay of Islands
Hole in the Rock
Waitangi
Russell
Cape Brett
Rawene
Haruru Falls
Opononi
Paihia
WC 20
Omapere
Hokianga Harbour
Kawakawa
Ngawha Springs
Waipoua Forest
Oakura
Helena Bay
WC 21
09
Trounson Kauri Park
Whakapara
WC 24
WC 23
Hikurangi
Woolleys Bay
Tutukaka
Whangarei
Whangarei Falls
WC 07
Baylys Beach
Dargaville
Whangarei Harbour
Ocean Beach
Ruakaka
Waipu Caves
Hen & Chicken Islands
WC 26
Matakohe
Waipu
Mangawhai Heads
Kaipara
Wellsford
Kaipara Entrance
Goat Island
Leigh
Sandspit
Harbour
Warkworth
02 WC
Kawau Island
Puhoi
Waiwera
Orewa
Shakespear Regionalpark
Albany
Auckland North Shore

Tour N01: Durch den winterlosen Norden

Auckland - Whangarei - Bay of Islands - Kerikeri - Kaitaia - Cape Reinga - Waipoua Kauri Forest - Auckland - 720 km

Stellplätze:	Snells Beach, Whangarei Town Basin, Helena Bay, Ratea North Side, Arai Te Uru Lookout, Waipua Forest, Kai Iwi Lakes, Ruawai Wharf
Camping:	Orewa, Sandspit, Goat Island, Mangawhai Heads, Ruakaka, Tutukaka, Russell, Paihia Beach Side, Paihia Waitangi, Matauri Bay, Hihi Beach, Whatuwhiwhi, Awanui, Ahipara, Rawene, Kauri Coast, Baylys Beach, Matakohe
Baden:	Orewa Beach, Thermalbad Wairewa, Sandspit Beach, Whale Bay, Woolleys Bay, Mangawhai Heads, Langs Beach, Waipu Cove, Helena Bay, Russell Oneroa Bay, Paihia TeTi Bay, Coopers Beach, Whatuwhiwhi Beach, Tokerau Beach, Taputaputa Bay, Ahipara Bay, Aranga Beach, Kai Iwi Lakes, Lake Taharoa, Baylys Beach
Wandern:	Shakespear Regional Park, Moir Hill, Whangarei Waterfall, Whangarei Walks, Canopy Walkway, Mangawai Cliffs Walkway, Whale Bay, Russell Heritage Walk, Flagstaff Hill, Waitangi Treaty Grounds, Rawene Mangrove Walk, Arai Te Uru Heritage, Waiotemarama, Waipoua Kauri Forest, Lake Taharoa, Trounson Kauri Park, Baylys Beach
Essen:	Whangarei: a Deco, Russell Rd: Gallery & Café, Russell: Kamakura, Paihia: Only Seadfood, Waterfront Treaty Grounds: Whare Waka Café, Mangonui Fish Shop, Rawene: Copthorne Hotel, Ruawai Ellecee Café

Die Reise durch Neuseelands Norden, von den Neuseeländern **„The Winterless North"** genannt, bietet sich für den Beginn oder den Abschluss des Neuseeland Urlaubes an. Im subtropischen Klima mit milden Wintern bei 15 bis 20°C und Sommertemperaturen zwischen 24 bis 35°C gedeihen Palmen, Zitrusfrüchte und Bananen. Mehr als die Hälfte der Fläche wird land- oder forstwirtschaftlich genutzt. Das hügelige Land mit kurvenreichen Straßen trennt die grüne *Tasman See* der Westküste vom blauen *Pazifik* der Ostküste. Während die Ostküste von vielen kleinen Fjorden, Halbinseln und Buchten mit ruhigen und sicheren Stränden geprägt ist, erstrecken sich auf der wenig strukturierten Westküste langgestreckte Dünenstrände, an denen Baden wegen gefährlicher Strömungen nur bedingt zu empfehlen ist. Am 450 km nördlich Auckland gelegenen **Cape Reinga** treffen beide Meere eindrucksvoll aufeinander. Kilometer weit sichtbar ringen sie schäumend um Vorherrschaft. Nach dem Mythos der Maori reisen die Seelen der Verstorbenen entlang der **90 Mile Beach** um *Aotearoa*, vom Cape Reinga aus in Richtung **Hawaiki** zu verlassen. *North-*

land mit dem Verwaltungssitz **Whangarei** gilt als die „Wiege Neuseelands“. Den Legenden der Maori zufolge landete der legendäre polynesische Navigator *Kupe* vor etwa 1000 Jahren in *Hokianga* und viele Maori-Stämme sehen ihn als ihren direkten Vorfahren an. In *Northland* wurden einige der ältesten Spuren menschlicher Besiedlung in Neuseeland gefunden und auch die ersten dauerhaften europäischen Siedlungen entstanden hier. Der am 6. Februar 1840 unterzeichnete *Vertrag von Waitangi* ist die Gründungsurkunde des modernen Neuseeland. Im Verlauf von Tour N01 folgen Sie im Wesentlichen dem *Twin Coast Discovery Highway*.

(01) WOMO-Campingplatz-Tipp: Orewa Beach Top 10

GPS: S 36°35'47" E 174°41'57". **WOMOs:** 300 Stellplätze
Ausstattung/Lage: Spielplatz / Direkt am Strand mit sehr guten Bademöglichkeiten.

Parkgebühr: Stellplatz mit Strom 23 NZD pro Erwachsenem.
Zufahrt: Direkt am SH17.
Kontakt: 265 Hibiscus Coast Highway, Orewa, Tel. 0800 673 921, www.orewabeachtop10.co.nz
Beurteilung: Die Stellplätze liegen sehr schön unter alten Pohutukawas. Das hat zwei Nachteile, es fliegen viele trockene Blätter herum und es wächst kein Gras. Dem versucht man mit Kunstrasen bei zu kommen.

Sie verlassen Neuseelands größte Stadt über die Harbour Bridge. Die 1.150 m lange stählerne Brückenkonstruktion über den *Waitemata Harbour* mit seinen unzähligen Segelbooten ist das Wahrzeichen der Stadt. Der State Highway 1 (SH1) führt 70 km nördlich Auckland, kurz vor **Orewa**, auf einen 7,5 km langen mautpflichtigen Abschnitt, der sich *Northern Gateway Toll Road* nennt. Sie fahren hier vom SH1 ab und erreichen

(02) WOMO-Picknickplatz: Snells Beach – Sunburst Ave

GPS: S 36°24'49" E 174°43'44". **Max. WOMOs:** 8 **Ausstattung/Lage:** Toilette, Picknicktische / Parkplatz am Meer, in einem Wohngebiet.

Zufahrt: 8 km von Warkworth. Sie biegen dort vom SH1 in die Sandspit Road ein, nach 5 km rechts in die Mahurangi East Rd, dann jeweils links in den Tamatea Drive und die Sunburst Ave.
Beurteilung: Wunderbarer Übernachtungsplatz. Vor der Beach liegt nur ein Grünstreifen mit Picknicktischen. Ein Küstenwanderweg führt vorbei. Die Toiletten sind nachts beleuchtet und außergewöhnlich geschmackvoll gestaltet. Maximal zwei Nächte.

über den Grand Drive nach 2,5 Kilometern **Orewa**, einen kleinen Ferienort, in dem die **Hibiscus Coast** beginnt. Das Malvengewächs verleiht der Küstenlandschaft zwischen Dezember und März mit seinen rötlichen Blüten einen bezaubernden Reiz. Einige Kilometer außerhalb des Ortes befindet sich das Wohnhaus des 2008 verstorbenen Mt. Everest Bezwingers **Sir Edmund Hillary**, dem in der 5.000 Einwohner zählenden Stadt mit einer Statue gedacht wird (Hillary Square). *Orewa* bietet dem Besucher vielfältige Freizeitmöglichkeiten und hat einen 3 km langen Sandstrand.

Bilderrahmen, Shakespear RP

Wer genügend Zeit mitbringt, dem empfehlen wir einen Abstecher über den SH17 zur *Whangaparaoa Halbinsel*. Sie finden hier neben ausgezeichneten Möglichkeiten zum Windsurfing und Kajakfahren auch herrliche Sandstrände. Das System von Wanderwegen des **Shakespear Regional Parks** sei vor allem an Botanik Interessierten ans Herz gelegt, da sich hier ursprüngliche neuseeländische Flora und Fauna wunderbar beobachten lässt. Im Naturschutzgebiet gibt es einen Campingplatz für Zelte, der auch einige Stellplätze für Wohnmobile bereithält, die Sie über die Auckland Regional Council (Tel. 09 366 2000 oder 0800 80 60 40) buchen können.

Couldrey House, Wenderholm RP

Am nördlichen Ortsrand des 5 km nördlich *Orewa* an einer breiten Flussmündung gelegenen **Waiwera** befindet sich ein großzügig angelegtes Freibad, das von Thermalquellen gespeist wird. Es bietet Schwimmbecken, die bei Temperaturen zwischen 35 und 39 Grad Celsius zum Entspannen einladen. Nur 5 Minuten hinter Waiwera liegt der besuchenswerte **Wenderholm Regional Park** mit friedvollen Sandstränden und vielen alten Christmas Trees. Die von den Maori Pohutukawa genannten Bäume blühen in der Zeit zwischen Mit-

General Store in Puhoi

te Dezember und Mitte Januar in herrlichem Rot. Der Park liegt zwischen dem *Waiwera* und dem *Puhoi River* und bietet die Möglichkeit zu schönen Kajak Touren. Es gibt einen Campingplatz mit Basisausstattung, der auch einige Stellplätze für Wohnmobile aufweist, die Sie über die Auckland Regional Council buchen können.

Kurz hinter dem *Wenderholm Regional Park* treffen Sie wieder auf den SH1, dessen mautpflichtigen Teil Sie damit umfahren haben. Bald darauf bietet sich Ihnen die Gelegenheit zu einem Abstecher nach **Puhoi**. Das verträumte Dörfchen wurde 1863 von einer Gruppe von böhmischen (Egerländer) Einwanderern besiedelt. Daher stammt auch der Beiname des Ortes *Bohemian Settlement*. *Puhoi* liegt in einem abgeschiedenen Tal. Das Puhoi Cottage lädt zu einer Rast ein, ebenso der urige Country Pub des Puhoi Hotels, der mit alten Fotos und landwirtschaftlichen Geräten ein Hauch Pionierzeit vermittelt. In der neuseelandweit bekannten Puhoi Käserei - in jedem Supermarkt wird Ihnen der Name begegnen - können Sie sich zu sehr günstigen Preisen mit Käse eindecken. (**Puhoi Valley Cafe & Cheese Store**, 275 Ahuroa Road, Puhoi, Mo-Fr 9.30 bis 16.30 Uhr, Sa-So 9 bis 17 Uhr) .

(03) WOMO-Campingplatz-Tipp: Sandspit Holiday Park

GPS: S 36°23'35" E 174°43'39". **WOMOs:** 50 Stellplätze, 6 am Strand.
Ausstattung/Lage: Spielplatz / Direkt am Strand gelegen, 500 m von der Kawau Fähre entfernt.
Parkgebühr: 19 NZD pro Person, 11 NZD pro Kind.
Zufahrt: 7km von Warkworth entfernt. In Warkworth den Schildern Richtung Sandspit folgen. Der Campingplatz liegt an der Straße rechts.
Kontakt: 1334 Sandspit Road, Sandspit, Warkworth, Tel. 09 425 8610, www.sandspitholidaypark.co.nz

Beurteilung: Ein wundervoller familiärer Campingplatz, in den historische Gebäude und nachgebaute Ladenfassaden integriert sind. Seit 2013 gibt es eine großzügige Küche und moderne sanitäre Einrichtungen. Sehr gute Bademöglichkeit.

Zurück auf dem SH1 halten Sie kurz vor **Warkworth** an einem Lookout. Dort startet der **Moirs Hill Walkway** (3,5 km Rundweg) mit herrlichen Ausblicken auf den *Hauraki Gulf*.

Cliff Walkway nahe Mangawhai Heads

Warkworth selbst liegt am *Mahurangi River* und bietet neben der Toursteninformation auch einige Campingplätze. Wer lieber am Meer übernachten möchte, kann zum Campingplatz nach Sandspit fahren, der idyllisch an der *Kawau-Bay* liegt. **Sandspit** ist ideal als Ausgangspunkt für einen überaus lohnenden Abstecher per Fähre zur vorgelagerten Kawau-Insel. **Kawau** wurde 1862 von dem damaligen Generalgouverneur von Neuseeland Sir George Grey als privater Rückzugsort gekauft. Er baute das Haus des Bergwerksverwalters zu einem der schönsten Gebäude im Kolonialstil aus (*Mansion House*).

(04) WOMO-Campingplatz-Tipp: Goat Island Camping

GPS: S 36°16'21" E 174°47'38". **WOMOs:** 40 Stellplätze mit Strom.
Ausstattung/Lage: Spielplatz, Skateboard Rampe / Am Hang, mit Blick auf Goat Island.

Preise: 25 NZD pro Person, 10 NZD pro Kind, 5 NZD für Strom.
Zufahrt: Von Leigh aus fahren Sie 2 km die Pakiri Road und dann 1,2 km die steil abfallende Goat Island Road. Die Einfahrt zum Platz liegt links.
Kontakt: 123 Goat Island Road RD5 Warkworth, Tel. 09 422 6185, www.goatislandcamping.co.nz
Beurteilung: Ein wilder und unkonventioneller Campingplatz, der Kindern sicherlich sehr gut gefallen wird. Die Erwachsenen werden sich an der ungenügenden Zahl von Sanitären Einrichtungen stören. Wer gerne schnorchelt, kann sich hier die Ausrüstung ausleihen und bekommt Tipps obendrein. 400 m zur Beach.

Das umliegende Land wandelte er mit eingeführten Pflanzen und Tieren in einen Botanischen und Zoologischen Garten um. Inzwischen beherbergt die Insel wieder ausschließlich einheimische Arten. Das Mansion House gehört heute zum *Kawau*

Mangawhai Heads, der Campingplatz ist rechts im Bild

Island Historic Reserve. Das historische Gebäude hält jede Menge spannende Geschichte bereit und das angeschlossene Café bietet dem Besucher gutes Essen an. Von *Warkworth* aus bietet sich ein weiterer Ausflug an, der Sie 22 km nördlich nach **Leigh** mit seinem anmutigen Hafen führt. 4 km nördlich finden Sie erste Meeresreservat Neuseelands, das *Cape Rodney-Okakari Marine Reserve*. Dort gibt es einen tollen Strand zum Schnorcheln im glasklaren Wasser und die Möglichkeit mit einem Glasbodenboot um die vorgelagerte Insel **Goat Island** zu fahren. Ein am Hang gelegenen Campingplatz mit toller Aussicht auf die Bucht wird Ihnen obendrein geboten.

Auf dem Weg von *Warkworth* nach Norden verlassen Sie die Ostküste und passieren nach 4 km die *Sheepworld*, eine

(05) WOMO-Campingplatz-Tipp: Mangawhai Heads Holiday Park

GPS: S 36°5'7" E 174°35'20". **WOMOs:** 37 Stellplätze mit Strom.
Ausstattung/Lage: Standard / Direkt am Strand des Mangawhai Harbour und einer gegenüber liegenden langgestreckten Sanddüne.
Preise: Stellplatz mit Strom für zwei Personen 36 NZD.
Zufahrt: 7 km hinter Wellsford rechts vom SH1 in die Mangawhai Rd einbiegen und dieser 31 km bis Mangawhai Heads folgen. Dann rechts in die Mangawhai Heads Road einbiegen.
Kontakt: 2 Mangawhai Heads Road, Tel. 09 431 4675, www.mangawhaiheadsholidaypark.co.nz.
Hinweis: Der Platz hat links vom Office einen nördlichen- und rechts von Office einen südlichen Teil. Im nördlichen Teil waren im Februar 2014 nur provisorische Sanitäranlagen verfügbar. Der Komplex soll neu gebaut werden.
Beurteilung: Viele Plätze sind von Dauercampern belegt. Dies und die vielen Zelte zeigen, dass der Platz bei Neuseeländern sehr beliebt ist. Bei Flut herrscht ein geschäftiges Standleben mit geschützter Möglichkeit zu Schwimmen. Etwa 1 km nördlich beginnt am (Surf)Strand der Clifff Walkway, der zunächst über Treppen steil nach oben führt und dann als Höhenweg verläuft (2.15 h hin und zurück). Uns hat es auf diesem Campingplatz sehr gut gefallen.

der zahlreichen Gelegenheiten, gegen Eintritt etwas über diedie Schafzucht zu lernen. Wir empfehlen Ihnen 7 km hinter Wellsford den SH1 zu verlassen und über die Mangawhai Road zum idyllischen **Mangawhai Harbour** zu fahren. An seinem südlichen Ende treffen Sie auf den Ort Mangawhai und später auf Mangawhai Heads. Dort, am Ausgang des Naturhafens mit großer Sanddüne, finden Sie einen ausgesprochen charmant am Wasser gelegenen Campingplatz mit sehr guten Bademöglichkeiten. Besonders reizvoll ist es, von hier aus den **Mangawhai Cliffs Walkway** in Angriff zu nehmen. Die Wanderung startet nahe dem Surf Club, führt zunächst 15 Minuten am Strand entlang und dann an markierter Stelle steil nach oben, mit blendenden Ausblicken auf die vorgelagerten Inseln (5 km, 2-3 h, hin und zurück).

(06) WOMO-Campingplatz-Tipp: Ruakaka Reserve Camp

GPS: S 35°54'20" E 174°27'10". **WOMOs:** 225 Stellplätze mit Strom.

Ausstattung/Lage: Spielplatz / Direkt am Strand einer Meereslagune, Vogelschutzgebiet.
Parkgebühr: Stellplatz mit Strom 32 NZD für zwei Erwachsene. Dusche (0,5 NZD)
Zufahrt: Vom SH1 in die Marsden Point Road abbiegen, den Schildern folgen.
Kontakt: 21 Ruakaka Beach Road, Ruakaka, Tel. 09 432 7590, www.motorcamp.co.nz

Danach fahren Sie zunächst durch sanft hügeliges Hinterland und dann entlang der Bream Bay nach **Waipu**. Auf dem Weg dorthin führen kurze Stichstraßen zu den beliebten Stränden von **Langs Beach** und **Waipu Cove**. Das ausgezeichnete Waipu Museum zeigt die sehr anschaulich illustrierte Geschichte von 900 schottischen Siedlern, die Mitte des 19. Jahrhundert in Waipu eine neue Heimat suchten. Im Hinterland zwischen Waipu und Ruakaka befinden sich die **Waipu Caves**, wo Sie neben Glühwürmchen die längsten Stalagmiten des Landes bewundern können. Informieren Sie sich vor einem Besuch in der i-Site über die Besonderheiten der Höhle. Auf Höhe der *Bream Bay* liegen die *Hen and*

Whale Bay

Uhrenmuseum in Whangarei

Chicken Islands, eine Inselgruppe, bestehend aus *Henne und Küken*. Hier versank 1940 die Niagara - getroffen von einer deutschen Mine. Der Schiffsrumpf nahm einen Goldschatz im Wert von fünf Millionen Dollar mit auf den Meeresgrund. Kurz dahinter liegt unweit des Highways die *Marsden Point Ölraffinerie.* Hier wird das bei *New Plymouth* geförderte Gas und Öl verarbeitet.

Whangarei, das kommerzielle und industrielle Zentrum des *Nordlandes*, begrüßt seine Besucher als „Tor zum Norden". Zu den Attraktionen der 50.000 Einwohner zählenden Stadt gehören das *Uhrenmuseum* am Jachthafen (Town Basin), der *Rose Garden*, ein kleiner öffentlicher Park und der mit einer Farnzuchtanlage ausgestattete *Cafler Park*.

(07) WOMO-Stellplatz:
Whangarei Town Basin Carpark

GPS: S 35°43'34" E 174°19'42". **Max. WOMOs:** 4
Ausstattung/Lage: Toilette / Parkplatz am Hatea River, nahe Town Basin.
Zufahrt: 300 m südöstlich Uhren Museum. **Beurteilung:** Recht ruhig gelegener Parkplatz im kulturellen Zentrum von Whangarei. Das Town Basin mit seinen Cafés, Geschäften und Galerien wird Ihnen gefallen.

Das bezaubernde Town Basin mit seinen Galerien, Bars, Cafés und Restaurants wird ihnen sicherlich gefallen. Wenn Sie am Wasser entlang spazieren, können Sie bis zur Waka & Wave Sculpture einige Kunstwerke bewundern. Die Camper freundliche Stadt bietet Ihnen hier auch einen freien Stellplatz. Vom *Parahaka War Memorial*, einem Kriegerdenkmal in Form eines metallverkleideten Obelisken, genießen Sie die beste Aussicht auf die Stadt. Sie erreichen den Aussichtspunkt auf dem 240 m hohen Mt Parihaka vom Town Basin aus über den Riverside Drive und den Memorial Drive. Empfehlenswert ist auch der Besuch des etwa 4 km Richtung Dargaville gelegenen Whangarei Museumparks *Kiwi North*. Neben reizvoll präsentierten Exponaten aus der Lokalgeschichte ist besonders das Kiwi House sehenswert. Die 25 m hohen **Whangarei Falls** finden Sie 4,5 km nördlich in Richtung *Bay of Islands.* Sie werden verblüfft sein, den oberen Bereich des Wasserfalles bereits nach wenigen Metern zu erreichen. Ein Fußweg führt Sie in 5 Minuten zum unteren Bereich der Fälle mit einem großartigen Blick auf die wunderbar vielfältig bewachsene Steilwand. Wenn Sie dem am Hatea River entlang führenden Wanderweg folgen, erreichen Sie nach 30 Minuten den **A.H.Reed Memorial Kauri Park.** Der **Canopy Walkway** führt Sie zu 500 Jahre alten Kauri Bäumen. Abschließend noch eine kulinarische Empfehlung: Ausgezeichnet essen können Sie im **a Deco (**70 Kamo Rd, Kensington, Tel. 09 459 4957). Lassen Sie sich vom Degustationsmenü verwöhnen.

Whangarei Falls

Wir raten Ihnen, sich auf dem Weg nach Norden die **Tutukaka Coast** anzuschauen. Sie fahren nach dem Besuch der *Whangarei Falls* nicht zurück zum SH1, sondern auf der *Ngunguru Road* Richtung Küste. Die wunderschöne Straße ist recht schmal und sehr

Wanderweg am Hatea River

Strandleben an der Matapouri Bay

kurvenreich. Nach der kleinen Siedlung *Ngunguru* erreichen Sie den Hafenort **Tutukaka**. Hier werden Tauchfahrten in die farbenfrohe Unterwasserwelt der vorgelagerten **Poor Knights Islands** angeboten, die als eines der besten Tauchgebiete der Welt gilt (www.diving.co.nz). Sehr zu empfehlen ist die *Perfect Day Ocean Cruise* zu den *PoorKnights Islands*, die Lunch, Heißgetränke, Schnorcheln und Kajak fahren beinhaltet (**Dive Tutukaka und Perfect Day**, Marina Rd, Tel. 0800 288 882, www.diving.co.nz, www.aperfectday.co.nz). Im Hafen von *Tutukaka* liegt eine stattliche Zahl von Fischerbooten, die Gelegenheit zum Hochseeangeln bieten.

(08) WOMO-Campingplatz-Tipp: Tutukaka Holiday Park
GPS: S 35°36'31" E 174°31'23". **WOMOs**: 55 Stellplätze mit Strom
Ausstattung/Lage: Standard / Bis zum Shoppingzentrum und zum Hafen haben Sie 5 Minuten zu laufen
Preise: 17 NZD pro Erwachsenem, Dusche 0,5 NZD
Zufahrt: In Tutukaka direkt an der Hauptstraße, Schildern folgen.
Kontakt: 288 Matapouri Road, Tutukaka 1073, Tel. 09 434 3938, www.tutukaka-holidaypark.co.nz
Beurteilung: Die Stellplätze liegen alle auf gepflegtem Rasen. Sehr schöner und sauberer Sanitärbereich und Küche.

Kurz bevor sich die Straße wieder von der Küste abwendet, befindet sich die *Woolleys Bay* mit einem feinen Sandstrand. Auf dem Hügel vor der Woolleys Bay liegt ein Parkplatz, von dem aus Sie eine 20 minütige Wanderung zur idyllischen **Whale Bay** unternehmen können. Wenn Sie sich gegen den Abstecher zur *Tutukaka Coast* entscheiden, folgen Sie ab *Whangarei* dem SH1 und haben nach etwa 22 km kurz vor *Whakapapa* erneut die Qual der Wahl. Sie können auf dem SH1 bleiben oder rechts in die **Russell Road** abbiegen. Die Straße ist eng, sehr kurvenreich, hat steile Passagen und kann nur langsam befahren werden. Wer sie dennoch befährt, wird durch einsame, verzauberte Sandstrände und einen der schönsten erhaltenen Urwälder Neuseelands reichlich belohnt. In neueren Reiseführern heißt es, die Straße sei nun durchgängig geteert. Fakt ist, dass ein Teil der Russell Road immer noch Schotterstraße ist. Sie können aber einer 10 km längeren asphaltierten Straße, die näher zur Küste verläuft und sich später wieder mit der Russell Road vereinigt, folgen. Die Russell Road trifft 21 km nachdem sie den SH1 verlassen hat in **Helena Bay** auf die Küste. Hier können Sie die Nacht verbringen und in der Bucht schwimmen. Kurz vor der *Helena Bay* bietet sich eine Rast im hoch gelegenen **The Gallery & Café** (www.galleryhelenabay.co.nz, Tel. 09 433 9934) an. Genießen Sie hier bei herrlichem Fernblick Fair-Trade-Kaffee und ausgezeichneten Kuchen.

Toilette in Kawakawa

(09) WOMO-Badeplatz: Helena Bay

GPS: S 35°25'58" E 174°21'38"
Max. WOMOs: 3
Ausstattung/Lage: Keine / Parkplatz, direkt an der Helena Bay.
Zufahrt: Wenn die Old Russell Road die Küste erreicht, rechts in die Webb Road einbiegen. Nach 100 m links in die Helena Bay Road fahren. Der Parkplatz liegt am Ende der Straße rechts, leicht oberhalb des schwarzsandigen Strandes.
Hinweis: Lassen Sie sich nicht durch das Schild „no Camping" mit rot durchgestrichenem Zelt abschrecken. Es gilt nicht für Self-contained Motorhomes!

Wer dem SH1 folgt, sollte sich ca. 5 km vor *Kawakawa* die 1 km lange Abzweigung zu den *Kawiti Caves* in **Waiomio** nicht entgehen lassen. Die Tropfsteinhöhlen faszinieren ihre Besu-

Elliot Bay

cher durch riesige Stalagtiten und tausende von der Decke hängende klebriger Fäden, an denen leuchtende Würmer sitzen.

Eine Stunde oder 55 km nördlich *Whangarei* erreichen Sie auf dem SH1 **Kawakawa**, das hübsch am gleichnamigen Fluss gelegene Verwaltungszentrum der **Bay of Islands**. Im Sommer kann man täglich mit einer restaurierten Dampfeisenbahn eine wunderschöne 45 minütige Fahrt durch Tunnel und über Brücken entlang des *Kawakawa River* unternehmen. Eng verbunden mit *Kawakawa* ist auch der Name **Friedensreich Hundertwasser**. Der österreichische Künstler ließ sich hier 1975 nieder und lebte bis zu seinem Tode im Jahr 2000 im nahe gelegenen *Kaurinui Valley* in einem grün bewachsenen, windschiefen Holzhaus auf seinem 180 ha großen Grundstück. Seinen Mitbürgern in *Kawakawa* gestaltete er 1997 die extravagante öffentliche Toilette des Ortes, die heute jährlich von vielen tausend Besuchern bewundert und fotografiert wird. Um die *Bay of Islands* zu erkunden, müssen Sie spätestens in *Kawakawa* den SH1 verlassen. Sie folgen dem SH11, der zunächst North Rd und wenig später Paihia Rd heißt, zunächst bis **Opua** und nehmen in dem kleinen, attraktiven Jachthafen die Fähre Richtung *Russell*. Sie ist nicht sehr geräumig, aber es verkehren ständig zwei Fähren, so dass fast keine Wartezeit entsteht. Kassiert wird während der kurzen Überfahrt nach **Okiato**.

Zwei Delphine in der Bay of Islands

Blick auf Russell vom Flagstaff Hill

Die ehemalige Walfanghochburg **Russell** hat ihren viktorianischen Charme bewahrt. Heute ein beliebter Ferienort mit etwa 1.200 Einwohnern war *Russell* Anfang des 19. Jahrhunderts die erste weiße Stadt Neuseelands. Nach der Unterzeichnung des Vertrages von *Waitangi* wurde *Russell* 1840 für kurze Zeit zur Hauptstadt des Landes. Trotz bewegter Vergangenheit, die *Christ Church* weist heute noch Einschüsse aus der Zeit der Auseinandersetzung zwischen einer Gruppe Maori und der britischen Marine im Jahr 1844 auf, zeigt sich *Russell* heute als Schmuckstück im viktorianischen Stil. Vor allem an der Hafenfront mit seinem Pier blieb die Zeit stehen. Dort finden Sie den *Duke of Marlborough*, ein Hotel mit den angeblich ältesten Schankrechten im Lande, den *Swordfish Club* der Hochseeangler, das Rathaus, das *Pompallier House* sowie die ehemalige *Missionsdruckerei*.

(10) WOMO-Campingplatz-Tipp: Russell Top 10

GPS: S 35°15'32" E 174°7'29". **WOMOs:** 140 Stellplätze
Ausstattung/Lage: Spielplatz / Angrenzend an ein Wohngebiet.
Preise: Je nach Lage gestaffelt bis 50 NZD für zwei Erwachsene. Dusche 2 NZD.
Zufahrt: in Russell geradeaus fahren und den Schildern folgen. **Kontakt:** 1 James Street, Russell, Tel. 0800 148 671, www.russelltop10.co.nz
Beurteilung: Sehr gepflegter Platz. Die höher gelegenen Plätze bieten tolle Ausblicke auf die Bay of Islands. Bis zum Bootsanleger in Russell haben Sie 10 Minuten zu laufen. Manko: Die Duschkabinen sehr eng und dunkel, eine echte Zumutung.

Blick auf die vor Anker liegende R. Tucker Thompson

An der Uferpromenade **„The Strand"** liegen eine ganze Reihe von Cafés und Restaurants, unter denen das **The Wharf Restaurant & Bar** (29 The Strand, Tel. 09 403 7771) mit seiner großzügigen Terrasse und ausgezeichnetem Essen herausragt. Im *Captain Cook Memorial Museum* wird an die Zeit des großen Seefahrers erinnert. Es zeigt u.a. einen Nachbau von Cooks Schiff Endeavour im Maßstab 1:5. Die historischen Stätten Russells kann man am besten kennen lernen, wenn man den drei **Heritage Walkways** folgt. Eine imposante Aussicht auf Russel hat man vom **Flagstaff Hill** und dem **Tapeka Point**. Badestrände findet man an der östlichen Seeseite der Landzunge in der **Oneroa Bay**.

Da von *Russel* nur eine Personenfähre zum nahe gelegenen *Paihia* führt, müssen Sie, um nach *Paihia* zu gelangen, die Bucht umfahren und erneut die Fähre von *Okiato* nach *Opua* nehmen. Früher war **Paihia** ein kleines Fischerdorf, das überwiegend durch seine Nähe zum historischen Waitangi bekannt war. Heute ist *Paihia* ein beliebter und umtriebiger Ferienort in abwechslungsreicher landschaftlicher Umgebung an der Bay of Islands gelegen, der seinen Besuchern Kauri-Bäume, Obstplantagen und einen langen Sandstrand bietet. Hochseeangler starten hier ihren Trip zu den reichhaltigen Fanggründen vor der Küste und auch für Taucher beginnt im Hafen ein schöner Tag auf und in dem Meer. Aus-

Strandpromenade in Russell

Maori Versammlungshaus Whare Runanga

flugsboote laden zu verschiedenen Bootsausflügen durch die Bucht ein, die auch per Kajak erkundet werden kann. Anbieter von Touren zum „Hole in the Rock" oder „Schwimmen mit Delfinen" sind **Great Sights** (Tel. 0800 653 339, www.dolphin-cruises.co.nz) und **Explore NZ** (Tel. 0800 397 567, www.explorenz.co.nz), deren Büros an der *Paihia Wharf* liegen. Delfine sind bei den Touren fast immer zu sehen. Wenn Delfinbabys mit vor Ort sind, ist das Schwimmen mit ihnen allerdings nicht erlaubt. Einen gemütlichen 5,5 stündigen Ausflug können Sie mit dem Segelschiff R. Tucker Thompson unternehmen (Tel. 0800 633 255, www.tucker.co.nz/day_sails.htm).

(11) WOMO-Campingplatz-Tipp: Beachside Holiday Park

GPS: S 35°18'3" E 174°6'7". **WOMOs:** 91 Stellplätze, davon 12 direkt am Wasser (ohne Strom).

Ausstattung/Lage: Spielplatz / An der Bay of Islands.

Preise: Starke Preisstaffelung, abhängig von der Reihe in der Sie stehen. Für einen Stellplatz am Ufer zahlen Sie in der Hauptsaison 28 NZD pro Person.

Zufahrt: 3,5 km vor Pahia biegen Sie rechts vom SH11 ab.

Kontakt:
1290 SH11, Pahia, Tel. 09 402 7678, www.beachsideholiday.co.nz

Beurteilung: Ein toll gelegener Platz, bei dem alles stimmt. Zu den in Pahia startenden Ausflugsfahrten werden Sie abgeholt. Freies Wifi!

Wenn Sie gerne Fisch essen sind Sie im **Only Seadfood** (40 Marsden Rd, Tel. 09 402 6066) an der richtigen Adresse. Das reizvoll an der Uferpromenade gelegene **Waterfront** serviert Ihnen schmackhaftes und sehr liebevoll angerichtetes Essen zu moderaden Preisen (48 Marsden Road, Tel. 09 402 6701).

Der Vertrag von Waitangi (Treaty of Waitangi)

Um britische Handelsinteressen zu wahren und der zunehmenden Rechtlosigkeit zu begegnen, ernannte die britische Regierung im Jahre 1833 James Busby zu ihrem Regierungsvertreter in Neuseeland. Er hatte die Aufgabe, ein legitimiertes Abkommen für das Zusammenleben der Maori und der britischen Siedler zu erarbeiten. Als Ende der 1830-iger Jahre die Sorge wuchs, Neuseeland an Frankreich zu verlieren, wurde der Vertrag eilig vorangetrieben. Der Vertragstext wurde von James Busby und Generalgouverneur William Hobson unter Mithilfe des Missionars Henry William, der die Sprache der Maori perfekt beherrschte und das Vertrauen einiger ihrer Häuptlinge hatte, aufgesetzt. Die 46 anwesenden Maori Häuptlinge diskutierten den Vertragsinhalt zwei Tage lang bevor sie ihn am 6. Februar 1840 im Treaty House (Vertragshaus) unterzeichneten.

Danach schlossen sich mehr als 500 Maori Häuptlinge im ganzen Land dem Treaty of Waitangi an. Sie ordneten sich damit der britischen Krone unter, bekamen im Gegenzug deren Schutz zugesichert und wurden britische Staatsbürger mit allen Rechten und Pflichten. Den Maori wurde das uneingeschränkte Recht an ihrem Besitzungen, Land, Wälder, Fischgründe usw. versprochen, nur die Krone durfte Land von den Maori kaufen.

Bald nach Vertragsunterzeichnung kam es zu Problemen und Spannungen um seine Auslegung. Diese Streitigkeiten wurzelten in der Tatsache, dass es den Vertrag in zwei Varianten gab: Englisch und Maori. Diese wichen teilweise voneinander ab. Vor allem die konkrete Umsetzung des Vertrages erbitterte die Maori, weil die britische Krone das den Maori abgekaufte Land zu wesentlich teureren Preisen an Siedler weiterverkaufte. Bis heute beschäftigt die korrekte Auslegung die höchsten Gerichte des Landes und bei den Jahrestagsfeiern des Vertrages kommt es immer wieder zu heftigen Protesten. In jüngster Vergangenheit gab es Schadensersatzzahlungen an Maori-Stämme, die damit für die widerrechtliche Enteignung von Fischgründen entschädigt wurden. Der Vertrag von Waitangi gilt als Neuseelands Gründungsdokument. Der 6. Februar ist nationaler Feiertag und wird jährlich als „Waitangi Day“ gefeiert.

Die Straße von *Paihia* nach *Waitangi* verläuft entlang des Sandstrandes der TeTi-Bay. Hinter dem Shipwreck Museum-

führt die Straße einspurig über eine schmale Brücke direkt zu den **Waitangi Treaty Grounds**, also mitten hinein in die Neuseelands Geburtsstätte. Durch Mangrovenwald, vorbei an Maorisäulen und einem 35 m langen, aus zwei Kauri-Stämmen zusammengesetzten Maori-Kriegskanu, es kann neben den 80 Ruderern 70 Krieger aufnehmen, führt uns der Weg zu dieser

(12) WOMO-Campingplatz-Tipp: Waitangi Holiday Park
GPS: S 35°16'36" E 174°4'39" **WOMOs:** 56 mit Stromanschluss.
Ausstattung/Lage: Trampolin / Liegt am Strand des Waitangi River, bis zu den Waitangi Treaty Grounds 10 Minuten zu laufen, bis zum Zentrum Paihias 1,5 km.
Preise: 44 NZD für zwei Erwachsene, Stellplatz am Fluß.
Zufahrt: In Paihia geradeaus weiter fahren, vor der Brücke nach Waitangi links abbiegen und den Schildern folgen. **Kontakt:** 21 Tahuna Rd, Paihia Bay of Islands, Tel. 09 402 7866, www.waitangiholidaypark.co.nz

wichtigsten historischen Stätte Neuseelands. Hier wurde am 6. Februar 1840 im **Treaty House** der **Treaty of Waitangi** unterzeichnet. Von der riesigen, gepflegten Rasenfläche vor dem *Treaty House* hat man einen herrlichen Blick in die Bay of Islands, aber das häufig umgebaute Haus ist wenig spektakulär, sein ursprüngliches Aussehen kann nur erahnt werden. Einige Schritte vom *Treaty House* entfernt steht das prunkvolle **Whare Runanga**, ein Maori Meeting House, mit Schnitzereien und Symbolen mehrerer Maori-Stämme aus dem Northland. Es wurde 1934 neben dem *Treaty House* im Stile eines traditionellen Versammlungshauses errichtet und bei der Hundertjahrfeier im Jahre 1940 eingeweiht. Im Visitor Centre wird man in einer ausgezeichneten audiovisuellen Show über die historischen Zusammenhänge informiert. Es empfiehlt sich eine Führung zu buchen. Besuchen Sie auch die sehr instruktive Abendveranstaltung im Carved Meeting House mit anschließendem Hangi im **Whare Waka Café** (**Hangi & Concert**, Tel. 0800 9248 2644, www.waitangi.org.nz).

Obstverkauf nahe Kerkeri

Sie fahren von *Paihia* aus über den SH11 Richtung *Kerikeri*. Nach 4 km biegen Sie rechts ab, um den **Haruru Falls** einen kurzen Besuch abzustatten. Die Wasser des *Waitangi River* stürzen hier kurz vor seiner Mündung hufeisenförmig 5 m in die

Blick auf Matauri Bay und die vorgelagerten Cavalli Islands

Tiefe, ein imposantes Schauspiel. Sie finden hier auch einen beliebten Campingplatz. Etwa 9 km hinter den *Haruru Falls* biegen Sie rechts auf den SH10 ab, dem Sie für 8 km folgen, um dann rechts in die Kerikeri Rd abzubiegen. Schnell werden Sie feststellen, dass Sie sich nun in der ergiebigen **„Fruchtschüssel des Nordlands“** befinden, denn entlang der Straße verkaufen die Farmer am Straßenrand Kiwis, Orangen und Tomaten, oder laden Sie durch Schilder dazu ein, Käufe in ihrem Hof zu tätigen. Am Wegrand finden Sie Stände, an denen Orangen, Äpfel, Kiwis, Paprika oder Tomaten auf Selbstbedienungsbasis angeboten werden. Die ebenfalls angebauten Weine können Sie in einer Winery kosten. Immer wieder sind hohe Hecken zu sehen, die die Anbaugebiete vor dem oft heftigen Wind schützen sollen. In der kleinen Hafenbucht von **Kerikeri** (6.000 Ew) befindet sich mit dem 1822 gebauten **Kemp House**, das einen guten Einblick in die Zeit der europäischen Besiedlung vermittelt, das älteste Gebäude Neuseelands und mit dem **Stone Store** das älteste Steingebäude des Landes (1835), dessen historische Mauern heute einen kleinen Kramladen beherbergen. Beide Gebäude gehörten zur *Kerikeri Missionsstation,* die 1821-1822 unter Reverend *John Gare Butler* errichtet wurde. Das Missionshaus war die erste ständige Mission Neuseelands, weswegen Keri-

Kerikeri Stone Store

keri häufig auch als die „Wiege der Nation“ bezeichnet wird. Mit der *St. James Kirche* und der *Methodist Church* befinden sich auch noch zwei Kirchen aus dem 19. Jahrhundert in *Kerikeri.* Im oberhalb des Yachthafens gelegenen Freilichtmuseum **Rewa‘s Maori Village** ist die Nachbildung eines Maori-Dorfes (Kainga) aus der Zeit vor der Ankunft der Europäer zu bewundern (Sept.-April tgl. 9-17, sonst 10-16 Uhr, Eintritt 5 NZD). Auch das Naturschauspiel der **Rainbow Falls** sollten Sie sich nicht entgehen lassen. Vom Parkplatz laufen sie 5 Minuten zu den Wasserfällen, schauen von oben in das *Kerikeri Bassin* und können bei Sonnenschein einen Regenbogen bewundern.

Matauri Bay mit Holiday Park

Auf der Weiterfahrt nach Norden empfehlen wir 16 km hinter Kerikeri rechts in die Matauri Bay Road einzubiegen, um dem Traumstrand an der **Matauri Bay** einen Besuch abzustatten. Nach 14 km bleiben Sie in dem gleichnamigen Ort auf der Matauri Bay Road und haben bald einen überwältigenden Bick auf die Bucht und die vorgelagerten Cavalli Islands.

(13) WOMO-Campingplatz-Tipp:
Matauri Bay Holiday Park

GPS: S 35°1’43” E 173°54’51”. **WOMOs:** 51 Stellplätze mit Strom.
Ausstattung/Lage: Standard / Direkt am Strand der Matauri Bay.
Preise: Stellplatz am Strand mit Strom für zwei Personen 50 NZD.
Zufahrt: Vom SH10 in die Matauri Rd abbiegen. Nach 14 km nicht links dem Scenic Drive folgen, sondern auf der Matauri Rd bleiben. Diese bringt sie nach 3 km zum Platz.
Kontakt: Matauri Bay Road, Matauri Bay, Tel. 09 405 0525, www.matauribayholidaypark.co.nz.
Hinweis: Der Platz ist bei Neuseeländern sehr beliebt und in der Ferienzeit oft ausgebucht. Er beherbergt eine Tauchbasis, von der aus Tauchgänge zum Wrack der Rainbow Warrior angeboten werden.
Beurteilung: Schon die Fahrt hinab in die Bay bietet einen traumhaften Ausblick. Die Stellplätze liegen wunderbar zwischen der Matauri Bay und der Putataua Bay. Goldgelber feiner Sandstrand. Sicheres Schwimmen in der Bucht ist möglich. Am Stand gibt es gut ein Dutzend großer Norfolk Pinien. Der Zustand der Plätze und die Qualität der Sanitäreinrichtungen können mit dieser Schönheit nicht mithalten.

Am Nordende der Bucht führt ein Weg eine Anhöhe hinauf zu dem **Rainbow Warrior Memorial**. Das Denkmal des Künstler Chris Booths ist ein aus Steinen zusammengesetzter Bogen, der einen Regenbogen stilisieren soll. An ihm ist die Original-

Mangonui Fish Shop

Schiffsschraube des Greenpeace-Schiffs befestigt, das am 10. Juli 1985 von einem vom französischen Geheimdienst ausgeführten Bombenanschlag versenkt wurde. Ein noch heute unfassbarer barbarischer Akt einer „zivilisierten" Nation. Neben dem Memorial ist auf einem Stein die Lage des nicht sehr weit entfernt liegenden Wracks eingemeißelt. Im Matauri Bay Holiday Park werden Tauchgänge zum Frack angeboten. Neben dem Holiday Park liegt ein einfacher Platz, der fast ausschließlich von Maori bevölkert ist. Die Bucht ist im Besitz des Ngati Kura Stammes, dessen historisches Kanu *Mataatua* nicht weit entfernt auf dem Grunde des Meeres liegt.

Zurück im Ort **Matauri Bay** können Sie die hübsche Samuel Marsden Memorial Church besichtigen, die an die Anlandung des Missionars 1814 und seine Vermittlungstätigkeit zwischen Maori Stämmen erinnert. Sie fahren nicht direkt zurück zum SH10, sondern folgen der Wainui Road, die sich bald an der Küste entlang schlängelt. In Tauranga Bay gibt es einen sehr schön gelegenen Campingplatz. Kurz bevor Sie wieder auf den SH10 treffen, erreichen Sie **Whangaroa** mit einem bei Hochseefischern beliebten Hafen. Die Stadt bezeichnet sich selbst als „Marlin Capital", Ausflugsfahrten werden angeboten. Vom 230 m hohen St Paul's Rock (30 Min.) haben Sie einen wunderbaren Blick auf den Ort und die tief ins Landinnere reichende Meeresbucht Whangaroa Harbour.

(14) WOMO-CampingplatzTipp: Hihi Beach Holiday Camp

GPS: S 34°58'8,5" E 173°32'20". **WOMOs:** 31 Stellplätze mit Strom.
Ausstattung/Lage: Standard / Durch die Straße von der Doubtless Bay getrennt. **Preise:** 39 NZD für zwei Personen.
Zufahrt: 5 km vor Mangonui biegen Sie rechts vom SH10 ab und folgen der Hihi Beach Road 5 km. Der Platz liegt rechts.
Kontakt: Hihi Beach Road, Tel. 09 406 0307, www.hihicamp.co.nz.
Beurteilung: Einfacher, friedvoller und grüner Platz

Der SH10 führt zunächst am Whangaroa Harbour entlang und verläuft dann im Hinterland. Kurz bevor er wieder die Küste erreicht, können Sie rechts nach Hihi abbiegen und auf einem ruhig gelegenen Campingplatz relaxen. Der SH10 trifft nach dieser Abzweigung bald auf die mit langen Sandstränden geschmückte **Doubtless Bay**. Mal wieder war *Captain Cook* der Namensgeber, der bei seiner Ankunft meinte, dieses Gewässer wäre „doubtless a bay". Im Südosten mündet der *Oruati River* in die *Doubtless Bay* und bildet den Naturhafen **Mangonui Harbour**, der durch die Halbinsel *Osprey Head* von der Bucht getrennt ist. Zentrum der *Doubtless Bay* ist der historische Ort **Mangonui**, westlich davon erstrecken sich diverse Vororte wie *Coopers Beach* oder *Cable Bay*. In Mangonui lohnt ein Stopp unbedingt, denn zwischen den historischen Gebäuden befinden sich zahlreiche Souvenierläden und Cafés. Sie finden im Ort auch den weithin bekannten **Mangonui Fish Shop**, der immer wieder Preise für die besten „Fish & Chips" des Landes bekommt. In *Mangonui* kann man Bootstouren und Schwimmen mit Delfinen buchen. Sportfischer können Boote chartern, es gibt Angebote zum Tauchen oder zum Mieten von Kajaks.

(15) WOMO-Campingplatz-Tipp: Whatuwhiwhi Top 10

GPS: S 34°52'28" E 173°23'24". **WOMOs:** 17 Stellplätze mit Strom.

Ausstattung/Lage: Spielplatz / Direkt hinter der Straße liegt die Doubtless Bay mit der romantischen Perehipe Beach, Abholung zu Cape Reinga Touren.
Parkgebühr: 62 NZD für zwei Erwachsene. Dusche 2 NZD
Zufahrt: 18 km vom SH10 entfernt, gut ausgeschildert.
Kontakt: 17 Whatuwhiwhi Road, Whatuwhiwhi, Tel. 0800 142 444, www.whatuwhiwhitop10.co.nz
Beurteilung: Sehr gepflegter und ruhig liegender Campingplatz mit großen Stellplätze auf Gras. Die Duschkabinen sind sehr eng.

(16) WOMO-Campingplatz-Tipp: Awanui Norfolk Motel & Campervan Park

GPS: S 35°2'46" E 173°15'33".
WOMOs: 12 Stellplätze mit Strom.
Ausstattung/Lage: Spielplatz, Swimmingpool, Spa Pool / Hinter dem Hotel.
Parkgebühr: 45 NZD für zwei Personen mit Strom.
Zufahrt: 150 m bevor der SH10 auf den SH1 trifft links abbiegen.
Kontakt: 29 SH10, Awanui, Tel. 0800 266 736, www.norfolkmotel.co.nz
Beurteilung: Saubere Sanitäreinrichtungen. Gut für eine Nacht.

Die Doubtlesss Bay wird an ihrer Nord- und Westseite von der **Karikari Peninsula** begrenzt . Hier liegen die Orte **Whatuwhiwhi** und **Tokerau Beach.** Der gleichnamige Sandstrand zieht sich über die gesamte Westseite der Bucht nach Süden. Sie verlassen Mangonui auf dem SH10 und erreichen nach 30 km *Awanui*. **Awanui** ist ein kleiner, 350 Einwohner zählender Ort, an der Basis der *Aupori Peninsula*, an deren Nordspit-

Aus einem Kauri Stamm gefertigte Bank

ze **Cape Reinga** liegt. Der *Awanui River* fließt durch den Ort Richtung Norden in die *Rangaunu Bay*. In den 1920er Jahren wurde Kauriholz und Kauriharz aus *Kaitaia* über *Awanui* an die Küste gebracht. Wir empfehlen einen Blick in den am SH1 liegenden Show Room der Firma *Ancient Kauri Kingdom* zuwerfen, in dem aus ausgegrabenen alten Baumstümpfen der Urwaldriesen gearbeitete Möbel, Skulpturen und Gebrauchsgegenstände zu bewundern und zu kaufen sind. In *Awanui* trifft der SH10 wieder auf den SH1. Wer mit dem eigenen Camper Richtung *Cape Reinga* fahren will, folgt dem SH1 nun nach Norden. Wir ziehen eine organisierte Bus Tour zum Cape Reinga vor. Die Touren starten in der Regel im 8 km südlich gelegenen *Kaitaia*. Wer sich in Absprache mit dem Veranstalter in *Awanui* für die Tour auflesen lassen will, kann hier im Ninety Mile Beach Holiday Park übernachten.

Im 5.600 Einwohner zählenden *Kaitaia* befindet sich nahe der i-Site ein sehenswertes Lokalmuseum. Das „The Far North Regional Museum“ informiert über die Besiedlungsgeschichte sowohl der Maori, als auch der ersten Pakeahs die hier als Gumdigger das begehrte Kauri Harz sammelten. Eine erstaunlich große Zahl schön polierter Exponate dieses Bernstein Neuseelands sind hier zu bewundern.

(17) WOMO-Campingplatz-Tipp: Ahipara Motor Camp

GPS: S 35°9'37" E 173°9'42". **WOMOs:** 30 Stellplätze mit Stromanschluss.
Ausstattung/Lage: Spielplatz / Im Grünen, ruhig.
Parkgebühr: 38 NZD für zwei Erwachsene.
Zufahrt: In Ahipara rechts in die Takahe Road abbiegen und dieser ca. 1 km folgen. Der Platz liegt rechts vor dem Golfplatz.

Kontakt:
164-170 Takahe Street, Ahipara, Tel. 0800 888 988, www.ahiparaholidaypark.co.nz
Beurteilung: Sehr ansprechende und ruhig gelegene kleine Anlage mit hübschen, bepflanzten Stellplätzen und großem Kommunikationsbereich. Free Wifi. Über die Kaka Street gelangt man nach 600 m zur Beach. Abholung zu Cape Reinga Bus Touren.

Von Kaitaia kommend erreichen Sie über eine Nebenstrecke nach 14 km die 1000 Einwohner Gemeinde **Ahipara**, deren *Ahipara Bay* bei Surfern Kultstatus genießt. Der Ort *Ahipara*

Strand in Ahipara

verströmt mit seiner Kombination aus Designerhäusern und alten, leicht verwitterten Ferienhäusern einen besonderen Charme. In vielen Reiseführern kommt dieser reizvolle Ort zu kurz. Der lange Strand bietet genug Platz zum Strandsegeln, zu Pferdeausflügen oder einfach nur zum genießen der salzigen Luft beim Spaziergang. Da die Bustouren zum Cape Reinga auch in Ahipara starten, empfehlen wir Ihnen hier zu übernachten. Dies können Sie im Ahipara Motor Camp, das etwa 300 m von der Küste entfernt liegt (siehe Kasten). Dort werden Sie für die Cape Reinga Touren abgeholt. Etwa 4 km südöstlich von Ahipara liegen die *Ahipara Gum Fields*, in denen in die Pioniere das kostbare Kauriharz aus dem Boden buddelten. Es wurde in der nahen *Shipwreck Bay* (bei Ebbe werden mehrere Schiffswracks sichtbar) auf Schiffe verladen und nach *Auckland* transportiert. Direkt an der *Shipwreck Bay* befindet sich ein wunderbar gelegener, aber sehr einfacher Campingplatz ohne Powered Sites.

Die Fahrt nach Norden lohnt wegen der einzigartigen Landschaftsbilder. Wenn Sie den gewaltigen Sandstrand der **Ninety Mile Beach** hautnah genießen wollen, müssen Sie auf Ihr Wohnmobil verzichten und mit einem der Spezialbusse vorlieb nehmen. Die Fahrt mit dem Wohnmobil ist auf dem breiten harten Sandstrand prinzipiell möglich. Wir raten davon jedoch dringend ab. Die Gefahren und Risiken sind zu groß. Wenn Sie mit dem eigenen Camper bis zum *Cape Reinga* fahren wollen, so folgen Sie dem durch das Innere der Halbinsel führenden SH1, der seit 2010 durchgängig geteert ist. 16 km nordwestlich von *Awanui* sollten Sie den *Gumdiggers Park* nahe *Waiharara*

Sanddüne am Te Paki Stream

Cape Maria van Diemen

besuchen. Von Ende des 19. bis weit in das 20. Jahrhundert trug der Handel mit Kauriharz ganz wesentlich zum Wohlstand des Northlands bei. Im *Gumdiggers Park* können Sie das Leben und Arbeiten der Gumdigger nachvollziehen.

Zunächst eine Klarstellung: Die **Ninety Mile Beach** ist tatsächlich nur 64 Meilen (103 km) lang. Eine Bustour zum **Cape Reinga** dauert den ganzen Tag und schließt ein Picknick zur Mittagszeit mit ein. Am *Cape Reinga* legt der Bus eine 45 minütige Pause ein. Das ist für diesen stimmungsvollen Ort etwas kurz. Ein 10 minütiger Spaziergang führt Sie zum Leuchtturm und dem dahinter liegenden Aussichtspunkt auf das Kap. An den hohen Sanddünen am **Te Paki Stream** halten die Busse, um Sandschlittenfahren zu ermöglichen. Wer will, kann sich einen Plastikschlitten schnappen, die Düne hinaufsteigen und in rasanter Fahrt zum Fluss hinunter flitzen.

(18) WOMO-Stellplatz: Ratea North Side DOC Basic

GPS: S 35°10'9" E 173°26'1". **Max. WOMOs:** 20 **Ausstattung/Lage:** Plumpsklo / Am Wald.
Zufahrt: 18 km hinter Kaitaia am SH1 rechts.
Beurteilung: DOC Basic Campsite mit großer Wiese am Waldrand, nahe SH1. Um zur Toilette zu gelangen, müssen Sie - mit oder ohne Womo - einen Bach überqueren. Die Idyll des Platzes kann durch Trucks am nahen Highway gestört werden.

Die Busse befahren die *Ninety Mile Beach* fast in ihrer vollen Länge zwischen der Mündung des *Te Paki Stream* und der *Waipapakauri Beach*. Sie jagen bei Ebbe mit etwa 100 km/h

Cape Reinga

den festen Sandstrand entlang und verlangsamen ihre Fahrt nur gelegentlich im Mündungsbereich eines der kleinen Wasserläufe, die sich in die *Tasmansee* ergießen. Der Rest der Rundreise führt über den SH1. Ob die *Ninety Mile Beach* auf der Hinfahrt zum *Cape Reinga* oder erst der Rückfahrt befahren wird, hängt von den Gezeiten ab. Die Tour wird in der beschriebenen Art von zahlreichen Busunternehmen angeboten und kann auf jedem Campingplatz und in jeder i-Site gebucht werden. Wir können sie sehr empfehlen.

(19) WOMO-Campingplatz-Tipp: Rawene Holiday Park

GPS: S 36°5'7" E 174°35'20". **WOMOs:** 26 Stellplätze mit Stromanschluss. **Ausstattung/Lage:** Pool, BBQ / Auf einem Hügel, von ursprünglichem „native bush" umgeben. **Preise:** Stellplatz mit Strom für zwei Personen 36 NZD. **Zufahrt**: Vom Fähranleger kommend biegen Sie nach 750 m von der Parnell St rechts in die Birch St ab, nach 200 m rechts in die Mariner St und nach 400 m links in die Manning St. Einfahrt Zum Platz ist links.

Kontakt: 1 Marmon St West, Rawene, Tel. 09 405 7720, www.raweneholidaypark.co.nz

Hinweis: Die Zufahrt ist recht steil und eng, für Wohnmobile länger als 8 m nicht geeignet. Der Platz wird seit 2009 von einer Schweizerin geführt.

Beurteilung: Toller Rundumblick durch das Buschwerk auf den Hokianga Harbour. Wunderschöne und liebevoll gepflegte kleine Anlage mit ausgezeichneten Sanitäreinrichtungen. Uns hat es auf diesem Campingplatz sehr gut gefallen. Ein Platz mit Flair, ein echter Geheimtipp.

In *Kaitaia* beginnt Ihre Rückreise nach Auckland, über die Westseite des Nordlandes. Die Küstenlinie verläuft hier, im Gegensatz zur reich gegliederten Ostküste, sehr geradlinig. Un-

Sanddüne am Hokianga Harbour

terbrochen wird der endlose Sandstrand im wesentlichen nur durch den **Hokianga Harbour**, eine verklüftete Bucht, die tief in das Land hinein führt. Sie folgen zunächst für 37 km dem SH1 durch die *Mangamuka Ranges* gen Süden, biegen dann vor der Mangamuka Bridge rechts ab, folgen der Mangamuka Rd für etwa 10 km und biegen dann links Richtung Kohukohu ab. Nachdem in **Kohukohu** das originelle Café The Waterline geschlossen hat, gibt es kein Cafe mehr, das direkt am Wasser liegt. Sie steuern nun die 3 km entfernte Anlegestelle **Narrows Landing** an und setzen mit der Fähre, die Ihnen einen 70 km Umweg über *Kaikohe* erspart, nach *Rawene* über, wobei Sie den **Hokianga Harbour** überqueren.

In der kleinen Ansiedlung **Rawene** befinden sich zahlreiche historische Gebäude. Das *Clendon House,* errichtet 1860 durch den Händler *James Clendon*, das *Manison Hotel* aus dem Jahre 1875, die *Methodist Church* von 1876 und das *Gerichtsgebäude* von 1876. Sehenswert sind auch das *Warf House*, das heute ein Restaurant beherbergt, und das *Rawene Hotel*. Besichtigen können Sie nur das Clendon House (Nov-April , Sa, So und Mo,10-16 Uhr). Neben dem Westpack-Bank ist das Maori-Kanu *Te Hawera* aufgebaut. Wer Lust auf Natur bekommt, sollte den **Mangrove Walkway** entlang spazieren, der durch das umliegende Feuchtgebiet führt. Direkt am Strand, auf der ausladenden Terrasse des **Copthorne Hotel**, kann man sich anschließend mit einem ausgezeichneten Kaffee verwöhnen lassen. Wunderbar auf einem Hügel des Ortes gelegen befindet sich ein bezaubernder Campingplatz.

Von *Rawene* aus fahren Sie auf der Rawene Road Richtung Süden und biegen nach 5,5 km rechts auf den SH12 ab und erreichen nach weiteren 12 km **Opononi**, das langsam in das 3,5 km dahinterliegende **Omapere** übergeht. Auf der

Fahrt haben Sie einen wunderbaren Blick auf die riesige goldgelbe Dünenlandschaft auf der Nordseite des *Hokianga Harbour*. Mit dem Wassertaxi können Sie sich übersetzen und später wieder abholen lassen. Ein beliebtes Vergnügen ist eine Düne hochzuklettern und auf Plastikschlitten in rasantem Tempo wieder hinunterzurutschen. *Opononi* schon 1956 einer Attraktion beraubt, als der kleine zutrauliche Delfin *Opo*, der Kinder auf seinem Rücken reiten ließ, ein Tag vor Inkrafttreten eines Sondergesetzes zu seinem Schutz, erschossen aufgefunden wurde! In der i-Site in *Omapere* können Sie sich in einem sehenswerten Video anschauen, welchen Rummel es damals um den lustigen Delfin gab. Der kleine Sandstrand war über und über mit Menschen bevölkert, die alle den Delfin berühren wollten. Die auch in Deutschland ausgestrahlte amerikanische TV-Serie Flipper wurde durch die Ereignisse um *Opo* inspiriert.

Hokinaga Harbour vom Copthorne Hotel

Omapere bietet Muscheln und fangfrischen Fisch als kulinarische Spezialitäten und ein breites Angebot an Wanderwegen. Wir können Ihnen einen Besuch des **Copthorne Hotel & Resort** sehr empfehlen. Auf der Terrasse des 3-Sterne-Hotels haben Sie einen wunderbaren Blick auf die direkt gegenüber liegenden Sanddünen und zudem eine delikate Auswahl an traditionellen Gerichten der neuseeländischen Küche. Genießen Sie eine der Meeresfrüchtespezialitäten mit Aussicht auf den Hokianga Harbour.

(20) WOMO-Wanderplatz: Arai te Uru – Scenic Lookout

GPS: S 35°32'18" E 173°22'21". **Max. WOMOs:** 8

Ausstattung/Lage: Picknicktische / Parkplatz zum Scenic Lookout auf die Sanddüne des Hokianga Harbour (North Head Sand Dunes). **Zufahrt:** Sie biegen nahe Omapere in die Signal Rd ein und folgen dieser 1 km. **Beurteilung:** Tagsüber ist viel los, am Nachmittag wird es ruhiger. Es ist wunderbar morgens mit Blick auf den Hokianga Harbour an einem der Picknicktische zu frühstücken. Sie laufen 10 Minuten zum South Head Lookout. Der Coastal Walkway zu verschiedenen Stränden startet hier.

Den besten Blick auf die beeindruckenden Sanddünen haben Sie von der Landspitze westlich von *Omapere* aus. Sie folgen

Te Mahuta (Gott des Waldes)

der Signal Station Road bis zum Parkplatz und gelangen nach einer wunderbaren kleinen Wanderung über den **Arai Te Uru Heritage Walk**, bis zur Landspitze. 12 km hinter *Omapere* haben Sie die Gelegenheit, vom SH12 abzubiegen und einen Spaziergang zu einem Wasserfall zu unternehmen. Eine unbefestigte Straße bringt Sie nach 3 km zum Ausgangspunkt des beliebten **Waiotemarama Walk**. Die Wanderung führt durch ein Tal mit Nikau Palmen, Farnen und Kauris zu einem kleinen Wasserfall (40 Minuten hin und zurück). Auch ein dreistündiger Rundweg startet hier.

Der **Waipoua Kauri Forest** bietet dem Besucher den größten zusammenhängenden Bestand an Kauribäumen und ist gleichzeitig Neuseelands größter subtropischer Regenwald. In dem 91 km² großen Areal wachsen drei Viertel der erhalten gebliebenen Kauribäume Neuseelands. Da diese Fichtensorte durch ihr sehr hartes Holz, den geraden Wuchs und die erhebliche Höhe von besonderem Interesse für den Bootsbau der Maori und später der Engländer war, sind die Kauris heute fast ausgestorben. Seit einigen Jahren werden die Kauris von einer Wurzelfäule heim gesucht, die als „Kauri dieback“ bezeichnet wird. Verursacher ist ein mikroskopisch kleiner pilzartiger Krankheitserreger, der sich über das Wasser im Erdboden von Wurzel zu Wurzel verbreitet. Befallene Kauri-Bäume bekommen erst gelbe Blätter und sterben dann langsam ab. Alle Besucher werden gebeten ihre Schuhe zu säubern, bevor sie die Wege betreten. Zu diesem Zweck sind an Startpunkten und Kreuzungen der Wanderwege Säuberungsstationen eingerichtet worden.

Im Waipoua Kauri Forest können Sie zwei der bekanntesten und mächtigsten Bäume Neuseelands bewundern. Zum einen den **Tane Mahuta (Gott des Waldes)**, mit der stattlichen Höhe von 52 m unbestritten größter Kauribaum Neuseelands. Er fasst 13 m im Umfang, sein Holzvolumen wird auf gut 244 m³ und sein Alter auf über 2.000 Jahre geschätzt. Ebenso imposant ist der **Te Matua Ngahere (Vater des Waldes)**, der zwar nicht die Höhe des Tane Mahuta erreicht, aber dafür mit seinen 18 m Umfang noch massiver wirkt. Ende des 19. Jahrhunderts wurde nördlich von *Dargaville* ein Kauri gefällt, der mit einem Holzvolumen von 453 m³ zu den mächtigsten Bäumen der Welt zählte. Kauris können bis zu 4.000 Jahre alt werden. Beide Giganten sind am SH12 ausgeschildert und können über kurze Wanderungen erreicht werden. Eine weitere empfehlenswerte Wanderung führt zu den **Four Sisters**, einem Kauribaum, der sich in eine Gruppe von vier Stämmen aufteilt. Von dem Weg zu den Four Sisters führt der 20 minütige Wanderweg zu Te Matua Ngahere ab. Die Wanderungen durch die ursprünglichen Kauriwälder sind ausgesprochen beeindruckend und ein absolutes Muss. Schon die Fahrt mit dem Wohnmobil durch den dichten Wald, dessen Baumwipfel meist in die Straße hineinragen, ist ein phantastisches Erlebnis. An der engsten Stelle wird die Straße links und rechts von zwei mächtigen Kauris begrenzt.

Te Matua Hgahere (Vater des Waldes)

Zu Beginn des Jahres 2007 bedrohte ein Waldbrand den Waipoua Forest. Das Feuer brach am 1. Februar aus, nachdem jemand an der nahegelegenen Küste auf offenem Feuer Muscheln gekocht hatte. Das Feuer vernichtete Kiefernpflanzungen in Nachbarschaft des Nationalparks und zerstörte die Vegetation in ökologisch wichtigen Feuchtgebieten. Es näherte sich bis auf 3 km an den *Tane Mahuta*. Den Neuseeländischen

Four Sisters, Waikoua Kauri Forest

Feuerwehrleuten und Freiwilligen des Department of Conservation gelang es glücklicherweise noch rechtzeitig, das Feuer mit Wasserabwürfen von Hubschraubern und Feuergassen unter Kontrolle zu bringen.

Im **Waipoua Kauri Forest Visitor Centre** werden alle verbleibenden Fragen zu den Baumriesen beantwortet und Hinweise zu Wanderwegen gegeben. Das schöne Visitor Centre ist leider nur über eine recht holprige Gravelroad zu erreichen. Neben einem einladenden Picknickplatz bietet sich hier auch noch eine Bademöglichkeit am Fluss an. Ein Stück weiter hinten im Tal des Waipoua River liegt ein einfacher und sehr friedvoller Campingplatz. Am Ende des Parks führt eine Seitenstraße zu einem 30 m hoch gelegenen Aussichtspunkt über den Regenwald und das Tal des *Waipoua River*.

(21) WOMO-Stellplatz: Waipoua Forest Camping Area

GPS: S 35°39'8" E 173°33'7". **WOMOs**: 20 Stellplätze.
Ausstattung/Lage: Toilette, Dusche, Gemeinschaftsküche, Waschmaschine / Von Wald umgeben.
Parkgebühr: 30 NZD für zwei Personen, Selbstregistrierung.
Zufahrt: Am Waipoua River vom SH12 rechts abbiegen, am Visitor Centre vorbei fahren, nach 1,2 km rechts abbiegen
Kontakt: 1 Waipoua River Road, Dargaville, Tel. 09 439 6445, www.waipouakauriforest.co.nz.

Beurteilung: Friedvolle Lage mitten im Wald. Im nahen Waipoua River können Sie schwimmen.

Die 53 km Route nach *Dargaville* ist kurvenreich und durchquert naturbelassenen Wald. Gelegenheit zu einem lohnenden Abstecher bietet der **Trounson Kauri Park**, der auf seinem 586 ha Areal neben Baumriesen auch eine DOC-Rangerstation mit sehr empfehlenswerter DOC-Campsite und einen Top 10 Campingplatz zu bieten hat. Fressfeinde der Kiwi werden im Park von den DOC Rangern intensiv bekämpft und so können Sie mit einigem Glück auf einer der geführten zweistündigen Nachtwanderungen einen Streifen Kiwi zu Gesicht bekommen. Tagsüber ist der Wald mit den Rufen der neuseeländischen Vogelwelt erfüllt. Mit etwas Glück können Sie die Vögel nicht nur hören, sondern auch sehen. Ein 40 minütiger Rundweg durch den Kauriwald startet am Picknickplatz und am DOC-Campsite (**Trounson Kauri Park Loop Track**).

(22) WOMO-Campingplatz-Tipp: Kauri Coast Top 10 Holiday Park

GPS: S 35°45'1" E 173°40'27". **WOMOs:** 40 mit Stromanschluss.
Ausstattung/Lage: Trampolin, Flying Fox (Kinder werden ihren Spaß haben) / Im Trounson Park, von Wald umgeben.
Parkgebühr: 42 NZD für zwei Personen.
Zufahrt: 8 km hinter dem Waipoua River, kurz hinter dem Ort Kaitui, biegen Sie links in die Kaitui Road Ein. Nach 5 km geht die schmale Strasse in die Trounson Road, die sie nach 8 km zum Ziel führt.
Kontakt: Trounson Park Rd, Kaihu, Dargaville,, Tel. 0800 807 200, www.kauricoasttop10.co.nz/
Beurteilung: Sehr gepflegter Platz mit modernen und sauberen Sanitäranlagen. Große Stellplätze auf Gras. Am Kaihu River, der sich um den Platz herum schlängelt, gibt es einige Stellen, an denen Sie schwimmen können. Auf die geführte Nachttour gibt es 20% Nachlass (reservieren!).

Auch ein Ausflug zur Aranga Beach ist empfehlenswert. Der 459 m hohe Felsrücken des *Maunganui Bluff* unterbricht den fast 100 km langen Sandstrand von der nördlich gelegenen Mündung des **Hokianga Harbour** bis zum **Kaipara Harbour** im Süden. Im weiteren Streckenverlauf lohnt sich der 11 km lange Abstecher zu den kristallklaren Seen der **Kai-Iwi-Lakes** die zum Baden und Boot fahren einladen.

(23) WOMO-Badeplatz: Kai Iwi Lakes - Lake Taharoa

GPS: S 35°48'32" E 173°39'47". **Max. WOMOs:** 400
Ausstattung/Lage: Toilette, Wasser, Dusche (2NZD), Picknicktische, Mülltonnen / Grasplatz am Lake Taharoa.
Preise: Stellplatz für zwei Personen 20 NZD. Wird morgens vom Ranger einkassiert.
Buchung: Tel. 09 439 4757, E-Mail: lakes@kaipara.govt.nz.
Zufahrt: Sie biegen 32 km vor Dargaville rechts in die Monteith Rd ein und folgen dieser. Wenn Sie den See sehen, rechts halten.
Beurteilung: Wunderbare Badegelegenheit. Feiner weißer Sand, das kristallklare Wasser fällt schnell steil ab. Leider ist die Umgebung entwaldet (der Platz nannte sich früher „Pine Beach").

Der mit Abstand größte der Seen, der *Lake Taharoa*, bietet sogar die Vorzüge eines Sandstrandes. Eine Wanderung auf markierten Pfaden zur nahe gelegenen Küste ist ebenfalls möglich. Auch hier können Sie mit Ihrem Womo über Nacht stehen .

(24) WOMO-Badeplatz: Kai Iwi Lakes - Promenae Point
GPS: S 35°48'19" E 173°38'17". **Max. WOMOs:** 100
Ausstattung/Lage: Toilette, Wasser / Grasplatz auf der Westseite des Lake Taharoa.

Preise: Stellplatz für zwei Personen 20 NZD. Wird morgens vom Ranger einkassiert. **Buchung:** Tel. 09 439 0986, E-Mail: lakes@kaipara.govt.nz.
Zufahrt: Sie biegen 32 km vor Dargaville rechts in die Monteith Rd ein und folgen dieser. Wenn Sie den See sehen, fahren Sie gerade aus.
Beurteilung: Gute Badegelegenheit. Feiner weißer Sand, das kristallklare Wasser fällt schnell steil ab. Einige Büsche und Bäume vorhanden.

Dargaville liegt am Ufer des mächtigen *Wairoa River* und verdankt Namen und Entstehung dem Holzhändler und Politiker *Joseph McMullen Dargaville* (1837-1896). Die Stadt wurde während des Booms des Holz- und Bernsteinhandels im 19. Jahrhundert gegründet und war kurzzeitig die bevölkerungsreichste Stadt Neuseelands. Das Gebiet um *Dargaville* wird von der Landwirtschaft dominiert, dazu gehören Milchwirtschaft, Rinderhaltung und Schafzucht. Das Gebiet um die Stadt ist außerdem eines der bedeutendsten Anbaugebiete für Süßkartoffeln in Neuseeland. *Dargaville* ist heute mit ca. 4500 Einwohnern das administrative Zentrum des *Kaipara-Distrikts*. Neben hübschen Holzhäusern kann man sich in der Stadt das sehenswerte *Dargaville Maritime Museum* anschauen, vor dem die Masten des berühmten Greenpeace Schiffes Rainbow Warrior aufgestellt sind.

(25) WOMO-Campingplatz: Baylys Beach Holiday Park
GPS: S 35°57'0" E 173°44'52". **WOMOs**: 60 Stellplätze mit Stromanschluss.
Ausstattung/Lage: Spielplatz / 500 m zur Beach.
Parkgebühr: 36 NZD für zwei Erwachsene.
Zufahrt: 10 km vom SH10 entfernt. **Kontakt:** 24 Seaview Rd, Baylys Beach, Dargaville, Tel. 09 439 6349, www.baylysbeach.co.nz
Beurteilung: Einfacher ruhiger Platz auf Gras mit sauberen sanitären Einrichtungen. Quads können zur Ausfahrt am Strand gemietet werden.

Dargaville hat mit dem 13 km von der Stadt entfernten, 90 km langen **Baylys Beach**, einen der längsten ununterbrochenen Sandstrände Neuseelands, der größtenteils auch be-

Baylys Beach

fahrbar ist. An der Küste lebt die große und sehr schmackhafte Muschelart *Toheroa*. Der einfache Campingplatz in *Baylys Beach* liegt 500 m von der Beach entfernt.

(26) WOMO-Stellplatz: Ruawai Wharf

GPS: S 36°8'19" E 174°1'19". **Max. WOMOs:** 8

Ausstattung/Lage: Toilette, Wasser, Picknicktische / Neben der Wharf mit der Bootsrampe.

Zufahrt: 28 km hinter Dargaville biegen Sie in Ruawai vom SH12 rechts in die Ruawai Wharf Street ein und folgen dieser 270 m.

Beurteilung: Grasplatz mit Bäumen, Picknicktischen und einer modernen Toilettenanlage, am Ufer des Wairoa River gelegen. Da die Toilettenanlage gelegentlich auch nachts besucht wird, haben Sie im hinteren Teil des Grasplatzes mehr Ruhe.

28 km südlich Dargaville trifft der SH12 auf den Ort Ruawai, an dessen Wharf Sie frei übernachten können. Der Wairoa River ist hier schon sehr breit und geht bald in den Kaipara Harbour über. In Ruawai gibt es das am SH12 gelegene gemütliche „award winning“ **Ellecee Café** mit freiem Wifi. 16 km hinter Ruawai erreichen Sie **Matakohe**, einem 400 Einwohner zählenden Ort, dessen ausgezeichnetes **Kauri Museum** der Geschichte der auf dem Einschlag von Kauribäumen basierenden Holzindustrie der Gegend gewidmet ist. Hinter Matakohe folgen Sie dem SH12 etwa 26 km bis zum SH1, der Sie auf bekannter Strecke 200 km zurück nach **Auckland** bringt.

(27) WOMO-Campingplatz-Tipp: Matakohe Holiday Park

GPS: S 36°8'1" E 174°11'20". **WOMOs:** 40 Stellplätze mit Stromanschluss

Ausstattung/Lage: Spielplatz / Am Kaipara Harbour.

Preise: Stellplatz mit Strom für zwei Personen 38 NZD.

Zufahrt: Sie folgen der Church Road 500 m am Kauri Museum vorbei.

Kontakt: 66 Church Road, Matakohe, Tel. 09 431 6431, www.matakohe-holidaypark.co.nz.

Beurteilung: Schön am Kaipara Harbour gelegener Platz.

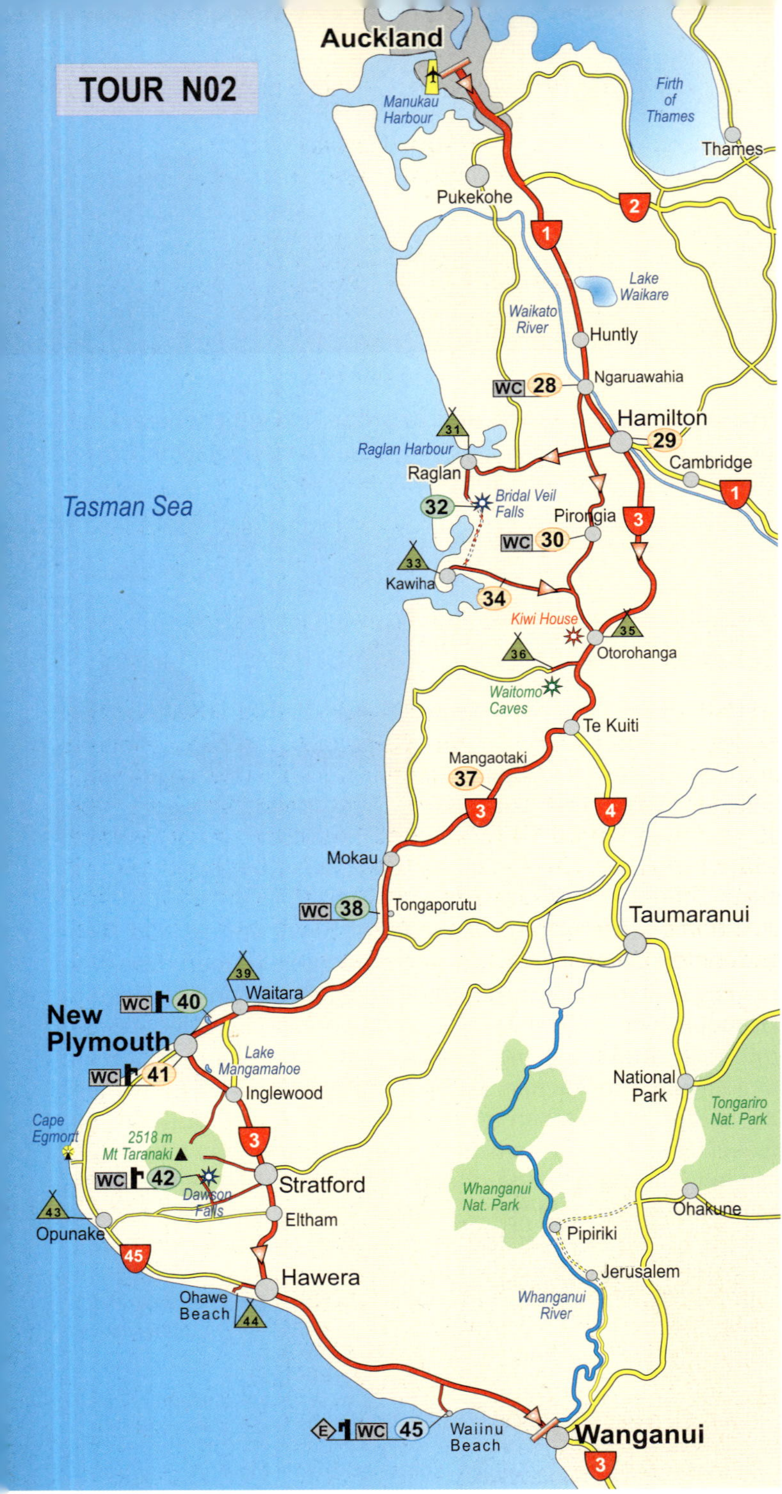
TOUR N02
Auckland
Manukau Harbour
Firth of Thames
Thames
Pukekohe
Lake Waikare
Waikato River
Huntly
Ngaruawahia
WC 28
Hamilton
29
Cambridge
Raglan Harbour
Raglan
31
32
Bridal Veil Falls
Pirongia
WC 30
Tasman Sea
33
Kawiha
34
Kiwi House
35
36
Otorohanga
Waitomo Caves
Te Kuiti
Mangaotaki
37
Mokau
WC 38
Tongaporutu
Taumaranui
39
Waitara
WC 40
New Plymouth
WC 41
Lake Mangamahoe
Inglewood
Cape Egmont
2518 m
Mt Taranaki
WC 42
Dawson Falls
Stratford
Eltham
43
Opunake
Hawera
Ohawe Beach
44
National Park
Tongariro Nat. Park
Whanganui Nat. Park
Ohakune
Pipiriki
Jerusalem
Whanganui River
E WC 45
Waiinu Beach
Wanganui

Tour N02: In den Westen der Nordinsel

Auckland - Hamilton - Raglan - Waitomo Caves - New Plymouth - Mount Taranaki - Wanganui - 650 km

Stellplätze:	Ngaruawahia Memorial Reserve, Hamilton Porritt Stadium, Pirongia, Bridal Veil Falls, Te Rauamoa, Otorohanga, Mangaotaki, Tongaporutu, Lake Rotomanu, New Plymouth, Dawson Falls, Waiinu Beach
Camping:	Raglan Kopua, Kawhia CG, Waitomo Top 10, Waitara, Opunake Beach, Ohawe Beach
Baden:	Raglan: Te Kopua, Opunake, Ohawe, Waiinu
Wandern:	Hamilton Gardens, Hamilton Lake, Te Toto Track, Bridal Vail Falls, Waitomo Walk, Ruakuri Walk Mokau, New Plymouth: Coastal Walkway, Heritage Walkways, Marsden Hill Walk, District Guide to Walkways, Short Walks in Mt Egmont, Ngatoro Loop Track, Kapuni Loop Track, Wilkies Pools Loop Track
Essen:	Raglan: Orca, Otorohanga: Thirsty Weta, New Plymouth: Arboria

Im Verlauf von Tour N02 werden Sie die Universitätsstadt **Hamilton** mit ihren ausgedehnten Gartenanlagen kennen lernen und den Surfern im 50 km entfernten **Raglan** bei ihren waghalsigen Wellenritten zuschauen. Danach wandern Sie zu den 45 m hohen **Bridal Vail Falls** und besuchen die berühmten **Glühwürmchen Höhlen von Waitomo**. Vorbei am immer mit einer Schneehaube überzogenen **Mount Taranaki** führt Sie die Fahrt bis **Wanganui**, wo der Whanganui River in einer ausgedehnten Dünenlandschaft in die Tasmanische See mündet.

Hamilton, Waikato River

Auf Ihrem Weg vom winterlosen Norden in den Westen der Nordinsel verweilen Sie nicht in *Auckland*, auch wenn die Silhouette der Stadt mit dem markanten Skytower Sie dazu einlädt, sondern passieren die Harbour Bridge und gelangen geradewegs auf den *Motorway One South*, der Sie dicht am *Manukau Harbour* vorbei südlich aus der Stadt führt. In einer der Satellitenstädte *Onehunga, Otahuhu* oder *Manukau* können Sie im Supermarkt Ihre Vorräte auffüllen. Danach verengt sich der Motorway zum SH1 und verläuft ca. 100 km durch eine fruchtbare Ebene, die **Waikato Plains**, die zu Beginn der weißen Besiedelung dem ausgedehnten Sumpfland abgerungen wurde. Der SH1 folgt bis *Hamilton* dem **Waikato River**, dem mit 425 Kilometern längsten Fluss Neuseelands. Zuvor hatten schon die Maori das fruchtbare *Waikato-Schwemmland* für Kumara-Pflanzungen genutzt. Heute gedeihen im milden feuchten Klima Obst und Gemüse und das Gras auf den Rinder- und Pferdeweiden wächst neun Monate im Jahr. Aber auch Kohlebergwerke, ein großes Kohlekraftwerk (Huntly Power Station), sowie einige Wasserkraftwerke an Stauwerken des *Waikato River* liegen an Ihrem Weg in die Universitätsstadt *Hamilton*. 20 km vor *Hamilton* mündet das kleine Flüsschen *Waipa* in den *Waikato*.

(28) WOMO-Stellplatz: Ngaruawahia – Memorial Reserve

GPS: S 37°39'45" E 175°8'46". Max. WOMOs: 3

Ausstattung/Lage: Toilette / Parkplatz an der Einmündung des Waipa River in den Waikato River.
Zufahrt: 1 Lower Waikato Esplanade Ngaruawahia.
Beurteilung: Stimmungsvoller Platz. Auf dem Gelände befinden sich zahlreiche Erinnerungsstätten. Mit etwas Glück können Sie Jungs von einem Bootsanleger in den Fluss springen sehen.

Dort liegt die 5000 Ew. Ortschaft **Ngaruawahia**, die historisch bedeutsame **Maori Hauptstadt des King Movement**. In dieser für alle Maori-Stämme wichtigen Stadt ließ Prinzessin *Te Pueha* zu Beginn des letzten Jahrhunderts das *Turangawa-*

Hamilton Gardens

ewae-Marae bauen, das heute mit seinen traditionellen Versammlungshäusern Sitz des Maori Königtums ist. Jedes Jahr am 17. März, dem St Patrick's Day, findet in *Ngaruawahia* auf dem *Waikato River* eine traditionelle Regatta mit Kriegskanus der Maori statt. Genau am Zusammenfluss von *Waipa* und *Waikato* befindet sich auf dem einige Gedenkstätten umfassenden Gelände **Ngaruawahia Memorial Reserve** eine stimmungsvolle Gelegenheit zur freien Übernachtung.

Das 129 Kilometer südlich von *Auckland* im Zentrum der Waikato-Region gelegene **Hamilton** ist mit mehr als 141.000 Einwohnern die viertgrößte Stadt Neuseelands. Das heutige Stadtgebiet war ursprünglich von Maori-Dörfern (Pa) besiedelt und wurde nach *Captain Fane Charles Hamilton* benannt, der als Kommandeur in einer Schlacht nahe dem heutigen Tauranga getötet wurde.

(29) WOMO-Stellplatz: Hamilton Porritt Stadium

GPS: S 37°45'16" E 175°17'20". Max. WOMOs: 6
Ausstattung/Lage: Nichts / Parkplatz am Porritt Stadium
Zufahrt: Anglesa St Richtung Nordwesten, rechts in Boundary Rd, links in Wairere Drive, im Kreisverkehr erste Ausfahrt in Crosby Rd.
Kontakt: H.C.C. Parks & Gardens Unit, Tel. 07 838 6699.
Beurteilung: Ruhiger Platz, nur 7 km vom Zentrum entfernt.
Hinweise: Maximal 6 Wohnmobile und maximal 3 Nächte. In der Zeit zwischen 17 Uhr und 9 Uhr dürfen Sie mit Ihrem Wohnmobil hier stehen.

Im schnell gewachsenen *Hamilton* gibt es eine Vielzahl von kleineren Kunstgalerien und Museen, unter ihnen auch das *Waikato Museum of Art and Culture*. Letzteres beherbergt mit dem *Te Winika* eines der ältesten erhaltenen *Waka (Kriegs-Kanu)* noch aus der Zeit vor der europäischen Kolonialisierung. Die bekannteste Touristenattraktion aber ist zweifelsohne die weitläufige Gartenanlage *Hamilton Gardens,* in der das jährliche **Hamilton Gardens Summer Festival** veranstaltet wird. An den Teichen, Palmenhäusern und den abwechslungsrei-

Raglan, Fußgängerbrücke zum Campingplatz

chen Gärten der **Hamilton Gardens** werden Sie ganz sicher Ihre Freude haben. Sie sind thematisch nach geographischen Gebieten ausgerichtet. Vom Stadtzentrum aus führt ein wunderschöner Wanderweg am stattlichen und durchaus flott dahin fließenden Waikato River entlang zu dieser reizenden Gartenanlage. Auf dem *Waikato* können Sie an einer Motorboot-Tour teilnehmen oder den Fluss entlang paddeln **(Waikato River Explorer, Tel. 0800 1 39756, www.waikatoexplorer.co.nz).** Wer nicht gegen den Strom anpaddeln möchte, kann sich flussabwärts einsammeln lassen. Andere Attraktionen der Stadt sind der *Hamilton Zoo,* die *ArtsPost Gallery* und das *Sky Riverside Casino*. An jährlichen Großveranstaltungen sind das *Balloons over Waikato-Festival*, ein fünf Tage dauerndes Heißluftballon-Festival und die *National Agricultural Fieldays*, eine große landwirtschaftlichen Messe, zu nennen. Sofern es Ihre Zeitplanung erlaubt, empfehlen wir Ihnen abschließend den 40 minütigen **Rundweg um den Hamilton Lake**.

(30) WOMO-Stellplatz: Pirongia Township

GPS: S 37°59'23" E 175°12'2". **Max. WOMOs:** 3

Ausstattung/Lage: Toilette, Picknicktische / Parkplatz neben dem hübschen Heritage & Visitor Centre.
Zufahrt: Am SH39.
Beurteilung: Guter Platz. Gegenüber im Café Pirongia Village gibt es im Garten Cappuccino. Gorgeous Things bekommen Sie obendrauf.

Hauptroute nach Waitomo über SH37

Zu den Glühwürmchenhöhlen der *Waitomo Caves* führen zwei Wege. Wir beschreiben zunächst kurz den direkten Weg über den SH37 und danach die Alternativroute über Raglan und Kawhia. In der direkten Streckenführung verlassen Sie Hamilton gen Süden über die Tuhikaramea Road, die an der *Lake Koromatua Wildlife Reserve* vorbeiführt. Schließlich biegen Sie links in den SH39 ein, passieren Pirongia und erreichen nach 82 km den kleinen Ort **Waitomo**.

Surfer an der Manu Bay

Alternativroute nach Waitomo über Raglan und Kawhia

Wenn Sie über genügend Zeit verfügen, empfehlen wir Ihnen die im Folgenden beschriebene **Alternativroute** von Hamilton nach Waitomo über Raglan und Kawhia. Der SH23 bringt Sie von Hamilton nach 48 km in den Badeort **Raglan** mit seinem malerischen Naturhafen und langen Stränden. Einstündige Hafenrundfahrten beginnen am Anleger. Raglan wird bei Wochenendausflüglern aus Hamilton zunehmend beliebter und unter Wellenreitern hat sein Name sogar internationalen Rang, denn hier gibt es die beste linksbrechende Welle der Welt. Besuchen Sie die **Whale Bay** oder **Manu Bay** und beobachten Sie die Surfer bei ihren halsbrecherischen Wellenritten von den Aussichtspunkten aus. Am Hafen liegt ein sehr schöner Campingplatz (Raglan Kopua Holiday Park) mit sicherem Badestrand **Te Kopua**. Ihre leiblichen Gelüste werden im zentral ge-

Bridal Vail Falls

legenen **Orca** (2 Wallis St, Tel. 07 825 6543) befriedigt. Wer gerne klettert, hat da zu 12 km südlich von Raglan an der Whaanga Rd Gelegenheit, wo der **Te Toto Track** (8 km hin und zurück, 5-6 h) auf den 755 m hohen Gipfel des Mt Karioi beginnt

(31) WOMO-Campingplatz-Tipp: Raglan Kopua HP

GPS: S 37°48'15" E 174°51'47" **WOMOs:** 200 mit Stromanschluss
Ausstattung/Lage: Spielplatz / Liegt auf einer Landzunge im Meeresarm des Raglan Harbour. Stadtzentrum von Raglan in Laufweite.
Preise: Stellplatz mit Strom 18 NZD pro Erwachsenem, 9 NZD pro Kind.
Zufahrt: Vom Zentrum kommend biegt die Oxford Street direkt hinter dem Waipoua River links vom SH2 ab.
Kontakt: 61 Marine Parade, Raglan, Tel. 07 825 8283, www.raglanholidaypark.co.nz

Beurteilung: Großer gepflegter Platz, gute Sanitäranlagen, schöner Badestrand. Sie erreichen das Ortszentrum über eine Fußgängerbrücke die einen Meeresarm überquert.

(32) WOMO-Wanderplatz: Bridal Veil Falls

GPS: S 37°54'26" E 174°54'3". **Max. WOMOs:** 5
Ausstattung/Lage: Keine / An der Straße, von Wald umgeben.
Zufahrt: 4 km südlich Raglan vom SH23 Richtung Kawhia in die Maungatawhiri Rd einbiegen, die später in die Te Mata Rd übergeht. Kurz darauf links in die Kauroa-Kawhia Rd einbiegen. Der Parkplatz ist ausgeschildert.
Beurteilung: Einfacher Parkplatz. Die 45 m hohen Bridal Vail Falls sind über einen ausgeschilderten 10 minütigen Fußweg durch dichten Busch zu erreichen.

Die Alternativroute führt Sie nun Richtung *Kawhia* durch eine sanfte Hügellandschaft, die gelegentliche Blicke bis zum Mt Taranaki freigibt. Kurz hinter *Te Mata* liegen die 45 m hohen **Bridal Vail Falls** inmitten eines kleinen Regenwaldes. Sie sind über einen gut ausgeschilderten 10 minütigen Fußweg, der durch dichten Busch führt, zu erreichen. Der Parkplatz an den Bridal Falls wird auch als freier Stellplatz genutzt. Die insgesamt 55 km lange Strecke nach Kawhia ist auf den letzten 25 km unbefestigt und sehr kurvenreich. Das Fischerdorf **Kawhia** ist wegen seiner jährlich am 1. Januar stattfindenden Walboot-Regatta bekannt. In unmittelbarer Umgebung der friedlichen 650 Seelen Gemeinde befinden sich Kalksteinfelsen, bewaldete Sanddünen und lange Strände mit schwarzem Sand. An der nahe gelegenen Ocean Beach können Sie sich sogar Ihr eigenes Thermalbad buddeln, ähnlich wie in der wesentlich bekannteren *Hot Water Beach* in *Coromandel*. Die **Tu Puia Hot Springs** sind über die unbefestigte 4 km lange

Tai-Nui-Kawhia Forest Road zu erreichen. Alternativ können Sie eine Quad Bike Tour, die am Strand entlang führt, buchen.

(33) WOMO-Campingplatz-Tipp: Kawhia Camping Ground

GPS: S 38°4'12" E 174°48'54". **WOMOs:** 15 mit Stromanschluss

Ausstattung/Lage: Standard / Am Ortsende, nahe dem geschützten Naturhafen Kawhia Harbour.

Preise: Stellplatz mit Strom 17 NZD pro Erwachsenem, 8,50 NZD pro Kind.

Zufahrt: Im Zentrum Kawhias folgen Sie der Waiwera St, biegen fast am Ortsende links in die Kawhia St ein und wenig später links in die Moke St.

Kontakt: 73 Moke Street, Kawhia,, Tel. 07 871 0863, www.kawhiacampingground.co.nz/

Beurteilung: Große Stellplätze. Ruhiger, gepflegter Platz. Die Te Puia Springs sind nur wenige km entfernt.

Der südlich des Pirongia Forest Parks verlaufende SH31 führt Sie zurück zur **Hauptroute**, auf die Sie in **Otorohanga** treffen. Attraktion dieses kleinen Ortes ist das Kiwi House, in dessen schummrigen Licht sich der flügellose Wappenvogel Neuseelands gut beobachten lässt. Im benachbarten Otorohanga Kiwi Town Holiday Park können Sie die Nacht verbringen und in der Weinbar **Thirsty Weta** (57 Maniapoto St, Tel. 07 873 6699) gut essen und danach Lifemusik genießen.

(34) WOMO-Stellplatz: Te Rauamoa Lookout

GPS: S 38°4'27" E 175°1'4".

Max. WOMOs: 3

Ausstattung/Lage:
Nichts / Lookout am SH31.

Zufahrt:
Am SH31 kurz vor Te Rauamoa.

Beurteilung: Toller Blick auf den Kawhia Harbour.

(35) WOMO-Campingplatz: Otorohanga Kiwi Town HP

GPS: S 38°10'50" E 175°12'45". **Max.WOMOs:** 25 mit Strom

Ausstattung/Lage: Standard / Zwischen Kiwi House und einem Sportplatz.

Preise: Stellplatz mit Strom für zwei Personen 35 NZD.

Zufahrt: Den Schildern zum Kiwi House folgen.

Kontakt: 7 Domain Drive, Otorohanga, Tel. 07 873 8214,www.campkiwi.co.nz

Beurteilung: Einfacher Platz, sauber, das Kiwi House ist sehr zu empfehlen! Sie zahlen am Office des Kiwi Hauses, 8.00 bis 17.00 Uhr.

Eingang zu den Waitomo Caves

Waitomo besteht im Wesentlichen aus ein paar wenigen Häusern, einem Restaurant, einer Kneipe, dem **Waitomo Caves** Hotel, einer Tourist Information und dem Waitomo Top 10 Holiday Park. Natürlich gibt es auch ein kleines *Waitomo Museum of Caves*, in dem man sich über die Höhlen und das Leben der Glowworms informieren kann. Der Name Waitomo kommt aus der Sprache der Maori und bedeutet Wasser und Loch, bezogen auf die zahlreichen aus Kalkstein geformten Höhlen der Umgebung. Und tatsächlich, wer nach Waitomo kommt, der möchte unter die Erde, hinab ins Dunkel und in eine fast unwirkliche Welt, wie sie in Millionen von Jahren geschaffen wurde. Die mit Abstand meistbesuchte dieser Höhlen, durch die im Minutentakt Touristenhorden geschleust werden, ist die **Aranui Cave**, an deren Decke Glühwürmchen wie ein Sternenhimmel funkeln. Die angrenzende *Ruakuri Cave* ist der Black Water Rafting-Tour vorbehalten. Teilnehmer dieser Tour hüllen sich in Gummianzüge und lassen sich auf Gummiringen

(36) WOMO-Campingplatz-Tipp: Waitomo Top 10 Holiday Park

GPS: S 38°15'37" E 175°6'37". **WOMOs:** 35 mit Stromanschluss

Ausstattung/Lage: Spielplatz, Swimmingpool, Spa / Gegenüber der i-Site.

Preise: Stellplatz mit Strom 46 NZD für 2 Erwachsene.

Kontakt: 12 Te Anga Rd, Waitomo, Tel. 07 878 7639, u. 0508 498 666, www.waitomopark.co.nz

Beurteilung: Guter Top 10 Platz, sauber und ordentlich. Nahe den Waitomo Caves gelegen.

Blick auf die Mündung des Mokau River

über unterirdische Flüssen treiben. Das Visitor Information Centre, in dem man die Touren in die umliegenden Höhlen buchen kann und in dem man Informationen zum umliegenden **Kings Country** bekommt, ist meist total überfüllt.
Auf zwei Wanderungen wollen wir Sie aufmerksam machen. Die erste führt von der i-Site zum Parkplatz der Ruakuri Scenic Reserve. Sie folgt dem Waitomo Stream und durchquert sowohl schattigen Wald als auch offenes Farmland, wobei sich spektakuläre Ausblicke bieten (**Waitomo Walk**, 3,3 km, 1 h 15 min). Vom Parkplatz der *Ruakuri Scenic Reserve* aus startet die zweite Wanderung, der Rundweg **Ruakuri Walk** (1 km, 45 min). Er ist als Lehrpfad angelegt und wurde wie üblich vom DOC ausgezeichnet präpariert. Der Walk folgt der bewaldeten Schlucht des Waitomo Stream zum kolossalen *Ruakuri Natural Tunnel*. Diese beeindruckende Wanderung sollten Sie sich keineswegs entgehen lassen. Zum Parkplatz mit benachbarten Picknickplatz gelangen Sie, indem Sie von der i-Site aus die Te Anga Road in westliche Richtung fahren, nach 400 m links der Tumutumu Road folgen und nach 2 km rechts zum Parkplatz abbiegen (GPS: S 38°15'54" E 175°4'48").

(37) WOMO-Stellplatz: Mangaotaki Rest Area

GPS: S 38°31'3" E 174°54'37".
Max. WOMOs: 3
Ausstattung/Lage:
Picknicktische / Nur durch einige Bäume vom SH3 abgetrennt.
Zufahrt:
Am SH3, 36 km hinter Te Kuiti.
Beurteilung:
Einfacher Picknickplatz. Treppe hinunter zum Mangaotaki Stream. Gut, wenn Not am Mann.

Die zwei Überlebenden der Three Sisters

Das heute landwirtschaftlich geprägte ca. 4.700 Einwohner zählende **Te Kuiti** liegt 19 km südöstlich von *Waitomo* an der Kreuzung SH3 und SH30 und an der *North Island Main Trunk Railway*. Der Eisenbahn verdankt die Stadt auch ihre Existenz, denn sie entstand 1887 aus einem Eisenbahncamp, von dem aus Waldrodungen, Landvermessungen und schließlich der Bau des letzten Teils der Eisenbahnstrecke Auckland - Te Kuiti vorangetrieben wurden. Die Stadt vermarktet sich als „*Welthauptstadt der Schafschur*". Sie ist Gastgeber der jährlichen Nationalen Meisterschaften im Schafscheren. Inmitten der Stadt wurde eine 7 m hohe Statue eines Schafscherers aufgestellt.

(38) WOMO- Wanderplatz: Tongaporutu

GPS: S 38°49'2" E 174°35'28". **Max. WOMOs:** 10
Ausstattung/Lage: Toilette / am Mündungsbereich Tongaporutu River.
Zufahrt. An der Süd-Seite der Brücke über den Tongaporutu River auf der Clifton Rd in Richtung See fahren, an den Häusern vorbei bis rechts ein einfacher Parkplatz kommt.

Beurteilung: Bei Ebbe ideal zum Wandern entlang der Küste bis zum offenen Meer und den eindrucksvollen Kalksteinklippen White Cliffs (20 min). Von den „Three Sisters" ist 2005 eine eingestürzt. Neben dem Platz finden Sie auf einer Wiese mit Bäumen weitere Stellplätze. Lassen Sie sich nicht durch das Schild „no Camping" mit rot durchgestrichenem Zelt abschrecken. Es gilt nicht für Self-contained Motorhomes!

Blick auf den Hafen von New Plymouth

Der verschlafen wirkende Ort **Mokau** liegt malerisch an der Flussmündung des *Mokau River* mit Blick auf den *Mt Taranaki* und hat einen wunderschönen schwarzen Sandstrand, der allerdings wegen gefährlicher Strömungen nicht zum Schwimmen geeignet ist. In Pioniertagen war *Mokau* ein wichtiger Hafen zur Verschiffung von Bauholz und Kohle. Das *Tainui Museum* zeigt historische Fotos aus dieser Zeit. Rund um den Ort gibt es **Wanderwege** und Wasserfälle. Einige Szenen aus dem Film von *Jane Campion „The Piano"* wurden hier gedreht. Die Häuser haben meist gepflegte, hübsche Bauerngärten, die auch besichtigt werden können. Auch eine Kanu Tour auf dem *Mokau River* bietet sich an. Größere Boote können den Fluss, dessen Quelle dem südlich *Te Kuiti* gelegenen *Pureroa Forest* entspringt, bis zu 37 Kilometer flussaufwärts befahren. Wer möchte kann bei einer Ausflugfahrt des 90 Jahre alten Milchbootes *MV Cygnet* einige geschichtlich bedeutende Stätten kennen lernen (**Mokau River Cruises**, Tel. 0800 665 2874, www.mokaurivercruises.co.nz).

(39) WOMO-Campingplatz: Waitara Marine Park Motor Camp

GPS: S 38°59'21" E 174°13'31". **WOMOs:** 32 mit Stromanschluss.
Ausstattung/Lage: Standard / liegt unweit der Mündung des Waitara River in den Taranaki Bight. **Preise:** 12 NZD pro Person.
Zufahrt: In Waitara, südlich der Brücke in die Centennial Ave einbiegen, bis zum Ende geradeaus fahren.
Kontakt: Centennial Avenue, West Beach, Waitara, Tel. 06 754 7121
Beurteilung: Einfacher, sauberer Platz auf Gras Der nahe lange Sandstrand ist übersät mit angeschwemmten Baumstämmen.

Nachdem vor der Küste einige der größten Öl- bzw. Gasvorkommen des gesamten Landes gefunden wurden, siedelten sich in **New Plymouth** Öl und Gas verarbeitende Betriebe sowie Firmen auf dem Sektor der Petrochemie an. Die Einwohnerzahl stieg schnell auf über 70.000 und machte *New Ply-*

Te Rewa Rewa Bridge

mouth zur mit Abstand größten Stadt der *Region Taranaki*. Ein ebenfalls stark wachsender Wirtschaftszweig ist der Tourismus. In *New Plymouth* Urlaub zu machen oder sogar dort zu wohnen wird immer populärer, weil man an der Küste vortreffliche Surf-Bedingungen vorfindet (daher entstammt der Name *„Surf Highway 45“*) und weil man nicht weit bis zum *Mount Taranaki* fahren muss, um dort im Egmont-Nationalpark zu wandern oder im Winter Ski zu fahren oder zu Snowboarden.

New Plymouth ist eine sehr sympathische Stadt, die Gäste freundlich willkommen heißt und gegenüber freien Übernachtungen in self contained Motorhomes ausgesprochen großzügig ist. Starten Sie Ihren Besuch am Besten in der i-Site, die im **Puke Ariki** Komplex (65 St Aubyn Street) untergebracht ist. Sie bekommen hier neben einer guten Beratung viele nützliche Broschüren ausgehändigt, darunter **„New Plymouth District Guide to Walkways“**, die Wanderwege der Umgebung beschreibt. Im Puke Ariki Komplex sind auch ein empfehlenswertes Cafe, die Stadtbibliothek (freies Wifi) und ein ausgezeichnetes interaktives Museum untergebracht, in dem u.a. das Skelett des ausgestorbenen Riesenvogels Moa zu sehen ist.

Pukekura Park

Unmittelbar vor dem Komplex sehen sie an der Uferpromenade ein 45 m hohes rotes gebogenes Fiberglasrohr mit einer Leuchtkugel an der Spitze. Es handel sich hierbei um eine Skulptur von Len Lye, genannt „Wind Wand“ (Wind-Stab). An der Uferpromenade vorbei führt der 11km lange **Coastal Walkway**, den Sie von hier aus in bei-

Stellplatz am Lake Rotomanu

de Richtungen laufen können. Mit der *Govett-Brewster Kunstgalerie* existiert in New Plymouth die bedeutendste Sammlung zeitgenössischer Kunst in ganz Australasien. Hinter der *St. Marys Church*, der im Jahr 1845 gebauten ältesten Steinkirche Neuseelands, liegt der **Marsden Hill**, der einem die Mühen des Aufstieges durch einen wunderbaren Rundblick lohnt und zudem das Observatorium beherbergt. In New Plymouth und Umgebung gibt es eine stattliche Zahl von Parks.

(40) WOMO-Wanderplatz: Lake Rotomanu

GPS: S 39°2'33" E 174°6'57". **Max. WOMOs:** 5
Ausstattung/Lage: Toilette, Wasser, Picknicktische / Am Lake Rotomanu.
Zufahrt: Von New Plymouth kommend vor dem Waiwhakaiho River links vom SH3 in Devon St einbiegen und dann rechts in die Clemow Rd.
Beurteilung: Wunderschöne Stellplätze auf Gras. Walkway um den See, 30 Minuten. Der Coastal Walkway führt am See vorbei, 3,5 km bis zur Stadtmitte. Die tolle Brücke über den Waiwhakaiho River liefert Fotomotive mit Mt Taranaki im Hintergrund. Sehr zu empfehlender Platz!

(41) WOMO-Stellplatz: New Plymouth Pukekura Carpark

GPS: S 39°3'49" E 174°4'53". **Max. WOMOs:** 5
Ausstattung/Lage: Toilette, Wasser / Parkplatz unter Bäumen am nördlichen Eingang des Pukekura Parks.
Zufahrt: Von der i-Site aus die Molesworth St in östliche Richtung fahren und rechts in die Gover St einbiegen. Nach 1 km rechts in die Rogan St abbiegen, Platz liegt rechts.
Beurteilung: Sie laufen 5 Min. in den Pukekura Park und dann weitere 10 Min. ins Stadtzentrum. Wenn Sie das Festival of Lights besuchen wollen, gibt es keinen besseren Platz!

Vom Zentrum aus hinter dem Marsden Hill liegt 1,5 km entfernt der sehenswerte Botanische Garten **Pukekura Park**,

Urwald am Ngatoro Loop Track

Schauplatz des jährlich von Mitte Dezember bis Anfang Februar stattfindenden **Festival of Lights**. Auf dem New Plymouth Heritage Trail lernen Sie auf einer zweistündigen Wanderung viele historisch und architektonisch interessante Plätze und Gebäude der Stadt kennen. Gut essen können Sie in angenehmem Ambiente und mit Blick aufs Meer im **Arboria** (North Wing Puke Ariki, 1 Ariki St, Tel. 06 759 1241).

Der Hauptanziehungspunkt der Region ist der 2518 m hohe, atemberaubend schöne **Mount Taranaki** mit seinem gleichmäßig geformten Vulkankegel, der immer von Schnee und Eis bedeckt ist. Der von den Maori seit jeher Taranaki genannte Berg wurde von *James Cook* nach dem *Earl of Egmont* in *Mount Egmont* umbenannt. Der Berg erhielt jedoch in den 80-iger Jahren des letzen Jahrhunderts wieder seinen alten Namen, und nur der ihn umgebende *Egmont-Nationalpark* erinnert an den Adligen, der nie in Neuseeland war. Der *Mt Taranaki*, dessen letzter Ausbruch auf das Jahr 1755 datiert, ist von vielen einzigartigen Pflanzen bewachsen und ihm entspringen mehr als 50 Flussläufe, die von sehr starken Niederschlägen

Straße zur Bergstation North Egmont

Lake Mangamahoe

gespeist werden. In den Sommermonaten Dezember bis März kann der am meisten bestiegene Gipfel Neuseelands auch ohne Kletterausrüstung erreicht werden. *Mt Taranaki* gehört zu den neuseeländischen Regionen, die echte vier Jahreszeiten haben. Im Frühjahr erwacht das Leben, zehntausende Rhododendren erblühen zu dieser Jahreszeit in den Garten- und Parkanlagen, der Sommer ist bei Wanderern, Outdoor-Fans und Alpinisten beliebt, der Herbst färbt die Blätter und wartet mit warmen Tagen und kalten Nächten auf und der Winter bietet sogar Schnee zum Skifahren.

Stratford, The Glockenspiel

Von den vielen **Maori Legenden**, die sich um den Berg ranken, sei hier die schönste wiedergegeben: *Früher lebte der Taranaki mit den anderen Vulkanen zusammen im Zentrum der Nordinsel, als Nachbar und Rivale von Tongariro. Eines Tages verliebten sich beide in den mit grünem Wald überwachsenen kleinen Vulkan Pihanga, wodurch es zum Streit zwischen den Vulkanen kam. Während der Schlacht schüttelte sich die Erde, und der Himmel wurde schwarz, bis sich schließlich Pihanga für Tongariro entschied.*

Dawson Falls

Traurig und von Tongariro bedrängt, wanderte Taranaki nach Westen, bis ihn das Meer stoppte. Der tiefe Graben, den der auf seiner Wanderung hinter sich herzog, verwandelte sich zum Bett des Whanganui River, der von Taranakis Wunden gespeist wurde.

Über den SH3 verlassen Sie New Plymouth gen Süden und legen schon nach 9 km den ersten Stopp ein, weil Sie von der Scenic Reserve des **Lake Mangamahoe** einen wundervollen Blick auf den *Mt Taranaki* genießen wollen. Wenig später biegen Sie vor **Inglewood** rechts in den Mount Egmont National Park ab. Sie folgen der Egmont Road, die in ihrem Verlauf durch immer dichter werdenden Wald führt. Oft hängen dicke Äste über diese bezaubernde Straße und Sie müssen aufmerksam fahren, um Ihr Wohnmobil unversehrt nach etwa 18 km zum Visitor Centre die **Bergstation North Egmont** (940 m ü.d.M.) zu bringen. Hier ist der mit Abstand beste Ausgangspunkt für Gipfelbesteigungen. Wer eine Wanderung oder gar einen Aufstieg beabsichtigt, sollte sich mit Informationsmaterial eindecken und unbedingt den Wetterbericht einholen. Kurze Wanderungen werden in der Broschüre **„Short Walks in Mt Egmont"** beschrieben. Wir entschieden uns für den reizenden **Ngatoro Loop Track** (3 km, 45-60 min, 100 m Anstieg).

Eine zweite Stichstraße zum Mt Taranaki zweigt im 20 km hinter Inglewood liegenden *Stratford* ab. Die Pembroke Rd bringt Sie nach 15 km zur **Stratford Monutain-Station** (East Egmont, 850 m ü.d.M.). *Stratford*, das östliche Sprungbrett zum *Taranaki*, verfügt über eine ausgezeichnete Visitor Information, ein DOC-Büro, ein Hallenschwimmbad und einen Top 10 Campingplatz. Außerdem befindet sich am südlichen Ortsausgang die *Taranaki Pioneer Village* in der 50 historische

Wilkies Pools Loop Track

Gebäude der Gegend zusammen getragen sind, darunter das sehenswerte *Okato-House (1853).* Eine dritte Möglichkeit, nahe an den Gipfel heranzukommen, bietet sich Ihnen in ebenfalls in *Stratford.* Sie biegen im Stadtzentrum vom SH3 rechts in die Celia St ab, die im weiteren Verlauf zur Opunake St wird. Nach insgesamt 14 km biegen Sie rechts in die Manaia Rd ab.

(42) WOMO-Wanderplatz: Dawson Falls Carpark

GPS: S 39°51'54" E 174°44'49". **Max. WOMOs:** 10
Ausstattung/Lage: Toilette, Wasser / Am DOC Visitor Centre.

Zufahrt:
In Stratford vom SH3 in die Celia St einbiegen und nach 16 km rechts in die Manaia Rd. Nach 9 km haben Sie den Carpark erreicht.
Beurteilung:
Wunderschöne Stellplätze auf Asphalt, dafür aber von Grün umgeben. Großartiger Blick auf Mt. Taranaki und den vorgelagerten Fanthams Peak. Ausgangspunkt zahlreicher Wanderungen. Spätestens ab 17 Uhr ist wird es ruhig am Carpark, abgesehen vom Gesang der Vögel.

Diese führt Sie durch den Regenwald, vorbei am 18 m hohen Wasserfall, nach weiteren 8,5 km zum **Dawson Falls Visitor Centre** (924 m ü.d.M.). Von der Aussichtsplattform haben Sie einen atemberaubenden Blick. Sie können auf dem Parkplatz vor dem DOC Visitor Centre frei übernachten und die Dawson Falls in einer 45 minütigen Rundwanderung erkunden (**Kapuni Loop Track**). Es existieren diverse weitere Wanderungen, Z.B. der 1,5-stündige **Wilkies Pools Loop Track.**

(43) WOMO-Campingplatz-Tipp: Opunake Beach Kiwi Holiday Park

GPS: S 39°27'29" E 173°51'28". **WOMOs:** 100 mit Stromanschluss.
Ausstattung/Lage: Spielplatz, Planschbecken / An der Opunake Beach.
Preise: Stellplatz mit Strom 40 NZD für 2 Erwachsene.

Zufahrt: In der Ortsmitte vom SH45 in die Havelock St Richtung Strand abbiegen. Nach 400 m zweigt die Beach Rd links ab.
Kontakt: Beach Rd, Tel. 0800 758 009, www.opunakebeach.com
Beurteilung: Guter und kinderfreundlicher Platz. Duschen frei. Geschützte Bucht mit Sandstrand. Besser zum Wellensurfen als zum Schwimmen geeignet.

Auf dem Rückweg von den Dawson Falls können Sie kurz vor Kaponga die Rosenbeete des *Hollards Gardens* bewundern und über die Palmer Rd zum Kapuni Gasfeld gelangen. Wer sich dafür interessiert, kann sich im dortigen Visitor Centre über die ausgedehnte Industrieanlage informieren. Über die Eltham Road gelangen Sie zurück nach Eltham, wo Sie sich im Verköstigungsraum der **Mainland Packing Käserei** für die Weiterfahrt nach Wanganui mit frischen Käsevorräten eindecken können.

(44) WOMO-Campingplatz: Ohawe Beach Hawera

GPS: S 39°35'9" E 174°11'49". **WOMOs**: 10 mit Stromanschluss
Ausstattung/Lage: Wasser, Toilette, Dusche / an der Steilküste nahe der Mündung des Waigongoro River gelegen, Wilder Strand mit großen Felsbrocken, Baumstämmen. Gut geeignet zum Surfen.

Preise: 20 NZD pro Stellplatz mit Strom.
Zufahrt: Vom SH45 in Ohawe Rd einbiegen, 3 km bis Ohawe Beach
Kontakt: Rangatapu Street, Ohawe Beach, Tel. 06 278 6939
Beurteilung: Einfacher Platz an einer sehr schönen wilden Küste mit Steilufer. Der Sonnenuntergang ist dort fantastisch!

Etwa 20 km südlich Eltham erreichen Sie auf dem SH3 in der 9.000 Einwohner Gemeinde **Hawera** das südliche Ende der Taranaki Halbinsel. Attraktionen sind hier der direkt an der Umgehungsstraße gelegene *King Edwards Park*, das eindrucksvolle *Turuturu Mokai Pa* und das *Tawhiti-Museum*. Das

Blick von Ohawe auf den Mt Taranaki

South Taranaki Visitor Centre liegt direkt am 50 m hohen Wasserturm, der einen herrlichen Rundblick bietet. Sie verlassen *Hawera* über den SH3, dem Sie über die Örtchen *Patea* und *Waverly* 90 km bis *Wanganui* folgen.

(45) WOMO-Badeplatz: Waiinu Beach

GPS: S 39°51'54" E 174°44'49". **Max. WOMOs:** 15

Ausstattung/Lage: Toilette, Wasser, Mülltonnen, Dump Station / Am Strand der Waiinu Beach.

Preise: 10 NZD pro Stellplatz. Wird abends eingesammelt.

Zufahrt: In Waitotara nach Süden abbiegen, 8km Richtung Strand fahren.

Beurteilung: Wunderschöner großer Grasplatz hinter den Dünen. Betrieben vom South Taranaki District Council. Neue Toilettenanlage, gut gepflegt, sauber. Gute Möglichkeiten zum Baden und Wellensurfen.

TOUR N03
25 km
Pureora Forest Park
Lake Taupo
Taupo
Huka Falls
32
4
41
1
58
57
56
Tokaanu
Turangi
Taumarunui
Lookout
Lake Rotoaira
55
47
Kaimanawa Forest Park
Mt Tongariro 1978 m
Mt Ngauruhoe 2287 m
59
53
Whakapapa Village
National Park
54
Tongariro National Park
Mt Ruapehu 2797 m
Whanganui National Park
Truppenübungsplatz
Lake Moawhango
kein Zutritt
52
51
60
Waiouru
Bridge to Nowhere
Raethi
Ohakune
49
Armeemuseum Queen Elisabeth II
Gentle Annie Road
50
Pipiriki
Jerusalem
Ranana
Kawana Flour Mill
Whanganui River
Raukawa Falls
48
Taihape
Atene
61
Mangaweka
Rangitikei River
Whangaehu River
Vinegar Hill
62
Wanganui
46
3
Bulls
Feilding
WC

Tour N03: In die zentrale Hochebene

Wanganui - Whanganui River Road - Tongariro NP - Lake Taupo - Rangipo Desert - Rangitikei River - Bulls - 510 km

Stellplätze:	Wanganui i-Site, Whanganui River Road, Mangawhero-, Mangahuia DOC, Tokaanu Marina, Lake Taupo: Oruatua, Mission Bay, Desert Road: Three Sisters, Waiouru Army Museum, Mangaweka CG, Vinegar Hill
Camping:	Wanganui Top 10, Raukawa Falls YMCA, Pipiriki, Ohakune, Whangapapa, Tongariro NP
Baden:	Whanganui River, Lake Taupo, Tokaanu Hot Pools
Wandern:	Pipiriki: Pukehinau Walk, Bridge to Nowhere, Okahune: Mangawhero Forest Walk, Rimu Track, Mangawhero Falls, Whakapapa: Nature Walk, Taranaki Falls Track Tongariro Crossing, Whakapapaiti Valley Track, Rotopounamu: Walking Track, Taupo: Great Lake Walk,
Essen:	Wanganui: Mud Ducks

Sie fahren in dieser Tour zunächst die bezaubernde **Whanganui River Road** bis Pipiriki und unternehmen dort eine spannende Jetboot Fahrt zur **Bridge to Nowhere.** Auf der Weiterfahrt wird sich die Landschaft plötzlich öffnen und den Blick auf den eindrucksvollen schneebedeckten **Mount Ruapehu** freigeben. Nachdem Sie einige Wanderungen in dem in der zentralen Hochebene gelegenen **Tongariro Nationalpark** unternommen haben, fahren Sie hinab zum **Lake Taupo**, dem größten See der Nordinsel, in dem es vor wohlschmeckenden Regenbogenforellen nur so wimmelt. Auf der Ostseite des *Tongariro NP* fahren Sie durch die **Rangipo Desert** zurück Richtung Westküste. Sie folgen dem Lauf des ursprünglichen **Rangitikei River** und werden schließlich am Tourende in **Bulls** durch einen übergroßen Bullen begrüßt.

Wanganui, Hauptstadt des *Wanganui-Distriktes*, liegt mit rund 41.000 Einwohnern an der Mündung des **Whanganui River**. Der das Stadtbild beherrschende Fluss entspringt den Hängen des *Tongariro*, fließt zunächst in Richtung Nordwesten und wendet sich bei dem 5.000-Einwohner-Städtchen *Taumarunui* in südwestliche Richtung. Der ab hier schiffbare Fluss windet sich in unzähligen engen Flussschleifen in tiefen, scharfkantigen Tälern durch den Regenwald, bevor er bei *Castlecliff*, einem Vorort von *Wanganui,* auf ausgedehnte Dünenland schaften stößt und an der *South Taranaki Bight* in die Tasmanische See mündet. Das Gebiet um die Mündung des *Whanganui River* wurde bereits vor Ankunft der Europäer von

Blick auf Wanganui und den Whanganui River

Maori besiedelt. Gegründet wurde **Wanganui** 1840 von der *New Zealand Company*, die nach neuem Land für ihre Siedler suchte. Dabei wurde *Wanganui* auch als Ausgangspunkt für Expeditionen ins Landesinnere wichtig, weil der *Whanganui River* die längste Binnenwasserstraße in Neuseeland ist. Der **Raddampfer Waimarie**, der mit viel Liebe von einer örtlichen Freiwilligengruppe restauriert wurde und Ausflugsfahrten bis zu 30 km den Fluss hinauf unternimmt, stellt das offensichtlichste Überbleibsel aus der ehemaligen Kolonialzeit dar. Eine Fahrt mit dem historischen Schaufelraddampfer gehört zweifellos zu den Höhepunkten eines *Wanganui* Aufenthaltes (**Whanganui Riverboat Centre**, 1A Taupo Quay, Tel. 06 347 1863, www.riverboat.co.nz).

(46) WOMO-Campingplatz-Tipp: Wanganui River Top 10 Holiday Park

GPS: S 39°53'41" E 175°5'30". **WOMOs:** 44 mit Stromanschluss
Ausstattung/Lage: Spielplatz, beheizter Swimmingpool, Kajakverleih / am Ufer des Whanganui River. **Preise:** Stellplatz mit Strom 50 NZD.
Zufahrt: Von der i-Site in Wanganui den Taupo Quay Richtung Norden fahren. Er geht in die Somme Parade über, die 7 km am Ufer des Wanganui River bis zum Top 10 führt.

Kontakt: 460-462 Somme Parade, Aramoho, Tel. 0800 272 664, www.wrivertop10.co.nz
Beurteilung: Angenehme Anlage. Sehr schön am Westufer des Whanganui River gelegen, 5km nördlich der Dublin Bridge.

Blick auf Durie Hill, Weltkugel

Im direkt neben der i-Site gelegenen Café können Sie mit Blick auf den Fluss einen leckeren Cappuccino genießen (**Mud Ducks**, 31 Taupo Quay, Tel. 06 347 2700, www.mudducks.co.nz). Obwohl *Wanganui* eine der ältesten Städte des Landes ist, weist das Stadtbild eindeutig moderne Züge auf. Gleichzeit verströmt die Stadt Charme und Geruhsamkeit. Sie werden sich hier sicherlich gerne einige Stunden oder gar einen ganzen Tag aufhalten. Für einen ersten Überblick bietet sich der flussnahe 66 m hohe **Durie Hill** mit seinem aussichtsreichen **War Memorial Tower** (Mo-Fr 7.30-19, Sa 9-20, So 13-18 Uhr) an. Auf den *Durie Hill* können Sie auf ganz ungewöhnliche Weise gelangen, indem Sie vom Stadtzentrum aus die City Bridge überqueren, ca. 200 m durch einen Tunnel laufen und dann einen Aufzug nehmen. Wenn das *War Memorial* nicht geöffnet ist, können Sie den Maschinenturm des Lifts besteigen und haben von dort ebenfalls einen vorzüglichen Blick auf die Stadt

(47) WOMO-Stellplatz: Wanganui i-Site

GPS: S 39°56'2" E 175°3'26". **Max.WOMOs:** 3

Ausstattung/Lage: Toilette in der i-Site / Parkplatz am Wanganui River.

i-Site: 31 Taupo Quay, Wanganui, Tel. 06 349 0508.

Zufahrt: Die i-Site ist gut ausgeschildert (nahe der City-Bridge). Der Platz liegt 50 m entfernt.

Beurteilung: Schön am Fluss gelegener Platz, zwischen i-Site und Riverboat Centre.

Hinweis: In der ausgezeichneten i-Site gibt es freies Wifi. Jeden Samstag findet auf dem Platz von 9-13 Uhr der sehr empfehlenswerte **Whanganui River Traders Market** (www.therivertraders.co.nz*)* statt. Samstags werden Sie also sehr früh von Ihrem Übernachtungsplatz vertrieben (7 Uhr).

Blick auf Wanganui und den Raddampfer Waimarie

und die große Flussschleife des *Whanganui River*. Danach sollten Sie unbedingt die Haupt- und Shoppingstraße des Ortes, die palmengesäumte *Victoria Avenue*, entlang spazieren. Im *Civic Centre*, gegenüber der War Memorial Hall, präsentiert das **Whanganui Regional Museum** (Mo-Sa 10-16.30, So 13-16.30 Uhr) eine vorzügliche Sammlung von Maorikunst. Das prächtige königliche Opernhaus wurde im Jahre 1899 aus Holz errichtet und wird heute immer noch zu Aufführungen genutzt (**Roayal Wanganui Opera House**, 69 St Hill St, Tel 06 349 0511). Die *Sarjeant Galerie* wurde 1919 im Art Deco Stil gebaut und ist mit der weithin ins Auge fallenden weißen Kuppel unübersehbares Wahrzeichen von *Wanganui*. Berühmt ist *Wanganui* auch für seine traumhaften Parks und Gärten, die der Stadt zu Recht das Attribut *Gartenstadt* eingebracht haben. Auf der Anfahrt auf dem SH3 passieren Sie 3 km vor dem Zentrum den im Vorort St Johns Hill gelegenen Lake Virginia, einen der schönsten Gärten Wanganui's. In 25 Minuten können Sie um den See mit seinen zahlreichen Wasservögeln herum wandern und anschließend kostenlos das Gewächshaus mit blühenden exotischen Pflanzen besichtigen. Sehr empfehlenswert ist der Besuch des Wochenmarktes, an dem Sie u.a. ausgezeichnetes Vollkornbrot kaufen können (**Whanganui's Market by the River,** Moutoa Quay, Sa. 9 bis 13 Uhr).

Whanganui's Market by the River

Whanganui River

Sie wenden sich nun dem kaum besiedelten Hinterland zu, verlassen *Wanganui* auf dem SH4 entlang des Flussbettes und biegen nach 14 km links in die **Whanganui River Road** ab. Schon am Eingang des *River Valley* bietet sich Ihnen ein atemberaubender Blick tief hinab zum Fluss. Die 1934 eröffnete kurvenreiche Landstraße wird bald eng und muss sich zwischen Fluss, Weideland und stark bewaldeten Abschnitten hindurch schlängeln. Es herrscht wenig Verkehr, aber wessen Camper gar zu lang ist, der sollte sich überlegen, ob er die engen Kurven dieser Strecke nicht lieber gegen den bequemen und landschaftlich ebenfalls reizvollen SH4 eintauscht. Bei starken Regenfällen sollte die bezaubernde Landstraße auf jeden Fall gemieden werden, denn der letzte Streckenabschnitt vor Pipiriki ist unbefestigt.

(48) WOMO-Wanderplatz: Raukawa Falls YMCA

GPS: S 39°37'54" E 175°18'58". **WOMOs:** 8 mit Stromanschluss

Ausstattung/Lage: Entsorgungsstation, Toilette, Wasser, warme Dusche / Von Wald umgebene Grasfläche am Mangawhero River.
Preise: Stellplatz mit Strom 35 NZD für zwei Personen (Selbstregistrierung).
Zufahrt: Am SH3 ausgeschildert. Die Zufahrt ist 58 km nördlich Wanganui auf der linken Seite.
Kontakt: Parapara, SH4, Tel. 06 342 8518, www.ymcawanganui.org.nz
Beurteilung: Etwas einsam gelegene Anlage. Halbstündige Wanderung zu den Raukawa Falls.

Wer den SH4 fährt, findet auf halber Strecke die **Raukawa Falls** und kurz davor eine einsam und ruhig gelegene Übernachtungsstelle. In *Raetihi* treffen *Whanganui River Road* und

Whanganui River, Blick auf Jerusalem

SH4 wieder aufeinander. Sie sollten auf die wundervollen Ausblicke, die Ihnen die, meist hoch über dem Fluss entlang führende River Road bietet, nicht ohne Not verzichten. Sie ist wenig befahren, dafür grasen überall am Wegesrand Schafe und ab und zu auch einige Kühe. Das schmale Sträßchen führt vorbei an kleinen, mehrheitlich von Maori bewohnten Ortschaften, idyllischen Holzkirchen, Versammlungshäusern, alten Missionsstationen und Sägemühlen. Zum Besuch der oft wunderschön restaurierten Marae (Versammlungshäuser) benötigen sie eine Erlaubnis. 4 km vor *Ranana* erreichen Sie die 1854 erbaute *Kawana Flour Mill*. Sie ist die am längsten betriebene und erfolgreichste Mehlmühle am *Whanganui River*. Sie schloss im Jahr 1912 und verfiel. 1978 wurde sie vollständig restauriert. In der winzigen Ortschaft *Ranana (London)* gibt es eine Katholische Missionskirche und einen dicht am Fluss liegenden Campingplatz (Kauika, Tel. 06 342 8061, GPS: S 39°35'6" E 175°6'33"). Immer wieder bietet sich Ihnen eine wunderbare

(49) WOMO-Stellplatz: Whanganui River Road

GPS: S 39°42'49" E 175°7'34". **Max. WOMOs:** 8 Plätze

Ausstattung/Lage: Wasser, Toilette / Malerisch gelegen, wenige Meter oberhalb des Whanganui River.

Zufahrt: Kurz hinter Atene, direkt links an der Straße gelegen. Augen auf, oder von den Koordinaten leiten lassen!

Beurteilung: Sehr schöner Platz, Kiwi rufen in der Nacht! Steilufer führt hinab zum Fluss.

Bridge to Nowhere

Aussicht auf den Fluss mit seinen unzähligen Sandbänken und Stromschnellen. Auch Sie werden ganz sicher kurz vor **Jerusalem** anhalten, um das Motiv, das dieses kleine Örtchen mit seiner bezaubernden Holzkirche bietet, mit Ihrer Digitalkamera festzuhalten. Ende der 60er, Anfang der 70er lebte der neuseeländische Dichter *James K. Baxter* in Jerusalem und erlangte mit seiner bis zu 200 Anhänger starken Kommune landesweite Berühmtheit.

Pipiriki, 79 km von *Wanganui* entfernt, ist der größte Ort auf diesem Streckenabschnitt und wird als das Tor zum Whanganui Nationalpark betrachtet. Läden und eine Tankstelle suchen Sie allerdings vergebens. Es ein Informationszentrum und ein Museum, das sich im historischen Colonial House befindet. Lohnend sind die angebotenen kurzen Spaziergänge zu historisch und landschaftlich interessanten Orten. In Pipiriki werden von verschiedenen Veranstaltern Jetbootfahrten zur **Bridge to Nowhere** angeboten (siehe Kasten).

(50) WOMO-Campingplatz-Tipp: Pipiriki Camping Ground

GPS: S 39°28'39" E 175°2'36". **WOMOs:** 40 (derzeit keine mit Strom)

Ausstattung/Lage: Küche, Toilette, Dusche / Auf einer Wiese, von Bäumen umgeben. Fünf Minuten zu Fuß zum Wanganui River.
Preise: 15 NZD für 2 Erwachsene
Zufahrt: An der Straße nach Raetihi ausgeschildert.
Kontakt: 2522 Pipiriki Raetihi Road, Pipiriki, Tel. 0800 862 743, www.whanganuiriveradventures.com
Beurteilung: Sehr schöner und stimmungsvoller Platz, der dem von Maori geführten Unternehmen Whanganui River Adventures gehört. Sie können im Office Kanus oder Kajaks mieten oder eine Jetboat Fahrt buchen.

Jetboot Tour *Bridge to Nowhere*

Eine Kanufahrt auf dem *Whanganui River* kann ihre Tücken haben: immer wieder wird man durch Stromschnellen überrascht und die Wassertiefe des Flusses variiert stark. Wie zum Beweis dafür fischt Joe ein Paddel aus River. Der Besitzer sitzt mächtig verschüchtert in einem Kanu, das von zwei Mädchen gesteuert wird, die ihn auflesen mussten. Er war manövrierunfähig, sein Paddel hatte er beim Kentern verloren. Damit uns das nicht passiert und damit wir garantiert aus dem Nirgendwo zurückkehren, haben wir uns für eine Jetboot-Tour entschieden. Wir haben unseren Camper auf dem Parkplatz des Tourveranstalters geparkt und warten in der Morgensonne auf Joe. Als er um 10 Uhr eintrifft bekommt jeder eine Schwimmweste und schon geht es los hinunter zum Whanganui River. Das Jetboot ist bis auf den letzten Platz gefüllt und Joe braust nach einigen Erläuterungen zum Ablauf der Tour los. Er stoppt immer wieder und geht auf landschaftliche Besonderheiten ein. Bald erreichen wir den Eingang zum *Whanganui River National Park* und kurz darauf sein Haus, das hoch oben über dem Fluss thront. Er fährt mit einem bereit stehenden Quad Bike hinauf und kommt zwei Minuten später mit einem Rucksack voller Utensilien zum Lunch zurück. Sein Fresspacket muss jeder selbst mitbringen: Für den Kaffee, Tee und Gebäck sorgt Joe. Durch Regenfälle in der *Mt Taranaki Region* ist der Wasserspiegel über Nacht um 80 cm angestiegen, ohne das in *Pipiriki* ein Tropfen Regen gefallen wäre, durchaus tückisch. Wer eine mehrtägige Tour gebucht hat und am Fluss übernachtet, sollte das bei der Wahl des Zeltplatzes und der Befestigung seines Kanus berücksichtigen. In der Nähe des *Maungaparua Tals* legen wir an und wandern 40 Minuten auf einem reizvollen Pfad, der oft sehr steil abfällt, bis zur Brücke ins Nichts. Eine Gruppe von Bikern hat es sich schon gemütlich gemacht. Auch wir finden noch ein schattiges Plätzchen, um unser Lunchpacket und Joes Kaffee und Kekse zu genießen. Die Betonbrücke über den *Maungaparua Stream* wurde Mitte der 30er Jahre gebaut. Sie sollte den umliegenden Farmen bessere Zugangswege eröffnen und war deswegen auf 3 m Breite ausgelegt. Tatsächlich fuhren in den ersten Jahren schon Autos über die Brücke. Die Farmen wurden dann aber wegen Unwirtschaftlichkeit aufgegeben. Heute hat sich der neuseeländische Busch das Gebiet zurück erobert und von beiden Seiten führen heute nur noch Trampelpfade zu der nun deutlich überdimensioniert wirkenden Touristenattraktion.

Sie verlassen nun den *Whanganui River*, der zwischen *Pipiriki* und *Taumarunui* für 80 km unbehelligt von Straßen und Autos bleibt. Die 27 km lange kurvenreiche Straße nach **Raetihi** ist durchaus reizvoll und heute durchgehend asphaltiert. Unterwegs öffnet sich plötzlich der Blick und der schneebedeckte mächtige *Mt Ruapehu* liegt vor ihnen. Versäumen Sie nicht, an der Ausbuchtung (GPS: S 39°27'1" E 175°11'53") der Straße anzuhalten und diesen herrlichen Blick zu genießen. Der 1.400 Einwohner zählende Ort *Raetihi* ist lokales Zentrum

Blick auf Mount Ruapehu

der umliegenden Landwirtschaft. Die markanten Zwillingstürme gehören zu einem Gotteshaus der Ratana-Sekte, die christliche und traditionelle Maori-Elemente zusammengefügt hat. Sie werden nicht lange in *Raetihi* verweilen, denn vor Ihnen liegt der **Tongariro Nationalpark**, der mit seinen drei aktiven Vulkanen, dem **Tongariro (1968 m), Ngauruhoe (2291 m)** und **Ruapehu (2797 m)** zum Weltkulturerbe zählt. Auch wenn die Filmtrilogie „Herr der Ringe" bisher nicht zum Weltkulturerbe zählt soll erwähnt werden, dass der *Ngauruhoe* dort als Schicksalsberg (*Mount Doom)* zu bestaunen ist.

(51) WOMO-Campingplatz: Ohakune Top 10

GPS: S 39°25'2" E 175°23'44". **WOMOs:** 50 mit Stromanschluss
Ausstattung/Lage: Spielplatz / Am südlichen Stadtrand, angrenzend an den Jubilee Park.

Preise: Stellplatz mit Strom 42 NZD für zwei Personen.
Zufahrt: Im Zentrum ausgeschildert.
Kontakt: 5 Moore Street, Ohakune, Tel. 0800 825 825, www.ohakune.net.nz
Beurteilung: Sehr schöne, gepflegte Anlage mit besonders hochwertigem Sanitärbereich, viel Grün, hohe Bäume. Zwischen den Cabins 6 und 16 führt eine Brücke zum **Jubilee Park Walkway**, einem Rundweg von 30 Minuten durch ursprünglichen neuseeländischen Wald. Zentrumsnahe Lage. Einige Restaurants in der Nähe.

Um eine Ausbeutung durch die weißen Einwanderer zu verhindern, schenkte der Stamm der Ngati Tuwharetoa 1887 den Kern des heutigen Nationalparks der britischen Krone unter der Auflage, dort eine Schutzzone zu schaffen. Die Berge des Tongariro Nationalparks haben für die Maori eine wichtige spirituelle Bedeutung. Daher sollte dem Gebiet mit Respekt

Ohakune mit Mount Ruapehu

und besonderer Ehrfurcht begegnet werden. Hauptaktivitäten in diesem einzigartig schönen Park sind Wandern und Bergsteigen im Sommer beziehungsweise Skifahren und Snowboarden im Winter.

Die bekannteste Wanderroute ist sicherlich **Tongariro Crossing**, die zu den schönsten weltweit gezählt wird und Jahr für Jahr ca. 25.000 Wanderer begeistert. Der 19,5 km lange Weg führt in die Welt der Vulkane. Erstarrte Lavaasche, dampfender Boden und Seen in nahezu unnatürlicher grüner Farbe warten auf den Wanderer. Neben dem Tongariro Crossing gibt es aber auch zahlreich kürzere Wanderungen im Nationalpark. In der Nähe von Okahune liegen mit dem **Mangawhero Forest Walk** und **Rimu Track**, dem Weg zum **Lake Rotokura** und dem Weg zu den Mangawhero Falls drei Wanderungen, die zwischen 10 Minuten und einer Stunde in Anspruch nehmen. Sie fahren auf direktem Wege über die 11 km lange Raetihi-Ohakune-Road zum kleinen Ort **Ohakune**, dem südlichen Einfallstor zum *Tongariro National Park*. In Neuseeland gilt *Ohakune* als Karotten-Hauptstadt, neben dem Ortseingangsschild begrüßt eine 10 m große Karotte die Besucher und jedes Jahr im August wird das *Karotten-Festival* gefeiert.

(52) WOMO-Wanderplatz: Mangawhero - DOC Standard

GPS: S 39°23'40" E 175°25'45". **WOMOs:** 20 ohne Stromanschluss

Ausstattung/Lage: Toilette, Wasser, Picknicktisch / Am Eingang des Tongariro National Parks an der südwestlichen Bergflanke des Mt Ruapehu gelegen.

Preise: 6 NZD pro Erwachsenem, 3 NZD pro Kind.

Zufahrt: Ohakune Mountain Rd, Ohakune.

Beurteilung: Schöner DOC Platz. Ausgangspunkt des sehr empfehlenswerten und gut ausgeschilderten Rundwanderweges **Mangawhero Forest Walk** (3 km, 1 h).

Sie folgen der ungemein reizvollen 17 Kilometer langen *Ohakune Mountain Road*, die zunächst, vorbei an üppigen Baumfarnen, durch dichten Wald führt. Im späteren Verlauf wird die Landschaft zunehmend karger, bis auch die letzten Bäume Tussock-Grasflächen, Steinen und vielfarbigen Flechten weichen müssen. Sie passieren einen Wanderparkplatz, von dem aus kurze Spazierwege in den Wald führen und bewundern von einer Plattform aus die **Mangawhero Falls**. Schließlich erreichen Sie den großen Parkplatz des **Turoa Ski-Gebietes**, der im Sommer fast völlig verweist ist. Sie genießen den Blick und fahren nach einem Rundgang von einer Höhe von 1.600 m ü.d.M. die Stichstraße zurück nach *Ohakune*, das auf einer Höhe von 600 m ü.d.M. liegt. Diese Stichstraße am Westhang des *Ruapehu* ist wirklich wunderschön und wird in vielen Reiseseführern nicht genügend gewürdigt.

Mt Ruapehu, Ohakune Mountain Road

(53) WOMO-Wanderplatz: Mangahuia - DOC Standard

GPS: S 39°10'48" E 175°28'11". **WOMOs**: 20 ohne Stromanschluss

Ausstattung/Lage: Toilette, Wasser, Picknicktische, Schutzhütte mit Kochgelegenheit. / Im Grünen, nahe einem kleinen Flüsschen.

Preise: 6 NZD pro Erwachsenem.

Zufahrt: Einfahrt am SH47, 7 km hinter National Park.

Beurteilung: Friedlicher DOC Platz mit geschützten Stellplätzen. Über den **Whakapapaiti Track** können Sie in den Nationalpark hinein wandern.

Hinweis: Beliebter Platz. Wer zu spät kommt geht leer aus.

(54) WOMO-Wanderplatz:
Whakapapa Holiday Park - DOC Serviced

GPS: S 39°12'8" E 175°32'25". **WOMOs:** 44 mit Strom.

Ausstattung/Lage: Toilette, Wasser, Picknicktische, warme Dusche, Küche / In einem Buchenwäldchen an einem kleinen Flüsschen.

Preise: 19 NZD pro Erwachsenem, 11 NZD pro Kind (bis 17 Jahre).

Zufahrt: 6,3 km vom SH47 entfernt. Die Einfahrt liegt schräg gegenüber dem Visitor Centre.

Kontakt: Bruce Road, Whakapapa, Tel. 07 892 3897, www.whakapapa.net.nz

Beurteilung: Ruhig gelegener Platz mit tollen Ausblicken. Ideal, um den Tongariro National Park zu erkunden. Einige der Wanderungen starten hier.

Ihr nächstes Ziel ist das kleine Bergdorf **Whakapapa Village**, das sich in einer Höhe von 1.200 m an die Hänge des *Ruapehu* schmiegt. Diesen idealen Ausgangsort für Wanderungen im

Taranaki Falls

Tongariro National Park erreichen Sie, indem Sie von *Ohakune* kommend den SH45 9 km bis zur Tohunga Junction fahren. Dann folgen Sie dem SH4 26 km bis **National Park Village** und biegen dort rechts in den SH47 ab. Nach wenigem Kilometern zweigt eine Straße rechts Richtung **Whakapapa** ab. Das ausgezeichnete *Whakapapa Visitor Information Centre* informiert umfassend über die vulkanischen Aktivitäten in der Region. Einige interessante Wanderungen beginnen hier (Broschüre: *Walks in and around Tongariro National Park*). Direkt hinter dem Visitor Centre startet der **Whakapapa Nature Walk,** auf dem 15 minütigen Spaziergang erhält der Wanderer einen ersten Einblick in die einzigartige Flora des *Tongariro National Parks*.

Unsere Lieblingswanderung führt zu den Taranaki Falls. Auf der Rundwanderung passieren Sie im Uhrzeigersinn laufend zunächst ein Waldgebiet, folgen dann eine Weile dem Wairere Stream, um an einem kleineren Wasserfall vorbei zu den eigentlichen Taranaki Falls zu gelangen. Hier stürzen die Wasser des genannten Flüsschens 20 m über eine Abbruchkante in die Tiefe. Auf dem Rückweg passieren Sie offenes Tussock-Land mit wunderbaren Ausblicken (**Taranaki Falls Walking Track**, 6 km, 2 h). Die weiter den Berg hinauf kletternde Straße führt Sie am eleganten **Chateau Tongariro**

Mount Ngauruhoe (im Hintergrund)

Blick vom Vulkan Ruapehu auf Ngauruhoe und Tongariro

vorbei. Nach etwa 4 km erreichen Sie das lediglich aus Skihütten bestehende **Iwikau Village**, das inmitten des **Whakapapa Ski-Gebietes** liegt. Hier beginnen einige anspruchsvolle-Wanderungen in noch größere Höhen, die Sie durch Nutzung der beiden Lifte abkürzen können. Ziehen Sie sich unbedingt warm an, denn auch im Sommer bläst auf der Wanderung ein ungemütlich kalter Wind.

(55) WOMO-Campingplatz-Tipp: Tongariro Holiday Park

GPS: S 39°2'45" E 175°36'13". **WOMOs:** 12 mit Strom
Ausstattung/Lage: SPA Pool, Spielplatz / am SH47, von Wald umgeben.
Preise: Stellplatz mit Strom 20 NZD pro Person.
Zufahrt: Liegt an der Kreuzung von SH 46 und SH47
Kontakt: SH47, Tel: 07 386 8062, www.thp.co.nz
Beurteilung: Idealer Platz für Wanderungen im Tongariro National Park. Auf Wunsch werden Sie zum Startpunkt der Wanderung gebracht und am Ende wieder abgeholt. Wegen dieser idealen Lage ist der Platz oft ausgebucht, reservieren! Die Zahl der Sanitäranlagen kann mit der Zahl der Gäste oft nicht mit halten.

Eine dritte Stichstraße in die höheren Regionen ist die Mangatepopo Road, die etwa 5 km hinter der Straße nach Whakapapa vom SH 47 abzweigt und Sie nach 7 km Schotterstraße zum **Mangatepopo Parkplatz** bringt. Hier beginnt die berühmte Tageswanderung **Tongariro Crossing**, die zunächst ganz harmlos auf dem Schutz der sensiblen Landschaft

Tongariro und Mt Ngauruhoe (im Hintergrund)

Tongariro Crossing

dienenden Holzstegen gemächlich bergauf führt. Der dann folgende Aufstieg zum South Crater hat es in sich. Wir wollen hier die Wanderung nicht weiter beschreiben, aber doch jedem raten, gute Wanderschuhe, warme Thermal-Kleidung (das Wetter kann sehr schnell wechseln), Regenjacke, Mütze, Handschuhe, Sonnenschutz, Erste Hilfe Päckchen und ausreichend Verpflegung mit auf den etwa 8 stündigen Weg zu nehmen. Ein weiterer Rat: Parken sie ihr Wohnmobil lieber an sicherem Ort und nehmen einen der unzähligen Shuttle Services, der Sie am Parkplatz an der *Mangatepopo Hut*, dem Ausgangspunkt der Wanderung, absetzt und 8 Stunden später am 19,5 km entfernten Endpunkt, dem Parkplatz hinter der *Ketetahi Hut*, wieder einsammelt. Wer nicht die gesamte Tour laufen will, kann ab der *Mangatepopo Hut* auch schöne kleine Wanderungen unternehmen. Diese sind dort auf Schautafeln beschrieben und gut ausgeschildert.

Lake Rotopounamu

Sie verlassen die *Tongariro Region* gen Norden. Der SH47, der in diesem Abschnitt *Te Ponanga Saddle Rd* heißt, verläuft stetig bergab und führt nach 23 km am Lake Rotoaira vorbei. Er dient als Rückhaltebecken für die Kraftwerke von *Tokaanu* und *Rangipo* und wird von den Ableitungen aus den Oberläufen des *Whanganui-, Tongariro-* und *Rangitikei-River* gespeist. Kurz hinter *Lake Rotoaira* erreichen Sie einen links am Straßenrand liegenden Parkplatz. Dies ist der Startpunkt des **Lake Rotopouna-**

Mount Ruapehu vom SH46

mu Walking Track, den wir Ihnen unbedingt empfehlen. Er ist ein Kleinod unter den Wanderungen und begeistert sowohl Vogel-, als auch Waldliebhaber. Gegenüber vom Parkplatz (GPS: S 39°1'1" E 175°43'54") führt ein schmaler Pfad in den üppig bewachsenen Wald. Er führt stetig bergauf und bringt Sie in 20 Minuten zum eigentlichen Weg um den See. Genau wie der Zubringerpfad ist der Rundweg schlichtweg bezaubernd. Sie sehen durch das dichte Gewirr der Äste immer wieder das Blau des Sees durchschimmern und gelangen an mehreren Stellen an sein Ufer hinab. Obwohl der idyllische **Lake Rotopounamu** (Jade-See) wesentlich kleiner als sein Nachbar **Lake Rotoaira** ist, nimmt seine Umwanderung 2 h in Anspruch. Südöstlich vom *Lake Rotopounamu* liegt *Mount Pihanga*, von dessen 1325 m hohen Vulkankegel man einen phantastischen Überblick über die *Tongariro Region* und den *Lake Taupo* hat. See und Berg gehören zur *Pihanga Scenic Reserve*, die 1975 dem *Tongariro National Park* eingegliedert wurde.

(56) WOMO-Stellplatz: Tokaanu Marina

GPS: S 38°57'21" E 175°46'7". **Max. WOMOs:** 5

Ausstattung/Lage: Toilette, Wasser, Entsorgungsstation / Parkplatz an einem kleinen Hafen.

Zufahrt: In Turangi in den SH41 einbiegen und diesem 6 km folgen. Rechts in die Kaiwaka Street abbiegen und dann links der Straße zum Hafen folgen.

Kontakt: Taupo District Council, Tel. 07 376 0899

Beurteilung: Wunderbar ruhiger Platz direkt am See. Einfache Toilette. Maximal eine Nacht erlaubt.

Kurz bevor der SH47 auf den SH10 trifft, sollten Sie unbedingt auf den ausgeschilderten Scenic Lookout fahren (GPS: S 38°59'24" E 175°45'51"). Von dort eröffnet sich Ihnen ein atemberaubender Blick auf den *Lake Taupo*. Sie biegen links auf den SH41ab und haben bald darauf **Turangi** erreicht. Diese 5.000 Einwohner zählende Stadt entstand zur Unterbringung der Arbeiter und ihrer Familien während der Errichtung der Staudämme und Wasserkraftwerke am Tongariro River in den 60er Jahren. *Turangi* wurde zu einer Modellstadt mit geschwungenen Straßen, Sackgassen, gleichförmigen Häusern, Parkplätzen und einem zu Fuß erreichbaren Einkaufszentrum. Der Verkehr des SH1 und SH41 wurde von der Innenstadt fern gehalten. Um in das Stadtzentrum zu gelangen, müssen Sie links vom SH1 abbiegen. Der *Tongariro River* fließt mitten durch die Stadt und bietet, neben dem nahe gelegenen *Lake Taupo,* beste Gelegenheit zum Angeln von Forellen. Turangi nennt sich „The trout fishing capital of the world" („Die Welthauptstadt der Forellenfischerei"). Die Stadt hat dem Besucher sonst wenig zu bieten, ist aber eine gute nördliche Basis für Besuche im Tongariro NP.

(57) WOMO-Stellplatz: Lake Taupo Oruatua DOC

GPS: S 38°54'48" E 175°53'24". **Max. WOMOs:** 10

Ausstattung/Lage:
Nichts / Direkt am See.

Zufahrt:
13 km von Turangi nach Taupo fahren und rechts in die Oruatua Rd einbiegen. Nach 600 m erreichen Sie den Platz.
Beurteilung:
Sehr schön und ruhig am Lake Taupo gelegen.
Hinweis:
Zwischen 20. Dezember und 7. Februar ist Freedom Camping nicht erlaubt!

(58) WOMO-Stellplatz: Lake Taupo Mission Bay

GPS:
S 38°53'35" E 175°56'55".
Max. WOMOs: 10
Ausstattung/Lage:
Nichts /
Am Ufer des Lake Taupo.

Zufahrt:
Zwischen SH1 und See, 750 m vor Motutere.
Beurteilung:
Einfacher Platz nahe am SH1, für eine Nacht o.k.

Von *Turangi* aus fahren Sie den SH1 Richtung *Taupo*. Die Straße folgt dem Ufer des **Lake Taupo** beachtliche 50 km entlang, bevor die Stadt **Taupo** erreicht wird. Legen Sie unterwegs eine Pause ein und werfen einen Stein ins Wasser. Sie wer-

Blick vom Lake Taupo Lookout

den verblüfft sein, dass der Stein schwimmt und nach kurzem Nachdenken sicherlich auf einen vulkanischen Ursprung der Steine schließen. Und tatsächlich geht die Wissenschaft davon aus, dass *Lake Taupo* im Jahr 186 nach Christus durch eine der weltgrößten Vulkaneruptionen entstanden ist. 30 km^3 Asche und Geröll sollen damals bis in eine Höhe von bis zu 50 km geschleudert worden sein. Der kesselförmige Vulkankrater füllte sich mit Süßwasser und hat heute einen Umfang von ca. 193 km und eine maximale Wassertiefe von 186 m, bei einer Durchschnittstiefe von 120 m.

Zwischen 1887 und 1909 wurden braune Forellen und Regenbogenforellen im See ausgesetzt. Sie fanden ein vorzügliches Refugium vor und vermehrten sich sehr schnell. Heute

(59) WOMO-Picknickplatz: Desert Road Three Sisters

GPS: S 39°10'57" E 175°45'29". **Max. WOMOs:** 10

Ausstattung/Lage: Picknicktische / Am Oturere Stream.

Zufahrt: 15 km südlich Rangipo (Abzweig des SH46), ausgeschildert.

Beurteilung: Sehr schöner Platz für eine Rast oder eine Übernachtung!

Desert Road

ist der *Lake Taupo* das größte Forellenfischgebiet der Welt und voll auf **Troutfishing** eingestellt. Kommerzielles Angeln ist verboten, es darf nur für den Eigenbedarf geangelt werden. Angellizenzen vergibt das *DOC (Department of Conversation)*. Jeder Campingplatz und jede Unterkunft bietet Möglichkeiten, gefangene Fische zu waschen und auszunehmen. Alternativ kann man seinen Fang in einem der Restaurants vom Koch zubereiten lassen.

(60) WOMO-Stellplatz: Waiouru Army Museum

GPS: S 39°10'57" E 175°45'29". **Max. WOMOs:** 10
Ausstattung/Lage: Nichts / Auf der Rückseite der Armee Museums.
Zufahrt: In Waiouru nicht zu übersehen.
Beurteilung: Kein sehr prickelnder Platz, aber um die Sicherheit müssen Sie sich keine Sorgen machen! Die Security Guard prüft ihre self contained Plakette.

Die Stadt Taupo wird in Tour N09 beschrieben. Tour N03 führt nun wie Sie gekommen sind am Seeufer gen Süden. Ihre Reiseroute auf dem SH1 führt an *Turangi* vorbei nach **Rangipo** und streift den *Tongariro NP* nun auf seiner östlichen Seite. Die Straße folgt zunächst kurvenreich den Höhenzügen des *Tongariro National Parks*. Am *Oturere Stream*, etwa 15 km hinter *Rangipo*, haben Sie die Gelegenheit zur freien Übernachtung (siehe Kasten).

Wer ein geländegängiges Fahrzeug besitzt, kann etwa 25 km hinter *Rangipo* die Stichstraße zum *Tukino Skifield* hochfahren. Südlich der Stichstraße geht der T*ongariro National Park* in den **Rangipo Desert** über.

Der zuvor ursprüngliche Baumbewuchs wird nun von einer sehr trockenen braunbewachsenen Landschaft abgelöst. Nach weiteren 25 km auf dem **Desert Highway** erreichen Sie **Waiouru,** einen kleinen Ort mit rund 1.700 Einwohnern, der die größten Militäreinrichtungen und den größte Truppenübungsplatz Neuseelands beherbergt. Für Besucher ist vor allem das Militärmuseum „Queen Elizabeth II Army Memorial Museum" interessant. Die umfangreiche Ausstellung dokumentiert die Geschichte der neuseeländischen Armee und gibt einen Einblick in ihre heutigen Aufgaben. Das Museum ist täglich von 9.00 bis 16.30 Uhr geöffnet. Auf dem Parkplatz an der Rückseite des Museums können Sie frei übernachten. Wer seine Lebensmittelvorräte ergänzen will, dem steht ein kleiner Supermarkt im Wohngebiet der Armee in 2 km Entfernung vom SH 1 zur Verfügung. *Waiouru* liegt am *North Island Main Trunk*, der Eisenbahnhauptstrecke der Nordinsel, und der Bahnhof ist mit 814 m der höchstgelegene des neuseeländischen Eisenbahnnetzes. Der bekannte *Overlander* hält seit April 2005 jedoch nicht mehr in Waiouru.

Bungy Jumping

Sie folgen dem SH1 weiter nach Süden und kommen dabei durch hügeliges Weideland, vorwiegend für Schafe. 10 km vor *Taihape* zweigt eine sehr reizvolle Nebenstrecke nach Napier ab. Die **Gentle Annie Road,** so der Name dieser reizvollen Straße, führt vorbei an sehr schönen Schluchten mit reißenden Flüssen, die gerne von Kajak-Fahrern benutzt werden, offenen und dünn besiedelten Landschaftsformen und sanften Hügeln mit vielen weidenden Schafen und Kühen. Dazwischen tauchen immer wieder schmucke Farmhäuser auf. Weniger schön ist der Streckenabschnitt durch Nutzwald, denn die teilweise riesigen gerodeten Flächen sehen erschreckend aus. Die Gentle Annie Road ist seit dem Jahr 2013 vollständig geteert.

Taihape (2.000 Ew, 500 m ü.d.M.), nahe am Zusammenfluss des *Hautapu River* mit dem *Rangitikei River* gelegen, ist ein ländliches Dienstleistungszentrum, das seine beste Zeit in den 1960er Jahren hatte, als es ein Eisenbahn- und Transportknotenpunkt für das umliegende Farmland war. Heute profitiert der Ort vom Tourismus, denn wegen seiner Lage an am SH1 dient er vielen Reisenden als Zwischenstopp. *Taihape* bezeichnet sich selbst als „Gumboot Capital of the World" („Gummistiefelhauptstadt der Welt") und zieht zu einem jährlichen Wettbewerb im Gummistiefelweitwerfen zahlreiche Besucher an.

Ein lohnender 15-minütiger Abstecher zum **Mokai Canyon** bietet sich Ihnen 6 km hinter *Taihape*. Folgen Sie den Hinweisschildern des Unternehmens *Mokai Gravity Canyon* und Sie werden eine landschaftlich überaus reizvolle Fahrt zum tiefgeschnittenen *Mokai Canyon* erleben. Auch wenn Sie selbst keinen 80 m Bungy Jump, Bridge Swing oder Höllenritt auf dem Flying Fox vorhaben, ist es doch sehr unterhaltsam, sich diese Aktivitäten von der Aussichtplattform aus anzusehen.

(61) WOMO-Stellplatz: Mangaweka Campground

GPS: S 39°48'36" E 175°48'26". **WOMOs:** 20

Ausstattung/Lage: Toilette, Dusche, rustikale Küche / In einer engen Flussschleife gelegen.

Preise: 10 NZD pro Stellplatz mit Strom.

Zufahrt: Am SH1 in die Ruahine Rd einbiegen, dieser 1,2 km folgen, vor der Brücke rechts abbiegen.

Kontakt: 143 Ruahine Rd, Tel. 0800 655 747, www.mangaweka.co.nz

Beurteilung: Rustikale und friedvolle Anlage in drei Ebenen. Nur in der obersten Ebene gibt es Strom!

Die 200 Einwohner Gemeinde **Mangaweka** erreichen Sie nach weiteren 20 km auf dem SH1. In *Mangaweka ist* eine historische Hauptstraße erhalten geblieben, deren in die Jahre gekommenen Gebäude die Gemeinde zu einer Touristenattraktion machen. Viele Durchreisende stoppen, um zu fotografieren. Und wenn man schon mal gestoppt hat, dann drängt sich der Besuch der gefälligen Kunstgalerien, in *Mangaweka* gibt es eine wachsende Gemeinschaft von Künstlern, geradezu auf. Darüber hinaus können im geschäftigen Zentrum Informationen zu Rafting, Wildwasserfahrten im *Rangitikei River*, Bungy Jumping, Angeln und Wanderungen entlang der ehemaligen *North Island Main Trunk Bahnlinie* durch den *Ruahine Forest Park* eingeholt werden. Eine besondere Attraktion ist eine alte

Cappuccino Genuß vor einer DC-3

DC-3, in die Sie hinaufklettern können. 20 km südlich *Mangaweka* finden Sie unweit des SH1 eine wunderschön am **Rangitikei River** gelegene Übernachtungsstelle.

(62) WOMO-Stellplatz: Vinegar Hill

GPS: S 39°56'4" E 175°38'29". **Max. WOMOs:** >30
Ausstattung/Lage: Toilette, Kaltwasser Dusche / Am Fluss gelegen.
Preise: 15 NZD pro Stellplatz. Soll von einem Ranger eingesammelt werden. In unserem Fall kam keiner.
Zufahrt: 21 km hinter Mangaweka, 6 km vor Hunterville, links vom SH1 in den SH54 abbiegen. Die Einfahrt zum Platz liegt kurz hinter dem Fluss rechts (2 km).

Beurteilung: Wunderschöne großzügige Anlage mit vielen traumhaften Stellplätzen am Rangatikei River. Nicht gleich die ersten Plätze nehmen, weiterfahren bis zur Ausfahrt, dort ist es am schönsten.

41 km südlich dieses besonders reizvollen Platzes erreichen Sie **Bulls**, wo Sie von einem übergroßen Bullen begrüßt werden. Die 1.700 Einwohner Gemeinde liegt am *Rangitikei River* in einem florierenden Landwirtschaftsgebiet am Schnittpunkt von SH1 und SH3. Bulls ist nach dem Holzschnitzer *James Bull* benannt, der die Stadt gründete und dem auch der erste Gemischtwarenladen gehörte. Viele der heutigen Bewohner sind in dem nahe gelegenen Stützpunkt der *Royal New Zealand Air Force* beschäftigt. Der Name der Stadt wird Ihnen im Ort immer wieder begegnen: Es gibt eine Consta-bull (Polizeistation), die Forgive-a-bull (Anglikanische Kirche) und das Bullsmedical Centre (Krankenstation). Ihnen werden sicherlich noch weitere dieser „Bull"-Namen unter die Augen kommen.

TOUR N04
Kaweka
1724 m
Napier
Cape Kidnappers
Clive
Tölpel Kolonie
Clifton
Hastings
Havelock North
Ngaruroro River
Ocean Beach
Te Mata Peak
Waimarama
Tukituki River
Mangaweka
1733 m
Ruahine Range
Dannevirke
Feilding
Manawatu Gorge
Woodville
Bulls
Palmerston North
Te Apiti Windpark
Pahiatua
Himatangi
Manawatu River
Foxton
Eketahuna
Tararua Range
Castlepoint
Mt Bruce Wildlife Centre
Levin
St Mary's Kirche
Otaki
Masterton
Tararua Forest Park
Carterton
Kapiti Island
Waikanae
Paraparaumu
Riversdale Beach
Stonehenge Aotearoa
Featherston
Martinborough
Upper Hutt
Paremata
Lake Wairarapa
Porirua
Lower Hutt
Rimutaka Forest
Aorangi Forest Park
Palliser Bay
Ngawi
Wellington
Cape Palliser
50 km

Tour N04: Wellington - The Windy City

Bulls - Palmerston North - Kapiti Coast - Wellington
Wairarapa - Napier - 600 km

Stellplätze:	Mt Stewart Reserve , Otaki River, Paraparaumu Beach, Paremata, Wellington: Happy Valley, Eastbourne, Kaitoke Regional Park, Featherston, Percy Reserve, Tui Brewery, Woodville Ferry Reserve, Clive
Camping:	Palmerston North, Himatangi, Wellington: Motor Inn, Top 10, Waterfront, Martinborough, Carterton, Masterton, Clifton
Baden:	Foxton-, Otaki-, Waikanae-, Paraparaumu-Beach, Wellington Oriental Bay, Ocean Beach, Waimarama
Wandern:	Nga Manu Nature Reserve, Waikanae Beach, Wellington, Masterton Tararua Forest Park, Cape Kidnappers
Essen:	Palmerston North: Aberdeen, Foxton: Laughing Fox, Wellington: Great India, Leuven, Skyline Function Centre, Featherston: Everest, Lake Ferry Hotel, Woodville: Yummy Mummy's

In Tour N04 durchfahren Sie die fruchtbare **Manawatu Ebene**, wobei Sie dem Küstenverlauf der *Tasmanischen See* folgen. Sie verweilen zwei Tage in der **„Windy City" Wellington**, der Kulturhauptstadt Neuseelands, und setzen Ihre Reise dann nach Nordosten fort. Sie durchqueren die Region **Wairarapa**, eine sanfte Hügellandschaft mit weiten Tälern und Wäldern, Weinbaugebieten und ausgedehnten Schafweiden. Die Streckenführung verläuft im Landesinneren, das Meer werden Sie erst in Napier wiedersehen. Die Art-Deco Stadt **Napier** liegt an der **Hawke Bay,** die zum Pazifischen Ozean gehört.

(63) WOMO-Stellplatz: Mt Stewart Reserve

GPS: S 40°14'25" E 175°29'16". **Max. WOMOs:** 5
Ausstattung/Lage: Toilette / Am SH3 an einem Kriegsdenkmal.
Zufahrt: Am SH3, 13 km hinter Bulls.
Beurteilung: Gut für eine Nacht, maximal zwei dürfen Sie dort stehen.

Sie verlassen Bulls über den SH1 in südöstlicher Richtung. Nach 5 km wechseln Sie auf den SH3, dem Sie weitere 25 km bis **Palmerston North** folgen, um diese florierende Hauptstadt der *Region Manawatu* kennen zu lernen. Sie liegt im Zentrum der fruchtbaren *Manawatu Plains*, einer ausgedehnten Ebene um den Flusslauf des *Manawatu River*, der durch die Stadt fließt, um 35 Kilometer westlich in die Tasmanische See zu münden. Benannt ist die Stadt nach *Viscount Palmerston*, einem früheren Premierminister Großbritanniens. Um Verwechslungen mit dem Ort Palmerston auf der neusee-

Te Manawa Museum in Palmerston Nortth

ländischen Südinsel zu vermeiden, wurde im Jahr 1871 offiziell die Nachsilbe „North“ angefügt. Wie viele andere Orte in Neuseeland auch, hat *Palmerston North* seinen Aufschwung dem Bau der Eisenbahn zu verdanken, die in den 1870-igern für einen Boom sorgten. Heute kreuzen sich in der Stadt die *North Island Main Trunk Railway*, Neuseelands wichtigste Eisenbahnlinie, die von Auckland nach Wellington führt, und die Eisenbahnlinie *Palmerston North - Gisborne.*

(64) WOMO-Campingplatz-Tipp:
Palmerston North Holiday Park

GPS: S 40°22'17" E 175°36'30".
WOMOs: 75 Stellplätze mit Stromanschluss
Ausstattung/Lage: Spielplatz / Liegt auf einem 5ha großen Parkgelände am Manawatu River.
Preise: Stellplatz mit Strom 39 NZD für zwei Erwachsene.
Zufahrt: Liegt 2,5 km südlich des Zentrums hinter dem Aquatic Centre.
Kontakt: 133 Dittmer Drive, Palmerston North, Tel: 06 358 0349, www.holidayparks.co.nz/palmerstonnorth
Beurteilung: Großer Platz, viele große Bäume, ideal für einen Stopp in Palmerston North.

Mit 82.000 Einwohnern ist *Palmerston North* die zweitgrößte Binnenstadt Neuseelands. Das Stadtzentrum besteht aus einem quadratischen 7 ha großen Park mit Teichen und Springbrunnen. Auf diese *The Square* genannte zentrale Grünanlage laufen alle Hauptstraßen der Stadt zu. *The Square* beherbergt den *Hopwood Clock Tower*, ein Ehrengrabmal, das *Civic Center* mit schöner Aussichtsplattform und die i-Site. Einen Häuserblock entfernt befindet sich der *Te Manawa Komplex* mit den drei Einheiten, *Manawatu Museum* (Maori-Kultur und Siedlungsgeschichte), *Science Center* (Physik und Naturgeschichte) und *Art Gallery* (Sammlungen zeitgenössischer neu-

Kräuterfarm in Ashurst

seeländischer Künstler). Sehenswert ist auch die 1995 eröffnete *Stadtbibliothek*, die ihren umfangreichen Lesestoff in „thematischen Wohnzimmern" präsentiert, und für Sportfans ist der Besuch im *New Zealand Rugby Museum (87 Cuba Street)* ein Muss und der Besuch im nationalen Rugby-Trainingslager ein add on. Rugby ist klar die Sportart Nummer Eins in Neuseeland und die Spiele der Nationalmannschaft, den *All Blacks,* bewegen die ganze Nation. Vor jedem Wettkampf versetzt sich die Mannschaft mit dem Maori Tanz *Haka* in die „richtige" Kampfesstimmung - sehr eindrucksvoll. Ein Stadtbummel in *Palmerston North* bietet sehr gute Einkaufsmöglichkeiten, viele Cafés, Restaurants, Bars, Nachtclubs, ein Theater und ein Multiplex Kino. Sehr schön ist es auch, durch die herrlichen Gartenanlagen am **Manawatu River** zu schlendern, oder die Esplanade entlang zu promenieren. Während des Semesters erwacht die Stadt durch die zahlreichen Studenten - alleine in der Massey University sind 20.000 Studenten immatrikuliert - zu quirligem Leben. Ein gepflegtes Steak können Sie im **Aberdeen Steakhouse & Bar** (161 Broadway Ave, Tel. 06 952 5570) zu sich nehmen.

Café in Palmerston North

Eine sehr spezielle Meinung zu Palmerston North gab das Monty Python Mitglied *John Cleese* zum Besten. Er empfahl Menschen, die nicht wissen wie sie sich das Leben nehmen

Windmühle de Molen in Foxton

sollen, einen Besuch der Stadt. Die Stadtväter zeigten Sinn für Humor, indem sie daraufhin eine Müllhalde in *Mount Cleese* um benannten.

Die in der ertragreichen *Manawatu Ebene* gelegene Region um *Palmerston North* ist auf bestem Wege, sich mit den natürlichen Essenzen, die hier gewonnen werden, international einen Namen zu machen. Entsprechende Farmen werden Ihnen in der Manawatu Ebene häufig begegnen. Wir weisen auf eine 15 km östlich Palmerston North gelegene Kräuterfarm hin, die Ihnen einen herrlichen 5 ha großen Kräutergarten, einen Shop und ein schönes Garten Cafe bietet (**the herb farm**, Grove Road, Ashhurst, www.herbfarm.co.nz, tgl. 10-16.30 Uhr). Auf der Weiterfahrt von *Palmerston North* nach *Wellington* folgen

(65) WOMO-Campingplatz-Tipp: Himatangi Beach Holiday Park

GPS: S 40°22'10" E 175°14'03". **WOMOs:** 52 mit Stromanschluss
Ausstattung/Lage: Spielplatz / Großer Platz nahe Himatangi Beach.
Preise: 36 NZD für zwei Personen.
Zufahrt: 9 km vor Foxton rechts in die Himatangi Beach Rd einbiegen und dieser 7 km folgen. Platz liegt rechts.

Kontakt: Margaret and Dennis Penney, 30 Koputara Road, Tel. 06 329 9575, www.himatangibeachholidaypark.co.nz
Beurteilung: Schöner, ruhiger Platz, viel Grün. Duschen und Wifi sind kostenlos. Extrem saubere und gut gepflegte Anlage, überaus freundliche Hosts. Fünf Minuten Fußweg zum Strand. Unterwegs befindet sich ein großer öffentlicher Spielplatz.

Sie dem SH56 bis zum SH1 und erreichen nach insgesamt 38 km den breiten Mündungstrichter des *Manawatu River*. Die Bucht des oberhalb gelegenen kleinen Ortes **Foxton** eignet sich sehr gut zum Schwimmen. Die Geschäfte dieser interessanten 5.000 Seelen Kleinstadt tragen historische Fassaden. *Foxton* war Zentrum der neuseeländischen Flachsverarbeitung. Empfehlenswert ist der Besuch des **Flax Stripper Museum** (tgl. 13-15 Uhr, der Flaxwalk führt Sie an 65 verschiedenen Flachsarten vorbei) und der benachbarten **de Molen Windmühle** (tgl. 10-16 Uhr, fungiert auch als i-Site), einem Nachbau einer holländischen Windmühle aus dem 17. Jahrhundert. In einem kleinen Shop können Sie dort Schwarzbrot kaufen! Gut essen Sie im **Laughing Fox** (7 Russell St, Tel. 06 363 5540), das leicht an seinem seltsamen Turm zu erkennen ist. Zur Unterstützung der Verdauung können Sie sich anschließend mit einer historischen Pferdestraßenbahn durch die Stadt schaukeln lassen. Sie ist im neben der Windmühle liegenden alten Bahnhof untergebracht.

Picknickplatz auf Kapiti Island

(66) WOMO-Stellplatz: North Bank Otaki River

GPS: S 40°45'12" E 175°06'20". **Max. WOMOs:** 6

Ausstattung/Lage: Nichts / Großer Platz direkt hinter dem Strand.
Kontakt: Kapiti Coast District Council, Tel. 0800 486 486.
Zufahrt: North River Bank - Otaki Beach. In Otaki vom SH1 rechts abiegen in die Mill Road, dann links in die Rangiuru Rd und schließlich links in die Marine Parade.
Beurteilung: Wilder Platz auf Steinen, wie sie auch am Strand liegen. Kein Baum, kein Strauch, dem Wind ausgesetzt. An dem Platz scheiden sich die Geistern, manche werden total begeistert sein, andere werden sich dort unwohl fühlen.

Sie setzen Ihren Weg durch sanft hügelige, von Obst und Gemüseanbau geprägte Landschaft fort, passieren das touristisch wenig ergiebige, immerhin 20.000 Einwohner starke, *Levin* und erreichen nach 21 km das in einem Anbaugebiet für Obst und Gemüse liegende Städtchen **Otaki**. Während die 1994 abgebrannte hölzerne *Rangiatea Church* nur als ein exakter Nachbau vorhanden ist, kann die an der Convent Rd

Paraparaumu Beach

gelegene, 1858 erbaute, *Saint Mary's Church* im Original bewundert werden. Auf dem Gelände sind auch zwei Versammlungshäuser der Maori zu besichtigen. Wem es nun nach einem Bad im Meer zumute ist, kann diesem Bedürfnis, überwacht von Rettungsschwimmern, am Dünenstrand von **Otaki Beach** nachkommen.

Fünfzehn Kilometer südlich treffen Sie auf **Waikanae**. Die Stadt befindet sich 60 km nördlich von *Wellington* und liegt damit schon in ihrem Einzugsbereich. Ornithologisch Interessierte können hier **Nga Manu Nature Reserve**, ein ausgedehntes und sehr reizvolles Vogelschutzgebiet besuchen. Auf einem 1,5 km langen Rundweg können Sie Enten, schwarze Schwäne und Keas in einer ursprünglichen Umgebung bewundern. Im Nachthaus gilt es darüber hinaus Kiwis, Eulen und Tuataras zu entdecken.

(67) WOMO-Badeplatz: Paraparaumu Beach

GPS: S 40°53'46" E 174°58'42". **Max. WOMOs:** 5

Ausstattung/Lage: Nichts / Parkplatz an einem langgezogenen Sandstrand.

Kontakt:
Kapiti Coast District Council, Tel. 0800 486 486.

Zufahrt: An der Marine Parade in Paraparaumu Beach, etwa 700 m südlich des Kapiti Boating Club, an dem die Wassertaxis nach Kapiti Island ablegen.

Beurteilung: Drei Parkplätze, auf denen insgesamt fünf Wohnmobile stehen dürfen, Schilder beachten. Die Umgebung macht einen ausgesprochen gut situierten Eindruck, Sie werden sich hier sicher fühlen.

Am ausgedehnten Strand der 3,5 km entfernten Siedlung **Waikanae Beach** können Sie relativ gefahrlos baden und nach freien Stellplätzen Ausschau halten. Der Sandstrand ist beliebt für Wassersport und Wanderungen. Immer im Blick und ebenfalls mit guten Stränden ausgestattet ist die vorgelagerte Insel **Kapiti**, zu deren Betreten Sie ein Permit des DOC in *Wellington* benötigen, da sie als Vogel- und Naturschutzgebiet einer Besucherbeschränkung unterliegt. Seit die Ausrottung des Possums und der Ratten geglückt ist, konnten sich einheimische Vogelarten rasch regenerieren. Das sehr klare Wasser um die Insel bietet beste Bedingungen zum Tauchen und Schnorcheln. Die Gewässer zwischen Insel und Festland sind Meeresschutzgebiet. Manchmal können hier auch durchwandernde Wale beobachtet werden.

Landgang auf Kapiti Island

(68) WOMO-Stellplatz: Paremata Ngatitoa Domain

GPS: S 41°5'51" E 174°51'55".
Max. WOMOs: 30
Ausstattung/Lage: Wasser, Toilette / Malerisch am Strand gelegen, großzügige Stellmöglichkeiten.
Zufahrt: Biegen Sie vom SH1 kurz vor der Paremata Inlet Bridge rechts ab, danach gut ausgeschildert, ca. 700 m.
Beurteilung: Sehr schöner, großzügiger Platz auf Gras! In der Nähe befinden sich einige Restaurants.

Nur 5 km hinter Waikanae erreichen Sie das noble **Seebad Paraparaumu** mit einem beeindruckenden Oldtimer Museum. In Paraparaumu starten die Schiffe nach Kapiti Island. Nicht weit entfernt können Sie am Strand frei übernachten. Kurz vor dem Ort liegt am SH1 der *Lindale Farm Park*. Hier werden Ihnen diverse landwirtschaftliche Shows geboten und Sie können 30 Sorten der hauseigenen Kapiti Cheese Produktion verkosten. Wem es lieber nach etwas Süßem ist, kann sich in der nahe gelegenen Schokoladenfabrik Nyco Chocolates schadlos halten (Führungen und Verkauf). In **Paremata**, nur 20 km vor *Wellingtons* Stadtzentrum, bietet sich Ihnen eine Chance, zur reizvollen freien Übernachtung direkt am *Paremata Inlet* (siehe Kasten). In *Paremata* wird aus dem Highway ein viel befahrener Motorway, der Sie direkt zum *Hafen Port Nicolson* und dem Fährterminal nach *Picton* bringt.

Wellington, Calbe Car

Situation der Wohnmobilstellplätze in Wellington

Wer in Neuseelands Landeshauptstadt auf einem gepflegten Campingplatz übernachten möchte wird enttäuscht. Zwei Plätze kommen in Frage. Zum einen der **Waterfront Motorhome Park** und zum anderen der Wellington Top 10 Holiday Park. Ersterer liegt absolut zentral, hat aber mit einem Campingplatz nicht viel gemein. Es handelt sich um einen hässlichen Asphaltplatz ohne jegliches Grün, einen Parkplatz mit Toiletten und Duschen. Er ist fürchterlich laut und blinkende Reklamebeleuchtungen stören den Schlaf zusätzlich.

(69) WOMO-Campingplatz-Tipp: Capital Gateway Motor Inn

GPS: S 41°13'51" E 174°48'38". **WOMOs:** 20 mit Stromanschluss
Ausstattung/Lage: Standard / Asphaltplätze hinter dem Motor Inn.
Preise: 46 NZD für zwei Personen.
Zufahrt: Am SH1 ausgeschildert, 2,5 km bevor dieser am Wellington Harbour auf SH2 trifft. **Kontakt:** 1 Newlands Road, Newlands, Tel. 0800 422 748, www.capitalgateway.co.nz

Beurteilung: Ordentliche ebene Plätze zwischen einer Grasfläche mit Picknicktischen und Büschen. Dusche kostenlos. Halbstündig fahrender Bus bringt Sie in 10 Minuten nach Wellington. Ausgangspunkt einer Wanderung.

Der konkurrenzlose Ortsvorteil führt zu einer geradezu unverschämten Behandlung der Platzsuchenden durch den Host. Als wir kurz zögerten, weil er wegen eines Events statt der üblichen 50 NZD stattliche 70 NZD für eine Nacht von uns verlangte, sagte er genervt: „zahlt oder geht". Hinter uns warteten schon die nächsten „Kunden". Der **Wellington Top 10 Holiday Park** ist ein richtiger Campingplatz, allerdings liegt er 15 km außerhalb des Zentrums. In den Platz wurde lange nichts mehr investiert, entsprechend schlecht sind die Sanitäranlagen. Dafür wird mit 46 NZD pro Nacht ordentlich im Preis zugelangt. Das einzig neue an dem Platz ist das aufwendig gestaltete Office, das an die Empfangshalle eines Fünfsternehotels erinnert. Entsprechend hochnäsig wurden wir am Counter behandelt. Trotz der geschilderten Mängel war der Platz abends voll, mangels Alternativen könnte man meinen.

Waterfront Campingplatz und Fähre

(70) WOMO-Campingplatz-Tipp:
Wellington Waterfront Motorhome Park

GPS: S 41°16'52" E 174°46'47". **WOMOs:** 30 mit Stromanschluss
Ausstattung/Lage: Wasser, Toilette, Dusche / Direkt am Hafen gelegen, an der Straße, mitten im Zentrum, nahe der Anlegestelle der Bluebridge Fähre.
Preise: Stellplatz mit Strom 50 NZD.
Zufahrt: Von Norden kommend vom SH1 am Aotea Quay Exit Richtung Zentrum abfahren, liegt nahe der Anlegestelle der Bluebridge Fähre, ist gut ausgeschildert.
Kontakt: 12 Waterloo Quay, Wellington, Tel. 04 472 3838, www.wwmp.co.nz , info@wwmp.co.nz. **Hinweise:** Vorab buchen über Internet.
Beurteilung: Enge Stellplätze auf Asphalt, die maximale Wohnmobilgröße beträgt 2.25m x 7.2m. Liegt direkt an der Hauptstraße, laut und der Leuchtreklame ausgesetzt, nicht wirklich ein Campingplatz. Aber ideal, um das Zentrum von Wellington zu Fuß zu erkunden. Personal unfreundlich.

Wir möchten Ihnen einige andere Übernachtungsmöglichkeiten aufzeigen. Zuerst sei das **Capital Gateway Motor Inn** genannt. Es liegt verkehrsgünstig am SH1 und ist nur 8 km vom Zentrum entfernt. Halbstündig fahrende Busse bringen Sie in 10 Minuten nach Wellington Zentrum. Die zweite Möglichkeit ist der **Parkplatz des Te Papa**. Wohnmobile sind hier willkommen. Für 24h Parkdauer zahlen Sie 28 NZD. Eine längere Parkdauer müssen Sie anmelden. Der Platz ist deutlich ruhiger als

Parkplatz am Te Papa

Lampton Quay und Saint Gerad's Church

der an der Waterfront. Außerdem gibt es mehrere kostenlose Stellplätze auf der Miramar Halbinsel und einen in der **Happy Valley Road**, 6 km vom Stadtzentrum entfernt. Eine weitere reizvolle Möglichkeit ist es, den kostenlosen Stellplatz in **Eastbourne** zu nehmen (siehe Kasten), in der **Days Bay** zu parken und mit der Fähre ins Zentrum (Queens Wharf) überzusetzen (**East By West Ferries**, Tel. 04 499 1282, www.eastbywest.co.nz, Fahrzeit 20 Minuten). Wir sind gespannt, für welche Möglichkeit Sie sich entscheiden.

(71) WOMO-Stellplatz: Happy Valley Park

GPS: S 41°20'04" E 174°45'28". **Max. WOMOs:** 5

Ausstattung/Lage: Toilette, Dump Station / Parkplatz am Happy Valley Park.
Zufahrt: An der Owhiro Bay in die Happy Valley Rd einbiegen und dieser 1,2 km folgen.
Beurteilung: Einfacher Parkplatz, der seinen Charme dadurch gewinnt, dass er nur 6 km von Wellingtons Zentrum entfernt liegt.

(72) WOMO-Stellplatz: Eastbourne

GPS: S 41°18'38" E 174°53'3". **Max. WOMOs:** 5
Ausstattung/Lage: Toilette / Am Ufer der Ostseite des Wellington Harbor. Parkplatz mit Bäumen und Bänken.
Zufahrt: Durch Eastbourne bis zum Ende der Straße (Muritai Road) fahren.
Beurteilung: Schöne Lage, die Fähren zur Südinsel fahren einem direkt vor der Nase vorbei. Startpunkt für die Wanderung zu den Leuchttürmen am Pancarrow Head.

Wellington Waterfront

Windy Welli

Für Neuseelands Hauptstadt am windigen Südzipfel der Nordinsel sollten Sie sich zwei bis drei Tage Zeit nehmen. Stürmische Winde beherrschen **„Windy Welli“** fast das ganze Jahr über. An über 170 Tagen im Jahr herrschen Windgeschwindigkeiten von mehr als 50 km/h vor. Hauptursache sind die hohen Windgeschwindigkeiten, die in der nahe gelegenen *Cook Strait* durch die Bündelung des Windes erzeugt werden. Die hoch aufragenden Bürotürme im Zentrum verstärken diesen Effekt. In den letzten 20 Jahren hat sich **Wellington** von einer verschlafenen Landeshauptstadt zu einer wichtigen *Kultur- und Lifestylemetropole* des Landes entwickelt. Dazu tragen neben den zahlreichen Museen und Theatern eine lebendige Musik- und Filmszene bei. *Peter Jackson* lebt und arbeitet hier und am 1. Dezember 2003 wurde der dritte Teil seiner Filmtrilogie „Der Herr der Ringe“ im *Wellingtoner Embassy Theatre* uraufgeführt. Wellington gilt heute als die Kulturhauptstadt Neuseelands. In allen geraden Jahren findet die Kulturbiennale „*New Zealand International Arts Festival*“ statt.

Leuchtturm am Pancarrow Head

Wellington liegt malerisch eingebettet zwischen einem sehr schönen Naturhafen und nur 1 km dahinter beginnenden grünen Hügellandschaften, die in steil aufragende Berge über-

Civcic Square mit Weltkugel

gehen. Diese Naturgegebenheiten setzen dem Zentrum enge Grenzen und ermöglichen es Ihnen, alle Sehenswürdigkeit zu Fuß zu erkunden. Die Einwohnerzahl von ca. 450.000 kommt nur durch bevölkerungsreiche Vororte zustande **(Lower Hutt, Porirua, Upper Hutt)**, **Wellington City** bringt es lediglich auf 180.000 Einwohner.

Erkundungstour durch Wellingtons Zentrum

Ihre Erkundungstour beginnen Sie an der größten Touristeninformation der Stadt am **Civic Square**, der von mehreren interessanten Gebäuden umrahmt wird. Zunächst schauen Sie sich die *Central Library* (Stadtbibliothek) an, deren Besuch sich unbedingt lohnt. Auch die benachbarte *City Gallery*, die in einem Art Deco Gebäude aus dem Jahre 1939 untergebracht ist, werden Sie besuchen wollen. Das dritte Gebäude, die architektonisch ebenfalls interessante Town Hall, bietet sich dagegen eher nicht zum Besuch an. Ebenfalls am *Civic Square* liegt das 183 eröffnete *Michael Fowler Center*, das sowohl als Konzerthalle, als auch als Kongresszentrum genutzt wird. Man erreicht es über eine breite Treppe, die von Nikau-Palmen gesäumt ist. Diese sind aus Edelstahl gefertigt, ebenso wie eine **Weltkugel**, die über

Nikau Palmen aus Edelstahl

Badevergnügen vor dem Te Papa

dem Platz schwebt. Sie verlassen den *Civic Square* über die *City-to-Sea-Bridge* mit ihrer modernen Architektur und gelangen über diese Sehenswürdigkeit an die Waterfront.

Vorbei am *Circa Theatre* führt Sie der Weg zu Neuseelands Nationalmuseum, das Sie in der Cable Street am Lambton Harbour finden. Das „Museum of New Zealand / Te Papa Tongarewa", im Volksmund kurz **Te Papa** genannt, wurde nach einer fünfjährigen Bauzeit 1998 eröffnet. Es hat sich internationale Anerkennung für seine ultra-moderne, extravagante Architektur erworben und ist der ganze Stolz des Landes. Auf sechs Ebenen wird das Land Neuseeland von den vielseitigsten Aspekten beleuchtet. Insbesondere wird die Entwicklung Neuseelands von den ersten Besiedlungen an bis zum heutigen modernen Staat dargestellt. Ausgestellt werden auch ethnologische Schätze, kunstvolle Maori-Schnitzereien, eines ihrer Versammlungshäuser und ein 150 Jahre altes Kriegskanu. In dem beeindruckenden Museum wird die gemeinsame Geschichte von Maori und Pakeha eindrucksvoll dargeboten. **Te Papa Tongawera** (Tel. 04 381 7000, www.tepapa.govt.nz) ist bei freiem Eintritt täglich von 10.00-18.00 Uhr (Do bis 21.00 Uhr) geöffnet. Auch wer sonst kein großer Freund von Muse-

Landkarte im Te Papa

Maori Versammlungshaus im Te Papa

umsbesuchen ist, wird von dem Dargebotenen begeistert sein und sollte einen halben Tag einplanen.

Wer nach dem Besuch des Te Papa erst einmal eine Pause braucht, kann sich an der nahen *Queens Wharf* in eines der zahlreichen Restaurants oder Cafés begeben und während einer Stärkung Fähr- oder Kreuzfahrtschiffe beobachten. Anschließend wartet schon das in einem schön restaurierten viktorianischen Zolllagerhaus untergebrachte **Museum of Wellington City & Sea** darauf, erkundet zu werden. Die gesellschaftliche und maritime Stadtgeschichte *Wellingtons* wird hier anhand von ausgewählten Exponaten aufgezeigt. Das Museum (Ecke Queens Wharf, Jervois Quay, Tel. 04 472 8904) ist bei freiem Eintritt täglich von 10.00-17.00 Uhr geöffnet.

Eingang zur Cable Car Lane

Ihr nächstes Ziel ist die berühmte **Cable Car**, die Sie hinauf zum **Botanischen Garten** bringen wird. Sie überqueren den Jervois Quay, an dem das *Museum of Wellington City & Sea* liegt und gelangen durch die Hunter St oder die Grey St in den *Lambton Quay*, die kommerzielle Hauptschlagader Wellingtons. Der Lambton Quay war früher die Uferpromenade Wellingtons, ist heute aber nach der Landanhebung durch das Erdbeben von 1855 und die Umsetzung von Landgewinnungsprojekten ca. 300 m von der Uferlinie abgerückt. Zwischen verspiegelten Glaspalästen findet man hier Edelboutiquen, Ladenpassagen und diverse Espressobars. Gegenüber dem markanten und zur Featherston Street hin spitz zulaufenden „*MLC Building*“ beginnt eine schmale Passage, die leicht zu übersehende *Cable Car Lane*, die Sie nach wenigen Metern zur Talstation der **Cable Car** bringt. Täglich von 7.00 bis 22.00 Uhr bringen die leuchtend roten Wagen der 1902 gebauten Bahn alle 10 Minuten die Fahrgäste (Einheimische und Touristen) hinauf in den im Stadtteil Kelburn gelegenen oberen Teil des **Botanischen Gartens**. An den vier Haltestationen der Cable Car hat man wunderbare Ausblicke auf die Stadt und den Hafen.

Blick vom Mount Victoria

An der Bergstation angelangt, kann der Interessierte dem Cable Car Museum einen Besuch abstatten, in dem Bistro des **Skyline Function Centre** (Tel. 04 475 8727) mit wunderbarer Aussicht verweilen oder gleich den Rückweg den Hang hinab durch den reizvollen Botanischen Garten antreten. Wer sich für Astronomie begeistert, findet nur 100 m entfernt das kleinen Museum des *Carter Observatory* aus dem Jahre 1907. Sie können dort auch an Vorführungen im Planetarium teilnehmen (**Carter Observatory**, Tel. 04 910 3140, www.carterobservatory.org). Der weitere Weg führt Sie nun stetig bergab bis zum Begonien Haus und dem 1960 direkt daneben angelegten *Lady Norwood Rose Garden*, in dem von November bis April in den prächtigsten Farben blühende Rosen zu bewundern sind. Am südlichsten Zipfel des Botanischen Gartens erreichen Sie den *Anderson*

Eingang in den Botanischen Garten

Blick auf Wellington von Bord einer Fähre

Park, dem unmittelbar der *Bolton Street Memorial Park* folgt. Ein übergroßes Denkmal von *Richard Seddon* markiert den Eingang dieses alten viktorianischen Stadtfriedhofes. Sie folgen dem Robertson Way und überqueren die Stadtautobahn auf einer Fußgängerbrücke, die Sie in einen Teil des Friedhofes bringt, in dem eine kleine Kapelle steht.

Über die Bowen St gelangen Sie schließlich in den oberen Teil des Lambton Quay und damit an den Anfang des Parlaments-Distriktes. Dieser wird vom *Old Government Building* dominiert, dessen Eingänge mit prächtigen Holzpfeilern und Säulengängen geschmückt sind. Das im italienischen Renaissancestil errichtete Gebäude war bei seiner Fertigstellung 1876 das größte Gebäude Neuseelands. In einem direkt am Eingang befindlichen DOC Visitor Centre erhält man Karten für die Besichtigung der öffentlich zugänglichen Teile des Gebäudes. Der Sitz der neuseeländischen Regierung befindet sich in den drei Gebäuden des **Parliament Buildings** auf der anderen Seite des Lambton Quay. Die Büros des Premierministers und seiner Kabinettsmitglieder sind im auffälligsten dieser drei Gebäude, dem **Beehive** (Bienenstock), einem kreisrunden, aus sieben Stufen bestehendem Kegel untergebracht. Während das Beehive aus Sicherheitsgründen für Besucher gesperrt ist, können die beiden anderen Regie-

Wellington Railway Station

Blick auf Wellington und das Te Papa Museum

rungsgebäude, das 1922 im klassizistischen Stil erbaute *Parliament House* und die neogotische *General Assembly Library*, von Ihnen im Rahmen einer einstündigen kostenlosen Führung erkundet werden. Abschließend bietet es sich an, der markanten, 1937 fertig gestellten **Wellington Railway Station** einen Besuch abzustatten. Sie erreichen das vom Architekten *William Gray Young* in gregorianischer Architektur entworfene Gebäude nach 200 m Wegstrecke, die Sie am Busbahnhof vorbeiführt. Schauen Sie sich unbedingt auch das Innere des größten Kopfbahnhofes in Neuseeland mit seiner hohen Schalterhalle und den eindrucksvollen Dachgewölben an.

Regierungssitz Beehive

Weitere Attraktionen in Wellington

Der von uns empfohlene Rundgang in Wellington endet hier. Das detaillierte Aufzeigen der anderen Sehenswürdigkeiten würde den Rahmen diese Wohnmobil-Reiseführers sprengen. Wir möchten Ihnen lediglich noch einige Anregungen geben. Zunächst: Informieren Sie sich in der i-Site nach dem **Wellington City Pass**. Überlegenswert ist ein Ausflug mit der Hafenfähre zur vom DOC verwalteten Naturschutz Insel **Somes Island**. Weitere Highlights sind Besuche des Naturschutzgebietes **Zealandia** und des ursprünglichen **Otari Wilton's Bush**. **Gastro-Tipp:** Ein gepflegtes indisches Mahl bietet Ihnen das

Atatürk Denkmal und Blick auf die Cook Strait

Restaurant **Great India** (141 Manners St, Tel. 04 384 5755) einnehmen. Fünf Gehminuten vom Waterfront Stellplatz entfernt können Sie im **Leuven** (135 - 137 Featherston St., Tel. 04 499 2939, www.leuven.co.nz) diverse Muschelvariationen zu sich nehmen. Das ebenfalls angebotene ausgezeichnete Belgische Bier will dazu allerdings nicht recht passen.

Auf zwei Ausflüge möchten wir Sie noch hinweisen. Der erste führt auf den 196 m hohen, südöstlich des Zentrums gelegenen **Mount Victoria**. An Wochentagen können Sie mit Bus Nr. 20 dorthin gelangen. Von seiner Aussichtsplattform öffnet sich ein weites Panorama auf die Stadt, den Hafen, die Docks und bei guter Sicht bis zum *Hutt Valley*. Auf dem Gipfel werden Sie auch eine dreieckige, bunt verzierte Konstruktion antreffen, die ein Zelt auf einer Antarktis Expedition darstellen soll. Das *Byrd Memorial* erinnert an den Antarktis-Forscher *Richard E. Byrd* (1888-1957). Ein zweiter Ausflug, den wir Ihnen empfehlen, ist eine Fahrt auf dem etwa 40 km langen *City Marine Drive*. Er umrundet die **Miramar Halbinsel**, wobei er fast immer nahe an der Küstenlinie verbleibt. Sie können ihn mit dem Fahrrad

Bronze Figur nahe Te Papa

Blick vom Eastern Walkway

oder dem Auto fahren und kommen unterwegs an zahlreichen Badebuchten vorbei. Sie werden unterwegs verschiedene Stellen mit der Möglichkeit zur freien Übernachtung finden. Wenn Sie eine Wanderung einbauen wollen, bieten sich der **Eastern Walkway** und der **Southern Walkway** an. Broschüren erhalten Sie in der i-Site.

(73) WOMO-Campingplatz: Wellington Top 10 HP

GPS: S 41°16'52" E 174°46'47". **WOMOs:** 150 mit Stromanschluss
Ausstattung/Lage: Spielplatz / An den Hutt Park angrenzend, in der Nähe des Hutt River.
Preise: Stellplatz mit Strom 44 NZD für zwei Erwachsene
Zufahrt: Auf dem SH2 Ausfahrt Richtung „Maungaraki/Lower Hutt/City Centre" nehmen, am Wellington Harbour entlang fahren, Brücke über den Hutt River überqueren, gut ausgeschildert
Kontakt: 95 Hutt Park Rd, Seaview, Lower Hutt, Tel. 0800 488 872, www.wellingtontop10.co.nz
Beurteilung: Große Stellplätze, teils auf Gras und von Büschen und Bäumen eingerahmt. 12 km vom Zentrum Wellingtons entfernt, Infos über die Fahrzeiten der Busse sind im brandneuen Office erhältlich. Alle anderen Einrichtungen sind renovierungsbedürftig.

Weiterfahrt in die Wairarapa

Sie verlassen die Hauptstadt und fahren auf dem SH2 Richtung Nordosten. Der Highway folgt für etwa 8 km der Küstenlinie des *Wellington Harbour* und wendet sich dann ins Landesinnere. Ein sehenswerter Abstecher in den **Rimutaka Forest Park** startet in Lower Hutt. Sie fahren dort vom SH2 in die Wainui Road ab und folgen ihr für 8,5 km bis Wainuiomata. Nun nehmen sie die Coast Road, die in ihrem weiteren Verlauf bis zur Küste führt. Sie biegen aber nach 10 km links in den Rimutaka Forest Park ab. Sie passieren den zwischen 8 und 20 Uhr verschlossenen Haupteingang und folgen der unbefestigten Straße, die sich 2 km bis zum Parkplatz in das Tal hinauf schlängelt. Unweit der Hauptstadt befinden Sie sich hier in einer ausgesprochen reizvollen und geradezu idyllischen Umgebung. Es starten viele sehr gut markierte Wanderungen in das *Orongorongo Valley* (Infotafel am Parkplatz). Besorgen Sie sich in Wellington die DOC-Broschüren *Catchpool Valley* und *Rimutaka Forest Park*.

(74) WOMO-Wanderplatz: Catchpool Valley Rimutaka - DOC Standard

GPS: S 41°20'57" E 174°55'39". **Max. WOMOs:** 120
Ausstattung/Lage: Dump Station, Toilette, Wasser, Dusche, Küche, Picknicktische, Barbecue / Im Rimutaka Forest Park.
Preise: Erwachsene 10 NZD
Zufahrt: In Lower Hutt vom SH2 in die Wainui Rd und dann Wainuiomata Rd bis Wainuiomata fahren (8,5 km). Nun die Coast Road nehmen und nach 10 km links in den Rimutaka Forest Park abbiegen. Nun liegen noch 2 km bis zum Platz vor Ihnen. Haupteingang passieren und vor dem Parkplatz rechts abbiegen. Sehr gut ausgeschildert.

Beurteilung: Großer, grüner, offener und sonniger Platz, von Hecken und Wald umgeben. Es gibt eine Vielzahl von gut ausgeschilderten Wanderwegen im Orongorongo Valley (Infotafel am Parkplatz). Zwischen 20 Uhr und 8 Uhr wird die Zufahrt geschlossen.

(75) WOMO-Wanderplatz: Kaitoke Regional Park

GPS: S 41°4'3" E 175°11'49". **Max. WOMOs:** 100
Ausstattung/Lage: Toilette, Wasser, Picknicktische, Bänke, zwei überdachte Barbecue-Anlagen / In einer wunderbaren Parkanlage am Ufer des Pakuratahi River gelegen.
Preise: Stellplatz 5 NZD pro Erwachsenem, 2 NZD bis 16 Jahre.
Zufahrt: Nördlich von Upper Hutt links in die zweite Straße, Waterworks Road, einbiegen und dieser etwa 1 km folgen.

Beurteilung: Ein wirklich wundervoller Ort, gerade einmal 40 Minuten von Wellingtons Innenstadt entfernt! Große Parkanlage mit tollem Baumbestand und vielen geschützten Stellplätze auf grünen Gras. Die Flussschleifen des Pakuratahi River haben tiefere Stellen, an denen sie wunderbar baden können. Startpunkt verschiedener Wanderungen. Bei Neuseeländern sehr beliebt.

Zurück am SH2 passieren Sie **Lower Hutt** und nach weiteren 15 km **Upper Hutt**, womit Sie den Großraum Wellington hinter sich gelassen haben. Wer hier übernachten möchte,

Straße Zum Caper Palliser

dem sei der **Kaitoke Regional Park** ans Herz gelegt (siehe Stellplatz). Der SH2 führt Sie nun aus dem Hutt Valley heraus und anschließend in einer kurvenreichen und steilen Passstraße auf den 555 m hohen **Rimutaka Hill**, auf dem ein großer Rastplatz eingerichtet ist. An schönen Tagen werden Sie hier viele Motorradfahrer antreffen, bei denen die windungsreiche Passstraße sehr beliebt ist. Nach einer kleinen Pause fahren Sie weiter, überqueren die *Rimutaka Range* und tauchen in die **Wairarapa Region** ein, genauer in den *South-Wairarapa-Distrikt*.

(76) WOMO-Stellplatz:
Lake Wairarapa - Shore Scenic Reserve

GPS: S 41°12'55" E 175°11'23".
Max. WOMOs: 5
Ausstattung/Lage: Nichts / Am Ufer des Lake Wairarapa.
Zufahrt: In Featherston in die Western Lake Road einbiegen und dieser 16km in südlicher Richtung folgen. Ausgeschildert.
Beurteilung: Wunderschöner kleiner geschützter Grasplatz unter Bäumen. Für sehr große Womos nicht geeignet.

Die *Wairarapa* ist ein Gebiet, das sich von der *Rimutaka Range* bis zur *Hawke Bay* erstreckt, und damit fast 300 km weit bis nach Napier, dem Ziel von Tour N04. Das ausgedehnte Weideland ist ein alteingesessenes und urtypisches neuseeländisches Schafzuchtgebiet. In den letzten beiden Jahrzehnten gab es zwei Entwicklungen, die Bewegung in die vorher verschlafene Region gebracht haben. Zum einen wurde der

Blick vom Cape Palliser Lighthouse

südliche Teil von den Bewohnern des Großraumes Wellington als Ziel eines Tages- oder Wochenendausfluges entdeckt und zum anderen hat sich der 1976 hier begonnene Weinanbau prächtig entwickelt. Heute ist South-Wairarapa eine bedeutende Weinbau-Region Neuseelands, besonders für Spätburgunder.

Als erstes Städtchen jenseits der Berge erreichen Sie nach 10 km **Featherston**, wo das Fell Lokomotivenmuseum einen Besuch wert ist. Im am SH2 gelegenen **Everest** warten zudem diverse kulinarische Highlights auf Sie (Everest, 19 Fitzherbert St, Featherston, Tel. 06 308 8256). Wer möchte, kann über die Western Lake Rd einen Abstecher zum nur 5 km entfernten *Lake Wairarapa* machen, der mit einer Fläche von 78 km² der drittgrößte See auf der Nordinsel ist. Sein Nordufer ist bereits nach 5 km erreicht, aber das Seeufer ist nur an einigen Stellen zugänglich.

Ausflug zum windumtosten Cape Palliser

Wir empfehlen Ihnen einen Abstecher zum einsam gelegenen und windumtosten *Cape Palliser*, der Sie an dramatischen Küstenlandschaften und traditionsreichen Orten vorbei führen wird. Ein Ausflug zum südlichsten Punkt der Nordinsel ist von Featherston (75 km) oder von Martinborough (67 km) aus möglich. Wir raten Ihnen in Featherston zu starten, an der östlichen Seite des Lake Wairarapa entlang zu fahren, den Ruamahanga River zu überqueren und auf der Rückfahrt

Putangirua Pinnacles

Straße Zum Caper Palliser

die Straße nach Martinborough zu wählen. Unterwegs zweigt eine 4 km Stichstraße zur am *Lake Onoke* gelegenen Siedlung *Lake Ferry* ab. Im **Lake Ferry Hotel** (Tel. 06 307 7831, www.lakeferryhotel.co.nz) können Sie sich auf einer hübschen Terrasse mit Blick auf die Cook Strait vor der Weiterfahrt stärken und dabei den waghalsigen Surfern zuschauen. Der See ist ein Vogelparadies. Ein nicht sehr empfehlenswerter Holiday Park ist auch vor Ort.

(77) WOMO-Stellplatz: Cape Palliser – Ngawi Camping Area

GPS: S 41°35'20" E 175°14'1".
Max. WOMOs: 15
Ausstattung/Lage: Toilette / Zwischen Ufer und Straße.
Zufahrt: Im Fischerort Ngawi rechts neben der Straße zum Cape Palliser.
Beurteilung:
Offener Grasplatz an der Waterkant, kann stürmisch werden. Dafür hat man einen tollen Blick auf die Cook Strait. Eine Robben Kolonie ist 5 km entfernt.

Die Weiterfahrt zu Cape Palliser verläuft nun über eine kurvenreiche und enge Straße, die bald auf die Küste trifft. Hier befindet sich eine **Putangirua Pinnacles** genannte Steinformation, die nach Einschätzung von Geologen bereits vor 120.000 Jahren aus einer Gletschermure herausgewaschen wurde. Es gibt einen DOC-Campingplatz und einen Parkplatz von dem Wanderungen zu den Pinnacles beginnen (3,5 stündiger Rundweg). An dieser Felsformation, die durch Auswaschungen von Schlamm und Sand entstanden ist, wurde auch eine Szene aus „Der Herr der Ringe" gedreht (Aragons Ritt zur Armee der Toten).

Putangirua Pinnacles

Die wilde und streckenweise unbefestigte Küstenstraße führt nun ungeschützt direkt am Wasser entlang und wird an einigen Stellen bei hohem Wellengang überspült. Dieser Teil der Küste war bei Seefahrern gefürchtet. Im 19-ten Jahrhundert sind hier 20 Schiffe gesunken. In der neuseeländischen Geschichte hatte die Palliser Bay als erster Anlandungsplatz für europäische Schiffe mit Schafen an Bord Bedeutung erlangt. Kurz vor dem kleinen Fischerort Ngawi befindet sich eine Robbenkolonie. Parken Sie hier und schauen den jungen Robben beim Spielen in den Felsmulden zu. In **Ngawi** werden Ihnen sofort die unzähligen rostigen Bulldozer auffallen. Mit Ihnen werden die Fischerboote in das Meer geschoben und nach erfolgreichem Fang wieder heraus gezogen. Sie können in diesem freundlichen Dorf auf zwei Plätzen direkt an der Küste frei übernachten (siehe Kasten). Nun liegen noch 4 km Gravelroad bis zum Cape vor Ihnen.

(78) WOMO-Stellplatz: Featherton Lake Reserve

GPS: S41°9'52" E175°18'15"
Max. WOMOs: 50
Ausstattung/Lage: Toilette / Am Lake Wairarapa gelegen.
Zufahrt: In Featherston den SH53 nehmen, nach 1,5 km rechts in das Sträßchen „Murphys Line“ abbiegen, dem Schild Lake Reserve, bzw: to Longwood Rd folgen.
Beurteilung: Ruhiger Platz

Der markante 59 m hohe rot-weiß markierte stählerne Leuchtturm wird Ihnen sofort ins Auge fallen. Er wurde 1897 erbaut und ist für die Schifffahrt in der Cook Strait nach wie vor von großer

Hotel in Martinborough

Bedeutung. Seit 1986 wird der Leuchtturm voll automatisch betrieben. Er wurde 2013 vom Reiseführer Lonely Planet auf Platz 8 der weltweit schönsten Leuchttürme gelistet. Wenn Sie seine steil hinauf führenden 250 Stufen erklimmen (passen Sie auf, dass Sie oben angekommen nicht weggeblasen werden!), haben Sie einen wunderbaren Blick über die schroffe Palliser Bay und können mit etwas Glück sogar bis zur Südinsel schauen. Wieder unten angelangt, können Sie sich vor der Rückfahrt an der Fish & Chips Bude in bequemen Sofas sitzend stärken. Cape Palliser bietet Ihnen eine weitere Attraktion: Es ist die Heimat der größten Robbenbrutkolonie auf der Nordinsel. Die Pelzrobben brüten hier von Mitte November bis Mitte Januar.

(79) WOMO-Campingplatz: Martinborough Top10

GPS: S 41°12'59" E 175°27'8". **WOMOs:** 15 mit Stromanschluss
Ausstattung/Lage: Ver- und Entsorgung, Toilette, Dusche, Gemeinschaftsküche, Waschmaschine, Trockner, Spielplatz / Schöner Platz mit gossen Stellplätzen, von Büschen und Bäumen eingerahmt, mit Blick auf die Weinfelder, neben den Schwimmbad.
Preise: 27 NZD pro Person.
Zufahrt: Am Stadtrand von Martinborough, an der Ecke Dublin St und Prinzess St gelegen, Einfahrt in der Dublin St, Hinweisschilder beachten.
Kontakt: 10 Dublin St West, Martinborough, Tel. 0800 780 909, www.martinboroughholidaypark.com
Beurteilung: Schöner, ruhiger Platz, viel Grün. Er wurde 2013 in die Top10-Kette aufgenommen. Das drückt sich in erster Linie im Preis aus, der innerhalb von drei Jahren um 10 NZD pro Person stieg. Es gibt für Frauen und Männer jeweils nur zwei Duschen und zwei Toiletten. Nur eine Waschmaschine und ein Trockner sind verfügbar. Diese kosten je Arbeitsgang 4 NZD. Duschen und Wifi sind kostenlos zu haben. Freundliches Personal.

Weiterfahrt von Featherston nach Martinborough

Sie verweilen nicht lange in der 3.400 Einwohner Stadt und wenden sich dem etwa 17 km entfernten **Martinborough**, der

Stonehenge Aotearoa

Hauptstadt des *South-Wairarapa-Distriktes* zu. Das hübsche 2.000 Einwohner Städtchen ruht inmitten einer idyllischen Parklandschaft. Sie erreichen Martinborough, dessen Grundriss nach dem Union Jack geplant wurde, über den SH53. Martinborough ist gleich zeitig auch die Weinhauptstadt der Region und seine Weine erfreuen sich internationaler Bekanntheit. Da es hier wie in Wellington sehr windig ist, werden in den Weinbaugebieten oft Windschutzhecken angepflanzt.

Sie fahren auf direktem Wege nach **Carterton**, indem Sie zunächst der Ponatah Rd und später der Kokotau Rd folgen. Etwa 8 km vor *Carterton* befindet sich an der Kokotau Rd **Stonehenge Aotearoa,** eine moderne Nachbildung des historischen *Stonehenge*, die den Traditionen der Maori folgt. In *Carterton* empfehlen wir den Besuch der **Paua Shell Factory** (54 Kent St, Tel. 06 379 4222), in der die typisch neuseeländischen Paua-Muscheln zu allerlei Kunstgegenständen verarbeitet werden.

(80) WOMO-Campingplatz-Tipp: Carterton Holiday Park

GPS: S 41°1'9" E 175°31'22". **WOMOs:** 24 mit Stromanschluss

Ausstattung/Lage: Standard / Gepflegter Campingplatz mit großen, von Büschen eingerahmten Stellplätzen. Grenzt an einen Spielplatz.

Preise: 30 NZD für zwei Erwachsene

Zufahrt: In der Stadtmitte in die Belvedere Rd abbiegen, 700m

Kontakt: 198 Belvedere Rd, Carterton, Tel. 06 379 8267, www.cartertondc.co.nz/caravanpark/

Beurteilung: Sehr schöner, gepflegter Platz mit guten Sanitäranlagen.

Ein Schaf wird geschoren

Dem SH2 folgend erreichen Sie nach 15 km **Masterton**, die mit 20.000 Einwohnern größte Stadt des *Wairarapa*. An vier Tagen bis zum ersten Samstag im März findet in hier alljährlich die „Olympiade des Schafscherens“ statt. Die **Golden Shears** (www.goldenshears.co.nz) sind ein bei Alt und Jung beliebtes Riesenspektakel, das im War Memorial Stadium stattfindet und aus den Disziplinen „sheering“, „wool handling“ und „wool pressing“ besteht, die wiederum in verschiedenen Alters- und Erfahrungsklassen ausgetragen werden. Im März 2011 wurden die Golden Shears zum 50. Male ausgetragen.

(81) WOMO-Campingplatz-Tipp: Mawley Park Motor Camp

GPS: S 40°56’38” E 175°40’0”. **WOMOs:** 54 mit Stromanschluss
Ausstattung/Lage: Spielplatz / Zentrumsnahe Lage in parkähnlicher Umgebung.
Preise: Stellplatz mit Strom 12 NZD pro Person, Kinder 5 NZD, Kinder unter 5 Jahren sind frei.
Zufahrt: Vom Zentrum kommend biegt die Oxford Street direkt hinter dem Waipoua River links vom SH2 ab.
Kontakt: 15 Oxford Street, Masterton, Tel. 06 378 6454, www.mawleypark.co.nz
Beurteilung: Direkt am Waipoua River gelegen, mit der Möglichkeit im Fluss zu schwimmen. Der Elisabeth Park mit zahlreichen Freizeitangeboten kann zu Fuß in zwei Minuten erreicht werden. Sehr gute und saubere Sanitäranlagen.

(82) WOMO-Stellplatz: Masterton - Percy Reserve

GPS: S 40°56’58” E 175°41’13”. **Max. WOMOs:** 30
Ausstattung/Lage: Nichts / Auf einer großen Wiese am Ruamahanga River.
Zufahrt: In Masterton in die Te Ore Ore Road einbiegen. Kurz hinter dem Henley Lake links abbiegen.
Beurteilung: Ruhiger Platz, mit einigen Schattenplätzen unter Bäumen.
Hinweis: Der Platz wird nachts abgeschlossen. Gegenüber, am Lake Henley, können Sie ebenfalls stehen (auf Asphalt). Schöne Wandermöglichkeiten. Tagsüber ist die Toilette geöffnet. Einfahrt über Colombo Road, GPS S 40°57’01” E 175°40’36”.

Masterton hat zwei Parks und ein Museum aufzuweisen. Im Nordosten der Stadt liegt der *Henley Park* mit seinem gleichnamigen See, der in den 1930-iger Jahren ange-

Castlepoint Lighthouse

legt wurde und sich aus dem Wasser des *Waipoua Rivers* speist. Zentraler, nämlich östlich an das Zentrum von Masterton anschließend, liegt der hübsche *Queen Elisabeth Park*. Daneben liegt das empfehlenswerte Kunst und Geschichtsmuseum, dessen Schwerpunkt auf der *Wairarapa* liegt (*Aratoi Wairarapa Museum of Art&History,* tgl. 10 bis 16.30 Uhr, Ecke Bruce St / Dixon St, Tel. 06 370 0001, www.aratoi.co.nz, Spende erwünscht). Schließlich bietet der nahe gelegene **Tararua Forest Park** Wanderfreunden ausgezeichnete Möglichkeiten, ihrer Leidenschaft nachzugehen.

(83) WOMO-Campingplatz-Tipp: Castlepoint Holiday Park

GPS: S 40°53'45" E 176°13'10". **WOMOs:** 38 Stellplätze mit Strom.
Ausstattung/Lage: Spielplatz / Grasplätze direkt am Meer.
Preise: Stellplatz mit Strom 45 NZD für zwei Personen.
Zufahrt: Die Masterton Castlepoint Rd bringt Sie nach Castlepoint (65km). Dort nicht zu verfehlen.
Kontakt: 1 - 3 Jetty Road, Castlepoint, Tel. 06 372 605, www.castlepoint.co.nz

Beurteilung: Der großer Platz ist in vier Ebenen angelegt, von denen die oberen drei fest in der Hand von Dauercampern sind. Die fünf Stellplätze der direkt am Meer gelegenen untersten Ebene werden für Durchreisende frei gehalten. Sanitäranlagen ok, Dusche 0,5 NZD, Wifi vorhanden.

Ausflug zum Castlepoint Lighthouse

Nach Cape Palliser empfehlen wir Ihnen einen zweiten Ausflug zu einem Leuchtturm, dem Castle Point Lighthouse. Der

Aufgang zum Castlepoint Lighthouse

Abstecher beträgt diesmal stattliche 65 km, ist aber bei gutem Wetter ungemein lohnend. Bei Sturm und Regen lohnt sich der Trip an die dann ausgesprochen raue und unwirkliche Küste nicht. Leuchttürme gibt es sehr viele in Neuseeland. Aber keiner ist unserer Meinung nach so schön wie der Leuchtturm am Castlepoint, der vorgelagert auf einem steilen Klippenvorsprung thront. Wegen seiner Ähnlichkeit mit einer Burg wurde das 162 m hohe Kap von Captain Cook Castlepoint genannt.

Der östliche Küstenabschnitt der Nordinsel zwischen Cape Palliser und Cape Kidnappers ist wild und unzugänglich. Einzig Castlepoint und das benachbarte **Riversdale** sind über eine asphaltierte Straße zu erreichen. Die treffend *Masterton Castlepoint Road* genannte malerische Landstraße führt durch hügeliges Land, das meist mit dichtem Gras bewachsen ist. Nach 25 km zweigt rechts eine Straße zum Badeort Riversdale Beach ab (siehe Kasten).

(84) WOMO-Wanderplatz: Castlepoint - Kirche

GPS: S 40°54'12" E 176°13'37".
Max. WOMOs: 3
Ausstattung/Lage: Nichts / Parkplatz am Meer, an einer kleinen Kirche.
Zufahrt: Gegenüber dem Castlepoint Lighthouse, nicht zu verfehlen.
Beurteilung: Ruhiger Platz, toll gelegen, nahe dem Lighthouse.

Der knapp 2000 Seelen aufweisende Ort **Castlepoint** verfügt über einen Store und einen empfehlenswerten Campingplatz. Es gibt gute Bade- und Wandermöglichkeiten. Hauptattraktion ist aber der pittoresk auf den vorgelagerten Felsen

Blick vom unten empfohlenen Rundweg um die Bucht

platzierte zylindrische weiße Turm, der als letzter neuseeländischer Leuchtturm im Mutterland England gefertigt wurde. 1913 in Betrieb genommen wurde der Turm 1988 automatisiert und von Wellington aus ferngesteuert. Heutzutage erscheint im Leuchtturmwärterhaus nur noch der Geist des Wärters, der 1922 bei Reparaturarbeiten von der Leiter stürzte und den Sturz nicht überlebte.

(85) WOMO-Badeplatz: Whakataki Beach

GPS: S 40°52'6" E 176°13'45". **Max. WOMOs:** 7 **Ausstattung/Lage:** Nichts / Parkplatz am Meer, direkt am Strand. **Zufahrt:** 4 km vor Castlepoint links in die Mataikona Rd einbiegen. Dieser 700 m folgen. **Beurteilung:** Ruhiger Platz, toll gelegen.

(86) WOMO-Badeplatz: Riversdale Beach

GPS: S 41°05'12" E 176°04'29. **Max. WOMOs:** 3 **Ausstattung/Lage:** Nichts / Parkplatz an der Mündung des Motuwaireka Stream direkt am Strand. **Zufahrt:** Am Ortseingang von Riversdale links in den Riversdale Drive einbiegen und diesem 200 m folgen. **Beurteilung:** Schöner Platz, toll gelegen. Nicht vor den Häusern übernachten!

Sie erreichen den Leuchtturm über eine Sandbank, auf deren linker Seite *Castlepoint Beach* liegt und auf deren rechter Seite sich eine geschützte Lagune befindet, die von Fischern als Naturhafen genutzt wird. Vom Camping Platz aus laufen Sie etwa 45 Minuten. Ein paar Holzstufen führen hinauf zum Leuchtturm, dann weiter auf einen Felsen von dem aus Sie einen wunderbaren Ausblick über das verschlafene Örtchen und seine Umgebung haben. Auf den Klippen um den Turm finden Sie unzählige versteinerte Muscheln. Wir können Ihnen noch eine zweite Wanderung sehr ans Herz legen. Sie beginnt am Parkplatz an der Kirche und ist dort sehr gut ausgeschildert. Sie führt als Rundweg um die Bucht, wobei sie teilweise steil nach oben führt und entsprechend tolle Ausblicke bietet. Der Rückweg führt hinunter zur Beach und dann über den Strand bis zum Parkplatz.

Manawatu Gorge

Weiterfahrt nach Woodville

Sie setzen Ihre Fahrt nach *Napier* auf dem SH2 fort und gelangen nach 28 km in das **Pukaha Mt Bruce Wildlife Centre**, wo Sie ganz ausgezeichnet einheimische, vom Aussterben bedrohte Vogelarten beobachten können.

(87) WOMO-Stellplatz: Tui Brewery

GPS: S 40°25'19" E 175°51'46". **Max. WOMOs:** 5
Ausstattung/Lage: Toilette in der Tui Brewery / Auf einer Wiese.
Zufahrt: Am SH2 gegenüber der Tui Brewery, 11 km vor Woodville.
Hinweis: Das Gatter öffnen.
Beurteilung: Gut für eine Nacht, speziell nach einer Bierprobe.

Nach weiteren 60 km erreichen Sie *Woodville*, wo Sie den SH2 verlassen, um über den SH3 der **Manawatu Gorge** einen Besuch abzustatten. Der 180 km lange *Manawatu River* nimmt einen verblüffenden Verlauf. Er entspringt auf der Ostseite der Nordinsel in der südlichen *Hawkes Bay*, mündet aber auf der Westseite in der Nähe von *Foxton Beach*. Er muss also auf seinem Weg die Gebirgszüge der *Ruahine-* und der *Tararua Ranges* durchbrechen. Genau das tut er in der *Manawatu Gorge*, in der er von einem gemütlich dahinfließenden Flüsschen zum reißenden Gebirgsbach mit zahlreichen Wasserfällen wird. Sie wollen sich dieses spektakuläre Schauspiel sicher

Manawatu River und Te Apiti Wind Farm

nicht entgehen lassen und machen einen ca. 10 km langen Abstecher Richtung *Palmerston North*. Links sehen Sie die **Te Apiti Wind Farm** liegen, die 35.000 Haushalte mit Strom versorgt. Der SH3 durch die enge *Manawatu Gorge* wurde bereits 1871 gebaut und ist eine wichtige Ost-West-Verbindung auf der Nordinsel. Wenn Sie auf dem sehr empfehlenswerten freien Stellplatz **Woodville Ferry Reserve** übernachten wollen, nehmen Sie bitte die Einfahrt von Woodville aus kommend.

(88) WOMO-Stellplatz: Woodville Ferry Reserve

GPS: S 40°20'5.5" E 175°49'2". **Max. WOMOs:** 5
Ausstattung/Lage: Toilette / Große Wiese in einer Schleife des Manawatu River.
Zufahrt: Am SH3. Die Einfahrt zum Platz ist aus Richtung Woodville kommend (4 km) wegen einer durchgezogenen Mittellinie schwierig.
Beurteilung: Großflächige Wiese, die vom SH3 zum Manawatu River hin abfällt. Im oberen Bereich gibt es Tische mit Bänken und nahe der Brücke eine Toilette. Die Toilette wird regelmäßig gewartet und ist sauber. Falls das Gatter am SH3 geschlossen ist, kann man es öffnen. Vorsichtig fahren, da sehr unebenes Terrain. Der Platz wird am Wochenende eifrig von Kiwis benutzt. Trotz der Nähe zum SH3 ausgesprochen stimmungsvoller Platz.

Zurück in Woodville bekommen Sie irre selbstgemachte Quark- und Käsekuchen Variationen im Cheesecake Paradies **Yummy Mummy's** (SH3, 67 Vogel St, www.yummum.co.nz). Als Zugabe gibt es freies Wifi!

Sie kehren zurück zum SH2, dem Sie ohne weitere Stopp-Empfehlungen für ca. 130 km bis kurz vor *Hastings* folgen. Sie befinden sich nun in der *Region Hawke's Bay*.

Einen hervorragenden Überblick über die Gegend bietet Ihnen der 399 m hohe **Te Mata Peak**. Sie erreichen ihn, indem Sie in *Pakipaki* rechts in die Te Aute Rd nach *Havelock North* abbiegen und nach 8 km, im Zentrum dieses Ortes, ebenfalls rechts in die Te Mata Rd. Das enge, kurvenreiche Sträßchen windet sich eine lange Kette von Kalksteinfelsen entlang, bevor es nach 7 km den Gipfel des *Te Mata Peak* erreicht. Schon vor dem eigentlichen Peak ergeben sich atemberaubende Blicke und es ist absolut zu empfehlen, das Wohnmobil an einem der Parkplätze stehen zu lassen und die letzte Wegstrecke zu laufen. Um nach *Napier* zu gelangen, fahren Sie am *Tukituki River* entlang bis zu dessen Mündung in den Pazifik nahe dem kleinen Ort **Clive**. Der SH2 verläuft nun direkt an der Küste bis **Napier**.

Fliegender Willkommensgruß in Pahiatua

Eine einzigartige Sehenswürdigkeit liegt etwa 30 km vom Zentrum *Napiers* entfernt. An der Spitze von **Cape Kidnappers**, am südwestlichen Ende der Hawke Bay, liegt eine Tölpel-Kolonie. Es ist eine von nur zwei Tölpel-Kolonien der Welt, die auf dem Festland angesiedelt sind. Die in drei Teile abgrenzbare Brutkolonie der Tölpel können Sie über eine fast zweistündige **Strandwanderung** (nur bei Ebbe möglich, Gezeitentabelle im Visitor Centre erhältlich) oder wesentlich bequemer auf dem Hänger eines Traktors erreichen. Zwischen November und Februar schlüpfen die jungen Tölpel und lernen das Fliegen. Ein ganz besonderes Schauspiel ist es, die großen Seevögel mit den goldgelben Köpfen aus großer Höhe mit hoher Geschwindigkeit ins Meer abtauchen zu sehen. So elegant die Tölpel auch fliegen und tauchen, so ist doch Ihre Landung sehr unbeholfen und wirkt auf den Beobachter ausgesprochen erheiternd. Sie purzeln bei der Landung oft über Artgenossen, was nicht ohne kreischendes Gezänk abgeht. Die Touren zur Tölpel-Kolonie starten in **Clifton**, wo Sie im Clifton Beach Reserve Motor Camp übernachten, oder gegen eine kleine Gebühr ihr Wohnmobil sicher parken können.

(89) WOMO-Campingplatz-Tipp: Clifton Reserve Motor Camp

GPS: S 39°38'25" E 177°0'15". **WOMOs:** 150 mit Stromanschluss
Ausstattung/Lage: Spielplatz / Langgestreckter Platz mit schöner Aussicht auf die See. **Preise:** 36 NZD für Stellplätze mit Stromanschluss.
Zufahrt: In Clive Richtung Clifton vom SH2 abbiegen. Am Ende der Clifton Rd, 20 km südöstlich Napier. **Kontakt:** 495 Clifton Rd, Hastings, Tel. 06 875 0263, www.holidayparks.co.nz/clifton
Hinweise: Idealer Startpunkt für den Besuch der Tölpel Kolonie am Cape Kidnappers. Ein beliebtes Cafe, Restaurant + Bar direkt gegenüber, kleiner Shop für das Notwendigste.

(90) WOMO-Stellplatz: Clive Richmond Road Reserve

GPS: S 39°34'53" E 176°55'1". **Max. WOMOs:** 20
Ausstattung/Lage: Toilette / Am Ufer des Flusses, zum Teil große Bäume.
Zufahrt: Sofort hinter der SH2 Brücke in Clive scharf links in die School Rd und nach wenigen Metern ebenfalls links in die Ferry Rd abbiegen. Nach etwa 50 m biegen Sie links in die Zufahrt zum Platz ab. Der Platz liegt lang gestreckt am Clive River neben der Brücke.
Beurteilung: Schöner freier Platz! Guter Startpunkt für den Besuch der Tölpel Kolonie am Cape Kidnappers. Sie können den Clive River etwa 1 km bis zu seiner Mündung entlang wandern.

TOUR N05
Hicks Bay
105
East Cape
Te Araroa
104
WC
Cape Runaway
Tikitiki
Holzkirche St. Mary's
Raukokore
Anglican Church
WC
106
Waiapu River
Mount
Hikurangi 1752 m
Ruatoria
Te Kaha
Bay of
Plenty
107
103
Tokomaru Bay
38
Raukumara
Forest
Park
Raukumara Range
Anaura
Bay
102
längste Pier
in Neuseeland
108
101
Opotiki
Tolaga Bay
100
Waiau
Bay
Hukutaia
Domain
99
WC
2
38
98
Gentle Annie
Summit
Gisborne
Poverty
Bay
Te Urewera
Nationalpark
96
Te Reinga
Falls
38
95
Mahia Beach
97
Lake
Waikaremoana
Fraser
town
93
Mahia
Halbinsel
94
Wairoa
Waihua
2
Hawke Bay
5
Lake Tutira
92
WC
Tangoio Falls
N
50 km
91
Napier

Tour N05: First to see the light at East Cape

Napier - Lake Waikaremoana - Mahia Halbinsel - Gisborne
East Cape - Opotiki - 730 km

Stellplätze:	Lake Tutira, Wairoa, Donnerallie, Mahia Peninsula, Manganuku, Waihau Beach, Tokomaru Bay, East Cape, Maraehako, Omaio
Camping:	Napier, Wairoa, Lake Waikaremoana, Gisborne, Tolaga Bay, Anaura Bay, Te Araroa, Opotiki
Baden:	Hawke Bay, Mahia Beach, Gisborne: Waikanae Beach, Midway Beach, Wainui, Makorori Beach, Tatapouri, Pouawa, Waihau Bay, Tolaga Bay, Anaura Bay, Tokomaru Bay, Hicks Bay, Whanarua Bay, Opotiki-Waiotahi Beach
Wandern:	Napier:Marine Parade, Art Deco Walks, Tangio Falls Walk way, Lake Tutira: Pera's Loop Track, Kahikanui Galbraith Circuit Track, Lake Waikaremoana Walks, Rundweg Waipai-Ruapani-Waikareiti, Rundweg Mahia Peninsula, Nikau Loop, Gisborne Historic Trail, Tolaga Bay - Cooks Cove Walkway, Anaura Bay Walkway, Te Ariki Hikurangi Track
Essen:	Napier:Provedore, Cappadona Café, Mahia Beach Café, Gisborne: The Works Café & Restaurant, Pacific Coast Macadamia Nut Farm, Opotiki: Two Fish

Freuen Sie sich auf diese reizvolle Tour, die Sie von **Napier** nach **Opotiki** und damit von der **Hawke Bay** um das **East Cape** zur **Bay of Plenty** führen wird. Vom etwa 120 km hinter *Napier* gelegen *Wairoa* aus sollten Sie einen lohnenden Abstecher in den **Te Urewera Nationalpark** mit seinem Kleinod *Lake Waikaremoana* unternehmen. Kurz vor dem an der **Poverty Bay** gelegenen **Gisborne** verlassen Sie den SH2, um die östlichste Landnase Neuseelands auf dem großartigen *Pacific Coast Highway (SH35)* zu umfahren. **Eastland** ist eine der ursprünglichsten und bisher kaum erschlossenen Gegenden *Aotearoas*, mit herrlichen Stränden und einem sehr hohen Maori Bevölkerungsanteil. Am Ziel dieser Tour erreichen Sie die Kleinstadt *Opotiki*, die etwas verschlafen am östlichen Rand der *Bay of Plenty* liegt.

Die Region **Hawke's Bay** wird für ihr sonniges Klima, ihre hervorragenden Strände, ihre geschützten Küstenebenen im Wind- und Regenschatten der Bergketten und ihre hochwertigen Weinberge geschätzt. Bereits 1851 pflanzten katholische Missionare die ersten Weinstöcke an einem Fleckchen Erde, das heute zur *Mission Estate Winery* gehört (www.missionestate.co.nz). Es ist außerdem eines der größten Kernobstanbaugebiete des Landes und trägt den Spitznamen „Obstschale

Oldies vor Art Deco Gebäuden

Neuseelands", auch wenn immer mehr Obstbäume von Weinreben verdrängt werden. Beim Studium der Landkarte wird Ihnen die *Hawke Bay* sofort auffallen, weil sie fast exakt halbkreisförmig verläuft. Sie erstreckt sich von der *Mahia Halbinsel* im Nordosten über fast 100 km bis zum *Cape Kidnappers* im Südwesten. Den Norden der Region (150.000 Einwohner) dominiert die Flutebene des Wairoa River. Weiter südlich wird das Landschaftsbild von Hügeln bestimmt, die nach Westen hin in Richtung des *zentralen Hochplateaus (Kaweka Range und Ruahine Range)* immer größere Höhen erreichen. Im südlichen Teil der Region liegt die fruchtbare *Heretaunga Ebene*. Hier befinden sich dicht beieinander die Städte **Napier** und **Hastings**. Die „Twin Cities" beherbergen die ältesten Märkte des Landes (**Urban Market**, Napier, Lower Emerson Street, Sa 9-13 Uhr; **Farmers Market**, Hastings, Hawkes Bay Showgrounds, Kenilworth Rd, So 8.30-12.30 Uhr). Hastings hat Napier in der Einwohnerzahl zwar überholt, nicht aber in der touristischen Bedeutung.

National Tobacco Company Building

Prägend für das heutige Stadtbild von *Napier* war der 3. Februar 1931, als ein gewaltiges Erdbeben der Stärke 7,9 auf der Richter-Skala die Stadt erschütterte. Das Zentrum wurde völlig zerstört, 162 Menschen fanden den Tod. Ein Großfeuer raffte auch die Holzhäuser hin, die

Oldie Parade gegenüber i-Site

das Beben zunächst überstanden hatten. Die Erde hob sich während des Bebens um ca. 2 m, was Napier und Umgebung fast 40 km² neues Land einbrachte. Napier wurde komplett neu aufgebaut. Heute kann der Besucher in Napier eine der dichtesten Konzentrationen von **Art-Deco** Gebäuden auf der Welt bewundern. Die meisten Fassaden der Art-Deco Gebäude sind sorgfältig restauriert. Gemeinsam mit den vielen Palmen, die nach dem großen Unglück gepflanzt worden sind, geben sie Napier ein ganz besonderes Flair. Auch Einheimische kommen gerne hierher. Besonders beliebt ist das **Art Deco-Weekend** im Februar. Dann kleidet man sich im Stil der Dreißiger und fährt mit chromblitzenden Oldtimern gemächlich durch die Stadt. Sicherlich werden Sie Lust verspüren, die Art-Deco Gebäude der Stadt intensiver zu erkunden. Begeben Sie sich zum Art Deco Centre (Art Deco Trust, 7 Tennyson St., Tel. 06 835 0022, www.artdeconapier.com, tgl. 9-17 Uhr). Hier beginnen verschiedene Art-Deco Führungen, von der Art **Deco Morning Walking Tour** bis zum **Art Deco Evening Walk**. Und wenn Sie in einem Restaurant mit Art Deco Fassade dinieren wollen, können wir Ihnen das **Provedore** (60 West Quay, Tel. 06 834 0189) empfehlen. Einen sehr schönen Überblick über die Stadt können Sie sich auf dem *Bluff Hill* verschaffen,

Napier Hafen

Mansonic Hotel

der direkt am Hafen liegt. Vom Bluff Hill aus liegt direkt vor Ihnen die langgestreckte **Marine Parade**, die Strandpromenade Napiers. Im vorderen Teil der Marine Parade, auf Höhe des Informationszentrums, zweigen mehrere Einkaufsstraßen ab. Am schönsten ist die Emerson Street, in der Sie in angenehmer Umgebung neben unzähligen gemütlichen Straßencafés auch Galerien, Boutiquen, Antiquitätengeschäfte und Second-Hand-Läden finden (**Tipp: Cappadona Café**, 189 Emerson St, Tel. 06 835 3368). In der parallel verlaufenden Tennyson Street befinden sich mit dem *Stadttheater (Municipal Theatre)*, dem *Daily Telegraph Building* und dem *Hildebrands Building* die markantesten Art-Deco Gebäude der Stadt.

Spazieren Sie die langgezogene Marine Parade entlang und erfreuen sich am Duft der zahllosen Norfolk-Pinien, begehen Sie den feinen schwarzen Sandstrand und bewundern Sie die Art-Deco-Fassaden (siehe Bild). Etwa 400 m hinter der i-Site liegt **Marineland**, in dem einheimische Meerestiere und Vögel zu sehen sind und 500 Meter weiter erreichen Sie das neu gestaltete und absolut sehenswerte *National Aquarium of New Zealand*. Vielleicht interessieren Sie oder Ihre Kinder sich für die täglichen Hai- und Stachelrochen-Fütterungen. Bei der Pinguin-Fütterung dürfen Sie sogar mithelfen.

Art Deco Häuser von Marine Parade

Blick auf Napier vom Bluff Hill

Schlendern Sie vom Visitor Center aus ca. 200 m in die entgegengesetzte Richtung, so treffen Sie auf das 2013 neu eröffnete *Hawkes Bay Museum Theatre Gallery (MTG Hawke's Bay, 65 Marine Parade, Tel.* 06 835 7781, www.mtghawkesbay.co.nz), in dem das Erdbeben von 1931 einen besonderen Platz einnimmt. Weitere 300 m nördlich, am Fuße des *Bluff Hill*, gelangen Sie zum *Ocean Club*. Dort können Sie sich in windgeschützten Whirlpools mit Meerblick entspannen. In der Stadt sollten Sie sich noch den *Botanischen Garten* und den *Kennedy Park* anschauen.

Sicher wollen Sie es sich nicht entgehen lassen, eines der 50 öffentlich zugänglichen **Weingüter** aufzusuchen, hervorragende Weine zu verkosten und an Führungen durch die Weinkeller teilzunehmen. In *Destination Wineries* ist die Weinprobe mit einem - meist ausgezeichneten - Essen im Restaurant oder einem Picknick in einem Landschaftsgarten verbunden. Die erzeugten Chardonnays, Sauvignon Blancs, Cabernets und Merlots erhalten bei internationalen Qualitäts-Prüfungen alljährlich Auszeichnungen. Infos über die Weingüter bekommen Sie in der örtlichen i-Site oder auf www.napier.govt.nz.

Craggy Range Winery, Havelock North

Ihre nächsten Stationen in Tour N05 sind Wairoa und der im *Te Urewera Nationalpark* gelegene *Lake Waikaremoana*. Sie verlassen Napier über den SH2, der uns zunächst durch die beim

Lake Tutira

Erdbeben von 1931 entstandene Westshore führt, dann den Vorort *Bay View* streift und sich schließlich kurz vor Tangoio und dem gleichnamigen Bluff von der Küste entfernt. Sie haben hier die Gelegenheit zur 12 km entfernten Waipatiki Beach zu fahren. Im Gegensatz zum wenig einladenden schwarzen Strand Napiers finden Sie hier einen wunderbaren weißen Sandstrand mit sehr guter Badegelegenheit. Nutzen Sie auch die Chance zu einer 40 minütigen Wanderung (hin und zurück) zu den **Tangoio Falls**. Parkplatz und Walk sind am SH2 hinter Tangoio gut ausgeschildert. Der dem *Kareaara Stream* folgende **Tangoio Walkway** (3h hin und zurück) startet ebenfalls am Parkplatz.

(91) WOMO-Campingplatz-Tipp:
Bay View Snapper Holiday Park

GPS: S 39°25'50" E 176°52'24".
WOMOs: 51 Stellplätze mit Stromanschluss, davon 6 mit Meerblick.
Ausstattung/Lage: Abenteuerspielplatz / 8 km nördlich von Napier, direkt am Strand. **Parkgebühr:** 44 NZD für zwei Erwachsene.
Zufahrt: Am SH2 in die Gill Road Richtung Meer abbiegen, ausgeschildert.
Kontakt: 10 Gill Rd, Bay View, Napier, Tel. 0800 287 275, www.snapperpark.co.nz
Beurteilung: Dieser Platz liegt wunderschön am Strand, fragen Sie nach einem der 6 Plätze (Sites 55-60) hoch auf den Dünen.

17 km hinter den *Tangoio Falls* führt der SH2 am **Lake Tutira** vorbei. Hier haben Sie die Möglichkeit zu einem Picknick und einem kleinen Spaziergang am Seeufer entlang. Auch eine Übernachtung auf der am Seeufer gelegenen DOC Standard Campsite ist möglich und überaus reizvoll. Im zugehörigen Kasten wird auf zwei ausgesprochen reizvolle zweistündige Wanderungen hingewiesen. Vorbei an den *Tangoio Falls* verläuft der SH2 weitere 60 km im Landesinneren, bevor er Sie, kurz vor *Raupunga*, auf einer imposanten, fast 100 m hohen Brücke über den stattlichen **Mohaka River** bringt. Wenige hundert Meter davor bietet sich Ihnen die Gelegenheit, die höchste Eisenbahnbrücke des Landes zu bestaunen. Nach kurzer Wegstrecke können Sie in *Waihua* rechts in die **Waihua Beach** Rd abbiegen und an die Steilküste ans Meer gelangen.

Die 5.500 Einwohner zählende Stadt **Wairoa** erreichen Sie 35 km hinter dem *Mohaka Viadukt. In Wairoa* zweigt die Straße zum paradiesischen *Te Urewera NP* ab. *Wairoa* wird deshalb auch als Zugangstor zu diesem Kleinod unter den Nationalparks

(92) WOMO-Wanderplatz: Lake Tutira

GPS: S 39°14'1" E 176°53'35". **Max. WOMOs:** 30 Plätze

Ausstattung/Lage: Toiletten, Wasser / Am Lake Tutira, absolut traumhaft. **Parkgebühr:** 6 NZD pro Erwachsenem.
Zufahrt: Nicht zu verfehlen, 40 km hinter Napier, von der Straße aus sehen Sie die kleinen Lake Waikopiro und den größeren Lake Tutira.
Beurteilung: DOC Standard Campsite an traumhaft schöner Stelle. Machen Sie auf jeden Fall einen kleine Pause, zwei Bush Walks warten auf Sie (**Pera's Loop Track**, 2h, **Kahikanui Galbraith Circuit Track**, 2h).

(93) WOMO-Stellplatz: Wairoa – War Memorial Park

GPS: S 39°1'51" E 177°25'17".
Max. WOMOs: 10

Ausstattung/Lage:
Nichts / Zentrumsnah am Ufer des Wairoa River.
Zufahrt: Nachdem der SH2 den Wairoa River überquert hat, links in die River Parade einbiegen und dieser bis zum Parkplatz folgen.
Beurteilung: Schöne Lage am Fluss. Maximal drei Nächte.

(94) WOMO-Campingplatz-Tipp: Wairoa Riverside Motor Camp

GPS: S 39°1'57" E 177°24'55". **WOMOs**: 40 Stellplätze mit Stromanschluss.

Ausstattung/Lage: Spielplatz / Zentrumsnahe Lage, 200 m zu den nächsten Einkaufs Shops.
Parkgebühr: Stellplatz mit Strom 38 NZD für zwei Erwachsene.
Zufahrt: Im Zentrum von Wairoa am Kreisel nach links abbiegen, nach 200 m liegt der Platz auf der rechten Seite.
Kontakt: 19 Marine Parade, Wairoa 4108, Tel: 06 838 6301, www.riversidemotorcamp.co.nz
Beurteilung: Die großzügigen Stellplätze liegen auf gepflegtem Rasen, wunderbar saubere Sanitäranlagen. Sehr schöne und ruhige Anlage direkt am stattlichen Wairoa River, in dem Sie auch schwimmen können. Beheizter Swimmingpool nebenan.

angesehen. Besonders sehenswert ist in der zwei Kilometer vor der Mündung des Wairoa River gelegenen Kleinstadt der Leuchtturm, ein 1935 erbautes *Maori Versammlungshaus (Takitimu-Marae)* und das *Wairoa* District Museum, wobei das 1877 aus Kauri Holz erbaute **Portland Lighthouse** eindeutig das beliebteste Fotomotive der Stadt ist. Sie finden es heute nahe dem Ortszentrum am Flussufer, gegenüber dem Shop-

Waihua Beach

ping Centre. Schauen Sie auch im **Gaiety Theatre** vorbei (Gaiety Cinama & Theatre, 52 Marine Parade, Wairoa, Tel. 06 838 3104). Das 1928 erbaute Gebäude wurde bereits drei Jahre später durch das Erdbeben von 1931 zerstört. In dem neu renovierten ehemaligen Kino finden heute Live Shows und Themenabende statt.

Te Urewera Nationalpark und Lake Waikaremoana

Sofern es Ihre Zeitplanung erlaubt, sollten Sie sich den 65 km langen Abstecher in den **Te Urewera Nationalpark** und seinen **Lake Waikaremoana** nicht entgehen lassen. Der *Te Urewera Nationalpark* umschließt das größte Urwaldgebiet der Nordinsel und ist fast vollständig von Vegetation bedeckt. Der Urwald wächst sogar noch auf den bis zu 1.500 m hohen Bergketten des Parks. Seine Fruchtbarkeit verdankt der Nationalpark, der auf der Verwerfungslinie der *Taupo Volcanic Zone* liegt, dem Zusammenspiel von vulkanischer Asche und hohen Regenmengen. Der artenreiche Wald, eine 2005 vom DOC durchgeführte Erhebung ergab 563 verschiedene Pflanzenarten, wird an vielen Tagen in Nebel eingehüllt. Folgerichtig nannte sich der hier lebende Maori-Stamm **Tuhoe**, was „Kinder des Nebels" bedeutet.

Sie verlassen Wairoa über den SH38 und erreichen nach 8 km **Frasertown**. Dort zweigt der SH36 nach Gisborne ab. Bleiben Sie auf dem SH38 und genießen Sie die wunderschöne Strecke entlang des wilden *Waikaretaheke River*. In dem Örtchen **Tuai**, das 5 km vor dem Eingang des Nationalparks liegt, befindet sich ein 1926 erbautes Wasserkraftwerk, das aus dem künstlich aufgestauten *Lake Whakamarino* Strom erzeugt. Ab *Tuai* wird der SH38 zur Schotterstraße, die kurz hinter der Ansiedlung *Onepoto* auf den *Lake Waikaremoana*, dem **„See des sich kräuselnden Wassers"** trifft. Wissenschaftler haben herausgefunden, dass der 600 m hoch gelegene Bergsee vor gut 2000 Jahren durch einen gewaltigen Erdrutsch entstanden ist, der den *Waikaretaheke River* in der Folge auf einer Fläche von 54 km² aufstaute. Der SH38 führt weiter in den Park hinein, durchquert ihn schließlich und führt 160 km weiter bis *Rotorua*. Achtung! Kurven und Schotterbelag machen das Fahren sehr anstrengend. Für die Strecke von *Wairoa* bis *Rotorua* müssen Sie 4 bis 5 Stunden Fahrzeit einplanen. Bei Regen sollten Sie die Strecke auf jeden Fall meiden, weil sie dann rutschig und zu gefährlich wird.

Kraftwerk am Lake Whakamarino

Sie folgen der Schotterstraße lediglich 15 km bis zum **DOC Aniwaniwa Visitor Centre**. Decken Sie sich dort mit den benötigten Informationen ein oder buchen Sie dort den *Lake Waikaremoana Great Walk*. Der 46 Kilometer lange Lake Waikaremoana Track, wie er auch genannt wird, verläuft über weite Strecken am Süd- und Westufer des Lake Waikaremoana entlang und wird damit stark durch diesen großartigen See geprägt. Der Wanderweg führt durch verschiedene Typen von Wäldern und offenen Wiesenflächen, die immer wieder herrliche Ausblicke auf den See ermöglichen. Für die Wanderung sollten Sie 3 bis 4 Tage einplanen. Für Übernachtungen stehen an fünf Plätzen einfache DOC-Unterkünfte (nur Trinkwasser und Toiletten, buchungspflichtig!) bereit.

Lake Waikaremoana

(95) WOMO-Campingplatz-Tipp:
Lake Waikaremoana Holiday Park

GPS: S 38°45'13" E 177°9'19". **WOMOs:** 31 Stellplätze mit Stromanschluss.
Ausstattung/Lage: Spielplatz, Einkaufmöglichkeiten / Am Lake Waikaremoana, im Te Urewera National Park.
Parkgebühr: Stellplatz mit Strom 17 NZD pro Person.
Zufahrt: Dem SH38 folgen, etwa 12 km nachdem der SH38 auf den See trifft, direkt am Lake Waikaremoana in der Opourau Bay.
Kontakt: 6249 Lake Road, Tel. 06 837 3826, www.waikaremoana.info
Beurteilung: Einfache Anlage mit großzügigen Stellplätzen auf Gras.

Papakorito Falls

Ausgangspunkte der Wanderung (kein Rundwanderweg!) sind der *Onepoto Car Park* am Süd- und *Hopuruahine* am Nordende des Sees. Beide liegen am SH38. Vom Lake Waikaremoana Motor Camp aus verkehren Wassertaxis zu verschiedenen Stellen des Tracks. Wer will, kann sich also morgens zu einer Stelle bringen und abends von einer anderen wieder abholen lassen (**Big Bush Water Taxi**, Tel. 0800 525 392, www.lakewaikaremoana.co.nz/water-taxi). An das DOC Aniwaniwa Visitor Centre ist ein Museum angeschlossen, das über Leben und Kultur der Tuhoe Auskunft gibt. Vertreter dieses Maori-Stammes bieten darüber hinaus authentische Einführungen in die Legenden und Lebensweise ihres Volkes sowie naturnahe Wanderungen an.

Zu den angebotenen Freizeitmöglichkeiten gehören viele Wanderungen verschiedener Länge, Kanu-Touren und Angeln. Über die möglichen Wanderungen gibt die DOC Broschüre *Lake Waikaremoana Walks* Auskunft. Auf jeden Fall sollten Sie sich die kurzen Wanderungen zu zwei nahe gelegenen Wasserfällen einplanen. Die **Papakorito Falls** befinden sich 2 km östlich des Visitor Center und die **Aniwaniwa Falls** sind sogar nur einen Kilometer entfernt.

(96) WOMO-Stellplatz: Donneraille Park

GPS: S 38°44'22" E 177°35'38". **Max. WOMOs:** 15
Ausstattung/Lage: Nichts / In einer Flußschleife des Hangaroa River.
Zufahrt: Der Donneraille Park liegt 61 km vor Gisborne und 52 km hinter Wairoa an der Tiniroto Road. Richtung Gisborne links in die Ruakaka Road abbiegen und dieser 1,3 km über einen Hügel folgen.

Info: www.gdc.govt.nz/donneraille-park/
Beurteilung: Absolut ruhiger, stimmungsvoller und ursprünglicher Platz, toll im Park gelegen. Bademöglichkeit.
Hinweis: Permit des Gisborne District Council erforderlich (www.gdc.govt.nz/freedom-camping/). Den Permit erhalten Sie in den i-Sites in Wairoa, Gisborne oder Opotiki. Beachten Sie auch die Hinweise im Text am Ende von Tour N05. Geöffnet von Oktober bis März.

Wer ehrgeizigere Wanderziele verfolgt, der sollte den 15 km langen **Rundweg Waipai-Ruapani-Waikareiti** gehen, der 200 m nördlich des Visitor Centre beginnt. Auf der Strecke liegt der friedvolle *Lake Waikareiti*. Wer dort eine ruhige und extrem naturnahe Ruderboot Fahrt unternehmen möchte, muss diese vor Antritt der Wanderung im Aniwaniwa Visitor Centre buchen. Zwei Kilometer vor dem Aniwaniwa Visitor Centre befindet sich das Lake Waikaremoana Motor Camp. Suchen Sie sich einen am See gelegenen Stellplatz für mindestens zwei Nächte, Sie werden es nicht bereuen.

Inlandroute nach Gisborne

Mit dem Ziel *Gisborne* fahren Sie den SH38 zurück nach *Wairoa*. In *Frasertown* besteht die Möglichkeit vom SH38 abzubiegen und auf einer Inlandsroute nach *Gisborne* zu gelangen. Die 97 km lange **Alternativstrecke**, die zunächst dem *Wairoa River* folgt, bietet zwei Highlights. Nach einer 27 km langen Fahrt auf der schmalen Tiniroto Rd, die Sie durch eine reizvolle Hügellandschaft führt, können Sie in **Te Reinga** den gleichnamigen Wasserfall besuchen. Eine naturbetonte Übernachtung mit Bademöglichkeit im Hangaroa River bietet Sich Ihnen 17 km später im reizvollen **Donneraille Park.**

Mahia Halbinsel

Wir empfehlen Ihnen, die 17 km längere Strecke über Wairoa zu fahren, um der **Mahia Halbinsel** und ihren herrlichen Stränden einen Besuch abzustatten. Die *Mahia Halbinsel* war ursprünglich eine Insel, wurde dann aber durch Jahrtausende lange Sandanschwemmungen zur Halbinsel. Um diese zu erreichen, folgen Sie hinter Wairoa dem SH2, der Sie zunächst an der Whakaki Lagoon vorbei führt, und biegen in **Nuhaka**, 32 km hinter Wairoa, rechts in die Nuhaka-Opoutama Rd ab.

(97) WOMO-Stellplatz: Mahia - Whangawehi Stream

GPS: S 39°5'47" E 177°56'58".
Max. WOMOs: 7
Ausstattung/Lage:
Nichts / Schotterplatz an der Mündung des Whangawehi Stream.
Zufahrt: Einfach der Hauptstraße auf die Ostseite der Halbinsel folgen (Mahia East Coast Road).
Beurteilung: Am Wochenende werden die beiden Bootsrampen eifrig und recht früh genutzt.

Sie fahren nun entlang der Küste, passieren eine Landenge (Sandanschwemmungen) und erreichen nach 17 km den reizenden Ferienort **Mahia Beach**. Wie schon erwähnt, begrenzt die *Mahia Halbinsel* die *Hawke Bay* nach Nordosten hin. Die

Mahia Beach

besonders bei Neuseeländern sehr beliebte Mahia Beach liegt auf der Seite der *Hawke Bay*. Der Ferienort bietet großartige Möglichkeiten zum Fischen, Surfen und Tauchen sowie sicheres Schwimmen und einem 9-Loch-Golfplatz.

Wenn Sie gerne Langusten essen, haben Sie gute Chancen diese auf der Speisenkarte der hiesigen Restaurants zu finden (**Café Mahia**, 476 East Coast Rd, Tel. 06 837 5094). Auf der anderen Seite der Halbinsel liegt **Oraka Beach** und kurz dahinter der kleine Ort **Mahia**. Die gesamte Halbinsel ist wegen ihrer Sandstrände und umfangreichen Wassersport Möglichkeiten sehr en vogue. Die geschützteren und zum Baden geeigneteren Strände finden Sie auf der Seite zur *Hawke Bay.* Auf der eher felsigen und zerklüfteten Seite zur *Poverty Bay* liegen meist schroffe Klippen, auf denen sich bei Ebbe wunderbar herumturnen lässt. Im *Mahia Peninsula Scenic Reserve* können Sie die reizvolle Halbinsel auf einem mehrstündigen Rundweg erkunden.

Weiterfahrt nach Gisborne

Die Weiterfahrt nach Gisborne führt zurück über die Landenge, über die Sie gekommen sind. Sie biegen nach deren Überquerung rechts in die Tunanui Rd ab, die Sie nach Morere und damit zurück zum SH2 bringt. Wenn Sie diese 13 km lange Schotterstraße lieber vermeiden wollen, können Sie über Nuhaka nach Morere gelangen. Im nahen Waldgebiet **Morere Hot Springs** liegt eine Region mit heißen Quellen. Die Thermalbecken sind von 10.00 bis 21.00 Uhr geöffnet. Sie können im Thermalgebiet einen 20-minütigen **Nikau Loop** laufen, der durch einen Nikau Palmenwald mit vielen seltenen Vögeln führt.

Im weiteren Streckenverlauf steigt die Straße kurvenreich auf den 510 m hohen *Wharerata Pass* an. Vom dortigen Rastplatz haben Sie eine prächtige Aussicht. Auf der Weiterfahrt

Klippen auf der Ostseite der Mahia Halbinsel

nach *Gisborne* passieren Sie nach 19 km die Ortschaft Muriwai, die auf der Höhe der Landzunge **Young Nicks Head** (Maori: Te Kuri o Paoa) liegt. Die Landzunge ist nach dem *Schiffsjungen Nicholas Young* benannt, der am 7. Oktober 1769 als Erster aus der Crew von *James Cooks* Endeavour das Vorgebirge erspähte.

Chardonay Capital Gisborne

Auf Sie wartet **Gisborne**, die *Chardonnay Capital of New Zealand*. Sie haben von Muriwai aus lediglich noch 23 km zur östlichsten Stadt Neuseelands zurückzulegen, die nur zwei Längengrade von der Datumsgrenze entfernt liegt. Hier ging James Cook mit seinen Leuten an Land. Nachdem Abel Tasman 1643 in der Golden Bay ankerte, war es das erste Mal, dass Europäer neuseeländischen Boden betraten. Cook und seinem Schiffsjungen Nick wurden Bronzestatuen gesetzt. Wie bei Tasman endete das Zusammentreffen mit den Maori blutig und nachdem sechs Maori getötet wurden, setzte Cook seine Reise eilig fort. Weil er nur etwas Brennholz an Bord nehmen konnte, nannte er die Bucht **Poverty Bay, „Bucht der Armut"**. Er hat damit diesem schönen Landstrich mit seinen tollen Stränden und fruchtbaren Ebenen Unrecht getan. *Gisborne* ist heute mit 33.000 Einwohnern das wirtschaftliche Zentrum der *Eastcape Region*. In sei-

Mahia Camping Idyll

Nikau Walk

nem umtriebigen Hafen werden Lamm- und Rindfleisch, sowie Obst, Mais und Gemüse umgeschlagen. Dank seines warmen, sonnigen und relativ trockenen Klimas wurde der Weinbau zu einer wichtigen wirtschaftlichen Säule Gisbornes. Die hauptsächlich an der Küste liegenden Weinbaugebiete sind international wegen ihres hervorragenden Chardonnay bekannt. In Gisborne finden Sie eine Reihe schöner Parks, darunter den Botanischen Garten. Die Stadt wir von drei Flüssen, dem *Turanganui, Waimata- und dem Taruheru River durchflossen und hat deswegen den Spitznamen* **„City of Rivers“** verpasst bekommen. Die Sehenswürdigkeiten der Stadt lassen sich leicht erwandern, wenn man der DOC-Broschüre **Gisborne Historic Trail** folgt.

(98) WOMO-Campingplatz-Tipp: Waikanae Beach TOP 10 Holiday Park

GPS: S 38°40'14" E 178°1'5" **WOMOs:** 133 Stellplätze mit Stromanschluss.
Ausstattung/Lage: Spielplatz / Zentrumsnahe Lage, direkt am Meer.
Parkgebühr: Stellplatz mit Strom 44 NZD für zwei Erwachsene.
Zufahrt: Den Schildern zur I-Site folgen, der Campingplatz liegt in derselben Straße.

Kontakt: 280 Grey St, Waikanae Beach, Gisborne, Tel. 0800 867 563, www.waikanaebeachtop10.co.nz
Beurteilung: Günstig gelegener, sehr schöner Campingplatz mit guten Sanitäranlagen, außer denen im hinteren Bereich. Stellplätze auf Rasen, gute Bademöglichkeiten an der Beach nebenan. Restaurants sind gut zu Fuß zu erreichen. Einziges Manko waren die donnernden Geräusche, die beim Beladen der großen Frachter am Pier gegenüber entstanden.

Cooks Schiffsjunge Nick

Vom Lookout des 135 m hohen *Kaiti Hill* können Sie sich einen prächtigen Überblick über die Stadt verschaffen. Am Fuße des *Kaiti Hill* können Sie im **The Works Café & Restaurant** (41 Esplanade, Tel. 0800 333 114) mit Hafenblick auf der Terrasse eines 100 Jahre alten Backsteingebäudes einen guten Kaffee oder ein Dinner mit einem schönen Wein aus eigenem Anbau genießen. Als Sehenswürdigkeiten hervorzuheben sind das *Gisborne Museum & Arts Centre*, das *Star of Canada Maritime Museum* und das *James-Cook-Observatorium*. Wem das Wasser an den reizvollen Stränden der Stadt zu kalt ist, kann sich im 39° C warmen Wasser des Olympic Pool im Freibad an der Midway Beach schadlos halten.

Freedom Camping in Gisborne

Im Gisborne District ist **Freedom Camping** zeitlich eingeschränkt an neun ausgewiesenen Plätzen möglich. Die drei reizvollsten Stellplätze haben wir aufgenommen (Donneraille, Waihau und Tokomaru). Die Genehmigung müssen Sie über eine i-Site oder www.gdc.govt.nz/freedom-camping-permit-request beantragen. Dort finden Sie auch genaue Informationen über die freien Campingplätze. Sie erwerben für 10, 25 oder 60 NZD das Recht, an 2, 10 oder 28 aufeinander folgenden Nächten auf den beschriebenen Plätzen frei zu Campen. Allerdings muss ihr Wohnmobil „self-contained“ sein.

Über den SH2 nach Opotiki

Wenn Sie die östlichste Landnase von Neuseelands Nordinsel umfahren, sollten Sie auf jeden Fall zwei Tage für die 330 km lange Strecke einplanen. Ein Besuch des East Capes erfordert hin und zurück weitere 41 km. Steht Ihnen diese Zeit nicht zur Verfügung, können Sie die mit 140 km wesentlich kürzere Inlandsroute nach Opotiki fahren. Die durchaus reizvolle bergi-

Blick auf Gisborne vom Kati Hill

ge Strecke kann leicht in drei Stunden gefahren werden. Der SH2 führt Sie von Gisborne aus zunächst durch Obstplantagen und Weinanbaugebiete, die bald von hügeligem Weideland abgelöst werden. Bis *Te Karaka* folgt der Highway dem Tal des Waipoa River, um dann westwärts bis **Matawai** zu führen. Sie haben nun die Hälfte der Strecke zur Bay of Plenty zurück gelegt und mit Matawai den einzig nennenswerten Ort auf dieser Route erreicht. In Matawai können Sie tanken, einkaufen, essen gehen und die Nacht auf einem Campingplatz verbringen. Auch bieten sich Ihnen hier – wie entlang der gesamten Strecke - schöne Wandermöglichkeiten. Informieren Sie sich in der i-Site in Gisborne.

(99) WOMO-Stellplatz: Manganuku - Waioeka Gorge

GPS: S 38°17'27" E 177°23'07". **Max. WOMOs:** 12

Ausstattung/Lage: Toilette, Picknicktische, Barbecue / Am Whirinaki River, nahe der historischen Howe Truss Bridge.

Preise: Erwachsene 6 NZD, Kinder 3 NZD

Zufahrt: Am SH2, 91 km hinter Gisborne, 48 km vor Opotiki.

Beurteilung: Der Platz liegt 100m vom nicht sehr befahrenen SH2 entfernt und ist von Rimu und Totara Wald umgeben. Am Whirinaki River gibt es einen Pool in dem Sie baden können. **DOC Standard Campsite**.

Hinter Matawai steigt SH2 immer weiter an und führt bald durch dichten Wald bis auf eine Höhe von 720 m. In der **Waioeka Gorge** überquert er den *Whirinaki River*, an dem sich eine empfehlenswerte DOC Standard Campsite mit Bademöglichkeit im Fluss befindet. Bald darauf trifft SH2 auf den *Waioeka River*, dem er bis Opotiki folgen wird. 27 km vor Opotiki können Sie eine Pause einlegen und einen fünfminütigen Fußweg zur historischen **Tauranga Bridge** gehen. Die Brücke führt über den Waioeka River und wurde früher intensiv von Farmern genutzt.

Sie erfuhr beginnend mit den 70-iger Jahren ein ähnliches Schicksal wie die Bridge to Nowhere am Whanganui River (siehe Tour N03). Der Farmbetrieb lohnte nicht mehr und wurde eingestellt. Die Brücke wurde kaum noch genutzt, nicht gewartet und verfiel mehr und mehr. In den 90-iger Jahren war es das Department of Conservation, das die Brücke renovierte und so vor dem Einsturz bewahrte. Sie ist heute eine gut besuchte Touristenattraktion. Auf ihr stehend haben Sie tolle Ausblicke auf den Fluss und den umgebenden dichten Wald. An der Brücke beginnt auch eine 5 km Wanderung durch ehemaliges Farmland (**Tauranga Track**).

Tauranga Bridge

Eastland

Von *Gisborne* aus haben Sie nun 330 kurzweilige Kilometer nach *Opotiki* vor sich, die Sie zum allergrößten Teil auf dem landschaftlich großartigen *Pacific Coast Highway* (SH35) zurücklegen werden. Leider ist der Straßenzustand eher schlecht und Ihnen wird oft das Verkehrsschild „uneven surface" begegnen. Der *Pacific Coast Highway* führt Sie durch die östlichste Region Neuseelands, die Eastland genannt wird und wie eine markant geformte Nase aus der Nordinsel heraus- und weit in den Südpazifik hineinragt. Den Nasenrücken bildet in diesem Bild die unwegsame *Raukumara Range*, deren höchster Berg, der **Mount Hikurangi**, 1.754 m Höhe erreicht. Eastland ist Neuseelands ältestes Siedlungsgebiet, die ersten Boote der Polynesier sind hier angelandet. In der sehr dünn besiedelten Region leben überwiegend Maori, 80% des Landes befinden sich in ihrem Besitz. Von Touristen ist diese ursprüngliche Region wegen ihrer Abgeschiedenheit wenig besucht. Wer Ruhe sucht, wird sie hier garantiert finden. Der *Pacific Coast Highway* ist durchgehend asphaltiert, aber weite Teile im Landesinneren sind nur auf Schotterstraßen befahrbar. Es ist sinnvoll, sich in *Gisborne* mit Lebensmitteln und Sprit einzudecken, denn die auf dem Wege liegenden kleinen Geschäfte schließen oft früh und bei den wenigen Tankstellen kann man nicht sicher sein, ob sie noch Sprit vorrätig haben.

In der Regel sind die **Maori** hilfsbereit und werden Ihnen sehr freundlich begegnen. Manchmal schlägt Ihnen aber auch eine gewisse Reserviertheit entgegen, die im Einzelfall von Ihnen durchaus auch als Grobheit erlebt werden kann. Bitte denken Sie daran, Sie sind Gast in ihrem Land.

Tatapouri Bay nahe Gisborne

Sie werden auf Ihrer Fahrt an zahlreichen traditionellen Versammlungshäusern der Maori vorbeifahren, die Sie wegen ihrer Schönheit und hervorragenden Schnitzkunst zum Besuch einladen. Sie sollten aber jeweils vorher um Erlaubnis fragen, ob sie betreten werden dürfen (Schuhe ausziehen). Hieran wird deutlich, dass es sich bei einem **Marae** nicht um eine touristische Sehenswürdigkeit handelt, sondern um ein von den Maori zu zeremoniellen Zwecken genutztes **Versammlungshaus**. Das Marae ist Zentrum des kulturellen Lebens der Maori. Jedes seiner Details ist mit Symbolik belegt, die Ausrichtung, der kleine Vorplatz, die Tür, das Fenster und natürlich die kunstvoll geschnitzten Figuren. Ist eine größere Gruppe von Maori vor einem Marae zu sehen, findet eine Feier statt, die Sie nicht

(100) WOMO-Badeplatz: Waihau Loisels Beach

GPS: S 38°26'47" E 178°17'57". **Max.WOMOs:** 15
Ausstattung/Lage: Toilette / Am Strand.
Zufahrt: 50 km hinter Gisborne zweigt die Zufahrtstrasse rechts ab. Sie ist 6 km lang, kurvenreich und eng, nur zur Hälfte geteert, ermöglicht dafür wunderschöne Blicke auf die Waihau Bay.

Beurteilung: Absolut ruhiger, stimmungsvoller und friedlicher Platz, toll am Strand gelegen. Surf- und Bademöglichkeit. Sie können kilometerweite Strandwanderungen unternehmen.
Hinweis: Permit des Gisborne District Council erforderlich (www.gdc.govt.nz/freedom-camping). Sie erhalten ihn in den i-Sites in Wairoa, Gisborne oder Opotiki oder über die angegebene Webseite. Beachten Sie auch die Hinweise im Text am Ende von Tour N05. Geöffnet von Oktober bis März.

Eastland Idyll

stören sollten. Unser Weg durch das Maoriland führt vorbei an kleinen Siedlungen und einzelnen Gehöften. Viele der Maori Häuser sind hellgelb und mit roten Schnitzereien versehen.

Weiterfahrt zum Eastcape

Hinter Gisborne folgen die Strände *Wainui, Makorori Beach, Tatapouri* und *Pouawa*. Danach verlässt der SH35 die Küste, die er erst 55 km hinter Gisborne in **Tolaga Bay** wieder erreicht. Unterwegs zweigt eine Straße zur Waihau Beach ab, die Ihnen einen ruhigen und idyllischen Übernachtungsplatz anbietet. In Tolaga Bay mündet der *Uawa River* in den Pazifik. Die geschützte Tolaga Bay bietet sehr gute Bademöglichkeiten und in ihrem südöstlichen Teil eine markante Pier. Die Tolaga Bay Wharf ragt 660 m weit in die See hinaus und kann nach Restaurierungsarbeiten wieder gefahrlos begangen werden.

(101) WOMO-Campingplatz: Tolaga Bay Holiday Park

GPS: S 38°22'58" E 178°18'59". **WOMOs:** 100 Stellplätze mit Strom.

Ausstattung/Lage: Spielplatz / Direkt an der schönen Tolaga Bay mit der langen Pier aus den 1920-iger Jahren, Startpunkt des Wanderweges zur Cooks Cove.

Parkgebühr: Stellplatz mit Strom 18 NZD pro Person.

Zufahrt: Am SH35 gut ausgeschildert, Zufahrt 1,7 km.

Kontakt: 167 Wharf Rd, Tolaga Bay, Tel: 06 862 6716, www.tolagabayholidaypark.co.nz

Beurteilung:

Die Stellplätze befinden sich auf einer großen Rasen-fläche, von Norfolk Tannen eingefasst, Sanitäranlagen annehmbar bis schlecht. Kein direkter Blick zum Strand, der ist Tourist Cabins vorbehalten.

Zufahrt zur Waihau Bay

Zögern Sie nicht, auf ihr bei Sonnenuntergang ins Meer hinaus zu wandern. Nebenan finden Sie einen guten Campingplatz. Unweit der Pier beginnt ein gut 5 km langer Wanderweg, der in die idyllische *Cooks Bay* führt (**Cooks Cove Walkway**, 2,5 h hin und zurück). Er führt zunächst steil hinauf zu einer Aussichtsplattform und dann hinab zur Cooks Cove, in der James Cook an Land ging, um Wasser und Verpflegung an Bord zu nehmen. Im Fremdenverkehrsort Tolaga Bay finden Sie Läden, Motels und auch einen Golfplatz. Etwa auf halber Strecke von Gisborne nach Tolaga Bay liegt der Ort **Whangara**, in dem 2002 *Niki Caro* dem Film „Whale Rider" drehte. Die Bewohner des Ortes wünschen keine Besucher und Sie werden deshalb am Highway kein Hinweisschild auf Whangara finden. Etwa 2,5 km vom SH35 entfernt liegt ein Aussichtspunkt über das Dorf und die vorgelagerte Insel, weiter sollten Sie nicht fahren.

Aussichtsplattform am Cooks Cove Walkway

Hinter *Tolaga Bay* entfernt sich die Straße wieder von der Küste, die Sie erst nach 36 km in *Tokomaru Bay* wieder sehen werden. Es sei denn, Sie entscheiden sich 13 km hinter Tolaga Bay rechts in die Anaura Road einzubiegen, um der hübschen **Anaura Bay** einen Besuch abzustatten (9 km Stichstraße). Am nördlichen Ende der Bucht beginnt der 3,5 km lange **Anaura Bay Walkway**. In **Tokomaru Bay** treffen Sie auf eine kleine

Blick auf Tolaga Bay vom Cooks Cove Walkway

Gemeinde mit einem 7 km langen geschützten Sandstrand, der drei freie Stellplätze aufweist. Wir empfehlen den mittleren von Ihnen (siehe Kasten).

(102) WOMO-Campingplatz: Anaura Bay Motor Camp

GPS: S 38°14'51" E 178°18'58". **WOMOs:** 35 Stellplätze mit Strom.

Ausstattung/Lage: Standard / Direkt an der Anaura Bay, ein breiter, wilder Strand, gut zum Baden.

Parkgebühr: Stellplatz mit Strom 16 NZD pro Erwachsenem.

Zufahrt: Vom SH35 nach Anaura Bay abbiegen, 7 km fahren.

Kontakt: Anaura Bay, Tel. 06 862 6380, anaura@farmside.co.nz

Beurteilung: Ursprünglicher, großer Platz auf Gras. Einfach, aber sehr ordentlich. Sie können Kajaks mieten und um die vorgelagerte kleine Insel fahren.

(103) WOMO-Stellplatz: Tokomaru Bay Middle

GPS: S 38°8'4" E 178°18'58". **Max. WOMOs:** 15

Ausstattung/Lage: Nichts / Am Strand, an der Mündung des Waioto Stream.

Zufahrt: 35 km hinter Tolaga Bay rechts in die Arthur St abbiegen und nach 500 m links in Mere St.

Beurteilung: Absolut großer ruhiger Grasplatz mit einige Palmen, toll am Strand gelegen. Zum Stadtzenrum laufen Sie 1,3 km..

Hinweis: Permit des Gisborne District Council erforderlich.

56 km hinter *Tokomaru Bay* liegt *Tikitiki*, etwa 7 km vor der Mündung des hier breit dahinfließenden *Waiapu River*. Etwa

Whangara, hier wurde der Film „Whale Rider“ gedreht

auf halber Strecke, kurz hinter dem Abzweig nach Ruatoria, führt eine weitgehend unbefestigte Stichstraße in die Berge. Wer zum etwa 25 km im Hinterland liegenden Mount Hikurangi (1.754 m) gelangen will, biegt hier ab. Der Wanderweg zum Gipfel beginnt an der *Pakihiroa Station* und insbesondere der letzte Anstieg von einer Hütte über den **Te Ariki Hikurangi Track** ist sehr anspruchsvoll. Der Weg zur Hütte dauert etwa 4 h und der Weg von der Hütte zum Gipfel etwa 2 h. In *Tikitiki* ist die anglikanische **Holzkirche St. Marys** sehenswert, die zwei Kulturen repräsentiert. Die äußere Struktur der Kirche ist christlich geprägt, während ihr Inneres von einer außergewöhnlich reichhaltigen Schnitzkunst der Maori bestimmt wird, deren Mythologie in feinen Schnitzereien ihre Darstellung findet. Schon am kunstvollen Eingangstor bekommen Sie davon einen Vorgeschmack. In der 1924 unter Verwendung traditioneller Handwerkstechniken der Maori erbauten Kirche wird den im ersten Weltkrieg Gefallenen des Ortes gedacht, sowie dem Maoripolitiker Sir Apirana Ngata, auf den die Initiative zum Bau der Kirche zurückgeht. Nur 23 km hinter *Tikitiki* treffen Sie auf das kleine Städtchen **Te Araroa**. *Te Araroa* ist ein ruhiges, fast verschlafen wirkendes Maori-Dorf. Neben einer Kirche, Polizei, Feuerwehr und Post besteht *Te Araroa* aus einer Tankstelle, einem Supermarkt und einem schön angelegten Campingplatz, der einige Kilometer Richtung *Hicks Bay* liegt.

Tikitiki - Holzkirche St. Marys

An der Straße am Strand finden Sie den größten Pohutukawa Baum Neuseelands. Einer der für Neuseeland typischen Wegweiser gibt die Entfernung nach Frankfurt am Main mit 19.290 km an. Viel weiter geht es nicht auf unserem Erdball.

East Cape Leuchtturm

In *Te Araroa* beginnt eine aufregende Straße zum etwa 20 km weiter östlich gelegenen *East Cape,* dem östlichsten Punkt der Nordinsel. Die meist unbefestigte Straße führt teilweise dicht am Meer entlang und ist nichts für ängstliche Gemüter. Bei Extremwetterlagen oder besonders hoher Flut wird die Straße gesperrt. Große rote Schilder bitten um besonders vorsichtige Fahrweise. Bitte lassen Sie sich von dieser Wegschilderung nicht abschrecken. Auch die unbefestigten Teile der Straße sind gut zu befahren und bei umsichtiger Fahrweise werden Sie wohlbehalten am *East Cape* ankommen. Die Küste ist sehr felsig mit teils malerischen Klippen. Streckenweise liegt zwischen Straße und Meer ein ganzes Areal von flachen Felsplatten. Zur anderen Seite hin steigen die Berghänge steil an.

(104) WOMO-Stellplatz: East Cape

GPS: S 37°41'31" E 178°32'39". **Max. WOMOs**: 5 Plätze
Ausstattung/Lage: Toilette / Parkplatz am Ende der East Cape Road, direkt unterhalb des Leuchtturmes.
Zufahrt: 20 km östlich Te Araroa, am Ende der Straße zum East Cape
Beurteilung: Kein schöner Platz, aber ideal zum frühen Aufstieg auf den Leuchtturm zum „First to see the light!".

Am *East Cape* angelangt, treffen Sie auf eine grüne Gras- und Weidelandschaft, die in privatem Besitz ist. Sie sollten über rund 750 Stufen den auf einer 154 m hohen Anhöhe gelegenen Leuchtturm erklimmen und gen Osten blicken, denn hier am *East Cape* geht die Sonne weltweit zuerst auf: **„First to see the light!"** ist der lokale Werbespruch. Für den Ausflug von *Te Araroa* zum *East Cape* einschließlich des Aufstieges zum Leuchtturm sollten Sie

Straße zum East Cape

Te Araroa - Größter Pohutukawa Baum Neuseelands

einen Zeitbedarf von mindestens 3 Stunden veranschlagen. An dem Parkplatz ist eine freie Übernachtung möglich, eine Toilette ist vorhanden.

Vom Eastcape nach Opotiki

Von *Te Araroa* aus fahren Sie Richtung Westen und erreichen nach 12 km Hicks Bay, von James Cook nach seinem Leutnant Zachariah Hicks benannt. *Hicks Bay* hat eine Bucht, die zum Schwimmen, Angeln und auch Tauchen einlädt. Der SH35 verlässt nun die Küste, führt bald über eine leichte Passhöhe und erreicht nach 34 km den Ort *Whangaparaoa*. Er liegt am *Cape Runaway*, das von Cook so getauft wurde, weil eine Gruppe von Maori beim Anblick der Endeavour die Flucht ergriff.

(105) WOMO-Campingplatz: Te Araroa Holiday Park

GPS: S 37°36'11" E 178°18'48". **WOMOs:** 54 Stellplätze mit Stromanschluss.

Ausstattung/Lage: Spielplatz / Weiträumiger Platz mit vielen großen Stellplätzen.
Parkgebühr: Stellplatz mit Strom 16 NZD pro Person,
Zufahrt: Von Te Araroa in Richtung Hicks Bay, am Ende der Bay.
Kontakt: SH35, 1480 East Cape Rd, Te Araroa, Tel. 06 864 4873, www.tearaoaholidaypark.co.nz
Beurteilung: Großer, schattiger Platz, auf dem Sie sicher ein schönes Plätzchen ergattern werden, eigener Strand (300m).

Es folgen mehrere langgezogene Buchten, die zum Schwimmen einladen. An der Wegstrecke finden Sie immer wieder kleine Campingplätze. Hinter der nächsten Landnase in die See

Raukokore Anglican Church

erwartet Sie unvermittelt eine besondere Sehenswürdigkeit. In exponierter Lage auf einer kleinen Halbinsel, deren felsiges Ufer von der Meeresbrandung umspült wird, steht die blendend weiße **Raukokore Anglican Church**. Sie ist von einem ebenfalls weißen Holzzaun umgeben und ihre rote Türeinfassung ist Maori Arbeiten nachempfunden. Die Kirche kann besichtigt werden. Nach weiteren 14 km auf dem SH35 gelangen Sie in die idyllische *Whanarua Bay* mit ihrem kleinen Strand, der nur zu Fuß zu erreichen ist. Ausgangspunkt ist die **Pacific Coast Macadamia Nut Farm**, in der Macadamia Nüsse angebaut werden und die auch über ein kleines Café verfügt (GPS: S 37°40'51" E 177°47'31". Tel. 07 325 2960, www.macanuts.co.nz, täglich von 9 bis 17 Uhr geöffnet, im Winter von 10 bis 15 Uhr). Sie befinden sich hier in einer absolut friedvollen, malerischen Umgebung. Außer unzähligen Macadamia Bäumen gedeihen in dem fruchtbaren Garten auch andere tropische Früchte wie Papaya und Bananen. Kaffee, Kuchen oder leckere, getoastete Sandwiches können Sie mit Blick auf das tief unter Ihnen liegende Meer verzehren. Der Pacific Coast Highway SH35 verläuft nun entlang der Küste und dringt bald

(106) WOMO-Stellplatz: Maraehako Camping Ground

GPS: S 37°40'24" E 177°48'11". **Max. WOMOs:** 12

Ausstattung/Lage: Toilette, Wasser, Dusche (0,5 NZD) / Am Strand, neben dem Maraehako Bay Retreat.

Preise: Stellplatz 24 NZD.

Zufahrt: Am SH35, 14 km hinter Raukokore.

Beurteilung: Großer Grasplatz mit Bäumen. Toller Blick auf White Island. Kajak Vermietung.

Blick auf die Bay of Plenty

in die Region *Bay of Plenty* ein. 18 km hinter *Maraehako* erreichen Sie **Te Kaha**, einen alten Walfängerort, in dem das auf einer Anhöhe mitten im Ort stehende Versammlungshaus **Marae Tukaki** die Blicke auf sich zieht. Es ist besonders reich verziert und mit seinen kunstvollen Schnitzereien wohl das schönste Marae in dieser an Versammlungshäusern wahrlich nicht armen Region.

(107) WOMO-Stellplatz: Omaio - Hoani Waititi Reserve
GPS: S 37°48'55" E 177°37'28". **Max. WOMOs:** 12
Ausstattung/Lage: Nichts / Große Wiese etwas oberhalb der Beach.

Preise: Erwachsene 6 NZD, Kinder 3 NZD
Zufahrt: 53 km hinter Opotiki erreicht der SH35 die Omaio Bay. Dort, wo der SH35 auf den Strand trifft, biegen Sie links in die Omaio Pa Road ein, die an der Beach entlang führt. Nach 700 m zweigt rechts eine Straße zum Platz ab.
Beurteilung: Schöner großer Grasplatz, durch Buschwerk zur Steilküste abgegrenzt. Der Platz wurde vom Opotiki District Council bereit gestellt.

Die 5.000 Einwohner zählende Kleinstadt **Opotiki** erreichen Sie 65 km hinter **Te Kaha**. Das verschlafen wirkende Städtchen liegt am östlichen Rand der Bay of Plenty am Zusammenfluss des Waioeka- und des Otara River und wird als Tor zum Eastland betrachtet. Opotiki ist eine der ersten Siedlungen der Maori, deren Kultur hier auch heute noch allgegenwärtig ist. So können Sie entlang der Hauptstraße Opotikis kunstvolle Schnitzereien bewundern. Wer mehr über Kultur und Geschichte der Maori kennen lernen möchte, kann sich im Museum informieren oder sich einer geführten Tour anschließen. Ein Maori-Führer vermittelt Ihnen Einblicke in die Lebensweise und Traditionen seiner Landsleute. Sehr guten Kaffee und deftiges Essen bekommen Sie im **Two Fish** (102 Church St, Tel. 07 315 5548) geboten. Viele Besucher *Opotikis* werden von seinem schönen Sandstrand angezogen. Er ist bei Schwimmern und Surfern gleichermaßen beliebt. Etwa 8 km südlich des Stadtzentrums von *Opotiki* können Sie die *Hukutaia Domain* besuchen, einen Park in dem neben vielen verschiedenen Baum- und Pflanzenarten ein über 2.000 Jahre alter Puriri-Baum von 22 m Umfang steht, in dessen Hohlraum Maori die Knochen ihrer Toten beerdigt haben.

(108) WOMO-Campingplatz: Opotiki Holiday Park

GPS: S 38°0'7" E 177°17'1". **WOMOs:** 35 Stellplätze mit Stromanschluss
Ausstattung/Lage: Spielplatz / Zentrumsnahe Lage am Waioeka River, unweit seiner Mündung und der Waiotahi- und der Hukawai Beach.
Parkgebühr: Stellplatz mit Strom 32 NZD für zwei Erwachsene. Duschmarken 1,50 NZD.
Zufahrt: Sie erreichen Opotiki über den SH35. An der Kreuzung, an der SH35 links abbiegt, fahren Sie gerade aus, bleiben also auf der Elliot Street. Sie biegen rechts in die zweite Querstraße (Potts Ave) ein. Der Platz liegt nach 200 m links.
Kontakt: 39 Potts Ave, Opotiki, Tel. 07 315 6050, www.opotikiholidaypark.co.nz

Beurteilung: Hübscher Platz mit Stellplätzen auf Gras und vielen halbhohen Bäumen, Pool mit 27°C. Sehr gute Sanitäranlagen.
Hinweis: Zum Strand laufen Sie 20 Minuten. Nahe gelegene Campingplätze direkt am Strand finden Sie zu Beginn von Tour N06.

TOUR N06
25 km
N
Te Urewera National Park
Opotiki
2
109
110
Ohiwa
111
Ohope
Whakatene
112
113
Awakeri Hot Springs
111
E
Mount Edgecumbe 821 m
Kawerau
Bay of Plenty
2
Lake Rotoma
Lake Rotoehu
Lake Rotoiti
Lake Okataina
Mount Tarawera 1111 m
Lake Tarawera
Lake Rotomahana
Lake Rerewhakaaitu
Waimangu
Wai O Tapu
Te Wairoa The Buried Village
Lake Okareka
116
Lake Tikitapu
Lake Rotokakahi
Waikite Valley
Lake Rotorua
115
Rotorua
33
Mt Maunganui
117
Tauranga
36
5
118
119
29
TeKaimai-Mamaku Forest Park
Putaruru
Tirau
120
2
124
WC
123
122
WC
121
TeKaimai-Mamaku Forest Park
Waihi
125
Matamata
27
Te Tapui Senic Reserve

Tour N06: Höllische Verhältnisse in Rotorua

Opotiki - Whakatane - Rotorua - Tauranga - Katikati - Waihi - 400 km

Stellplätze:	Kawerau: Prideaux Park, Katikati Park, Lindemann Lookout, Tanners Point, Waihi Beach, Waihi
Camping:	Island View HP, Ohiwa Beach, Ohope Beach, Awakeri Hot Springs, Whakatane, Rotorua, Blue Lake, Papamoa Beach, Mount Maunganui, Opal Hot Springs, Athenree Hot Springs
Baden:	Ohiwa, Ohope, Whakatane, Lake Tikitapu (Blue Lake), Papamoa, Mount Maunganui, Waihi Beach,
Wandern:	Walks around Whakatane, Puketapu Lookout, Kohi Point Walkway, Mount Edgecumbe, Tarawera Falls, Okataina Walkway, Kuirau Park Walk, Te Manaroa Spring, Waiman gu Volcanic Valley, Mount Maunganui Summit Track, Tauranga City Walkways, Historic Tauranga,
Essen:	Whakatane: Wharf Shed, Rotorua: Lime Caffeteria, Indian Star, Tauranga: Mediterrano Café, Fresh Fish Market

Tour N06 bietet Ihnen die beiden Attraktionen **Bay of Plenty** und **Rotorua**. Sie starten in **Opotiki** und folgen dem Küstenverlauf der *Bay of Plenty* bis **Whakatane**. Unterwegs bieten sich Ihnen immer wieder prächtige Badestrände an. Bei der den gesamten Streckenverlauf vor der Küste liegenden Insel handelt es sich um das von Schadtieren befreite **Whale Island**. In Whakatane verlassen Sie die Küste und fahren nach Rotorua, in eines der geothermisch aktivsten Gebiete der Erde. Der SH30 nach *Rotorua* führt Sie an den wunderschönen Seen der **Rotorua Seenplatte** vorbei, die sämtlich aus Vulkankratern hervorgegangen sind. Nach einem ausgiebigen Besuch der Geothermalgebiete um *Rotorua* wenden Sie sich **Tauranga** und damit wieder der *Bay of Plenty* zu. Das sehr reizvoll auf mehreren Halbinseln gelegene *Tauranga* ist die einzige größere Stadt Neuseelands, die einen Maori-Namen trägt (Sicherer Ankerplatz). Nachdem Sie sich die Stadt angesehen haben, fahren Sie um den *Tauranga Harbour* herum, erreichen zunächst **Katikati** und abschließend **Waihi**, den Zielort von Tour N06.

Wie so oft, ist zu unterscheiden, zwischen der politischen Region und der gleichnamigen Bucht. Die Bucht **Bay of Plenty** ist die nördliche Grenze der Region *Bay of Plenty*. Im Osten bildet die *Raukumara Range* eine natürliche Abgrenzung zur Region Gisborne, zu der das in Tour 5 durchfahrene *Eastland* gehört. Im Südosten der Region liegen die *Huirau Ranges* und die Region *Hawke's Bay* und im Westen die *Region Waikato*.

Die größte Stadt der Region ist mit etwa 120.000 Einwohnern **Tauranga**. Das 50 km landeinwärts gelegene, schnell wachsende **Rotorua** hat 70.000 Einwohner.

(109) WOMO-Campingplatz-Tipp: Island View Family Holiday Park

GPS: S 37°59'32" E 177°14'34". **WOMOs:** 78 mit Stromanschluss
Ausstattung/Lage: Spielplatz, Swimming Pool, Tennisplatz, Freiluftduschen zum Strand hin / Direkt am wunderschönen, langgezogenen weißen Sandstrand der Waiotahi Beach.

Preise: Stellplatz mit Strom 20 NZD pro Erwachsenem.
Zufahrt: Kurz bevor der SH2 5 km hinter Opotiki wieder auf die Küste trifft rechts abbiegen. Das Office liegt nach 100 m rechts.
Kontakt: 6 Appleton Road, Waiotahi Beach, Opotiki, Tel. 07 315 7519, www.islandviewholiday.co.nz
Beurteilung: Sehr gut und freundlich geführte Anlage. Sehr ruhige Lage direkt am Strand, trotz Nähe zum SH2. Große Stellplätze auf Gras. Sehr gute Sanitäranlagen. Freies Wifi, überall zu empfangen.

Im milden, fast subtropisch zu nennenden, Klima werden Obst und tropische Früchte angebaut, es dominieren Äpfel und Avocados, und der Kiwi-Anbau des Landes begann hier. Folgerichtig gab *James Cook* der Bucht den Namen **„Bay of Plenty", „Bucht des Überflusses"**. Neben der Landwirtschaft wird auch Forstwirtschaft betrieben, denn die Region ist zu einem erheblichen Prozentsatz bewaldet. Der Weinanbau spielt bisher

(110) WOMO-Campingplatz-Tipp: Ohiwa Beach Holiday Park

GPS: S 37°59'24" E 177°9'41". **WOMOs:** 120 mit Stromanschluss
Ausstattung/Lage: Spielplatz / In Strandnähe.
Preise: Stellplatz mit Strom 40 NZD für zwei Erwachsene. Dusche 0,10 NZD pro Minute.

Zufahrt: Vom Zentrum kommend biegt die Oxford Street direkt hinter dem Waipoua River links vom SH2 ab.
Kontakt: 380 Ohiwa Harbour Rd, Opotiki, Tel. 07 315 4741, www.ohiwaholidays.co.nz
Beurteilung: Ein kurzer Spaziergang bringt Sie zum traumhaft schönen weißen Sandstrand mit guten Bademöglichkeiten. Der Platz ist bei Neuseeländern sehr beliebt und in den Ferien entsprechend gut besucht.

Bay of Plenty, Whale Island

noch eine untergeordnete Rolle. Der Tourismus hat dafür, besonders in den beiden größten Städten Tauranga und Rotorua, enorm zugelegt. An naturbezogenen Attraktionen bekommt der Besucher viel Sonnenschein und feinsandige Strände, einsame Nationalparks, großen Fischreichtum, zahlreiche schöne Seen, das geothermisch sehr aktive Gebiet um Rotorua und die aktive **Vulkaninsel White Island** geboten.

Tour N06 startet in Opotiki und führt Sie zunächst an die nahe *Waiotahi Beach,* wo direkt am Strand ein sehr schöner Campingplatz liegt. Falls Sie genügend Zeit haben, sollten Sie sich einen kleinen Abstecher nach **Ohiwa** gönnen. An dem weitläufigen Strand können Sie wunderbar Baden. Über die *Ohiwa Loop Road* gelangen Sie auf ausgesprochen reizvoller Strecke zurück zum SH2. Bald danach verlässt der SH2 die Küste um einem großen Naturhafen, dem *Ohiwa Harbour*, auszuweichen. Verlassen Sie den SH2 kurz hinter *Kutarere* und biegen Sie rechts in die Wanui Road ein. Diese umrundet den Naturhafen und stößt in **Ohope** wieder an die Küste. Sie biegen hier

(111) WOMO-Campingplatz-Tipp: Ohope Beach Top 10 Holiday Park

GPS: S 37°58'59" E 177°6'46". **WOMOs:** 125 mit Stromanschluss
Ausstattung/Lage: Spielplatz, Pool mit Rutschen / Direkt am wunderschönen, langen Sandstrand.
Preise: Stellplatz mit Strom 24 NZD pro Person.
Zufahrt: In Ohope rechts in die Harbour Road einbiegen und den Hinweisschildern folgen. Am Ende der flachen Landnase gelegen.
Kontakt: 367 Ohiwa Harbour Rd, Ohope Beach, Tel. 0800 264 673, www.ohopebeach.co.nz
Beurteilung: Großer Platz in traumhaft schöner Lage direkt am Strand. Wiese, Bäume, schöner Pool. Die Sanitäranlagen sind für die Zahl der Gäste nicht ausreichend. Der gesamte Platz ist recht eng. Gelegentlich gibt es Beschwerden über laute nächtliche Partys, die nicht unterbunden werden.

Excursion auf White Island

rechts in die Harbour Road ein, um der langen schmalen Landnase zu folgen, die die Bucht zum Naturhafen macht. Am Ende der flachen Landnase befindet sich ein empfehlenswerter Campingplatz, mit Stellplätzen direkt am Strand.Dieses wunderschöne Fleckchen Erde ist auch bei den Einheimischen en vogue, die hier zahlreiche Zweitwohnungen ihr Eigen nennen. Am Wochenende ist es entsprechend *crowded*. Wegen des reichlichen Angebotes von Meeresfrüchten war die Landzunge auch schon bei den Maoris sehr beliebt.

(112) WOMO-Campingplatz: Whakatane Holiday Park

GPS: S 37°56'55" E 176°59'11". **WOMOs:** 40 mit Stromanschluss
Ausstattung/Lage: Spielplatz / Am Ohinemataroa River
Preise: Stellplatz mit Strom 36 NZD für zwei Erwachsene.

Zufahrt: Sie fahren vor der Brücke über den Ohinemataroa River rechts in die Landing Rd, dann links in die Elvers Rd, rechts in die Peace St und schließlich rechts in McGarvey Rd. An deren Ende liegt der Platz auf der linken Seite.
Kontakt: McGarvey Rd, Whakanate, Tel. 07 308 8694, www.whakatane-holidaypark.co.nz/
Beurteilung: Ruhiger, großer Platz auf Gras. Sanitäranlagen gut. Der Platz und seine Betreiber wirken sehr altbacken. Sie laufen 15 Min zu Fuß am Flussufer entlang in das Zentrum von Whakatane.

Entlang der Küste fahren Sie ins 8 km entfernte **Whakatane**, in dessen Mittelpunkt der imposante Felsen *Pohaturoa* trohnt. Lassen Sie sich den rechts vom SH2 abzweigenden Abstecher zum **Kohi Point Lookout (GPS: S 37°57'28" E 177°0'45")** nicht entgehen. Auf dem Weg dorthin haben Sie einen wunderbaren Blick auf den hinter Ihnen liegenden Küstenabschnitt und am Lookout selbst liegt Ihnen **Whakatane** zu Füßen. Die ansehnliche 15.000 Einwohner zählende Stadt ruht in der letzten Flussschleife des *Whakatane River*, bevor dieser ins Meer fließt. Ihre erste Anlaufstelle sollte die zentral am Civic Center gelegene i-Site sein, wo Sie sich über mögliche Ausflüge oder Wanderungen (Broschüre: **Discover the Walks around Whakatane**) informieren können. Ein Ausflug zur 50 km vor der Küste liegenden aktiven Vulkaninsel **White Island** (www.whiteisland.co.nz, 15 The Strand, Whakatane, Tel. 0800 733 529), dem Vogelparadies **Whale Island** (www.whaleislandtours.com, 96 The Strand, Whakatane, Tel. 07 308 2001) und eine Tour zum Schwimmen mit Delfinen gehören sicherlich zu deren Highlights. Sehenswert in Whakatane ist der Botanische Garten, das *District Museum and Gallery* und der ebenfalls zentral gelegene Wasserfall *Wairere Falls.* Lohnend ist auch ein Spaziergang auf den Hügel **Puketapu**, dessen Lookout einen guten Überblick über die Stadt und den Fluss bietet. Eine längere und sehr zu empfehlende Wanderung ist der etwa 3,5 h in Anspruch nehmende **Kohi Point Walkway**. Preisgekrönte Lamm- und leckere Fischgerichte bekommen Sie im **Wharf Shed** (Ecke The Wharf - The Strand, Tel. 07 308 5698) mit Blick auf den Whakatane River.

Whakatane

(113) WOMO-Campingplatz-Tipp: Awakeri Hot Springs and Holiday Park

GPS: S 38°0'20" E 176°51'39". **WOMOs:** 109 mit Stromanschluss

Ausstattung/Lage: Spielplatz, Hot Pools / Nahe dem SH2, von Wald umgeben. **Preise:** Stellplatz mit Strom 18 NZD pro Erwachsenem.
Zufahrt: 16 km hinter Whakatane am SH2.
Kontakt: SH2, Whakatane, Tel. 07 304 9117, www.awakerisprings.co.nz
Beurteilung: Sehr schöne, gut gegeneinander abgegrenzte Plätze auf Gras, viele Bäume. Den traumhaften Hot Pool (10m x 20m) können Sie von 6 Uhr bis 22.30 Uhr genießen. Das Bad ist besonders früh morgens und abends unter dem Sternendach ein ganz besonderes Vergnügen.

Tarawera Falls

Nun kehren Sie der Küste den Rücken und wenden sich dem landeinwärts gelegenen Rotorua zu. Die 80 km lange Wegstrecke folgt dem SH30. Wenn Sie Lust haben, die Holz- und Papierindustriestadt **Kawerau** kennen zu lernen, müssen Sie einen 3 km Umweg über den SH34 in Kauf nehmen. In Kawerau erwartet Sie ein recht strenger Geruch. Er geht von der *Pulp & Paper Company Mill* aus, einer hochmodernen Zellstoff- und Papier-Mühle. Die unzähligen mit Holz gefüllten Container direkt am SH34 sind nicht zu übersehen. Nur 4 km entfernt, quasi vor der Haustür Kaweraus, liegt der markante 820 m hohe Vulkankegel des **Mount Edgecumbe** (Maori: Pūtauaki). Zum Besteigen des Vulkangipfels benötigen Sie ein Permit (i-Site). Zu gleichen Konditionen können Sie einen Ausflug in die *Lake Tarawera Scenic Reserve* unternehmen. Eine ca. 45-minütige Fahrt auf unbefestigten Straßen durch Landschaftsschutzgebiet bringt Sie zunächst zu einem Parkplatz. Hier beginnt ein gut ausgebauter Pfad, der Sie nach 20 minütigem Fußmarsch zu den **Tarawera Falls**, einem 60 m hohen Wasserfall führt. Das besondere an diesem Naturschauspiel ist, dass der Wasserfall inmitten einer Felswand entspringt. Dieser verblüffende Umstand hat seine Ursache darin, dass der *Tarawera River* vor den Fällen unterirdisch in einer Höhle vulkanischen Ursprunges verläuft. Folgen Sie dem Wanderpfad über den Wasserfall hinaus, können Sie an verschiedenen Stellen ganz wunderbar im glasklaren Wasser des Tarawera River schwimmen.

Schwimmen im Tarawera River

Zurück auf dem SH30 treffen Sie bald auf den ersten von vier Seen die wie an einer Kette aneinander gereiht liegen. **Lake Rotoma** ist der östlichste von ihnen

Badestopp am Lake Rotoma

und wurde wie die anderen Seen **Lake Rotorua, Lake Rotoiti** und **Lake Rotoehu** vor etwa 10.000 Jahren durch vulkanische Aktivität geschaffen, indem erkaltete Lava als natürliche Staumauer fungierte. *Lake Rotoma* hat eine sehr gute Wasserqualität, die Sichten bis in 13 m Tiefe erlaubt. Zögern Sie nicht an seinem Ufer ein Picknick- oder Badestopp einzulegen (GPS: S 38°3'50" E 176°36'11").

(114) WOMO-Stellplatz: Kawerau Prideaux Park

GPS: S 38°5'13" E 176°41'56". **Max. WOMOs:** 10

Ausstattung/Lage: Toilette an der i-Site, Entsorgungsstation. Kostenlose Nutzung von vier Plätzen mit Strom / Parkplatz hinter einem Pavillon.

Hinweis: Es sind auch Plätze hinter dem Bowling Club nutzbar. Fragen Sie an der nahen i-Site.

Zufahrt: In der Plunket St. biegen Sie in eine Straße neben dem Bowling Club ein. Die Plätze mit Strom liegen am Ende der Straße rechts hinter einem Pavillon.

Beurteilung: Zentral gelegen. 100 m zur i-Site. Kostenlose Nutzung der Hot Pools. Nur Nutzung der 4 Plätze mit Strom müssen an der i-Site 25 NZD hinterlegt werden. Das Geld bekommen Sie zurück. Gut für eine Nacht.

Nach dem *Lake Rotoma* folgt zunächst *Lake Rotoehu*, der bei Kajak Fahrern und Anglern (Regenbogenforelle) sehr beliebt ist. Kurz dahinter treffen Sie auf den langgestreckten *Lake Rotoiti*, der durch den *Ohau Channel* mit dem *Lake Rotorua* verbunden ist. Seine Wasserqualität ist bedingt durch landwirtschaftlichen Nährstoffeintrag und daraus verursachter Algenblüte deutlich schlechter.

Vom am See gelegenen Ort *Ruato* kann man über den **Okataina Walkway** zum geschützten *Lake Okataina* wandern. Es führt allerdings auch eine 7 km lange Straße zu dem nördlichsten von vier kleinen Seen zwischen dem *Lake Rotorua* und dem *Lake Tarawera*. Sie ist kurvenreich und sehr eng, aber wunderschön überwachsen. Sie fahren fast die gesamte Strecke unter einem grünen Blätterdach. Die anderen drei Seen, *Lake Rotokakahi (Green Lake)*, *Lake Tikitapu (Blue Lake)* und *Lake Okareka* werden Sie sich von Rotorua aus erschließen. *Lake Okataina* ist vollständig von Wald aus heimischen Baumarten umgeben und hat weder Zu- noch Abfluss.

Kurz bevor Sie auf *Lake Rotorua*, den vierten und mit Abstand größten See der Seenkette treffen, sehen Sie rechts am SH30 das Thermalfeld **Hells Gate Waiora Spa** liegen (www.hellsgate.co.nz, Tel. 07 345 3151). Hier haben Sie die Chance, einen

Hells Gate Wairoa Spa

ersten Eindruck der Erdaktivitäten im *Geothermalgebiet Rotorua* zu bekommen. Sie können die Urgewalten der Erde hier relativ ungestört genießen, überall blubbert, brodelt und dampft es. Auf dem ausgedehnten Areal gibt es tiefschwarze Pools, gelbe Schwefelablagerungen, brodelnde Schlammlöcher und Seen angefüllt mit kochend heißem Wasser. Überall steigen dampfende Schwaden auf und die Luft ist erfüllt von fauligem Schwefelgeruch. Unter dem 38°C heißen Wasserfall darf man heute leider nicht mehr duschen, so dass Sie sich auf ein entspannendes Bad im modernisierten historischen Badehaus beschränken müssen.

Nach diesem ersten Eindruck von einem brodelnden Vulkangebiet setzen Sie Ihre Reise nach Rotorua fort. Nach 4 km erreichen Sie den Lake Rotorua an dessen Gestaden Sie weitere 12 km bis zur Touristenattraktion Nummer eins auf der Nordinsel zurück zu legen haben. Der 80 km² große **Lake Rotorua** ist der zweitgrößte Binnensee der Nordinsel. Wie seine fast kreisrunde Form nahe legt, bildet die nach einer Eruption zusammengefallene Magmakammer eines Vulkans das Bett für den heutigen See. Sie können den Lake Rotorua mit einem Raddampfer im Mississippi Stil, der *Lakeland Queen*, erkunden.

Rotorua Information Centre

Rotorua liegt im Zentrum der **Taupo Vulcanic Zone**, einem Gebiet von 300 km Länge und 30-70 km Breite, das sich von White Island bis zum Tongariro Nationalpark erstreckt. Die touristische Tradition Rotoruas reicht etwa bis ins Jahr 1850 zurück. Nachdem auch nach dem Ende der Landkriege keine Ruhe einkehrte, wurde das Gebiet um Rotorua unter Staatsschutz gestellt. Man richtete großzügige Parks ein und machte das ehemalige Maori-Dorf zu einem Heilbad, das zunächst den oberen Gesellschafts-

Rotorua Tudor Towers

schichten vorbehalten blieb. Besondere Attraktion waren damals zwei Terrassen, die aus Ablagerungen von zwei Geysiren entstanden waren. Die mit sehr heißem Wasser gefüllten **White Terraces** waren die größere und schönere Formation, die **Pink Terraces** konnten dagegen zum Baden genutzt werden. Die Terrassen wurden als *achtes Weltwunder* angesehen und zogen in den frühen 1880er Jahren auch Besucher aus Europa an. Die Terrassen wurden 1886 bei einem gewaltigen Ausbruch des *Mount Tarawera* zerstört, bei dem 150 Menschen ums Leben kamen.

(115) WOMO-Campingplatz-Tipp: Rotorua Top 10 Holiday Park

GPS: S 38°8'11" E 176°14'26". **WOMOs**: 120 mit Stromanschluss
Ausstattung/Lage: Spielplatz, Swimmingpool, Hot Pool / Zentrumsnahe Lage, in 10 min erreichen Sie die Stadtmitte.
Preise: Stellplatz mit Strom 50 NZD für zwei Erwachsene.
Zufahrt: Die Pukuatua Street zweigt westlich des Zentrums vom SH5 ab. Der Platz liegt 500 m Richtung Osten auf der linken Seite.
Kontakt: 137 Pukuatua St., Rotorua, Tel. 0800 481 886, www.rotoruatop10.co.nz
Beurteilung: Ein typischer Top 10 Holiday Park: schön gelegen, sauber, eng. Die Sanitäranlagen sind sehr gut. Free Wifi. Der frei zugängliche Kuirau Thermal Park liegt neben an.

Mit der beschaulichen Ruhe des einstigen mondänen Kurortes ist es heute vorbei. Jährlich kommen 3 Millionen Gäste, die hier zwischen dem Besuch der Sehenswürdigkeiten

Rotorua Kuirau Park

nach Herzenslust Einkaufen und Geld ausgeben können. Das städtische Leben, der sich rasant entwickelnden 70.000 Einwohner Stadt konzentriert sich um die Fenton Street. An der ca. 3,5 km langen Hauptstrasse liegen die meisten Hotels, Motels, Supermärkte und vor allem die Souvenirläden, die aus Holz und Jade gefertigte Maori-Kunst und Produkte aus Schafwolle anbieten. An der Ecke zur Whakaue Sreet können Sie in Seenähe, klassische Snacks und leckeren Kaffee zu sich nehmen (**Lime Caffeteria**, Tel. 07 350 2033). Ausgezeichnete indische Küche serviert das **Indian Star** (1118 Tutanekai St, Tel. 07 343 6222).

Die **zentrumsnahen Attraktionen** sind: **Das Information Centre**, das in zwei imposanten Bauten aus den frühen 1900-ern untergebracht ist (Ecke Fenton St / Haupapa St, Tel. 07 348 5179). Wenige Schritte entfernt, befindet sich im großzügig angelegten Park *Government Gardens* in typisch englischer Umgebung (Cricket-Spielfeld, Bowling Greens, echter englischer Rasen) das 1908 gebaute *Bath House (Tudor Towers)*. Heute ist in dem wunderschönen Gebäude das **Rotorua Museum & Art Gallery** (Tel. 07 350 1814, www.rotoruamuseum.co.nz, tgl. 9.30-18 Uhr) untergebracht. Es zeigt eindrucksvoll die Geschichte der neuseeländischen Badekultur, Maorischätze und Dokumente über den Ausbruch des Vulkans Tarawera.

Rotorua Kuirau Park

Am Ende des *Government Gardens* finden Sie das im Jahr 1886 eröffnete **Polynesien Spa** (Hinemoa St, Tel. 07 348 1328, www.polinesianspa.co.nz, tgl. 8 - 23 Uhr). Größtenteils unter freiem Himmel können Sie hier in 26 verschieden temperierte Hot Pools zwischen 36°C und 42°C mit Blick auf den Lake Rotorua ein entspannendes Bad nehmen. Einige der Felsenpools liegen direkt am Seeufer. Das Heilwasser soll gegen Arthritis und Rheuma wirksam sein.

Rotorua Skyline Gondola

Wendet man sich an der Rotorua Lakefront westlich, so kommt man nach wenigen 100 m an der Konzertmuschel vorbei zum Maori-Dorf **Ohinemutu**. Das mit wunderschönen Schnitzereien reich verzierte *Tamatekapua-Marae* fällt hier sofort ins Auge. Die wundervolle Holzkirche *St. Faith's Anglican Church* liegt gegenüber in Richtung See. Die 1914 im Tudor-Stil gebaute Kirche verbirgt in ihrem Inneren wahre Kunstschätze von feinsten Schnitzereien und sorgfältig gewebten Wandverkleidungen, „tukutuku" genannt. Auch eine in einen Maori Umhang gehüllte Christusfigur gibt es hier zu bewundern. Sie ist in einem Fenster platziert und scheint für den Betrachter auf dem Wasser des Lake Rotorua zu schweben.

Tipp: Der städtische **Kuirau Park** liegt 600 m westlich des *Government Garden* und ist über die *Arawas Street* zu erreichen. Er bietet inmitten einer gepflegten Gartenanlage ein frei zugängliches aktives Thermalgebiet. In zwei Fußbädern können Sie Ihre Füße kostenlos im warmen Thermalwasser baumeln lassen.

Wenn Sie die Kulisse von Rotorua von oben aus betrachten wollen, sollten Sie sich von der Rotorua **Skyline Gondola** auf eine 487 m hohe Bergstation nahe dem *Mount Ngongotaha (757 m)* bringen lassen. Am Fuße der Seilbahn befindet sich der *Rainbow Springs Nature Park*, in dessen Mineralwasserquellen sich verschiedene Forellen-Arten wohl fühlen. Höhere Bedeutung hat jedoch der *Kiwi Encounter*, in dem die Besucher durch eine Glasscheibe den kompletten Brutvorgang und das Schlüpfen der Vögel beobachten können. Ein paar Kilometer weiter nördlich finden Sie den sehr kommerziellen *Agrodome Freizeitpark*. Geboten wird eine amüsante Show, in der man so ziemlich alles über Schafe lernen kann. Daneben gibt es im

Blick auf Lake Tikitapu (Blue Lake)

Agrodome einen Abenteuertourismus-Spielplatz, in dem Adrenalinjunkies auf ihre Kosten kommen.

Etwa 2 km südlich der i-Site, also noch recht zentral, liegt das touristisch sehr stark frequentierte **Whakarewarewa**, ausgestattet mit dem größten Geysirfeld in Neuseeland. Da der vollständige Name *Te Whakarewarewatanga O Te Ope Taua A Wahiao* (Der Aufstand der Krieger von Wahiao) sehr lang ist, wird der Ort gerne mit *Whaka* abgekürzt. Whakarewarewa besteht aus etwa 500 heißen Quellen, Schlammtöpfen und Geysiren, von denen sieben derzeit aktiv sind. Der berühmteste unter ihnen, der **Pohutu-Geysir**, bricht etwa stündlich aus und schleudert heißes Wasser bis zu 30 Meter hoch. Das Areal wurde im Jahr 1998 nach jahrelangen Besitzstreitereien aufgeteilt. Dem *NZ Maori Arts and Crafts Institute* (www.tepuia.co.nz) gehören heute 2/3 des Whakarewarewa Thermal Reserve - nach einer Maori Festung **Te Puia** genannt - und das restliche Drittel gehört dem Dorf Whakarewarewa - **The Thermal Village** (www.whakarewarewa.co.nz). Dem Dorf ist eine Maori-Kunsthochschule angeschlossen. Geöffnet ist das Gelände im Sommer von 8 - 18 Uhr (im Winter bis 17 Uhr), stündlich werden Führungen angeboten. Das Maori Konzert am Mittag findet vor dem Versammlungshaus von 12:15 - 13 Uhr statt. Wir empfehlen auch die abendliche Cultural Show & Dinner, weil sie eine authentische Atmosphäre vermittelt.

Östlich von Rotoruas Stadtzentrum zweigt eine Stichstraße Richtung Südosten zu den Seen *Lake Okareka, Lake Tikitapu, Lake Rotokakahi* und *Lake Tarawera* ab. Der erste See, den die kurvenreich ansteigende Straße erreicht, ist der **Lake Tikitapu**. Der See mit seinem glasklaren Wasser liegt zu Ihrer Rechten und auf der anderen Straßenseite befindet sich, an einem leichten Hang gelegen, ein Top10 Campingplatz. Wenig später befindet sich rechts der Straße ein Lookout, der ziwschen dem *Lake Tikitapu (Blue Lake)* und dem *Lake Rotokakahi (Green Lake)* liegt und Ausblicke auf beide Seen bietet. Nur 2 km hinter dem Lookout treffen Sie auf **Te Wairoa, The Buried Village.** Wie schon geschildert, begrub der Ausbruch des Vulkans Mount Tarawera am 10. Juni 1886 die zuvor als achtes Weltwunder angesehenen *Sinterterrassen (Pink and White Terraces)* unter Schlamm und Asche. Das 15 km entfernte Te Wairoa, mit einem Hotel für die Besucher der Terrassen, und zwei Nachbarorte wurden ebenfalls verschüttet. Fünfzig Jahre nach der Katastrophe wurde Te Wairoa freigelegt und verschiedene Häuser rekonstruiert. Ein kleines Museum vermittelt einen sehr guten Eindruck von der Gegend vor dem Vulkanausbruch. Auf dem Gelände gibt es einen **Rundwanderweg**, der Sie auch zu einem Wasserfall bringt. Alleine die herrliche Anfahrt, die Sie an den genannten Kraterseen vorbei führt, ist den Ausflug wert. Am nahen *Lake Tarawera* können Sie überdies mit dem Kanu fahren, oder sich mit dem Boot zur *Hot Water Beach* bringen lassen.

Thermalquelle

(116) WOMO-Campingplatz-Tipp: Blue Lake Top 10 Holiday Park

GPS: S 38°11'13" E 176°19'56". **WOMOs:** 80 mit Stromanschluss

Ausstattung/Lage: Spielplatz / Vom wunderschönen, glasklaren Lake Tikitapu (Blue Lake) mit Sandstrand nur durch eine Straße getrennt.

Preise: Stellplatz mit Strom 48 NZD für zwei Erwachsene.

Zufahrt: Östlich von Rotoruas Stadtzentrum zweigt eine Stichstraße Richtung Südosten zum Lake Tarawera ab. Dieser etwa 15 km folgen.

Kontakt: 723 Tarawera RD, Blue Lake Rotorua, Tel. 07 362 8120, www.bluelaketop10.co.nz

Beurteilung: Großer Platz, direkt am idealen Badesee, Sanitäranlagen gut.

Die weiter nördlich gelegenen Thermalgebiete **Waikite Valley, Wai-o-Tapu** und **Waimangu** sind in Tour N09 beschrieben.

Blick vom Mount Maunganui

Auf dem Weg nach **Tauranga** verlassen Sie das Stadtzentrum Rotoruas über den SH5 Richtung Norden. Nach etwa 7 km folgen Sie dem SH36, der den See nach ebenfalls 7 km verlässt. Die Gesamtstrecke von Rotorua nach Tauranga beträgt 65 km. Das Zentrum von Tauranga liegt im Südosten eines großflächigen Naturhafens, der sich aus vielen Buchten und Halbinseln zusammen setzt. Direkt am Meer liegen die Stadtteile Mount Maunganui und Papamoa.

(117) WOMO-Campingplatz-Tipp: Papamoa Beach Top 10 Holiday Park

GPS: S 37°41'48" E 176°17'4". **WOMOs:** 125 mit Stromanschluss
Ausstattung/Lage: Spielplatz / Direkt am wunderschönen, großen Sandstrand.

Preise: Stellplatz mit Strom 44 NZD für zwei Erwachsene.
Zufahrt: Vom SH33 nach Papamoa Beach abfahren, am Kreisel zur Düne hoch, kein Schild!
Kontakt: 535 Papamoa Beach Rd, Papamoa, Tel. 07 572 0816, www.papamoabeach.co.nz
Beurteilung: Sehr schöne Anlage, gute Sanitäranlagen. Großer Platz, direkt am Strand, fragen Sie nach einem der Plätze zur Beach hin (H1-H4).

Das vorherrschende Klima mit trockenen Sommern und milden Wintern lockte zuletzt viele Menschen an. Ruheständlern folgten Pendler und schließlich Selbstständige, die ihre Firma von hier aus führen konnten. Im Ergebnis ist Tauranga mit seinen Vororten die am schnellsten wachsende Stadt des Landes und dazu ausgesprochen wohlhabend. Trotzdem ist die Stadt von einer wild wuchernden Bebauung verschont geblieben und weist viele Parks und kleinere Grünanlagen auf. Das weithin sichtbare Wahrzeichen der Stadt ist der 232 m hohe erloschene Vulkankegel **Mount Maunganui** (Maori-Name: Mauao), von den Bewohnern einfach *The Mount* genannt. Er liegt in einem weitgehend flachen Umland und thront vor dem Eingang des Naturhafens. Sie können den Berg auf einem über viele Stufen steil nach oben führenden Wanderweg hinauf wandern (**Summit Track**, 1,5 h) und oben angekommen, die herausragende Aussicht genießen. Die gleichnamige Vorstadt Taurangas liegt auf einer schmalen Sandbank, die den Mount Maunganui mit dem Festland verbindet. Der feinsandige kilometerlange Sandstrand lockt die Menschen an, Kiwis wie Touristen. Der Strand von Mount Maunganui ist vor allem bei Surfern beliebt, für die durch ein künstliches Riff hohe Wellen erzeugt werden. Direkt am Fuße des Berges liegt ein wegen der attraktiven Lage recht teurer Campingplatz.

Omanu Beach

(118) WOMO-Campingplatz-Tipp: Beachside Holiday Park Mount Maunganui

GPS: S 37°37'55" E 176°10'35". **WOMOs:** 233 mit Stromanschluss
Ausstattung/Lage: Spielplatz / Direkt neben dem Zentrum und den schönen Bade- und Surfstränden von Mt Maunganui.
Preise: 60 NZD für den Stellplatz incl. 2 Personen, für jeden weiteren Erwachsenen 25 NZD (Kinder 15 NZD)
Zufahrt: Der Platz liegt am Kopfende der Straße zum Mt Maunganui.
Kontakt: 1 Adams Avenue, Mount Maunganui, Tel: 07 575 4471, www.mountbeachside.co.nz/
Beurteilung: Ein großer, teurer und dennoch meist voller Platz, der ideal zu den schönen Stränden und zum Aufstieg auf den Mt Maunganui liegt. Nebenan finden Sie einen beheizten Salzwasser Pool und viele Restaurants.

Unter den vielen Restaurants ist das **Delissi** (16 Pacific Ave, Mount Maunganui, Tel. 07 574 8200) am besten bewertet. Der kürzeste Weg von Mount Maunganui zum Zentrum Taurangas führt über die Harbour Bridge. Ziviler Ungehorsam (man zahlte die Maut einfach nicht) führte dazu, dass sie fallen gelassen wurde. Der danach stark gestiegene Verkehr führt allerdings immer wieder zu Staus. Auch das Zentrum Taurangas liegt auf einer schmalen Landzunge, auf deren östlicher Seite die Uferpromenade *The Strand* viele Cafés und Restaurants aufweist. Nicht allzu weit entfernt finden Sie nahe der Harbour Bridge

Tauranga Harbour

das restaurierte Missionshaus *The Elms*. Das 1847 aus Kauri-Holz gebaute historische Gebäude im spätklassizistischen Stil ist noch original möbliert. Das Haus diente als Missionsstation der englischen Church Mission Society und ist vor allem wegen seiner Bibliothek bekannt, die rund 1000 Bände des ursprünglichen Bestandes umfasst (**The Elms**, Mission St, Tel. 07 577 9772, www.theelms.org.nz, Mi ,Sa, So 14-16 Uhr). Das parkartige Gelände mit großem alten Baumbestand ist auch außerhalb der Öffnungszeiten zugänglich. Zum Freizeitangebot Taurangas gehört auch ein *Schwimmen mit Delfinen* Bootsausflug. In der i-Site erhalten Sie kostenlos die Broschüren **Tauranga City Walkways** und **Historic Tauranga**. Letztere führt Sie zu historischen Stätten der Stadt.

(119) WOMO-Campingplatz-Tipp: Omokoroa Thermal Holiday Park

GPS: S 37°38'30" E 176°2'21". **WOMOs:** 26 mit Stromanschluss
Ausstattung/Lage: Spielplatz, Hot Pools / In einem Wohngebiet.
Preise: Stellplatz mit Strom 40 NZD für bis zu acht Personen.
Zufahrt: Sie fahren den SH29 an den Mc Larren Falls vorbei folgen dann SH24 und biegen schließlich rechts in die Old Te Aroha Rd Richtung Te Aroha ein. Nach 9 km biegen Sie links auf die Okauia Springs Rd ab.

Kontakt: 165 Omokoroa Beach Road, Tauranga, Tel. 07 548 0857, www.omokoroa.co.nz
Beurteilung: Exzellent gepflegte, saubere und ordentliche Anlage mit unglaublich vielen Blumenbeeten. Mehrere sehr schöne Thermalbecken mit Temperaturen zwischen 35° C und 39° C zur freien Nutzung.

Leckere Sandwiches und ausgezeichneten Kaffee bekommen Sie im **Mediterrano Café** (62 Devonport Rd, Tel. 07 577 0487). Frische Fischgerichte werden Ihnen im direkt am Wasser liegenden **Fresh Fish Market** (1 Dive Cres, Tel. 07 578 1789) serviert. Die *Dive Cres* finden Sie in der Verlängerung der Devonport Road.

(120) WOMO-Stellplatz: Katikati Park Road Reserve

GPS: S 37°32'14" E 175°56'4"
Max. WOMOs: 3
Ausstattung/Lage: Bank / Wendeplatz am Tauranga Harbour.
Zufahrt: Sie biegen im Zentrum Katikati's rechts in die Beach Road ab und nach 500 m links in die Park Road. Dieser folgen Sie für 2 km.
Kontakt: Western Bay of Plenty District Council
Hinweis: Maximal drei Womos für maximal drei Nächte. Nur im für Freedom Camping zugelassenen Bereich übernachten. **Beurteilung:** Ruhiger Übernachtungsplatz auf Gras.

(121) WOMO-Stellplatz: Lindemann Lookout

GPS: S 37°32'40" E 175°52'31". **Max. WOMOs**: 5
Ausstattung/Lage: Toiletten / Am Hügel über Katikati, tolle Sicht!
Zufahrt: Kurz hinter der Uretara Domain links in die Lindemann Road abbiegen und dieser 3,4 km folgen.
Beurteilung: Sehr schöner, ruhiger Übernachtungsplatz mit weitem Blick.

(122) WOMO-Stellplatz: Tanners Point Reserve

GPS: S 37°28'56" E 175°56'46".
Max. WOMOs: 3
Ausstattung/Lage: Toilette, Picknicktisch / Parkplatz am nördlichen Tauranga Harbour, gegenüber dem Katikati Entrance (Öffnung zum Meer).
Zufahrt: Am SH2 ist Tanners Point ausgeschildert. Folgen Sie der Tanners Point Rd für 2,1 km. Sie fahren direkt auf den für Freedom Camping zugelassenen Bereich des Parkplatzes zu.
Hinweis: Maximal drei Womos für maximal drei Nächte. **Beurteilung:** Sehr guter Übernachtungsplatz.

Vor dem Eingang des Naturhafens, direkt neben dem *Mount Maunganui*, beginnt eine langgezogene, schmale Insel, die sich 25 km in nordwestlicher Richtung erstreckt, **Matakana Island**. Die Tauranga Harbour genannte Meeresbucht zwischen Festland und Insel ist sehr flach und in weiten Uferbereichen versumpft. Im weiteren Verlauf von Tour N06 haben Sie mehrfach Gelegenheit zu Abstechern zum Tauranga Harbour. Wir nennen Ihnen zwei freie Stellplätze, einen Campingplatz

Waihi Beach

mit Hot Pools. Auf der dem Meer abgewandten Seite liegt die Bergkette *Kaimai Range*, die Regenwolken abhält und für die trockenen Sommer verantwortlich ist. Sie verlassen *Tauranga* und fahren auf dem SH2 entlang der Küste und parallel zur *Matakana Insel* in nordwestliche Richtung. Sie überqueren den *Wairoa River* und biegen wenig später in *Te Puna* links eine Stichstraße ab, die Sie nach 4 km auf den **Minden Lookout** bringt. Von hier aus hat man eine phantastische Perspektive auf *Tauranga* und *Tauranga Harbour*. Zurück auf dem SH2 erreichen Sie nach 28 km, die Insel noch immer vor Augen, **Katikati**. Im Hinterland von Katikati liegt das Naturschutzgebiet *Kaimai Mamaku Forest Park*, in dem die während des Goldrausches im 19. Jahrhundert rücksichtslos gerodeten Hänge wieder aufgeforstet werden.

(123) WOMO-Campingplatz-Tipp: Athenree Hot Springs Holiday Park

GPS: S 37°26'54" E 175°58'01".
WOMOs: 80 mit Stromanschluss.
Ausstattung/Lage: Spielplatz, Hot Pools / An der Shelly Bay, nur durch eine kleine Landzunge von der Bay of Plenty getrennt. Unweit vom Waihi Beach (4 km).
Preise: Stellplatz mit Strom 50 NZD pro Person.
Zufahrt: Sie biegen 4 km hinter Katikati rechts vom SH2 in die Athenree Rd ab. Nach 3 km erreichen Sie den kleinen Ort Athenree. Sie biegen hier rechts ab, um auf Athenree Rd zu bleiben. Wenn Sie nach etwa 500 m auf der rechten Seite einen überdimensionaler Reiher mit einem Fisch im Schnabel sehen, sind Sie angekommen.
Kontakt: 1 Athenree Rd, Athenree, Bay of Plenty, Tel: 07 863 5600, www.athenreehotsprings.co.nz
Beurteilung: Sehr zu empfehlen: wunderbar gepflegte Grasflächen, super Gemeinschaftsküche, gute Sanitäranlagen und freie Benutzung der beiden Hot Pools (37°C + 34°C) mit kristallklarem, mineralreichem Wasser. Das sollten Sie sich auf keinen Fall entgehen lassen!

Die ca. 4000 Einwohner zählende Gemeinde **Katikati** ist für ihre bemerkenswerten Wandmalereien bekannt. Darin wird die Geschichte der Pioniere und ihres Lebensstiles in fein ausgearbeiteten Gemälden an den Außenwänden von Handels- und Wirtschaftsgebäuden fest gehalten. *Katikati* wurde 2005 mit der Auszeichnung als „Neuseelands schönste Kleinstadt" ausgezeichnet.

(124) WOMO-Badeplatz: Waihi Beach Island View Reserve

GPS: S 37°25'44" E 175°57'34".
Max. WOMOs: 3
Ausstattung/Lage: Toilette / Parkplatz an der Waihi-Beach.
Zufahrt: Von Waihi kommend vom SH2 links in die Waihi Beach Rd abbiegen. Nach 17 km im Kreisverkehr zweite Ausfahrt (Wilson Rd) nehmen, weiter auf Seaforth Rd, nach 2 km links in die Tuna Ave, Ankunft.
Hinweis: Maximal drei Womos für maximal drei Nächte.
Beurteilung:
Sehr guter Übernachtungsplatz. In nur 50 m Entfernung können Sie sich in die Wellen der Bay of Plenty stürzen.

Elf Kilometer hinter Katikati biegen Sie rechts in die Athenree Rd Richtung Waihi Beach ab. Den sehr empfehlenswerten Campingplatz *Hot Springs Holiday Park Athenree* erreichen Sie nach etwa 4 km. Wenn Sie dort über Nacht stehen, können Sie die beiden heißen Pools kostenlos benutzen. Wir ziehen diesen Platz den zahlreichen Campingplätzen in Waihi Beach vor. **Waihi Beach** bietet Ihnen sehr schöne weiße Sandstrände mit tollen Bademöglichkeiten und einen empfehlenswerten freien Stellplatz (16). Wenn Sie von der Athenree Rd links in die Steele Rd und dann rechts in die Emerton Rd einbiegen, stossen Sie, an der Küste angekommen, genau auf den Platz.

Das Tourenziel, die 4.500 Einwohner zählende Gemeinde **Waihi**, liegt etwa 10 km hinter *Waihi Beach*. Essen Sie in Waihi unbedingt einen Apfelstrudel in der **German Bakery**, 54a Seddon Street.

(125) WOMO-Stellplatz: Waihi Memorial

GPS: S 37°23'29" E 175°50'19".
Max. WOMOs: 5
Ausstattung/Lage:
Nichts / Parkplatz der R.S.A. am War Memorial.
Zufahrt:
Das Gebäude der R.S.A. liegt zentral am SH2, 3 Seddon St.
Beurteilung: Gut für eine Nacht.

TOUR N07
N
10 km
Port Jackson
Fletcher Bay
Fantail Bay
Coromandel Forest Park
Stony Bay
Sandy Bay
Port Charles
Mount Moehau 892 m
Waikawau Bay
Cloville Bay
Colville
Waitete Bay
Coromandel Forest Park
Great Mercury Island
Kennedy Bay
136
Coromandel
137
Whangapoua
134
Matarangi
135
Coro-mandel Harbour
Te Rerenga
Kuaotunu
Otama
Opito Bay
Opito
Manaia Harbour
Waiau Falls
Mercury Bay
133
Whitianga
132
309
Ferry Landing
Cathedral Cove
Hahei
131
25
Mount Maumaupaki
822 m
130
Hot Water Beach
Tapu
25
Rapaura Watergardens
Mount Tanehua
Coromandel Forest Park
659 m
129
WC
Tairua
138
Tararu
Schmetter-lingshaus
Pauanui
140
Thames
WC
139
Kauaeranga
128
25a
Opoutere
25
Waihou River
Onemana
Ngatea
127
WC
2
126
Whangamata
Piako River
Wentworth Falls
Hauraki Plains
Coromandel Forest Park
25
Paeroa
Waihi

Tour N07: Um die wilde Coromandel Halbinsel

Waihi - Whangamata - Hot Water Beach - Cathedral Cove - Whitianga - Coromandel - Thames - 290 km

Camping:	Opoutere, Hot Water Beach, Whitianga Harbourside, Coromandel Town, Dickson
Stellplätze:	Wentworth Valley, Whangamata, Tairu, Cathedral Cove, Whitianga, Coromandel, Thames, Kauaeranga Valley
Baden:	Whiritoa, Whangamata Ocean Beach, Opoutere, Hot Water Beach, Hahei Beach, Whitianga, Wharekaho, Matarangi, Kuaotunu Beach,Otama Beach, Opito Bay
Wandern:	Wentworth Falls Walk, Whangamata Walks, Opoutere Vogelschutzgebiet: Wharekawa Wildlife Refuge, Tairua Paku Hill, Broken Hills, Cathedral Cove Walkway, Coromandel Town: Long Bay, Coromandel-Heritage Trail, Coastal Walkway, Recreation Walks, Kaueranga Valley
Essen:	Tairua: Old Mill Café, Hot Waves Café, Whitianga: Sangam Indian Cuisine, Coromandel Town: Pepper Tree, Driving Creek Café, Rapaura Watergardens, Thames: Bullion Bar

In Tour N07 lernen Sie die wundervolle **Coromandel** Halbinsel kennen. An der in weiten Streckenabschnitten felsigen Ostküste, können Sie in den Orten **Whangamata, Opoutere** und **Tairua** an feinsandigen Stränden baden. Ein besonderes touristisches Highlight wartet an der **Hot Water Beach** auf Sie. Hier buddeln Sie sich bei Ebbe (+-2h) eine Kuhle in den Sand und legen sich nach getaner Arbeit in deren warmes Wasser. Vorsicht, heiß, Verbrühungsgefahr! Nicht weit entfernt wandern Sie an einen Strandabschnitt mit magischer Atmosphäre, **Cathedral Cove**. Danach passieren Sie **Whitianga** an der *Mercury Bay* und erreichen schließlich *Kuaotunu*. Die Straße wendet sich nun nach Westen und durchquert die Halbinsel und ihre Bergkette bis zur Ostküste. Bevor Sie **Coromandel Town** erreichen, können Sie von einem hochgelegenen Aussichtspunkt das Panorama des *Coromandel Harbour* mit seinen vorgelagerten Inseln genießen. Sie setzen Ihre Fahrt Richtung Süden fort und erreichen am südwestlichen Ende der *Coromandel Halbinsel* das altehrwürdige **Thames**, das in den Jahren des Goldrausches mit mehr als 18.000 Einwohnern bedeutend größer war als *Auckland*. Danach durchwandern Sie das östlich *Thames* gelegene, tief eingeschnittene **Kauaeranga Valley.** Regenerieren Sie sich von Ihrer Wanderung bei einem erfrischenden Bad in einem Naturpool des *Kauaeranga River*. Gute Erholung!

Die *Coromandel Peninsula* ist sehr hügelig und wird von der bis zu 900 m in die Höhe ragenden Bergkette **Coroman-**

Whangamata Harbour

del Range von Nord nach Süd durchzogen. Gerade einmal 26.000 Einwohner leben auf dieser wundervollen Halbinsel, die in weiten Teilen von dichtem immergrünem Regenwald überzogen ist. Vor der Küste liegen viele kleine Inseln verstreut, zu denen *Motukawo Island* im Nordwesten, die *Alderman Islands* und *Slipper Island* im Südosten und *Mercury Island* im Nordosten gehören. An der Küste wechseln sich felsige Abschnitte und lange Sandstrände ab.

(126) WOMO-Wanderplatz: Wentworth Valley Camp DOC

GPS: S 37°14'42" E 175°49'8". **Max.WOMOs:** 20 Plätze ohne Strom.
Ausstattung/Lage: Eingeschränkte Einkaufmöglichkeit, Trinkwasser, Dusche (kalt), chemische Toilette / Mitten im dichten Wald an einem Fluss.
Preise: Stellplatz 10 NZD pro Erwachsenem.
Zufahrt: Am Golfplatz von Whangamata, 2 km vor dem Stadtzentrum, links in die Wentworth Valley Rd einbiegen und 4 km nicht asphaltierte Straße fahren (2xBachquerung). **Kontakt:** 474 Wentworth Valley Rd, Whangamata, Tel. 07 865 7032, www.wentworthvalleycamp.co.nz
Beurteilung: Sehr schöne Stellplätze, riesengroß, mitten im Wald. Im Bach können Sie baden. Wanderweg zum Wasserfall, einfache Sanitäranlagen. Ein Restaurant ist in der Nähe. **DOC Scenic Campsite**.

Es gibt eine Vielzahl idyllischer Wanderwege, die oft zu höchst interessanten Zielen und beeindruckenden Aussichtspunkten führen. Große Teile *Coromandels* sind Naturschutzgebiete mit einer reichen Pflanzenvielfalt und kristallklaren Wasserläufen. Von den unzähligen Naturschönheiten werden nicht nur die Neuseeländer selbst angezogen, sondern auch Öko-Touristen und Menschen mit einem alternativen Lebensstil. Außerdem siedeln sich immer mehr Wohlhabende aus dem Ballungsraum Auckland fest an. *Coromandel* ist darüber hinaus die Wahlheimat vieler Künstler, Maler, Töpfer und Kunsthandwerker geworden. Viele Kiwis verbringen auf der *Coromandel Peninsula* ihre Wochenenden oder

Whangamata - Ocean Beach

ihre Ferien. In der Zeit zwischen Weihnachten und Ende Januar ist es sinnvoll, Campingplätze im Voraus zu buchen.

Schon 18 km hinter **Waihi** erreichen Sie in Whiritoa den ersten reizenden Badestrand an Coromandels Ostküste. **Whiritoa Beach** ist bei Surfern und Paraglidern sehr beliebt, denn hier ist es oft stürmisch. Nach 13 weiteren Kilometern Fahrtstrecke auf dem SH25, gelangen Sie an einen der bekanntesten Surfstrände Neuseelands, Whangamatas **Ocean Beach**. Der herrliche 4 km lange Badestrand reicht vom **Whangamata Harbour** bis zur Mündung des *Otahu River* mit vier kleinen vorgelagerten Inseln. Die größte dieser Inseln, *Hauturu Island*, liegt der Küste so nahe, dass Sie bei Ebbe durch das seichte Wasser hinüberwaten können.

(127) WOMO-Stellplatz: Whangamata Beach Road Reserve

GPS: S 37°11'51.5" E 175°52'26". **Max. WOMOs:** 4
Ausstattung/Lage: Toilette, Picknicktische, BBQ / Parkplatz an der Beach.
Zufahrt: Bleiben Sie in Whangamata auf der Port Rd (SH25 biegt links ab). Im Kreisverkehr erste Ausfahrt (Mayfair Ave) nehmen, weiter auf Martyn Rd, rechts abbiegen auf Beach Rd. Plätze liegen nach 100 m links.

Hinweis: Nicht zu spät kommen! Nur auf den vier durch Holzbalken markierten Womo Plätzen übernachten. Maximal eine Nacht. Platz bis 7.30 Uhr räumen. Fahren Sie einfach auf einen der anderen Parkplätze! Die Toilette finden Sie am Ende der Beach Rd im Gebäude des Whangamata Ocean Beach Club, 500 m. Wenn Sie dort in die Port Rd einbiegen finden Sie nach 170 m die ausgezeichnete Oliver's Bakery. Unbedingt empfehlenswert!
Beurteilung: Traumhafter Übernachtungsplatz.

Onemana

Trotz hoher Brandung ist an zwei Strandabschnitten ein sicheres Schwimmvergnügen möglich. **Whangamata** ist auch bei Hochseeanglern und Seglern beliebt. Vor allem wegen der malerischen Kombination von Strand und dem die Halbinsel begrenzenden, buschbewachsenen Hügel und Regenwald, ist Whangamata ein ausgesprochen beliebter Ferienort. Der angrenzende **Coromandel Forest Park** bietet Ihnen eine Vielzahl von Aktivitäten wie Waldspaziergänge, Mountain Biking oder Wanderungen zu den alten Goldminen an. Jenseits der *Ocean Beach* wartet noch manch einsamer Strand und einige versteckte Buchten auf Ihre Erkundung. Diese sind oft nur über verborgene Wege zu erreichen. Eine lohnende 10 km lange Wanderung führt zu den zweistufigen **Wentworth Falls** im nahe gelegenen Wentworth Valley. Sie startet von einem hübschen DOC-Campingplatz mit Stellplätzen am *Wentworth River*.

(128) WOMO-Campingplatz-Tipp: Opoutere Coastal Camping

GPS: S 37°6'5" E 175°52'43". **WOMOs:** 30 mit Stromanschluss.
Ausstattung/Lage: Standard / Der hintere Teil des Platzes ist von Wald umgeben und von friedvoller Schönheit, 5 min bis zum Strand.
Preise: Stellplatz mit Strom 19 NZD pro Erwachsenem.
Zufahrt: 12 km hinter Whangamata rechts in die Ohui Rd abbiegen, am Wharekawa Harbour entlang und Opoutere durchfahren, wenn der Asphalt aufhört (4,5 km) sehen Sie rechts den Campingplatz liegen.
Kontakt: 460 Ohui Rd, Opoutere, Tel. 07 865 9152, www.opouterebeach.co.nz
Beurteilung: Sehr schöne, einfache Anlage, nur durch einen kleinen Kiefernwald von der traumhaft schönen Opoutere Beach getrennt. Der Platz ist nur im Sommer geöffnet und sollte reserviert werden.

Acht Kilometer nördlich von Whangamata werden Sie am Straßenrand des SH25 ein Schild entdecken, dass auf den Ort **Onemana** hinweist. Wir empfehlen Ihnen, diesem Hinweis zu

Blick auf Paunaui

folgen, auch wenn die Straße im *Tairua Forest* zu verschwinden scheint. Tatsächlich tauchen Sie in das dichte Grün des Waldes ein, das sich nach 3 km auf einem Bergkamm öffnet und einen wunderbaren Blick auf die Küste freigibt. Wenn Sie das Glück haben, um die Weihnachtszeit unterwegs zu sein, können Sie in umringt von leuchtend rot blühenden Pohutukawa Bäumen in den Ort hinabfahren. Die bezaubernde Szenerie wird von einem kleinen Wasserfall am nördlichen Ende des feinen Sandstrandes komplettiert.

(129) WOMO-Badeplatz: Tairua Paku Drive

GPS: S 36°59'46" E 175°51'40". **Max. WOMOs:** 4
Ausstattung/Lage: Toilette, Picknicktische / Parkplatz am Tairua Harbour.
Zufahrt: In Tairua biegen Sie direkt hinter der Brücke rechts vom SH25 in die Manaia Rd (später Hornsea Rd) ein. Am Ende der Straße leicht nach rechts in den Paku Drive einbiegen. Plätze liegen nach 350 m rechts.

Hinweis:
Nur auf den vier markierten Womo Plätzen übernachten. Maximal eine Nacht. Platz bis 7.30 Uhr räumen. Fahren Sie einfach auf einen der anderen Parkplätze!
Beurteilung: Sehr schöner Übernachtungsplatz. Gegenüber gibt es einen Zugang zur Beach.

Zurück auf dem SH25 sollten Sie wenig später unbedingt einen weiteren Abstecher zur Küste unternehmen. Die von Pohutukawa Bäumen gesäumte Zufahrtstraße nach **Opoutere** verläuft am *Wharekawa Harbour* entlang und führt an einem Feuchtgebiet vorbei. Passieren Sie den kleinen Ort und parken Sie kurz vor dem Ende der geteerten Straße auf dem ausgeschilderten Parkplatz. Ein Hinweisschild lädt Sie zu einer 1 km Wanderung in das Vogelschutzgebiet **Wharekawa Wildlife Refuge** ein. Es liegt in einem abgesperrten Teil des 5 km langen

Tairua

weißen Sandstrandes von Opoutere. Dort angekommen werden Sie von der friedvollen Schönheit dieses Ortes vollkommen eingenommen sein und sich nach einer Weile fragen, wieso an diesem Traumstrand kaum eine Handvoll Menschen anzutreffen sind. Auch Ferienhäuser werden Sie in Strandnähe nicht finden. Der Meeresarm, der an der Zufahrtsstraße liegt, wird von einer Landzunge vor den mächtigen Wellen des Pazifiks geschützt. Auf dieser Landzunge befindet sich das erwähnte Vogelschutzgebiet. Hier leben eine Vielzahl seltener Seevögel. Der geschützte Meeresarm ist auch ein Paradies für Kajak-Fahrer. Ganz am Ende der oben erwähnten Zufahrtstraße liegt auf der rechten Seite ein Campingplatz, von dem aus Sie den Strand in wenigen Minuten erreichen.

Der SH25 macht nun einen kräftigen Schwenk ins Landesinnere und trifft nach 11 kurvenreichen Kilometern auf den SH25a. Dieser gut ausgebaute Highway ist die kürzeste und schnellste Verbindung zwischen Ost und Westküste. Sie bleiben auf dem SH25, der bald auf den *Tairua River* trifft und wenig später auf den fjordähnlichen *Tairua Harbour*. Kurz vor dem Fluss zweigt die Hikuai Settlement Rd rechts ab, die nach **Pauanui** führt. Hier verbringt *Aucklands* obere Mittelschicht bevorzugt ihre Sommerferien und lässt dann die Einwohnerzahl des kleinen Ortes auf mehr als 15.000 ansteigen. Auf die Besucher wartet ein herrlicher weißer Sandstrand, eine sehr gute Infrastruktur, Campingplätze und ein umfangreiches Freizeitangebot.

Sie bleiben auf dem SH25, dem Sie nach **Tairua** folgen, das umringt von bewaldeten Hügeln an einem sehr reizvollen Küstenabschnitt liegt. Setzen Sie sich in eines der Cafés mit Blick auf den *Tairua Harbour* und genießen die Aussicht über den bei Ebbe in weiten Teilen trocken fallenden Sand hinü-

Hot Water Beach

ber nach *Pauanui*. Im Sommer verkehrt eine Personen-Fähre zwischen beiden Orten. In der Verlängerung der wilden *Ocean Beach* liegt der markante **Paku-Hügel** mit zwei Gipfeln, deren höherer 360 m hoch ist. Sie können fast bis zum Gipfel fahren und müssen vom Parkplatz aus lediglich noch 10 Minuten laufen. Der Marsch lohnt sich, denn vom Gipfel haben Sie einen phantastischen Rundumblick auf die beeindruckende Szenerie und die vorgelagerten Inseln *Slipper-, Shoe-* und *Alderman-Island*. Am Hang des Hügels lag früher das Maori Pa *Paku*. Neben dem ausgedehnten Freizeitangebot haben Sie in *Tairua* die Möglichkeit zu einigen Wanderungen, die Sie zu den Goldminen von *Broken Hills*, in Kauri-Wälder oder zum nahen *Mount Kaitarakihi* führen (Infos gibt es wie immer in der i-Site). Nehmen Sie im **Old Mill Café** (1 The Esplanade, Tel. 07 864 9390) auf eleganten Gartenmöbeln sitzend einen Schoko Muffin oder einen Blaubeerkuchen zu sich.

(130) WOMO-Campingplatz-Tipp:
Hot Water Beach Top 10 Holiday Park

GPS: S 36°53'25" E 175°49'14". **WOMOs:** 75 mit Stromanschluss.
Ausstattung/Lage: Spielplatz / Im Grünen, 600 m zu den heißen Quellen.
Preise: Stellplatz mit Strom 24 NZD pro Erwachsenem.
Zufahrt: Kurz vor dem Parkplatz der Hot Water Beach.
Kontakt: 790 Hot Water Beach Rd., Whitianga 3591, Tel. 07 866 3116, hotwaterbeachholidaypark.com **Beurteilung:** Ideal gelegen zum Besuch der Hot Water Beach. Neue, 2008 eröffnete, sehr gut geführte Anlage.

Hinter *Tairua* klettert der SH25 kurvenreich eine Bergkette hinauf und erreicht nach 16 km das Örtchen *Whenuakite.* Sie biegen hier rechts ab, um auf einer schmalen Straße zu den touristischen Highlights *Hot Water Beach* und *Cathedral Cove* zu gelangen.

Wanderweg zur Cathedral Cove

An der **Hot Water Beach** werden Sie vermutlich mehr als hundert Menschen antreffen, die zum größten Teil mit Schaufeln im Sand des Strandes graben. Sie sind auf der Suche nach einer der Thermalquellen vulkanischen Ursprungs, die hier direkt unter dem Sand liegen. Werden Sie fündig, können Sie genüsslich ein warmes Bad in Ihrem persönlichen Spa-Pool nehmen, was durchaus auch bei Regen seine Reize hat. Die Flut wird Ihre Arbeit bald wieder zunichtemachen und zwei Stunden vor der nächsten Ebbe kann die nächste Schicht mit dem Buddeln beginnen. Den benötigten Spaten können Sie sich im **Hot Waves Café** (8 Pye Pl, Tel. 07 866 3887) ausleihen. Sie können dort bei schönem Blick über die Bucht gut essen. Das Baden im Meer ist an der Hot Water Beach wegen tückischer Strömungen, die vor allem im Bereich der den Strand teilenden Felszunge vorherrschen, mit Vorsicht zu genießen. Man sollte sich nur an den dafür vorgesehenen Abschnitten ins türkisfarbene Nass wagen.

(131) WOMO-Wanderplatz: Cathedral Cove Carpark

GPS: S 36°50'1.5" E 175° 47'56". **Max. WOMOs:** 4

Ausstattung/Lage: Toilette (longdrops) / Parkplatz.

Zufahrt: Vom SH25 bis zu Platz sehr gut ausgeschildert.

Hinweis: Die vier markierten Womo Plätze liegen hinten links. Maximal vier Nächte, Platz zwischen 17 Uhr und 9 Uhr nutzbar. Startpunkt der Wanderung (ca. 45 Minuten) zur Cathedral Cove.

Beurteilung: Übernachtung ideal, um früh zur Cathedral Cove zu wandern, bevor der große Run einsetzt.

Cathedral Cove

Um zum nächsten Highlight zu gelangen, fahren Sie einige Kilometer nördlich in den bezaubernden kleinen Ort **Hahei**. Der Strand dieses, an einem Seitenarm der *Mercury Bay* liegenden Ortes, ist mit Muscheln übersät und gut zum Baden geeignet. Etwas nördlich des Ortszentrums erreichen Sie über die Grange Rd einen großen Parkplatz mit einer Aussichtsplattform, von dem aus eine herrliche Wanderung die felsige Steilküste entlang startet. Nach etwa 40 Minuten steigen Sie eine steile Treppe zum Strand hinab und sehen zu Ihrer Linken einen stattlichen Durchbruch in einem etwa 15 m hohen Felsen. Sie haben soeben die *Cathedral Cave* entdeckt, durch die Sie einen eindrucksvollen, auf dem Strand hinter ihr stehenden weißen Rhyolit Felsen sehen. Bei Ebbe können Sie durch diese *Kathedrale* mit spitz zulaufender Decke gehen. An vielen Stellen am Strand und im Wasser sind interessante Kalksteinformationen zu entdecken. Die Strandabschnitte rechts (*Mare´s Leg Cove*) und links (*Cathedral Cove*) der *Cathedral Cave* sind von bizarrer Schönheit. Die magische Atmosphäre dieses Ortes wird sicherlich auch Sie in ihren Bann ziehen.

Atmosphäre an der Cathedral Cove

Die **Cathedral Cove** ist auch vom Wasser aus zu erkunden. Das Gebiet um die *Cathedral Cove* wurde wegen ihres reichen und vielfältigen Lebensraumes zum Wasserschutzgebiet

Stimmung an der Cathedral Cove

erklärt. Felsenriffe, weiche Schichtgesteine sowie zahlreiche Höhlen und Unterwassergewölbe bieten einen Lebensraum für komplexe Lebensgemeinschaften von Pflanzen, Krustentieren, Weichtieren und Fischen. Geschützt vor den starken Südwinden können Sie bei einer einstündigen Bootsfahrt, die auch an der *Cathedral Cove* vorbei führt, eine unberührte Wasserumgebung genießen (**Hahei Explorer**, Tel. 064 7866 3910, www.haheiexplorer.co.nz).

Sie mögen nach diesem eindrucksvollen Erlebnis und einem Blick in Ihre Straßenkarte versucht sein, nach **Ferry Landing** zu fahren, mit der Fähre nach *Whitianga* überzusetzen, um so ein gutes Stück Weg abzukürzen. Vergessen Sie es, denn bei der Fähre handelt es sich um eine Personenfähre. Der kurze Ausflug von Hahei nach *Ferry Landing* lohnt sich dennoch. Zum einen wegen der direkt vor Ferry Landing liegenden wunderschönen *Cooks Beach*. Der große Seefahrer und Entdecker lag hier vor Anker, um seinem Auftrag folgend den Durchgang des Planeten Merkur vor der Sonne zu vermessen. Die große Meeresbucht *Mercury Bay* verdankt diesem Ereignis ihren Namen. Im *Mercury Bay Museum* in *Whitianga* können Sie sich erschöpfend über Cooks Aufenthalt in der *Mercury Bay* informieren. Zum anderen zweigt zwischen *Ferry Landing* und *Cooks Beach* eine Straße (Shakespeare Rd) zum **Shakespeare Cliff** ab. Seine Aussichtsplattform bietet Ihnen einen wunderbaren Überblick über die gesamte *Mercury Bay* und hinab zur *Cooks Beach*. Sie können mit Ihrem Wohnmobil von *Ferry Landing* nicht nach Whitianga übersetzen und müssen deswegen zurück zum SH25 und die tief ins Land reichenden Meeresbucht **Whitianga Harbour** umfahren, um nach **Whitianga** zu gelangen.

Die größte Stadt in der bezaubernden *Mercury Bay* hat einen 4,5 km langen und charmanten Strand, an dem Sie sicher schwimmen können. Auch die umliegenden idyllischen Buchten werden von Schwimmern, Surfern, Kajakfahrern und allen anderen Arten von Wassersportlern mit Begeisterung genutzt. Während **Whitianga** früher von der Verschiffung des Kauri Holzes und seines begehrten Harzes lebte, trägt heute neben dem Tourismus Fischfang und Landwirtschaft zum Broterwerb bei. Mit 4.000 Einwohnern ist *Whitianga* heute das Einkaufs- und Verwaltungszentrum der östlichen Coromandel Halbinsel. Gut essen können Sie im indischen Restaurant **Sangam Indian Cuisine** (121a Cook Dr, Tel. 07 866 0456)

(132) WOMO-Stellplatz: Whitianga Mill Street

GPS: S 36°50'3" E 175°42'24". **Max. WOMOs:** 4

Ausstattung/Lage: Nichts / Zentral

Zufahrt: In Whitianga vom SH25 rechts in den Joan Gaskell Drive abbiegen, nach 2 km links in die Albert St, nach 300m rechts in die Monk St und schließlich rechts in die Mill St. Links auf den Parkplatz fahren. Die für das Freedom Camping zugelassenen Plätze liegen hinten links.

Hinweis: Maximal eine Nacht, Platz zwischen 17 Uhr und 8 Uhr nutzbar. Für die Wohnmobile vorgesehenen Bereich benutzen!

Beurteilung: Zentral gelegener ruhiger Parkplatz, der nur für die Übernachtung nutzbar ist. Wir haben bis Sonnenuntergang an der Beach gestanden (GPS: S 36°49'23" E 175°42'5") und sind zum Frühstück wieder dorthin gefahren.

(133) WOMO-Campingplatz-Tipp: Whitianga Harbourside Holiday Park

GPS: S 36°50'24" E 175°42'8". **WOMOs:** 45 mit Stromanschluss

Ausstattung/Lage: Spielplatz, Swimmingpool, Spa / Von der Meeresbucht Whitianga Harbour nur durch die Straße getrennt.

Preise: Stellplatz mit Strom 25 NZD pro Erwachsenem.

Zufahrt: Vom SH25 in das Zentrum Whitiangas abbiegen, an der Albert St rechts fahren, den 2. Campingplatz auf der rechten Seite nehmen.

Kontakt: 135 Albert Street, Whitianga, Tel. 07 866 5746, www.harboursideholidaypark.co.nz

Beurteilung: Gepflegte Anlage. Von hier aus die Glasboden Boot Fahrt zur Cathedral Cove machen!

Sie setzen Ihre Fahrt gen Norden entlang der **Mercury Bay** fort und erreichen nach 17 km **Kuaotunu**. Dort gibt es einen in Meeresnähe gelegenen Campingplatz (Kuaotunu Motor Camp,

Matarangi Beach

33 Bluff Rd, Tel. 07 866 5628). Wenn Sie die Straße überqueren sind Sie direkt an einem herrlichen weißen Sandstrand, an dem sicheres Schwimmen gewährleistet ist. Im Motorcamp werden Kajaks vermietet. 300 m vor dem Ort liegt direkt am Meer ein freier Stellplatz für zwei Wohnmobile.

Wenn Sie Lust dazu haben, können Sie einen Ausflug ins 9 km östlich gelegene **Opito** unternehmen. Die meist ungeteerte Straße führt steil über den Black Jack Hill und bietet reizvolle Ausblicke. Entlang der Strecke liegen einige Aussichtspunkte und Badebuchten. Am Ende der Landzunge wartet in der **Opito Bay** ein sehr ruhiger und traumhaft schöner kleiner Strand auf Sie.

(134) WOMO-Stellplatz: Kuaotunu Boat Ramp

GPS: S 36°43'34" E 175°42'39". **Max. WOMOs:** 2

Ausstattung/Lage: Nichts / Kleiner Parkplatz am Meer.

Zufahrt: Am SH25, kurz nachdem dieser wieder die Küste erreicht hat, 300 m vor dem Abzweig nach Kuaotunu.

Hinweis: Maximal eine Nacht, Platz nach 9 Uhr räumen. Für die Wohnmobile ausgeschilderten Bereich benutzen!

Beurteilung: Schön am Meer gelegen.

In *Kuaotunu* macht der SH25 eine scharfe Kurve Richtung Südwesten. Bald trifft er auf die große Bucht des *Whangapoua Harbour*, die vom *Waitekuri River* und vom *Opitonui River* mit frischem Wasser aus der *Coromandel Range* versorgt wird. Hier zweigt eine Stichstraße zum mondänen Ferienort **Mata-**

Blick auf Coromandel Town

rangi ab. Im Jahr 1985 wurde begonnen, auf einer weißsandigen Nehrung touristische Infrastruktur für gehobene Ansprüche aufzubauen. Die kleine Stadt hat es wegen ihrer bekannt wohlhabenden Gäste, im Sommer schwillt die Einwohnerzahl von 300 auf über 7.000 an, zu einigem Wohlstand gebracht. Sie finden hier u.a. eine kleine Flugpiste, einen herrlich am Ende der Landzunge gelegenen 18-Loch-Golfplatz und auch ein Bowling Green darf nicht fehlen.

Die gut 4.000 Einwohner zählende Gemeinde **Te Rerenga** liegt am südwestlichen Ende des **Whangapoua Harbour**, etwas von der Küste entfernt. Hier können Sie in der *Castle Rock Winery* eine ganze Reihe von Fruchtweinen probieren. Sie fahren nun durch ein üppiges Waldgebiet und erreichen etwa 10 km hinter Te Rerenga einen auf einer Kammhöhe gelegenen Aussichtspunkt. Hier sollten Sie unbedingt anhalten und die atemberaubende Aussicht hinunter zum *Hauraki Gulf* genießen, in dem in lieblicher Anordnung mehrere Inseln drapiert sind. Auch *Coromandel Town* ist im Blickfeld.

Surfer an der Whangapoua Beach

Sie werden in **Coromandel Town** einen angenehm entspannten und lockeren Lebensstil antreffen. Das war nicht immer so. Der aufsehenerregende Goldfund beim Driving Creek 1852 brachte *Coromandel Town* einen gewaltigen Aufschwung und zeitweise eine Einwohnerzahl von über 10.000. Noch heute verleihen restaurierte Erinnerungsstücke an die Goldgräberzeit und herrschaftliche Gebäude aus der Gründerzeit der Stadt eine besondere Note. Bewundern Sie auf dem **Heritage Trail** die eleganten Villen aus den Goldgräber Tagen. Im 1,5 km nördlich gelegenen *Coromandel Goldfields Centre & Stamper Battery* haben Sie die Gelegenheit, sich im Rahmen einer einstündigen Führung über alles was zum Goldabbau gehörte zu informieren. Die 1861 gegründete und heute ca.1.600 Einwohner zählende Stadt verdankt ihren Namen dem britischen Schiff *HMS Coromandel*, das im Jahr 1820 in der Bucht ankerte, um das für die Schifffahrt wertvolle Kauri-Holz an Bord zu nehmen.

(135) WOMO-Stellplatz:
Kapanga Road Carpark Coromandel Town

GPS: S 36°45'26" E 175°29'55". **Max. WOMOs:** 4
Ausstattung/Lage: Picknicktisch / Parkplatz an der Kapanga Road.

Zufahrt: Sie fahren gerade aus ins Stadtzentrum und biegen am Ende der Straße rechts in die Kapanga Road ab. Die Plätze liegen nach 350 m rechts.
Hinweis: Maximal eine Nacht, Platz zwischen 17 Uhr und 9 Uhr nutzbar. Für die Wohnmobile vorgesehenen Bereich benutzen!
Beurteilung: Parkplatz an der Hauptstraße, gegenüber dem DOC Visitor Centre. Die vier Freedom Camping Plätze sind ausreichend breit. Hinter dem Parkplatz liegt vor dem ein schmaler Grünstreifen mit Picknicktisch. Sehr zentral gelegen.

(136) WOMO-Stellplatz:
Woollams Ave Carpark Coromandel Town

GPS: S 36°45'32.5" E 175°29'55.5". **Max. WOMOs:** 4
Ausstattung/Lage: Nichts / Parkplatz an der Woollams Avenue.
Zufahrt: Sie fahren gerade aus ins Stadtzentrum und biegen am Ende der Straße rechts in die Kapanga Road ab. Nach 160 m biegen Sie rechts in die Woollams Avenue ein. Die Plätze liegen nach 60 m rechts.
Hinweis: Maximal eine Nacht, Platz zwischen 17 Uhr und 8.30 Uhr nutzbar. Für die Wohnmobile vorgesehenen Bereich benutzen!
Beurteilung: Großer Parkplatz, die vier Freedom Camping Plätze sind sehr eng. Sehr zentral gelegen.

Heute sind neben dem Tourismus vor allem die reichen Fischgründe, Muschelfarmen und Austernbänke für *Coromandel Town* von wirtschaftlicher Bedeutung. Auch fühlen sich viele Künstler und Kunsthandwerker von der entspannten Atmosphäre der Gegend angezogen und in ihrem Schaffen gefördert. Einige von Neuseelands besten Künstlern leben im Coromandel Town District. Die *Craft Gallery* in der Wharf Rd ist das Zentrum des örtlichen Kunsthandwerkes.

Um den Ort kennen zu lernen, ist die Broschüre *Visiting the Town of Coromandel* sehr hilfreich. Sie erhalten sie in der Touristeninformation (Coromandel Town Information Centre, 85 Kapanga Road, Tel. 07 866 8598, www.coromandeltown.co.nz). Wenn Sie auf der Straße am Hafen, der Wharf Road, 3 km westwärts fahren, gelangen Sie zum **Long Bay** Motorcamp. 100 m hinter dem Motorcamp ist der Startpunkt für eine markierte 40 minütige Wanderung durch ein Landschaftsschutzgebiet. Alleine wegen der besonders hübschen Straße entlang des *Coromandel Harbour* ist dieser kleine Ausflug unbedingt empfehlenswert. Ob Sie Frühstücken, Mittag essen oder dinieren wollen, wir empfehlen Ihnen das Pepper Tree. Das im historischen Stil gebaute Restaurant hat mehrere Auszeichnungen gewonnen. Bitte reservieren Sie (**Pepper Tree**, 31 Kapanga Road, Tel. 07 8668 211, www.peppertreerestaurant.co.nz).

(137) WOMO-Campingplatz-Tipp:
Coromandel Top 10 Holiday Park

GPS: S 36°45'21" E 175°30'4". **WOMOs:** 29 mit Stromanschluss

Ausstattung/Lage: Spielplatz, Swimmingpool / Sehr zentral gelegen.

Preise: Stellplatz mit Strom 50 NZD.

Zufahrt: In Coromandel rechts in die Kapanga Rd einbiegen. Der Platz liegt nach 600 m rechts.

Kontakt: 636 Rings Rd. Coromandel, Tel. 07 866 8830, www.coromandelholidaypark.co.nz.

Beurteilung: Feine Anlage, sehr gepflegt, sehr gute Sanitäranlagen! Restaurants und Geschäfte sind sehr gut erreichbar. Am Wochenende kann es zu nächtlichen Beeinträchtigungen durch Fischer kommen.

Neuseelands einzige schmalspurige Bergeisenbahn liegt am *Driving Creek* unweit der Stelle, an der 1852 das erste Gold gefunden wurde, ein wenig außerhalb von *Coromandel Town*. Sie finden sie, wenn Sie nördlich Richtung *Colville* fahren und kurz vor dem Ortsausgang rechts der Ausschilderung zur Station der **Driving Creek Railway** folgen. Die Schmalspur Eisenbahnstrecke durch den dichten Wald diente zunächst der Versorgung einer Ziegelei mit Tonerde aus den Bergen. Sie führt in abenteuerlicher Schienenführung 3 km steil hinauf zur Aussichtsplattform *Eyefull Tower,* von der aus Sie eine fantastische Sicht haben. Es ist ratsam, unter Tel. 07 866 8703 zu buchen (380 Driving Creek Road, www.drivingcreekrailway.co.nz). Die

Driving Creek Railway

Fahrt dauert ca. eine Stunde. Die allgegenwärtigen, von dem Töpfer und Ökoaktivisten *Barry Brickell* selbstgebauten liebevollen Details, die von kleinen Bahnhöfen über Mäuerchen, die die Strecke umsäumen, bis zu kleinen Tonfiguren reichen, sind zwingende Gründe diese Fahrt zu unternehmen. Besuchen Sie auch das auf dem Weg zur Eisenbahnstation liegende **Driving Creek Café** (380 Driving Creek Rd, Tel. 07 866 7066). Es hat ein ganz besonderes Flair mit teilweise kräftiger Farbgebung. In gemütlicher Atmosphäre können Sie ausgezeichneten hausgemachten Kuchen und frischgerösteten Kaffee genießen.

Wer einen Ausflug in den weiter nördlich gelegenen Teil der *Coromandel Halbinsel* plant sollte beachten, dass nördlich *Coromandel Town* der bergigste und wildeste Teil der Halbinsel liegt und nur die Strecke bis kurz hinter **Colville** geteert ist. Hinter *Colville* warten unbefestigte, kurvenreiche, steile und sehr enge Straßen auf Ihr Wohnmobil. Besonders warnen möchten vor der Straße, die von *Little Bay* über *Kennedy Bay* nach *Coromandel Town* zurückführt. Dieser Streckenabschnitt ist eine staubige, graue Schotterstraße, die unter der Rubrik „berühmt-berüchtigt“ einzuordnen ist. Obwohl alle „Schotten dicht waren“ mussten wir auf dieser Straße mehrfach anhalten, weil der Rauchmelder im Inneren unseres Wohnmobils Alarm schlug. Sie brauchen auf die unberührten Naturschönheiten von Coromandels Norden jedoch nicht zu verzichten. Eine sehr zu empfehlende Ganztagestour bringt Sie zur *Fletcher Bay*, von der aus Sie den wundervollen **Coromandel Coastal Walkway** 8 km entlangwandern. In *Sandy Bay* werden Sie vom Kleinbus wieder abgeholt (**Coromandel Discovery**, Tel. 07 866 8175, www.coromandeldiscovery.co.nz).

Landschaft im Norden Coromandels

Die 56 km lange Strecke von *Coromandel Town* entlang der Westküste nach Thames folgt der felsigen Küstenlinie der

Coromandel Coastel Walk

Pohutukawa Coast. Wie dieser Name erahnen lässt, ist die Fahrt auf dieser Straße zwischen Mitte Dezember und Mitte Januar besonders reizvoll, denn dann blühen die Neuseeländischen Weihnachtsbäume. Wenn Sie Glück haben, können Sie einzelne Exemplare auch noch Ende Februar in ihrem leuchtenden Rot bewundern. Die in weiten Teilen sehr enge Straße kommt gelegentlich an kleinen Ansiedlungen und Sandbuchten vorbei, steigt dann aber sofort wieder an und verläuft größtenteils ein gutes Stück über dem Meeresspiegel. Sie werden sicherlich immer wieder Fotostopps an den Aussichtspunkten einlegen und wer gerne wandert wird der Versuchung, in den links liegenden dichten grünen Busch hineinzulaufen, irgendwann nachgeben. Die DOC-Broschüre **Coromandel Recreation Information** hilft Ihnen, sich nicht zu verlaufen. Nur 7 km hinter *Coromandel Town* biegt links der legendäre Highway 309 ab. Die kurvenreiche, oft steile und in weiten Streckenabschnitten unbefestigte Straße bringt Sie nach 25 km auf die Ostseite der Halbinsel zum *Whitianga Harbour.* Wer den Mut hat den SH309 zu fahren, trifft nach wenigen Kilometern auf den etwas schrägen Funpark **Waiau Waterworks** (Tel. 07 866 7191). Legen Sie an die skurrilen wasserbetriebenen Kunstwerke Hand an. Anschließend können Sie preiswert Essen, Besuchen Sie auch die nahen **Waiau Falls**, in deren Pool Sie ein Bad nehmen können. Weitere 10 Minuten entfernt wartet ein **Kauri Hain** darauf, von Ihnen erkundet zu werden.

Zurück an der Pohutukawa Coast fahren Sie Richtung *Thames* und haben in dem kleinen Ort **Tapu** allen Grund zu einem weiteren Abstecher in das Innere der Halbinsel. Nach 6 km wartet in einer hügeligen Waldlandschaft ein kleines Paradies auf Sie, der **Rapaura Watergardens**. Besuchen Sie zunächst

Rapaua Water Gardens

das Café, in dem Sie einen sehr guten Tee trinken oder eine überaus leckere Zwischenmahlzeit zu sich nehmen können. Dann betreten Sie den Garten, in dem Sie neben exotischen Pflanzen kleine verspielt gelegene Teiche bewundern können. In einem größeren Teich wachsen unzählige Wasserrosen und der plätschernde Bach bringt Sie zu einem 3-stufigen Wasserfall, in dessen Pool Sie sehr schön baden können. Wandern Sie durch die von Pfaden durchzogene Anlage und lassen Sie sich dann auf einer der Bänke nieder und genießen Sie die dargebotenen Skulpturen oder denken Sie über eine der philosophischen Botschaften nach, die dem Besucher auf Tafeln angeboten werden. Eine Stunde sollten Sie für den Rapaura Watergardens mindestens einplanen (**Rapaura Watergardens**, 586 Tapu-Coroglen Rd, Tapu, Tel. 07 868 4821, www.rapaura.co.nz).

(138) WOMO-Campingplatz-Tipp: Dickson Holiday Park
GPS: S 37°6'39" E 175°31'20". **WOMOs:** 20 mit Stromanschluss.
Ausstattung/Lage: Spielplatz, Swimmingpool / Der Campingplatz liegt neben einem Fluss und ist von ursprünglichem Busch umgeben. Ausgangspunkt einer dreistündigen Buschwanderung.
Preise: 39 NZD pro Stellplatz mit Strom.
Zufahrt: In Tararu, 3 km nördlich Thames, links in die Victoria St abbiegen. Der Platz liegt auf der rechten Seite an der Straße (200 m).
Kontakt: Victoria Street, Thames, Tel. 07 8687 308, www.dicksonpark.co.nz
Beurteilung: Schöne Anlage, sehr gepflegt. Schauen Sie sich das eindrucksvollen Schmetterlings und Orchideenhaus mit einer Vielzahl von exotischen Pflanzen und Tieren an.

Ein besonderer Tipp ist der **Butterfly and Orchid Garden**, der zum ebenfalls sehr zu empfehlenden Dickson Holiday Park gehört und 3 km nördlich des Stadtzentrums liegt. Hier werden in einem eindrucksvollen Schmetterlings- und Orchideenhaus eine Vielzahl von exotischen Pflanzen und Tieren dargeboten. Der *Butterfly and Orchid Garden* wurde schon mehrfach im Fernsehen vorgestellt und gewann verschiedene Auszeichnungen (**Butterfly and Orchid Garden**, Victoria St, Tararu, Thames, Tel. 07 868 8080, www.butterfly.co.nz, tgl. 9.30-16 Uhr, Mitte Juli bis Ende August geschlossen). **Thames**, das westliche Tor zur *Coromandel Halbinsel*, wurde 1867 als Goldgräberstadt gegründet und war wenige Jahre später drittgrößte

Blick auf Thames vom *War Memorial Monument*

Stadt des Landes. Zu dieser rasanten Entwicklung trug auch die Verarbeitung und der Abtransport des Kauriholzes bei, das im Hinterland geschlagen wurde. In der nur kurz währenden Blütezeit der Stadt wurden bis zu 70 Goldminen betrieben. Erinnerungen an diese Zeit werden im **Thames Historical Museum** dargeboten (Ecke Pollen St / Cochrane St, Tel. 07 868 8509, tgl. 13-16 Uhr). **Gastro-Empfehlung:** Bullion Bar and Restaurant, 404 Pollen Street, Thames, Tel. 07 868 7270.

(139) WOMO-Stellplatz: Thames Freedom Camping

GPS: S 37°8'29" E 175°32'30". **Max. WOMOs:** 4
Ausstattung/Lage: Toilette / Parkplatz zwischen Danby Field und Queen Street/SH25. **Zufahrt:** Am SH25 im Herzen von Thames.
Kontakt: Tel. 07 868 0200, www.thecoromandel.com.
Hinweis: Maximal zwei Nächte, Platz bis 9 Uhr räumen. Für die Wohnmobile vorgesehenen Bereich benutzen! Die Toilette finden Sie etwa 100 m nördlich vor The Warehouse.
Beurteilung: Die Straße ist natürlich zu hören, hat unseren Schlaf aber nicht gestört. Hinter dem Sportplatz sind die Mangroven zu sehen. Der Coastal Walkway ist nicht weit entfernt, ebenso wie die Vogel-Beobachtungsstation inmitten des Mangrovenwaldes (Karaka Bird Hide). In das Stadtzentrum laufen Sie ebenfalls nur wenige Meter. Guter Übernachtungsplatz.

Ein besonders lebendiger Eindruck dieser Zeit wird Ihnen im *Museum Goldmine Experience* vermittelt. In den restaurierten Gebäuden der *Golden Crown Mine* und der *Stamper Battery* kann man als Besucher eindrucksvoll sehen, wie damals unter schwierigsten Bedingungen und mit einfachsten Mitteln Gold aus dem Felsgestein gewonnen wurde. Anhand einer immer noch voll funktionsfähigen Anlage wird Ihnen gezeigt, wie die Bruchstücke des Gesteins zerstampft und zu einem glitzernden Brei gemahlen werden. Nach dem Auswaschen bleiben Gold, Silber und einige andere Mineralien übrig. Neben die-

Hoffmanns Pool im Kaueranga Valley

sem Prozess der Goldgewinnung sind zahlreiche weitere Anlagen aus der Zeit des Goldrausches zu sehen. Als krönenden Abschluss können Sie ein Stück weit in den Stollen hinein krabbeln (**Goldmine Experience**, Ecke Moanataiari Rd / SH25, Tel. 07 868 8514, www.goldmine-experience.co.nz, Führungen tgl. 10-16 Uhr). Heute ist *Thames* ein eher beschauliches Städtchen mit etwa 10.000 Einwohnern. Es ist das Versorgungs- und Haupteinkaufszentrum der *Coromandel Peninsula*. Die Menschen im Stadtgebiet leben hauptsächlich vom Tourismus, dem Einzelhandel sowie der Landwirtschaft. Spazieren Sie die historische Hauptstraße entlang und entdecken Sie an vielen Stellen Reminiszenzen an die grandiose Geschichte der Stadt. Verlassen Sie die Hauptstraße und bestaunen Sie charmante und gut erhaltene Holzhäuser. Besonders hübsch sind die beiden alten Kirchen *St. James* und *St. Georges*. An jedem Samstagmorgen haben sie die Gelegenheit, den örtlichen Markt am nördlichen Ende der Pollenstreet zu besuchen. Dort werden neben den üblichen Pflanzen und Lebensmitteln auch Kunsthandwerk, Sammlerstücke und Krimskrams angeboten. Besuchen Sie auch die Bio-Käserei Es gibt zwei Stellen von denen aus Sie eine ausgezeichnete Aussicht auf die Stadt haben. Zum einen das nahe dem Goldmine Experience im Norden der Stadt gelegene *War Memorial Monument*, zu dem Sie über die Waiotahi Creek Rd gelangen. Und zum anderen der *Totora Pa*, der im Süden der Stadt an der Te Arapipi Rd liegt, die vom SH25 abzweigt.

(140) WOMO-Wanderplatz: Hotoritori Kauaeranga Valley - DOC Scenic Campsite

GPS: S 37°5'59" E 175°38'4". **WOMOs:** 20
Ausstattung/Lage: Trinkwasser, chemische Toilette / Mitten im Wald.
Preise: Stellplatz 10 NZD pro Erwachsenem, 5 NZD pro Kind.
Zufahrt: Südlich Thames über die Banks St und später die Parawai Rd in die Kauaeranga Valley Rd fahren. Nach 12 km erreichen Sie das DOC Visitor Centre. Hier buchen. Bis zum Campingplatz noch 2,5 km.
Kontakt: Kauaeranga Visitor Centre, Tel. 07 867 9080
Beurteilung: Sehr schöne Stellplätze, ideal zur Erkundung des Kauaeranga Valley. Der 20 minütige Jasper Creek Walk startet hier.

Östlich von *Thames* liegt das bis zur *Coromandel Range* reichende **Kauaeranga Valley**. Sie sollten dieses üppig bewachsene Tal des *Kauaeranga Valley* besuchen. Neben ursprünglicher Natur warten eindrucksvolle Relikte aus der Gold- und Holzfällerzeit, Badepools im Flussbett und einige beschaulich in die Natur eingebettete DOC-Campingplätze auf Sie. Sie fahren vom Zentrum auf dem SH25 nach Süden und biegen links in die Banks St ab und 450 m später rechts in die Parawai Rd, die nach 1,5 km in die Kauaeranga Valley Rd übergeht. Nach 10 km endet der Asphaltbelag. Die letzten 2 km bis zu Ihrer ersten Anlaufstelle, dem DOC Visitor Centre, fahren Sie auf einer Gravel-Road. Im Visitor Centre versorgen Sie sich mit Informations- und Kartenmaterial und buchen den von Ihnen ausgewählten DOC-Campingplatz. Sie können zwischen sieben Plätzen, die jeweils mit Wasser und Toilette ausgestattet sind auswählen (**DOC Visitor-Centre,** GPS: S 37°7'16" E 175°37'47", Tel. 07 867 9080). Im *Kauaeranga Valley warten* 21 Wanderungen auf Sie, wobei Sie zwischen kurzen Spaziergängen, von einer guten Viertelstunde bis hin zu herausfordernden Wanderungen mit Übernachtung wählen können. Direkt hinter dem Visitor Centre startet der kurze **Kahikatea Walk**, der Sie in 10 Minuten zu einem künstlich angelegten Kauri-Damm führt. In der Holzfällerzeit gab es viele derartige Dämme, in denen man Wasser zu kleinen Seen aufstaute. Das Wasser wurde dann auf einen Schlag abgelassen und spülte die zuvor eingebrachten Kauristämme ein Stück weit in das Tal hinab. Ein zweiter kurzer Naturlehrpfad startet 1 km hinter dem DOC Visitor-Centre. Vorbei an mehreren Informationstafeln führt Sie der Pfad zum *Hoffmans Pool*, einem beliebten Platz zum Picknick und zum Schwimmen.

Morgenstimmung an der Kauaeranga Road

Am Ende der Schotterstraße durch das *Kauaeranga Valley*, 8 km hinter dem DOC Visitor-Centre, liegt der letzte von insgesamt sechs DOC-Campingplätzen (Trestle View), die mit dem Womo erreicht werden können. Hier startet der anspruchsvolle und sehr beliebte *The Pinnacles Walk*. Die ganz Fitten laufen an einem Tag hin und zurück, die anderen laufen vier Stunden hin, übernachten in der großen und modernen Pinnacle Hut (beim DOC reservieren) und wandern am darauf folgenden Tag den um das Jahr 1900 von Holzfällern und Goldgräbern angelegten Maultierpfad zurück. Sie werden die Wanderung durch herrlichen Kauri- und Rimu-Wald genießen. Die Pinnacles, die der Wanderung ihren Namen gaben, liegen im Gipfelbereich eines bis zu 759 m hohes Vulkanmassivs.

TOUR N08
Coromandel Forest Park
Thames
Piako River
Maukoro Canel
25
Waitakaruru
Mangatarata
Firth of Thames
10 km
N
Miranda
141
Miranda Hot Springs
Miranda Scenic Reserve
142
Kaiaua
Miranda Shorebird Centre
2
Mangatangi
Hauraki Gulf
Mt Kohukohunui
688 m
Hunua Ranges Regional Park
Orere Point
Kawakawa Bay
143
WC
144
Hunua Falls
Ponui Island
Ness Valley
Kauri Bay
Clevedon
1
Waiheke Island
Maraetai
Ardmore Airport
Papakura
Beachlands
Tamaki Strait
Whitford
E
WC
145
147
Half Moon Bay
Hauraki Gulf
38
20
Auckland International Airport
Auckland
146
Motutapu Island
Rangitoto Island
Mt Victoria
Manukau Harbour
149
148
Waitemata Harbour
16

Tour N08: Auckland - City of Sails

Thames - Miranda - Orere Pt - Clevedon - Auckland - 120 km

Camping:	Miranda, Auckland: Manukau, Remuera Motor Lodge, North Shore, Takapuna Beach
Stellplätze:	Kaiaua, Kawakawa Bay, Half Moon Bay, Hunua Falls
Baden:	Orere Point, Kawakawa Bay, Takapuna, Devonport
Wandern:	Hunua Ranges Regional Park, Auckland: Queen Street, Mt Victoria, Mt Eden Heritage Walk, Coast to Coast Walk, auf den Inseln des Hauraki Gulf Marine Parks
Essen:	Kaiaua Fisheries, Auckland: Drehrestaurant Orbit im Sky Tower, Kermadec Ocean Fresh Rest., Le Garde-Manger

In Tour N08 schließt sich der Kreis der in diesem Buch beschriebenen Touren und Sie kehren zurück nach **Auckland**. Sie verlassen das altehrwürdige *Thames* und überqueren kurz danach die neue zweispurige Kopu Bridge. Die weitere Reise führt Sie durch die **Hauraki Plains** und in **Miranda** treffen Sie auf heiße Quellen. Danach fahren Sie am Westufer der *Firth of Thames* genannten Meeresbucht Richtung Norden. Von Ornithologen wird dieser Küstenabschnitt als hervorragendes Revier zur Beobachtung von See- und Wattvögeln sehr geschätzt. Am *Matingarahi Point* wendet sich die Streckenführung vom *Firth of Thames* ab und verläuft Richtung Westen. Nach 75 km erreichen Sie Aucklands Zentrum, das Sie sich nun genauer anschauen werden.

Sie verlassen Thames über den SH25 und biegen 5 km südlich in **Kopu** rechts ab. Wenig später überqueren Sie den *Waihou River* auf der 580 m langen neuen Kopu Bridge. Der 150 km lange *Waihou River* ist zusammen mit dem benachbarten *Piako River* für das fruchtbare Schwemmland der *Hauraki Plains* verantwortlich, das Sie nun, immer noch auf dem SH25, durchfahren.

Direkt hinter der Brücke können Sie links abbiegen, um die 6 km entfernte **Piako Ostrich Farm** zu besuchen. In der Straußenfarm finden Sie alle Informationen zu den größten Vögeln der Erde (311 Piako Rd, Turua, Tel. 07 867

Wattzone am Firth of Thames

Hot Pool im Miranda Holiday Park

5326, www.ostrich-farm.co.nz, tgl. 9.30 - 16 Uhr, im Juli geschlossen). 10 km hinter der Brücke bietet sich für Familien ein 7 km Abstecher nach **Ngatea** in die **Ngatea Water Gardens** (Bratlie Place, Ngatea, Tel. 07 867 7275, Sonntag bis Donnerstag 10 bis 17 Uhr) an. Dort wartet ein 5 ha großer Garten mit Brücken, Wasserfällen, Wasserrädern und magischen Brunnen auf Sie.

18 km hinter Kopu biegen Sie rechts in die Front Miranda Rd ein und erreichen nach 6 km das Thermal-Bad **Miranda Hot Springs**. Nebenan können Sie im Miranda Holiday Park übernachten und in dessen Thermalpool kostenlose Bäder nehmen.

(141) WOMO-Campingplatz-Tipp: Miranda Holiday Park

GPS: S 37°12'25" E 175°19'55". **WOMOs:** 60 mit Stromanschluss

Ausstattung/Lage: Spielplatz, großzügiger, wunderschöner Thermalpool / Liegt etwas von der Straße ins Hinterland abgerückt, von Feldern umgeben.

Preise: Stellplatz mit Strom 23 NZD pro Person.

Zufahrt: In Waitakaruru Richtung Miranda fahren, ausgeschildert.

Kontakt: 595 Front Miranda Rd, Waitakaruru, Tel. 0800 833 144, www.mirandaholidaypark.co.nz

Beurteilung: Dieser belebte Holiday Park hat schön gestaltete Stellplätze und einen wunderschönen heißen Mineralpool, der abends bis 22 Uhr genutzt werden kann. Herrlich beleuchtet, toll !!!

Nördlich von Miranda liegt an der Straße, 283 East Coast Rd, das **Miranda Shorebird Centre**. Die Wattzonen am Firth of Thames sind Winterquartiere für viele arktische Wandervögel wie Regenpfeifer, Flussuferläufer, Zwergstrandläufer, Brachvogel und Steinwälzer. Sie kommen von Alaska, der Mongolei oder Sibirien und haben eine Flugstrecke von ca. 15.000 km hinter sich. Von April bis August sind riesige Schwärme des Schiefschnabel- Regenpfeifers zu sehen. Das *Shorebird Centre* gibt alle benötigten Informationen, benennt die besten Beobachtungsplätze und verleiht Ferngläser, für ornithologisch

Interessierte ein absolutes Muss. Nun wird verständlich, warum die gesamte windreiche Westküste des *Firth of Thames* den Namen **Seabird Coast** trägt.

(142) WOMO-Stellplatz: Kaiaua - Rays Rest Camping

GPS: S 37°8'50" E 175°18'18".
Max. WOMOs: 30
Ausstattung/Lage: Nichts / Unweit der Straße, direkt am Strand.
Zufahrt: Genau zwischen Miranda und Kaiaua, nicht zu übersehen. Tel. 0800 734 834
Beurteilung: Sehr schöne Stelle. Sie verbringen die Nacht direkt am Ufer des vogelreichen Firth of Thames
Hinweis: Campingzeiten zwischen 18 Uhr und 10 Uhr, maximal 2 Nächte.

Den mehrfachen Sieger für die besten „Fish and Chips" des Landes treffen Sie 4 km nördlich in Kaiaua. Im **Kaiaua Fisheries** können Sie im Restaurant zwischen verschiedenen Fischgerichten auswählen oder auch eine Portion „Fish and Chips", ganz klassisch in Zeitungspapier eingewickelt, mit nehmen (939 East Coast Rd, Tel. 09 232 2776). 13 km hinter Kaiaua verlässt die Straße am *Matingarahi Point* die Küste, die sie erst 16 km später an der *Kawakawa Bay* wieder erreicht. Unterwegs zweigt eine kleine Stichstraße zum **Orere Point** (netter Campingplatz mit viel Platz, www.orerepointholidaypark.co.nz) ab. 9 km hinter Kawakawa erreichen Sie **Clevedon**. Jeden Sonntag können Sie hier zwischen 8.30 und 12 Uhr den *Clevedon Village Farmers Market* besuchen.

(143) WOMO-Picknickplatz: Kawakawa Bay

GPS: S 36°56'55" E 175°9'57".
Max. WOMOs: 4
Ausstattung/Lage: Toilette, Picknicktische, Spielplatz / An der Kawakawa Bay. **Zufahrt:** An der Kawakawa Road ausgeschildert.
Beurteilung: Am schönsten stehen Sie neben einem der Picknicktische auf Gras. Toller Übernachtungsplatz mit Blick auf Pakihi Island.

Die Hügelkette, die Sie an der Küste umfahren haben, war die sanft geformte **Hunua Range**, Aucklands Wasser-Reservoire. In vier Stauseen, dem *Cosseys-*, *Wairoa-*, *Mangatangi-* und *Mangatawhiri-Reservoir,* wird der jährliche Niederschlag von 2.300 mm gespeichert. Im *Hunua Ranges Regional Park* gibt es ein dichtes Netz von Wanderwegen, über das Sie sich im *Hunua Ranges Park Visitor Centre* informieren können.

Blick auf die Hunua Falls

Hunua liegt 12 km südlich **Clevedon**. Nicht weit entfernt finden Sie die spektakulären 30 m hohen **Hunua Falls** und einen Übernachtungsplatz. Es gibt einen kurzen Weg zum Picknickareal am Fuße des Wasserfalls und einen längeren Rundweg zu einem Aussichtspunkt für einen herrlichen Blick auf die Gicht versprühenden Wasserfälle.

(144) WOMO-Wanderplatz: Hunua Falls Regional Park

GPS: S 36°52'48" E 174°54'8". **Max. WOMOs:** 10
Ausstattung/Lage: Toilette / Wiese hinter dem Parkplatz.
Preise: Stellplatz für zwei Personen 20 NZD.
Zufahrt: Von Clevedon aus fahren Sie 12 km auf der Monument Rd Richtung Süden und biegen dann wie ausgeschildert links ab.
Kontakt: Auckland Council, Tel. 09 301 0101 0, http://regionalparks.aucklandcouncil.govt.nz
Hinweise: Maximal 2 Nächte. Buchung online oder per Telefon, Zahlung über Kreditkarte.
Beurteilung: Toller ruhiger Platz im Grünen, Schranke wird nachts geschlossen. Sie hören das Rauschen des den Wasserfalls.

Im schnell wachsenden Ballungsraum **Auckland**, der sich aus den bis 2010 eigenständigen *Auckland City, North Shore, Waitakere* und *Manukau* zusammensetzt, leben rund 1,4 Millionen Menschen. Die Landenge zwischen dem Pazifischen Ozean und der Tasmanischen See ist an der im Herzen Aucklands gelegenen engsten Stelle weniger als zwei Kilometer breit. Auf beiden Seiten bestimmen große Naturhäfen das Stadtbild, der **Waitemata Harbour** und der **Hauraki Gulf** Richtung Pazifik und der **Manukau Harbour** zur Tasmanischen See hin. Die stark befahrene *Auckland Harbour Bridge* ist eine enorm wichtige Verkehrsader über den Hauraki Gulf und verbindet North Shore (250.000 Einwohner) mit dem Stadtzentrum. Neben diesen maritimen Gegebenheiten wird das landschaftliche Bild Aucklands von 48 erloschenen Vulkanen geprägt, von denen

Auckland Downtown

Mount Eden, Mount Victoria und **One Tree Hill** wegen ihrer zentralen Lage besonders hervorzuheben sind. Ein weiterer Reiz der einzigartigen Topographie Aucklands sind die unzähligen in der Tasmansee und im Pazifik verstreuten Inseln, Halbinseln und Landengen, die mit etwas Glück bereits beim Landanflug zu beobachten sind. Zahlreiche geschützte Meeresbuchten beherbergen unzählige Segelboote, was der Stadt den Beinamen **City of Sails** einbrachte. Nachdem 1995 und 2000 das Team Neuseeland mit dem Skipper *Russell Coutts* zweimal den *Americas Cup* gewonnen und damit die Kiwis in einen kollektiven Freudentaumel versetzt hatte, wurde Segeln immer beliebter und ist heute unangefochtener Freizeitsport Nummer eins.

In Auckland reihen sich vielfältige Sport und Freizeitmöglichkeiten aneinander und neben dem Kulturleben in der Großstadt bietet sie großartige Naturerlebnisse an ihrer Peripherie, urwüchsige Regenwälder und viele Sandstrände. So überrascht es nicht, dass Auckland gemeinsam mit Vancouver nach einer im Mai 2010 veröffentlichten Untersuchung der Beratungsgesellschaft Mercer hinter Wien, Zürich und Genf auf Platz vier der lebenswertesten Städte der Welt liegt. Mit dem Attribut Hauptstadt darf sich Auckland dennoch nicht schmücken. Diesen Status musste man auf politischen Druck

Auckland Harbour Bridge

Ferry Building

der Südinsel 1856 zähneknirschend an das zentraler gelegene Wellington abgeben. Auckland breitet sich über eine enorme Fläche von ca. 5.000 km² aus. Vom relativ kleinen Stadtzentrum mit seinen Hochhäusern abgesehen, ist die größte Stadt

(145) WOMO-Campingplatz-Tipp: Manukau TOP 10 HP
GPS: S 37°0'27" E 174°53'24". **WOMOs:** 40 mit Stromanschluss.
Ausstattung/Lage: Spielplatz / Im Stadtteil Manukau, 13 km vom Airport und 24 km südöstlich von Aucklands Zentrum.
Preise: Stellplatz mit Strom für zwei Personen 52 NZD.,
Zufahrt: 24 km südöstlich von Aucklands Zentrum, nahe dem SH1.
Kontakt: 902 Great South Rd, Manukau, Auckland, Tel. 09 266 8016, www.manukautop10.co.nz
Beurteilung: Sehr nahe am Airport, dafür 1 h Busfahrt bis Downtown. Schöne Anlage, allerdings nicht brandneu.

Neuseelands eine ausgedehnte Ansiedlung von Einfamilienhäusern und damit weltweit eine der am dünnsten besiedelten Großstädte. Die Bewohner Aucklands weisen eine bemerkenswerte ethnische Vielfalt auf, die Kulturen Europas, Asiens und Polynesiens sind hier zu Hause. Der in jüngerer Zeit stetig ansteigende Anteil der Asiaten betrug im Jahr 2010 etwa 14%, ebenso der Anteil der Menschen, die von den Pazifischen Inseln stammen. Letztere machen Auckland zusammen mit den Maori zur größten polynesischen Stadt der Erde. Der polynesische Einfluss ist traditionell auf einige wenige Stadtgebiete begrenzt, entfaltet sich

Britomart Transport Centre (vorne)

Blick auf Rangitoto Island

aber in jüngerer Zeit immer mehr und ist insbesondere in der Kunst überall deutlich spürbar.

Auch klimatisch ist Auckland, mit über das Jahr hinweg gesehen geringen Temperaturschwankungen bestens ausgestattet. Milden Wintern mit durchschnittlich 15°C folgen lange warme Sommer mit angenehmen Temperaturen, die selten über 35°C liegen. Der durchschnittliche Jahresniederschlag beläuft sich auf etwa 1.200 mm. Im Folgenden werden einige wenige der zahlreichen Aktivitäten vorgestellt, die diese multikulturelle Großstadt dem Besucher bietet:

Aucklands Zentrum an der Waterfront wird beherrscht von dem markanten **Ferry Building**, das der Architekt *Alex Wiseman* 1912 im Stil des englischen Barock anlegen ließ. Es liegt gegenüber vom *Britomart Transport Centre*, dem Verkehrszentrum für lokale Busse und Züge, am unteren Ende der Queen Street. Das Ferry Building ist das quirlige Zentrum des Fährverkehrs und der Hafenrundfahrten im *Waitemata Harbour.* Es gewinnt seinen außergewöhnlichen Reiz aus seiner exponierten Lage und seiner lebhaften Nutzung durch Touristen und einheimische Pendler. An diesem Ort ist immer Leben, es herrscht ein ständiges Kommen und Gehen vor. Vom Ferry Building aus hat man einen wunderbaren Blick auf die Vulkaninsel *Rangitoto*, *Devonport* mit dem *Mount Victoria*, die Harbour Bridge und den Yacht-

Delfine im Hauraki Gulf

Blick von Rangitoto Island

hafen. Neben dem zentralen Reisebüro der Fährgesellschaft Fullers ist im Gebäude auch das Hauptbüro des Department of Conservation untergebracht.

(146) WOMO-Campingplatz-Tipp: Remuera Motor Lodge

GPS: S 36°52'55" E 174°48'46". **WOMOs:** 45 mit Stromanschluss
Ausstattung/Lage: Großer Pool / In Aucklands Stadtteil Remuera.

Preise: Stellplatz für zwei Personen mit Strom 45 NZD. Dusche frei.
Zufahrt: Vom SH1 in die Green LN einbiegen (2 km). Schilder beachten.
Kontakt: 16 Minto Road, Remuera, Auckland Tel. 0508 244 244, www.remueramotorlodge.co.nz
Beurteilung: Sauberer Platz. Zufahrt etwas versteckt. Verschiedene Busse bringen Sie in 30 Minuten in die City.

Sie sollten Auckland nicht verlassen, ohne eine Ausflug in den **Hauraki Gulf** unternommen zu haben. Im **Hauraki Gulf Maritime Park** liegen 47 Inseln, von denen wir Ihnen einige vorstellen. Weitere Informationen liefert Ihnen die überall erhältliche gleichnamige Broschüre.

Auf **Rangitoto** Island liegt Neuseelands jüngster Vulkan, der vor 600 bis 700 Jahren in einem Ausbruch die Insel über die Meeresoberfläche hob und einige hundert Jahre aktiv blieb. Ein ca. 4 km langer Weg führt auf seinen 260 m hohen Gipfel, der an klaren Tagen eine fantastische Sicht auf den *Hauraki Gulf* und auf *Auckland* bietet. Der Aufstieg zum Gipfel des Vulkans führt an Neuseelands größten Pohutukawa-Wald vorbei.

Viaduct Harbour

Der Anblick der im Sommer in leuchtendem Rot blühenden "Neuseeländischen Weihnachtsbäume" ist sehr eindrucksvoll. Für jene, die nicht gerne in der sommerlichen Hitze wandern, gibt es einen kleinen Traktor mit Anhänger, der über holprige Schotterwege fast bis zum Gipfel fährt.

Ein weiteres Highlight der Inselwelt ist das einzigartige Naturreservat **Tiritiri Matangi Island**. Nach der einstündigen Fährüberfahrt mit 360 Discovery Cruises erreicht man die zur offenen Schutzzone erklärte Insel. Man kann sich frei auf der Insel bewegen, aber auch eine von DOC-Rangern angebotene Führung in Anspruch nehmen. Auf der einst im Ackerbau genutzten Insel wurden mehr als 300.000 einheimische Bäume gepflanzt. Die von Raubtieren freie Insel ist heute ein ideales Vogelschutzgebiet. Elf bedrohte Vogelarten, darunter auch der besonders seltene Takahe, fühlen sich heute auf Tiritiri Matangi Island zu Hause.

Ausflugs-Traktor zum Rongitoto

Nur 35 Minuten dauert die Überfahrt von Auckland nach **Waiheke Island**. Auch diese, von 5.000 Menschen bewohnte Insel, hat sich in unmittelbarer Nähe des urbanen Lebens ihren Südseecharme bewahrt: Grüne Hügel, weiße Sandstrände und türkisfarbene Lagunen laden zum Wandern, Radeln, Baden oder Segeln ein. Zu allem Überfluss gedeiht auf Waiheke Island auch noch einer der besten Rotweine Neuseelands. Zögern Sie nicht sich die Insel anzuschauen.

Ecke Queen Street / Victoria Street

Die 88 Kilometer nordöstlich von Auckland gelegene **Great Barrier Island** ist durch seine schönen Strände, phantastischen Schnorchel- und Tauchmöglichkeiten und viele reizvolle Wanderwege bekannt. Wege von insgesamt mehr als100 km erstrecken sich über diese schöne, abgeschiedene Idylle. Wegen seiner vielfältigen Möglichkeiten und relativ großen Entfernung zu Auckland, empfiehlt es sich eine Übernachtung einzuplanen, die rechtzeitig gebucht werden sollte. Mit Great Barrier Airlines können Sie von Auckland und von North Shore in einer halben Stunde nach Great Barrier Island fliegen.

Davonport

Devonport ist ein auf der Nordseite des Waitemata Harbour auf einer Halbinsel gelegener kleiner und charmanter Ort, der zum North Shore gehört. Während man Devonport vom Ferry Building aus in 12 Minuten mit der Fähre erreichen kann, muss man mit dem Auto einen zeitaufwendigen ca. 16 km langen Umweg über die Harbour Bridge in Kauf nehmen. Der Reiz Devonports geht von seinen gepflegten viktorianischen Holzhäusern und Villen aus. Seine Blumenpracht, Gärten und Nikau-Palmen verleihen dem Ort das Flair eines malerischen Seebades. Unweit der Anlegestelle liegt das im Victorianischen Stil erbaute Esplanade Hotel und genau hier beginnt die Victoria Road. Entlang der Victoria Road, der Hauptgeschäftstraße Devonports, die vielleicht besser als Shopping- und Flaniermeile bezeichnet werden sollte, findet man kleine Cafés, interessante

Parnell

Blick vom Sky Tower zum Hauraki Gulf

Galerien sowie gut sortierte Buchläden und Antiquariate. Am Ende der Victoria Road beginnt der steile Anstieg zum **Mount Victoria**, dessen beide kegelförmigen Hügel vulkanischen Ursprungs sind. Sie waren früher von Maoris bewohnt, die auf dem Gipfel eines ihrer Wehrdörfer errichteten. Die von den Maori angelegten Terrassen sind noch heute zu sehen. Obwohl der größere der beiden Vulkankegel gerade mal 87 m hoch ist, bietet er einen ungehinderten Panoramablick in alle Richtungen, der unseres Erachtens nach wirklich umwerfend ist und das Attribut „atemberaubend" 100 prozentig verdient. Besuchen Sie auch den 1 km östlich gelegenen Vulkankegel North Head

(147) WOMO-Stellplatz: Half Moon Bay Marina

GPS: S 36°52'48" E 174°54'8". **WOMOs:** 4 mit Stromanschluss
Ausstattung/Lage: Toilette, Wasser, Müllcontainer, Entsorgungsstation / Yachthafen.

Preise: Stellplatz für zwei Personen mit Strom 25 NZD. Dusche frei.
Zufahrt: Vom SH1 in die Green LN einbiegen (2 km). Schilder beachten.
Kontakt: 50 Argo Drive, Auckland Tel. 09 533139 (1 drücken), www.hmbmarina.co.nz
Hinweise: Maximale Länge 8 m. Maximal 2 Nächte (verhandelbar). Restaurants und Supermarkt sind ebenso direkt nebenan, wie die Anlegestellen der Fähren in die Stadt und nach Waiheke Island. Telefonisch anmelden oder bei Ankunft am Tower melden.
Beurteilung: Wohnmobilstellplätze auf Asphalt auf dem Gelände des Yachtclubs. Die Plätze werden rund um die Uhr bewacht (Mobile: 021 867 728).

Sie können Auckland City durchaus zu Fuß erkunden. Der **Mt Eden Heritage Walk** und der **Coast to Coast Walkway** sind zwei der vielen Möglichkeiten. Infos erhalten Sie in der

Auckland Museum

i-Site am Viaduct Harbour. Der **Viaduct Harbour** ist ausgesprochen betriebsam und sehenswert. Von den vielen Cafés und Restaurants sei das **Kermadec Ocean Fresh Restaurant** (Viaduct Harbour Level 1/204 Quay St, Tel. 09 304 0454) hervorgehoben. Daneben stehen Ihnen zwei Möglichkeiten zur Verfügung, die im Folgenden beschriebenen Attraktionen kennen zu lernen. Zum einen der **Explorer Bus**, der am Ferry Terminal startet und 14 Haltepunkte hat, an denen Sie ein- und aussteigen können. Alternativ dazu können Sie sich für 16 NZD (Juli 2014) ein Tagesticket kaufen (*Discovery Pass*), das für alle öffentlichen Verkehrsmittel einschließlich der Fähre nach Devonport gilt. Empfehlenswert ist der **inner Link Bus**, der je nach Tageszeit alle 10 oder 15 Minuten fährt und in ca. 1,5 h eine große Schleife um Aucklands Zentrum zurück legt (www.linkbus.co.nz). Der Link Bus hält auch in den trendy Stadtteilen **Parnell** und **Ponsonby**. Parnell gilt als schick und teuer, Ponsonby als angesagt.

Aucklands betriebsame Hauptgeschäftstraße **Queen Street** beginnt am *Britomart Transport Centre* und verläuft meist gerade bergauf in einer südwestlichen Richtung bis zur Karangahape Rd. Es ist empfehlenswert die gesamte Strecke von ca. 2 km entlang zu schlendern, denn es wird viel Abwechslung geboten auf der einstigen Prachtstraße, die einen reizvollen Kontrast zwischen modernsten Glashochhäusern und gut erhaltenen Bauten aus der Zeit um 1900 bietet. Am oberen Ende der Queen St mit ihren zahlreichen Sakralbauwerken wird dieser Gegensatz durch den alten Myers Kindergarten und das benachbarte moderne Verwaltungszentrum ausgedrückt. Ebenfalls am oberen Ende der Queen St liegt der „Aotea Square", auf dem fliegende Händler und Marktbuden ihre Waren feilbieten. Im **Le Garde-Manger** (466 Queen St, Tel. 09 362 0655) bekommen Sie gute französische Küche geboten. Aucklands Hauptschlagader beherbergt trendige Edelbouti-

Blick vom Mount Eden

quen, Textil-Discounter, Buchläden, Sushi Shops, Internetcafés, Spielhallen und Kinos. Sehr in Mode sind Passagen und Arkaden, von denen die „Queens Arcade" und die 100 Jahre alte „The Strand Arcade" hervorzuheben sind.

Der 1997 eröffnete **Sky Tower** ist mit 328 m Höhe das höchste Gebäude auf der ganzen südlichen Halbkugel. Seine Aussichtsplattformen bieten spektakuläre Ausblicke auf Auckland und die herrliche Umgebung. Gläserne Aufzüge bringen die Gäste in einer 40 Sekunden dauernden rasanten Fahrt zur 182 m hoch gelegenen ersten Station. Dort befindet sich ein Café, die *Sky Lounge*. Das 4 m höher gelegene Main Observation Deck ermöglicht durch in den Boden eingelassene dicke Glasscheiben Blicke in die Tiefe. Man kann die Glasscheiben auch betreten, was sicherlich nicht jedermanns Sache ist. In einer Höhe von 194 m befindet sich das **Drehrestaurant Orbit**, das sich in einer Stunde um die eigene Achse dreht. Nehmen Sie hier ein Lunch oder Dinner ein. Essen und Service sind ausgesprochen gut und im Preis angemessen. Für Gäste des Restaurants ist die Benutzung des Aufzuges frei.

Das **Auckland Museum** ist in einem beeindruckenden neoklassizistischen Bau über drei Stockwerke untergebracht. Das wuchtige Gebäude mit Säulenportal befindet sich im oberen Bereich der *Auckland Domain* - der größten zentrumsnahen Grünanlage - und bietet einen schönen Ausblick auf Aucklands Zentrum und den *Waitemata Harbour*. Das Erdgeschoss ist weitgehend von dem großen Saal „He Taonga Maori" eingenommen, in dem in eindrucksvoller Fülle und Intensität Maori-Geschichte, -Kultur und -Kunst präsentiert wird. Die kleineren Säle im Erdgeschoß sind der Lebensform und Kunst der Völker des Pazifik-Raumes gewidmet. Im ersten Stock wird die Naturgeschichte Neuseelands präsentiert. Neben der gefährdeten Tier- und Pflanzenwelt des Landes wird auch das Leben in den Ozeanen gezeigt. Auch ein Fossil des ausgestorbenen Riesen-

Blick auf Auckland Downtown

vogels Moa kann hier bewundert werden. Sehr eindrucksvoll ist die Darstellung der geologischen Entstehungsgeschichte Neuseelands und das Aufzeigen der Implikationen der Plattentektonik für die Zukunft des Landes. Der zweite Stock ist Neuseelands Militärgeschichte gewidmet.

(148) WOMO-Campingplatz-Tipp:
Auckland North Shore Motels & Holiday Park

GPS: S 36°47'36" E 174°44'46". **WOMOs:** 40 mit Stromanschluss
Ausstattung/Lage: Spielplatz, Pool, Spa / Im nördlichen Stadtteil Northcote, Restaurants sind in der Nähe.

Preise: Stellplatz mit Strom 22 NZD pro Person.
Zufahrt: Vom Zentrum aus die Harbour Bridge überqueren. Am Exit *419 Northcote Rd* links in die Northcote Rd einbiegen, nach 700 m links.
Kontakt: 52 Northcote Rd, Auckland, Tel. 09 418 2578, www.top10.co.nz
Beurteilung: Sauberer, enger Platz, ideal als Ausgangspunkt für Ausflüge nach Auckland per Bus oder für die Weiterfahrt gen Norden.

Etwa drei Kilometer südwestlich des Museums befindet sich der 196 m hohe **Mount Eden**, der höchste der zahlreichen Vulkankrater auf Aucklands Stadtgebiet. Sein Gipfel beherbergt Überreste eines sehr alten *Maori-Pa* und bietet die sicherlich schönste Aussicht über die Stadt. Der mit Gras bewachsene recht steile Krater ist 50 m tief. Ihn hinunter zu wandern ist derzeit nicht mehr erlaubt.

Viaduct Harbour

Der **Albert Park** ist sehr zentral gelegen und kann über die City schnell erreicht werden. Entsprechend ist diese grüne Oase bei Bankern, Verkäufern und anderen Geschäftsleuten als Ort für ihre Mittagspause sehr beliebt. Der Park im viktorianischen Stil hat einen tollen Baumbestand und zieht sich den Hügel hinauf bis zur Universität. Er zeigt eine Bronzestatue von *Königin Victoria* und verfügt in seinem Südteil über einen Konzertpavillon. Am südwestlichen Ende des Parks ist die Auckland **Art Gallery Toi o Tamaki** anzutreffen, die vor ihren Toren mit einigen Exponaten auf sich aufmerksam macht, darunter *George Rickeys* „Double L Gyratory“ (1984) aus rostfreiem Stahl und *Neil Dawsons* monumentale, halbkreisförmige „Throwback“-Skulptur.

(149) WOMO-Campingplatz-Tipp: Takapuna Beach HP

GPS: S 36°47'3" E 174°46'31". **WOMOs:** 40 mit Stromanschluss
Ausstattung/Lage: Spielplatz / Im nördlichen Stadtteil North Shore direkt an der Küste mit weißem Sandstrand gelegen. Nur 350 m vom Zentrum Takapunas mit Cafés und Restaurants entfernt. Den Sonnenaufgang sehen Sie direkt über dem nahen Rangitoto Island.
Preise: Direkt am Strand 45 (sonst 40) NZD für zwei Personen.
Zufahrt: Vom Zentrum aus die Harbour Bridge überqueren, am Exit 420 Richtung National Route 26 fahren, dieser 3 km folgen (im Kreisverkehr erste Ausfahrt), dann rechts in die Straße *The Promenade* abbiegen.
Kontakt: 22 The Promenade, Takapuna, Auckland, Tel. 09 489 7909, www.takapunabeachholidaypark.co.nz
Beurteilung: Toll gelegener Platz mit Grasplätzen und Bäumen. Um nach Auckland zu gelangen gehen Sie zur nahen Bushaltestelle und können dann entweder direkt ins Zentrum fahren, oder zunächst zum Fähranleger in Devonport und dann mit der Hafenfähre übersetzen.

TOUR N09
Rotorua
Lake Tarawera
Lake Maraetai
30
Waimangu
Lake Rotomahana
32
Waikite Valley
10
Lake Whakamaru
Lake Ohakuri
Wai O Tapu
WC 09
Orakei Korako The Hidden Valley
08
1
07
Waikato River
5
38
Wairakei
Aratiatia Rapids
WC 06
Huka Falls
05
03
Taupo
Rangitaiki River
04 WC
Lake Taupo
Opepe Bush Scenic & Historic Reserve
1
Whirinaki Forest Park
5
Kaimanawa Forest Park
Otumakiore
1112 m
Waipunga Falls
02 WC
Tarawera Hot Springs
Tataarakina
1130 m
Te Matai
1235 m
Mohaka River
Taraponui
1308 m
Kaweka Forest Park
Te Waka
1021 m
2
01
Lake Tutira
Esk Valley
N
20 km
Napier

Tour N09: Thermal Explorer Highway

Napier - Taupo - Rotorua - 220 km (ohne Hidden Valley)

Stellplätze:	Esk Forest Picnic Area, Tarawera Café; Five Mile Bay, Taupo Ferry Road, Reids Farm, Vaile Road Reserve, Hidden Valley - Orakei Korako, Waikite Valley Thermal Pools
Camping:	Taupo DeBretts, Golden Springs Thermal Holiday Park
Baden:	Taupo DeBretts, Reids Farm, Waikite Valley Thermal Pools
Wandern:	Tarawera Hot Springs, Huka Falls Walk, Opepe Historic Reserve, Diverse Rundwege in den Thermalgebieten.
Essen:	Taupo: Plateau, Huka Prawn Park Riverside Restaurant

In Tour N09 folgen Sie dem Thermal Explorer Highway von Napier bis Rotorua. Zunächst führt Sie der Weg durch Weinplantagen des Esk Valley und nach Überquerung der Maungaharuru Range hinab zum größten See Neuseelands, Lake Taupo. Hier haben Sie die Gelegenheit, sich den See und seine Umgebung aus beachtlicher Höhe bei einem Sky Diving anzuschauen. Wir empfehlen Ihnen einen besinnlichen Bootsausflug zu den faszinierenden Felszeichnungen der Maori. Nördlich des Sees werden Sie überrascht von den schäumenden Wassermassen der Huka Falls. Auf der Weiterfahrt nach Rotorua bieten sich Ihnen die geothermalen Attraktionen dicht auf dicht: farbenprächtige vulkanische Thermalquellen, Wasserfontänen von Geysiren und blubbernde Schlammlöcher.

(150) WOMO-Picknickplatz: Esk Forest Picnic Area

GPS: S 39°15'17" E 176°41'44".
Max. WOMOs: 10
Ausstattung/Lage: Wasser, Unterstand / Geschützter Picknickplatz am SH5, von Bäumen umgeben.
Zufahrt: Von Napier kommend nach 45 km rechts in die Ohurakura Road einbiegen. Einfahrt nach 150 m links (zweite Einfahrt nehmen).
Kontakt: Hastings District Council, Tel. 06 871 5000
Beurteilung: Suchen Sie sich einen schönen Platz. Der Unterstand ist oft verschmutzt. **Hinweis:** Kein Feuer erlaubt. Gegenüber liegt ein Golfplatz.

Sie verlassen Napier über den SH2 Richtung Norden und biegen kurz hinter Bay View links auf den SH5 ab, der auf seinem Weg nach Taupo alten Maori Pfaden folgt. Der Thermal Explorer Highway leitet Sie an Obstgärten sowie Weinplantagen und Winerys des Esk Valleys vorbei in eine hügelige Berg-

Waipunga Falls

landschaft, in der Viehwirtschaft vorherrscht. Nach Überquerung des zur Maungaharuru Range gehörenden 736 m hohen Titiokura Saddle fahren Sie durch dichte Waldgebiete und überqueren bald den Mohaka River, der von steilen Felswänden gesäumt wird. Auf halber Strecke nach Taupo haben Sie die Wahl, im Tarawera Café eine Rast einzulegen und bei Bedarf auch frei zu übernachten. Vom Parkplatz aus führt ein holpriger Pfad in ca. 15 Minuten zu den Pools der **Tarawera Hot Springs**. Auf der Weiterfahrt passieren Sie das Opoto Scenic Reserve und bald zeigt rechts ein unscheinbares Schild zu einem Lookout, von dem aus Sie die über 30 m hohen Waipunga Falls bewundern können. Achtung, das Zufahrtsschild zum Waterfall Viewpoint ist leicht zu übersehen (GPS: S 38°57'20" E 176°31'18"). Von dem Aussichtsplatz blicken Sie auf die eindrucksvollen Wasserfälle und das dahinter liegende weite grüne Tal des Waipunga River hinab. Übernachten ist auf dem Platz nicht verboten.

(151) WOMO-Stellplatz: Tarawera Café

GPS: S 39°1'35" E 176°34'23". **Max. WOMOs:** 10
Ausstattung/Lage: Toilette, Wasser / Schotterparkplatz am Café.
Zufahrt: Auf halber Strecke zwischen Napier und Taupo am SH5.
Kontakt: Jim Andrew & Marie Buckley, Tel. 06 834 9755
Beurteilung: Guter Platz für eine Nacht.

Der SH5 überquert 15 km hinter den Falls den Rangitaiki River und verläuft dann durch den Kaingaroa State Forest, das weltweit größte forstwirtschaftlich genutzte Waldgebiet. „Angebaut" werden hier vor 100 Jahren aus Kalifornien importierte Monterey Pinien, die durch erfolgreiche Züchtung und die milden Neuseeländischen Winter heute dreimal so schnell wachsen wie in ihrer Heimat. Die „Ernte" des Nutzwaldes wird radikal eingefahren, ohne auf optische Befindlichkeiten Rücksicht zu nehmen. Am Wegesrand werden Sie riesige, abgeholzte Flächen sehen, auf denen auch große Mengen von Totholz herum liegt, das bei der Durchforstung keine Verwendung fand. Die wertvolleren Baumstämme werden in zahllosen Holzlastwagen in den Hafen nach Napier verfrachtet. Eine gewisse Vorsicht ist geboten, denn die *Logging Trucks* biegen aus teilweise schwer einsehbaren Einfahrten auf den Highway ab. Sind Sie an Geschichte interessiert? Dann verpassen sie nicht das 17 km vor Taupo gelegene Opepe Historic Reserve Besorgen Sie sich auch die kostenlose Broschüre Napier Taupo Heritage Trail.

Taupo DeBretts Hot Pools

Wenn Sie den SH5 Richtung See fahren, finden Sie rechts den Family Holiday Park DeBretts mit Hot Pools. Taupo ist Campern wohl gesonnen: Direkt am See liegen auf der linken Seite die freien Übernachtungsplätze der Five Mile Bay. Im Zentrum Taupos und ebenfalls am Seeufer gelegen finden Sie freie Stellplätze in der Ferry Road.

(152) WOMO-Campingplatz-Tipp: Taupo DeBretts Spa Resort Holiday Park

GPS: S 38°42'10" E 176°5'55". **WOMOs:** 75 mit Stromanschluss.
Ausstattung/Lage: Spielplatz / Auf einem Hügel am SH5, 1,5 km oberhalb Lake Taupo. Zwischen Hilton und den Hot Mineral Pools.
Preise: Stellplatz mit Strom 24 NZD pro Person.
Zufahrt: Am SH5, 1,5 km vom See entfernt.
Kontakt: 76 Napier Taupo Highway, SH 5, Taupo, Tel. 07 378 8559, www.taupodebretts.co.nz
Beurteilung: Schöne grüne Stellplätze, teilweise durch Hecken gegeneinander abgegrenzt. **Freies Wifi**. Ein Restaurant ist gleich nebenan. Die Benutzung der Hot Pools kostet die Hälfte des Normalpreises.

(153) WOMO-Stellplatz: Taupo – Five Mile Bay

GPS: S 38°44'43" E 176°4'12". **Max. WOMOs:** 15
Ausstattung/Lage: Toilette / Am Ufer des Lake Taupo.
Zufahrt: 11 km südlich Taupo Zentrum, 300m vom SH1.
Kontakt: DOC Freedom Camping, Tel. 07 378 3885.
Beurteilung: Wunderschöner Platz direkt am See, mit tollem Blick auf die Berge. Eventuell fallen Ihnen Sky Diver direkt vor die Nase. Maximal vier Nächte.

Die Stadt liegt malerisch am Ufer des Sees, ihre Uferpromenade ist von zahlreichen Straßen Cafés gesäumt, von denen aus man bei schönem Wetter über den Lake Taupo bis zum Tongariro Vulkanplateau blicken kann. Am Ufer laden einige lange Sandstrände mit unterschiedlich großen Bimssteinen und einer Wassertemperatur von 16 - 20 °C zum Baden, Kanu fahren, Paddeln, Segeln, Wasserskifahren und anderen Wasseraktivitäten ein. Das gut erschlossene östliche Ufer wird von zahlreiche Hotels, Motels, B&B, Backpackers, Holiday Parks und Campingplätzen gesäumt, während das westliche Ufer landschaftlich geprägt ist. Grüne Weiden mit Kühen und Schafen beherrschen die Szenerie. Lohnende kleine Ausflüge führen in die Acacia Bay und nach Kinloch. Die Stadt Taupo bietet dem Aktivitätshungrigen Jetboating, Wildwasserrafting, Bungeejumping, Wasserski und Ski Diving. Wer es lieber ruhiger angehen lässt, genießt den Ausblick auf den blauen See und den atemberaubenden Fernblick auf die schneebedeckten Gipfel der Vulkane des Tongariro National Parks, oder fährt mit dem Ausflugsboot zu den Felszeichnungen der Maori an den Klippen der Mine Bay, die nur über das Wasser erreichbar sind.

(154) WOMO-Stellplatz: Taupo Zentral - Ferry Road

GPS:
S 38°41'18" E 176°4'1".
Max. WOMOs: 20
Ausstattung/Lage:
Nichts / Zentraler Parkplatz am See.
Zufahrt: 3 Ferry Road, nahe Taupo Domain und Waikato River.
Beurteilung: Gut für eine Nacht. Maximal zwei sind erlaubt.

Die Bootsausflüge werden von verschiedenen Unternehmen angeboten. Sie können per Segeljacht, Dampfschiff oder Motorjacht zu den Felsgravuren gelangen. Alle Touren starten am Taupo Boat Harbour und können dort über das Taupo Charters Office gebucht werden (Tel. 07 378 3444). Über alle anderen Aktivitäten können Sie sich in der i-Site informieren (Tongariro St, Tel. 0800 354 528). In der Tongariro Street und der Uferstraße Lake Tarrace finden Sie zahlreiche Cafés und Restaurants. Klassische neuseeländische Fleisch-Gerichte können Sie im **Plateau** (64 Tuwharetoa St, Tel. 07 377 2425) genießen.

Informationen zum 360 m hoch gelegenen Lake Taupo finden Sie in Tour N03. Den Abfluss des mit 616 qkm größten Sees Neuseelands bildet der Waikato River, der seine weite Reise am nördlichen Ende des Lake Taupo antritt. Nach nur 5 km schafft er mit den Huka Falls Neuseelands meistbesuchte Naturattraktion. Der 100 m breite Fluß wird hier durch eine 15 m enge Schlucht gepresst. Auf einer Länge von mehr als 100 m beträgt der Höhenunterschied zwar nur 25 m, aber beeindruckend sind die ungeheuren Mengen an Wasser, die am Ende der Kaskaden 11 m tief hinabstürzen. In einer Sekunde strömen durchschnittlich 140.000 Liter Wasser an den Felswänden vorbei. Mehrere Aussichtsplattformen bieten einen ausgezeichneten Blick auf dieses Naturspektakel. Der Huka Falls Walkway bringt Sie in einer guten Stunde am Ufer des Waikato River entlang zu den Falls.

Huka Falls

Nur 2 km weiter nördlich bietet sich Ihnen ein weiteres Spiel der Wassermassen. Hier werden die Fluten des Waikato durch den Aratiatia Staudamm gebändigt. Täglich um 10, 12, 14 und 16 Uhr wird geflutet und das gestaute Wasser ergießt sich tosend und schäumend in die Aratiatia Rapids. Das eindrucksvolle Schauspiel können Sie von zwei Aussichtspunkten beobachten. Um mit dem Wohnmobil zu den Huka Falls zu gelangen, müssen Sie vom SH1/SH5 rechts in die Huka Falls Road abbiegen. Entlang der kleinen Straße liegen verschiedene Shops, wie das Huka Honey Hive. Unbedingt anschauen sollten Sie sich das informative Volcanic Activity Centre (Ecke Karetoto Road / Huka Falls Road, Tel. 07 374 8375, Mo-Fr 9-17 Uhr, Sa-So 10-16 Uhr). Neben verschiedenen Filmen haben Sie die Chance über eine interaktive Computeranimation in den Vulkanismus in der Taupo Vulcanic Zone einzutauchen.

(155) WOMO-Wanderplatz: Taupo Reids Farm

GPS: S 38°39'51" E 176°4'47".
Max. WOMOs: 20
Ausstattung/Lage: Toilette, Wasser / Am Ufer des Waikato River.
Hinweis: Kostenfrei, geöffnet vom 1. November bis 31. Mai.
Zufahrt: Vom Zentrum Taupos 2 km Richtung Norden, dann links in die Huka Falls Road einbiegen und dieser 1,5 km folgen.
Beurteilung: Friedliche Umgebung mit tollen Blick auf den Fluss. Ein erfrischendes Bad im Waikato kann die fehlende Dusche ersetzen. Die sehr schöne Wanderung zu den Huka Falls dauert etwa 25 min (2 km).

Zwei Kilometer vor den Huka Falls haben Sie in der Reids Farm die Gelegenheit zur freien Übernachtung und einem Bad in den glasklaren Fluten des Waikato River. Das **Huka Prawn Park Riverside Restaurant** (Karetoto Rd, Tel. 07 374 8474) serviert Ihnen Riesenflussgarnelen, die nebenan in ei-

Wairakei Tarraces

ner Zuchtanlage in frischem Quellwasser für Sie heran wachsen. Zurück am SH1 gelangen Sie zur **Thermalregion von Wairakei**. Die dicken glänzenden Metallrohre, die den heißen Dampf transportieren, sehen Sie schon von weitem. Vor dem Bau der geothermischen Kraftwerke war Wairakei das aktivste Thermalgebiet Neuseelands. Im **Wairakei Visitor Centre** (tgl. 8.30-16.30Uhr) können Sie sich über die Energiegewinnung aus Erdwärme informieren. Von einem nahen Aussichtshügel überblicken Sie das einzigartige Geothermalgebiet, das den Dampf für die Energiegewinnung liefert. Im gleichen Gebäude wie das Visitor Centre ist das Foyer der **Wairakei Terraces** (Tel. 07 378 0913, www.wairakeiterraces.co.nz) untergebracht. In der von Maori betriebenen Anlage wird das silikatreiche Wasser

(156) WOMO-Stellplatz: Vaile Road Reserve

GPS: S 38°29'27" E 176°18'30". **Max. WOMOs:**: 7

Ausstattung/Lage: Nichts / Am Ufer des Waikato River. **Zufahrt:** Auch über den SH5 erreichbar, aber es ist kürzer, die westlich gelegene Broadlands Road zu nehmen. Nach 32 km biegen Sie links in die Vaile Road ein und folgen dieser 5 km. **Beurteilung:** Wunderbarer Stellplatz. Sie können direkt am Fluss auf Gras stehen. Es gibt auch einige schattige Plätze. Maximal 2 Nächte.

aus den Bohrungen des Thermalfeldes über künstlich angelegte Terrassen geleitet. Die Ablagerungen, der Dampf und der für Thermalgebiete typische Schwefelgeruch sorgen für ein Ambiente, das den untergegangenen Pink and White Ter-

Thermalgebiet Hidden Valley Orakei Korako

races gleichkommen soll (siehe Tour N06). Im benachbarten Maori Modelldorf erleben Sie eine Einführung in die Kultur der Maori. Bei der Abendveranstaltung wird Ihnen auch ein Hangi (in einem Erdloch mit heißen Steinen gegarte Speise) geboten.

(157) WOMO-Campingplatz: Golden Springs Thermal HP

GPS: S 38°28'8" E 176°18'31". **WOMOs:** 25 Plätze mit Stromanschluss.
Ausstattung/Lage: Standard, Spielplatz / Grüner Platz am SH5.
Parkgebühr: Stellplatz mit Strom 17 NZD pro Person.
Zufahrt: Am SH5, zwischen Rotorua (45 km) und Taupo (36 km).
Kontakt: 4085 SH5, Reporoa, Tel. 07 333 8280, www.goldenspringsholidaypark.co.nz
Beurteilung: Die Stellplätze sind von hohen Büschen und Bäumen begrenzt und trotz Highway Nähe ruhig, großer Spielplatz, einfache Sanitäranlagen. Es gibt einen Pool mit Rutsche und 2 naturbelassene Thermalbecken an einem Thermal Stream. Nicht mit dem Kopf untertauchen! Außerdem gibt es einen „Thermal Walkway", der zu einem Wasserfall führt.

(158) WOMO-Stellplatz: Hidden Valley - Orakei Korako

GPS: S 38°28'25" E 176°8'35". **Max. WOMOs**: 8
Ausstattung/Lage: Toilette (von 8 bis 17:30 Uhr) / Am Ufer des Waikato River, gegenüber des Thermalgebietes Hidden Valley.
Kontakt: Orakei Korako, 494 Orakeikorako Road, Tel. 07 378 3131, ww.orakeikorako.co.nz
Zufahrt: In Taupo den SH1 23 km Richtung Norden fahren, dann auf der Tutukau Rd 6 km Richtung Osten. Links in die Orakeikorako Road einbiegen und dieser 5 km folgen.
Hinweis: Der Veranstalter Orakei Korako Cave & Thermal Park stellt die Plätze bei Besuch des Thermalgebietes kostenfrei zur Verfügung. Freies Wifi (Max. 50 MB).
Beurteilung: Friedvolle Lage am Fluss mit Blick auf das Thermalgebiet.

Thermal Safari Riverjet

Wenn Sie gegenüber der oberen Einfahrt zur Huka Falls Road vom SH1 in die Karapiti Road einbiegen, treffen Sie nach 2 km auf ein weiteres geothermisches Spektakel, **Craters of the Moon** (www.cratersofthemoon.co.nz, tgl. 8.30-17.30 Uhr). Ein 3 km langer Fußweg (festes Schuhwerk erforderlich!) führt durch eine Mondlandschaft aus zahllosen schwefelverfärbten Erdlöchern und Kratern, in denen Schlamm blubbert oder aus denen Wasserdampf empor steigt. Sie setzen Ihre Fahrt auf dem SH5 Richtung Rotorua fort.

Die Thermal Explorer Highway genannte Straße wird ihrem Namen auch weiterhin gerecht. Wenn Sie 30 km hinter Warakei wieder auf den Waikato River treffen, biegt links eine Straße zum Thermalgebiet **Hidden Valley of Orakei Korako** ab. Sie haben die Wahl, die 21 km zu den farbenfrohen Sinterterrassen mit dem Wohnmobil zurück zu legen (freie Übernachtung!) oder eine unterhaltsame 3 stündige **Thermal Safari** genannte Jetboat Fahrt über den Waikato zu unternehmen (**New Zealand Riverjet**, Tel. 0800 748 375, www.riverjet.co.nz). Ob mit Womo oder Jetboat, Sie landen zunächst im Besucherzentrum von Orakei Korako. Eine ständig pendelnde Fähre bringt Sie zum eigentlichen Thermalfeld, das sich malerisch und farben-

Wai-O-Tapu, Champagne Pool

prächtig an den Hang anschmiegt. Für den Rundgang incl. dem Besuch der Lavahöhle sollten Sie 1,5 h einplanen.

Auf der Weiterfahrt nach Rotorua passieren Sie auf dem SH5 bald den Golden Springs Campingplatz und erreichen nach insgesamt 21 km das **Thermal-Wonderland von Wai-O-Tapu**. Es glänzt mit dem leuchtend orange umränderten Champagne Pool, dem die im 75°C heißen Wasser aufsteigenden Gasbläschen seinen Namen geben. Neben den unzähligen Kratern des Thermalgebietes fallen die allgegenwärtigen, farbenprächtigen Ausfällungen von Mineralien ins Auge. In der geothermalen Hitliste ganz oben steht der Lady-Knox-Geysir, der täglich um 10.15 Uhr mit Seifenflocken zum Ausbruch gebracht wird und dann bis zu einer Stunde lang eine 20 m hohe Wasserfontäne in den blauen Himmel des Landes mit der lange weißen Wolke schleudert.

Wai-O-Tapu, Lady Knox Geysir

Kurz nachdem Sie Wai-o-Tapu verlassen haben, zweigt links die Waikite Valley Rd in das gleichnamige Tal ab. Im Waikite Valley erkunden Sie auf dem kurzen Wanderweg „Te Manaroa Spring" die größte Quelle kochenden Wassers in Neusee-

(159) WOMO-Badeplatz: Waikite Valley Thermal Pools

GPS: S 38°19'37" E 176°18'10". **WOMOs:** 20 mit Stromanschluss
Ausstattung/Lage: Toilette, Dusche, Küche, Waschmaschine / Direkt an den Hot Pools. **Preise:** Stellplatz mit Strom 22 NZD pro Person.
Zufahrt: Am SH5 den Hinweisschildern zu *Waikite Valley Thermal Pools* folgen. **Kontakt:** Waikite Valley Road, Tel. 07 333 1861, www.hotpools.co.nz
Beurteilung: Einfacher Platz, das riesige Plus sind die Hot Pools des Waikite Valleys, die für die 22 NZD beliebig genutzt werden können, nehmen Sie sich die Zeit, diese Hot Pools sind fantastisch!

Hot Pool im Waikite Valley

land. Die Quelle ergießt sich in einen Bach, der beeindruckend dampfend zu Tale fließt. In den angeschlossenen Waikite Valley Thermal Pools können Sie täglich von 10-21 Uhr in mehreren schön angelegten Becken ein heißes Bad nehmen. Für Gäste des benachbarten Campingplatzes ist der Eintritt frei. Nutzen Sie die Gelegenheit, sich am Ende eines Reisetages in den Hot Pools von Waikite Valley zu entspannen.

Unser Favorit unter den beeindruckenden Thermalgebieten der Region ist das **Waimangu Volcanic Valley**. Das vom Tarawera Ausbruch von 1886 geschaffene Tal erreichen Sie, indem Sie 6 km hinter Wai-o-Tapu rechts vom SH5 in den SH38 und 1 km später links in die Okaro Rd abbiegen. Seine Hauptattraktion ist der **Inferno Krater**, dessen dampfender Kratersee eine kräftige, türkise Farbe hat, und der mit seinen steilen Kraterwänden einen atemberaubenden Anblick bietet. Sein Wasserpegel verändert sich in einem 38-tägigen Rhythmus. Zunächst steigt das Wasser 21 Tage lang an, fließt dann an zwei Tage über den Kraterrand hinweg, um hernach in 15 Tagen wieder auf seinen 8 m unter dem Kraterrand liegenden Ausgangslevel zu sinken. Außerdem findet man hier mit dem **Lake Rotomahana** den größten Heißwassersee der Erde (über 50°C). Das Gelände des Waimangu Volcanic Valley fällt von

Dampfender Bach im Waikite Valley

Waimangu, Inferno Krater

seinem Eingang bis zum See stetig ab. Sie erleben die volle Schönheit des ausgedehnten Waimangu Volcanic Valley, wenn Sie den Hang hinab wandern und dabei die verschiedenen geothermischen Attraktionen bewundern. An drei Busstationen können Sie sich zu vorgegebenen Zeiten bergauf oder bergab bringen lassen. Am unteren Ende der Straße erwartet Sie Lake Rotomahana, der auf einer 45-minütigen Bootsfahrt erkundet werden kann. Dampfende Klippen, kleine Geysire

Waimangu, Lake Rotomahana

und andere vulkanische Sehenswürdigkeiten, wie die Stellen an denen 1886 die White- und die Pink Terraces versunken sind, werden angesteuert und vom Bootsführer erläutert. Vom beeindruckenden Waimangu Volcanic Valley, haben Sie noch 25 km bis zum Zentrum Rotoruas zurück zu legen.

Motueka
Tasmanische See
Picton
Havelock
Nelson
Pelourus Bridge
Cloudy Bay
Richmond
160
Blenheim
Renwick
161
Mount Richmond Forest Park
Awatere River
Lake Grassmere
Cape Campbell
Black Birch Scenic Reseve
1696 m Altimarloch
Kekerengu
Lake Rotoiti
Inland Kaikoura Range
Waipapa Bay
Nelson Lakes National Park
162
Seaward Kaikoura Range
Half Moon Bay
Molesworth Recreation Reseve
Lake Tennyson
163
164 WC
Kaikoura
165 WC
167
169
Hanmer Springs
Hamner Conservation Park
Waiau
168
Waiau River
Cheviot
Culverden
166 WC
Hurunui River
170 WC
Hurunui
Pazifik
Waipara
171
Amberley
172 WC E
Ashley River
Pegasus Bay
N
50 km
Kaiapoi
Waimakariri River
TOUR S01
173
174
Christchurch
60
6
1
63
7
73

Tour S01: Dialog mit dem Meer in Kaikoura

Picton - Blenheim - Kaikoura - Hanmer Springs - Waipara - Christchurch - 450 km

Camping:	Blenheim, Kaikoura, Mt Lynford Lodge, Waiau, Hanmer Springs, Waipara, Christchurch Amber Park, Brighton
Stellplätze:	Marfells Beach, Paparoa Point, Kaikoura, Ohimi, Leader River, Hurunui River Mouth, Convey River Bridge, Rother ham, Balmoral Forest, Amberley Beach
Baden:	Hanmer Springs, Christchurch Waimairi Beach, New Brighton, Sumner, Taylors Mistake
Wandern:	Picton: Short Walks, Queen Charlotte Track, Ohau Stream Walk, Kaikoura: Peninsula Walkway, Hanmer Springs: Concial Hill, Waikari Walkway
Essen:	Picton: Escape to Picton, Village Bakerij, Blenheim: Raupo, Kekerengu: The Store, Kaikoura: Pier Hotel, Mt. Lyford Lodge, Christchurch: C1 Espresso, King of Snake, Harlequin Public House, Pallet Pavilion, Hummingbird Coffee

Tour S01 startet mit einer der schönsten Fährpassagen der Welt. Sie überqueren die **Cook Strait** (siehe Kasten) und treffen in den **Marlborough Sounds** auf die Südinsel. Am südlichen Ende des **Queen Charlotte Sounds** werden Sie in **Picton** von Bord gehen. Im nahen **Blenheim** befinden Sie sich im bedeutendsten Weinbaugebiet des Landes. 130 km südlich warten in **Kaikoura** Whale Watching und Schwimmen mit Delfinen auf Sie. Im reizvollen alpinen Kurort **Hanmer Springs** können Sie sich danach inmitten traumhafter Natur in heißen Thermalquellen entspannen. Durch das Weinbaugebiet *Waipara* fahren Sie anschließend zur englischsten Stadt Neuseelands, dem von Erdbeben geplagten **Christchurch**.

Den Boden der Südinsel betreten Sie in **Picton**, einer pittoresken kleinen Stadt mit knapp 3.000 Einwohnern. Picton, nach dem 1815 in der Schlacht bei Waterloo gefallenen *Thomas Picton* benannt, ist zugleich die nördliche Endstation des neuseeländischen Eisenbahn- und Fernstraßennetzes auf der Südinsel. Wer sein Wohnmobil in Wellington abgegeben hat, um die Kosten für die Überfahrt zu sparen, bekommt damit die Gelegenheit zu einer wunderschönen Zugfahrt nach *Christchurch*, um erst dort wieder ein Motorhome anzumieten. Sehenswürdigkeiten von *Picton* sind der im Hafen vor Anker liegende Dreimaster *Edwin Fox*, ein einstiger Teak-Windjammer, ein kleines, dem Walfang gewidmetes Museum und ein neben dem Trockendock erbautes Aquarium. Darüber hinaus beherbergt das sympathische Städtchen einige interessante

Galerien, viele Cafés und Restaurants mit wunderbarem Blick auf das geschäftige Treiben im Hafen oder auf den reizvollen Queen Charlotte Sound. In der **Picton Village Bakery** (46 Auckland Street) können Sie sich mit europäischen Backwaren eindecken. Wer möchte, findet hinter der Fußgängerbrücke am Yachthafen gut ausgeschilderte **Short-Walks**. Ausgezeichnet essen können Sie im Restaurant **Escape to Picton** (33 Wellington St, Tel. 03 573 5573). Mit seinem Labyrinth aus verborgenen Buchten und ruhigen Stränden, gesäumt von Busch und Regenwäldern, bieten die *Marlborough Sounds* ursprüng

Die Cook Strait

Abel Tasman hatte sich geirrt. 1642 nahm er an, vor einer Bucht zu kreuzen. Tatsächlich war es die Meerenge zwischen den Nord- und Südinsel Neuseelands. Und weil Tasman sich irrte, wurde 1770 James Cook das Verdienst zuteil, am 22. Januar 1770 als erster Europäer diese Meerenge durchfahren zu haben. Die Cook Strait ist an ihrer engsten Stelle 22 Kilometer breit und fast durchgehend zwischen 100 und 300 Metern tief, fällt aber an einigen Stellen noch weiter bis 1.500 m ab. Die Verbindung zwischen der Tasmanischen See und dem östlich Neuseelands gelegenen Pazifischen Ozean erzeugt starke Ausgleichsströmungen und wird regelmäßig von heftigen Winden aufgepeitscht, die gelegentlich Sturmstärke erreichen. Wem nach diesen Zeilen Zweifel an der Querung der Wasserstraße zwischen Wellington und Picton kommen sei beruhigt, die gut dreistündige Überfahrt ist meist wunderschön und auch bei weniger gutem Wetter sehr beeindruckend. Sie wird als eine der schönsten Fährpassagen der Welt bezeichnet.

Die faszinierenden Küstenlandschaften beidseitig der Meerenge und die Fahrt durch den Queen Charlotte Sound sind ein ausgesprochen abwechslungsreiches und bezauberndes Erlebnis. Die Fähre muss durch die Marlborough Sounds immer wieder enge Kurven fahren und die vielen kleinen Inseln, Halbinseln und Buchten sind üppig bewachsen. Die Fahrt führt auch an Zuchtanlagen für Lachse, Muscheln und Krabben vorbei. Weil die Heckwellen den Betrieb der Fischzuchtfarmen nachhaltig störten, wurden 2006 Geschwindigkeitsbegrenzungen im Queen Charlotte Sound eingeführt.

liche Natur, die sich am besten vom Wasser aus erkunden lässt. Viele Ausflüge in die *Marlborough Sounds* beginnen in *Picton*. Auch zum beliebten **Queen Charlotte Track** (www.qctrack.co.nz), der von *Anakiwa* aus dem Sound entlang bis zur malerischen *Ship Cove* führt (71 km, 4 Tage), kann man von hier aus gelangen. Die Schiffe fahren von *Picton* nicht nur die *Ship Cove* an, sondern auch andere Anlegestellen entlang des Tracks, was es uns Wohnmobilisten ermöglicht, Teilstrecken

Picton

des reizvollen Tracks zu erwandern. Die schönsten Wanderabschnitte liegen zwischen *Ship Cove* und *Furneaux Lodge*. Der Walk führt durch dichten Regenwald vorbei an Farnen, Baumfarnen und Nikau Palmen, wobei sich immer wieder umwerfende Blicke auf den Sound ergeben.

Fähren über die Cook Strait

Zwei große Fährunternehmen bieten mehrfach täglich Überfahrten zwischen Wellington und Picton an, Blue Bridge und Interislander. Sie können per Internet buchen (www.bluebridge.co.nz und www.interislander.co.nz). Der Check-In erfolgt ein bis zwei Stunden vor der Abfahrt. Wer zu spät kommt, verliert seine Reservierung! Wegen der großen Nachfrage sollten Sie, besonders in der Hauptsaison, mindestens zwei Wochen vorab buchen. Sie können Ihr Wohnmobil selbstverständlich mit auf die Fähre nehmen, allerdings kostet die rund 92 Kilometer lange Seereise an Bord der hochseetüchtigen Fähren je nach Größe des Wohnmobils und Reisezeit nicht eben wenig. Selbst für eine einfache Überfahrt für zwei Personen in einem Wohnmobil bis 550 cm Länge werden mindestens 190 NZD fällig. Von den zwei großen Fährunternehmen ist Bluebridge Ferry die jüngere, etwas günstiger und flexibler, was Ticketbuchungen betrifft. Dafür bieten die Interislander-Fähren etwas mehr Komfort während der gut drei Stunden Fahrtzeit zwischen Picton und Wellington. Rabatt bekommen Besitzer von Campingausweisen wie der Top 10 Card.

Es gibt eine Reihe von Firmen, die vor Ort geführte Kanu- und Wandertouren anbieten. Die Kajak-Touren entlang der Küste sind sehr beliebt und an vielen Inseln gibt es gute Tauchrevie-

re. Außerdem werden Eco-Touren zur Beobachtung der in den Sounds lebenden Delfine, Pinguine und Robben angeboten.

Sie verlassen Picton und die herrlichen **Marlborough Sounds** über den SH1, dem es offensichtlich ebenfalls gelungen ist, die gefürchtete *Cook Strait* zu überwinden. Im 7 km südlich gelegenen **Koromiko** lädt eine Käsefabrik zum Probieren ein. Weitere 23 km südlich erreichen Sie **Blenheim**, die am Zusammenfluss von *Opawa-, Taylor-* und *Omaka River* gelegene Hauptstadt der Region Marlborough (26.000 Ew). Wegen der günstigen klimatischen Bedingungen, 2008 war *Blenheim* die sonnigste Stadt Neuseelands, entwickelte sich in *Blenheim* und Umgebung eine erfolgreiche Weinindustrie, der es gelang, *Hawke's Bay* als größten Weinproduzenten Neuseelands abzulösen. Das heute mit über 50 Weingütern bedeutendste Weinbaugebiet des Landes (etwa 40% aller Weinreben wachsen hier) erzeugt eine Vielfalt verschiedener Weine, unter denen der Sauvignon Blanc, der es zu internationalem Ruhm gebracht hat, hervorsticht. Zu den Klassikern der Region zählen außerdem der *Chardonnay, Pinot Noir, Pinot Gris* und *Riesling*. Einen besonders großen Zustrom an Gästen erfährt die Stadt jedes Jahr am zweiten Wochenende im Februar zum *Marlborough Wine and Food Festival*, das bei Einheimischen und Touristen beliebt ist. Im Information Center am alten Bahnhof erhalten Sie neben einer guten Beratung über den Besuch der *Wineries* auch den „Marlborough Winmakers Wine Trail Guide". Der Wine Trail liegt zwischen Blenheim und dem 12 km westlich

(160) WOMO-Campingplatz-Tipp: Blenheim Top 10

GPS: S 41°30'7" E 173°57'40". **WOMOs:** 90 mit Stromanschluss
Ausstattung/Lage: Swimmingpool, Spa / Am nördlichen Ortsrand zwischen SH1 und Bahnlinie.
Preise: Stellplatz mit Strom 46 NZD. **Zufahrt:** Am SH1 ausgeschildert.
Kontakt: 78 Grove Road, Tel. 0800 268 666, www.blenheimtop10.co.nz
Beurteilung: Die Einfahrt zum Camp ist etwas eng, der Platz selbst und die Stellplätze sind aber ausreichend groß. Er gehört sicherlich nicht zum gehobenen Top 10 Standard, für die Durchreise ist er o.k.. 20 min Fußweg zur Stadtmitte, 3 Restaurants ganz in der Nähe.

am SH 6 gelegenen Renwick. In fast allen Weinkellereien können Sie täglich, außer sonntags, zwischen 9-17 Uhr Weine probieren und selbstverständlich auch kaufen. Auf den fruchtbaren Böden der Region wird neben Wein auch Obst und Gemüse angebaut und wie fast überall in Neuseeland gedeihen hier die Schafe prächtig. Schicke Restaurants und vornehme Unterkünfte, interessante Geschäfte und Cafés verleihen Blenheim ein besonderes Flair. Wir empfehlen Ihnen das **Restaurant Raupo** (2 Symons St, Tel. 03 577 8822). *Seymour Square*, einer von mehreren großzügigen Parkanlagen, liegt wunderschön mitten im Zentrum und lädt zum Verweilen und Entspannen ein. Im bereits 1857 quadratisch angelegten Park können sie neben ganzjährig komponierten Blumenbeeten auch historische Denkmäler und Relikte aus der Gründerzeit bewundern. Nicht weit entfernt befindet sich ein über 15 Meter hoher rekonstruierter steinerner Uhrenturm, dessen viertelstündlichem Glockenschlag sie hier lauschen können.
Das 3 km im Süd-Westen der Stadt gelegene Freilichtmuseum *Brayshaw Museum Park* lädt mit seiner Cobb Cottage aus den 1860-iger Jahren zu einem Zeitsprung in die Pionierzeit ein. In der rekonstruierten Pioniersiedlung erhält man einen Einblick in die harten Anfangszeiten der Besiedlung Neuseelands. Rund 20 km südlich von Blenheim zweigt ein Weg zum *Awatere Valley* ab. Kurz nach der Abzweigung überqueren Sie auf einer der landestypischen einspurigen Brücken den Awatere River, fahren wenig später durch die Kleinstadt **Seddon** und erreichen nach weiteren 10 km **Lake Grassmere** eine flache Lagune, die von der *Clifford Bay* nur durch eine schmale, von Sanddünen bedeckte Barriere getrennt ist. Aus dem riesigen Salzsee ohne natürlichen Abfluss wird ein Großteil des neuseeländischen Salzbedarfs gedeckt. Ein kurzer Abstecher bringt Sie zur Salinenanlage, die mehr als ein Drittel des Sees einnimmt. Direkt hinter dem See führt eine Stichstraße zum Meer. Dort finden Sie den wundervoll gelegenen DOC Campingplatz

(161) WOMO-Stellplatz: Marfells Beach DOC Standard

GPS: S 41°43'29" E 174°12'13".
WOMOs: 30
Ausstattung/Lage: Einfache Toilette, kalte Dusche / Direkt am Strand.
Preise: 6 NZD pro Erwachsenem.
Zufahrt: Vom SH1 kommend 12 km südlich Seddon links in die Marfells Beach Rd abbiegen. An der Küste biegen Sie rechts ab und erreichen nach 600 m den Eingang des Campingplatzes (registrieren!).
Beurteilung: Wundervoll am Meer gelegen, oft sehr windig.

Marfells Beach Reserve. Auf der Rückfahrt zum SH1 sind die leuchtend weißen Salzberge des Lake Grassmere kontrastreich vor dem Hintergrund der Marlborough Hills zu sehen. Eine weitere Stichstraße führt zum **Cape Campbell** mit seinem Leuchtturm. Sie folgen dem SH1, der an der Küste mit grauen Kieselstränden entlangführt. Die nächste markante Stelle, den als felsige Nase ins Meer ragenden *Kekerengu Point*, erreichen Sie 33 km hinter der Stichstraße zu *Cape Campbell*. Es gibt hier ein sehr empfehlenswertes Café mit einer tollen Aussicht auf das Meer und den schwarzen Strand. In **The Store** (Tel. 03 575 8600) können Sie in stimmungsvoller Umgebung eine kleine Rast einlegen. Nach weiteren 35 km entlang der malerischen Küste erreichen Sie am *Ohau Point* Neuseelands größte Robbenkolonie. An der Küste lümmeln sich die Robben, teilweise nur 5-10 m von der Straße entfernt, sehr eindrucksvoll! Kurz vor dem Ohau Point liegt ein Parkplatz, von dem aus Sie den **Ohau Stream Walk** unternehmen können. Sie unterqueren zunächst die Bahnlinie und folgen dem Ohau Stream bis zu einem kleinen malerischen Wasserfall. Zwischen Oktober und Dezember sind hier oft verspielte Robbenbabys anzutreffen.

(162) WOMO-Stellplatz: Paparoa Point

GPS: S42°14'6"E173°50'44"
Max. WOMOs: 6
Ausstattung/Lage: Nichts / Auf einer kleinen Landnase.
Zufahrt: Am SH1, 12 km hinter Clarence.
Beurteilung: Einfacher aber stimmungsvoller Platz nahe dem SH1, der an drei Seiten von Meer umgeben ist. Auf den Felsen lagern Robben.

Die verbleibenden 30 km bis *Kaikoura* führt der SH 1 entlang der zerklüfteten Felsen der Kaikoura Ranges. Die Küste ist hier sehr rau und mit ihren heran rollenden Brechern eher zum Wellensurfen als zum Schwimmen geeignet. Direkt an der Straße können Langusten gekauft werden. An der gesamten felsigen Küste um *Kaikoura* wird der „Cray-Fish“ gefangen und an Ständen teilweise sehr günstig angeboten. In der Sprache der Maori bedeutet Kai „Essen“ und Koura „Languste“. Also haben auch die Maori schon in *Kaikoura* Langusten gefangen und mit Genuss verzehrt.

Kaikoura ist ein kleines aus einer ehemaligen Walfangstation hervorgegangenes Städtchen mit 4000 Einwohnern, landschaftlich schön auf der gleichnamigen Halbinsel gelegen, die als letzter Ausläufer der *Kaikoura Range* gilt. Vor der Küste fällt der Festlandsockel schon nach 1,6 km steil ab, erreicht im *Kaikoura-Canyon* eine Tiefe von bis zu 1600 m und bildet damit durch seine Tiefe und die günstigen Strömungsverhältnisse perfekte Bedingungen für maritimes Leben direkt vor der Küste. So gehört der küstennahe Bereich zum Lebensraum der riesigen *Pottwale*, die ganzjährig beobachtet werden können, und auch die Zugstraße der *Buckelwale*, die hier im Winter zu Hunderten zu sehen sind, führt direkt vor der Küste vorbei. Seit Ende der 1980er Jahre kommt eine zunehmend größer werdende Zahl Touristen nach *Kaikoura*, um *Wale, Delfine, Seehunde, Seeelefanten, Seeleoparden* und *Albatrosse* zu beobachten.

(163) WOMO-Campingplatz-Tipp: Kaikoura Top 10

GPS: S 42°23'42" E 173°40'45". **WOMOs:** 100 mit Stromanschluss
Ausstattung/Lage: Abenteuerspielplatz, Swimmingpool, Spa / In Fußnähe zur Stadtmitte (300 m), Restaurants in unmittelbarer Nähe.
Preise: Stellplatz mit Strom 42 NZD, für jeden weiteren Erwachsenen 21 NZD, für jedes weitere Kind 12 NZD.
Zufahrt: An der Beach Road am Orts-Eingang.
Kontakt: 34 Beach Road, Kaikoura, Tel. 03 319 5362, 0800 36 36 38, www.kaikouratop10.co.nz **Beurteilung:** Schöne Anlage, etwas eng.

(164) WOMO-Stellplatz: Kaikoura Whale Watch

GPS: S 42°23'50" E 173°40'52".
Max. WOMOs: 12
Ausstattung/Lage: Nichts, Toiletten finden Sie im Whale Watch Büro / Parkplatz am Meer.
Zufahrt: Sie biegen in Kaikoura direkt vor der Brücke über den Fluss links in die Whaleway Station Rd ein und folgen dieser 400 m.
Beurteilung: Einfacher Parkplatz von Whale Watch Kaikoura. Der Veranstalter hat Plätze für Wohnmobile ausgewiesen. Nachts hören Sie die Brandung und gelegentliche Züge. Idealer Platz für die Teilnahme an den Walbeobachtungen.

Das ehemals beschauliche Fischerdörfchen hat sich rasant zur Touristenattraktion gemausert. Whale Watching und Schwimmen mit Delfinen und Robben gehört zu den beliebtesten touristischen Angeboten. Bemerkenswert ist auch der Artenreichtum an Seevögeln. Beim *Bird Watching* ist die Sichtung von Albatrossen garantiert! Im nur wenige Kilometer vom Stadtzentrum entfernten **Jimmy Armer's Beach** befindet sich

eine Robbenkolonie, die Gelegenheit bietet, die Seehunde beim Faulenzen und Sonnenbaden zu beobachten. Sich den Tieren über die Klippen zu nähern, ist freilich nur bei Ebbe möglich. In der Visitor Information sollte man sich zu Beginn des Aufenthaltes über die Wettervorhersage und die Gezeitentermine informieren. Ein wunderschönes Naturerlebnis ist der 2,5 stündige **Peninsula Walkway**, der den *Cliff Top Walk* und den nur bei Ebbe zu begehenden *Shoreline Walk* umfasst.

In Kaikoura selbst gibt es ein Miniaquarium, ein Museum im alten Stadtgefängnis, und das aus den 1860-igern stammende *Fyffe House* an der stimmungsvollen *Old Wharf* ist ebenfalls sehenswert. Das markanteste Restaurant *Kaikouras* ist das **Pier Hotel** (1 Avoca St, Tel. 03 319 5037). Auch die nähere Umgebung von *Kaikoura* ist einzigartig. Das umliegende Farmland liegt im ehemaligen Schwemmland des *Kowhai Rivers*. Wunderschön ist der Blick vom Strand auf die **Kaikoura Range** oder gar vom Meer auf die Küstenlinie und die dahinter liegenden mächtigen, schneebedeckten Berge. Der im Visitor Center enthaltene Stadtplan weist einen *Scenic Drive* aus, der u.a. zu einem an der Spitze der Halbinsel gelegenen Aussichtspunkt mit weiter Rundumsicht führt. Im Osten liegt die See, im Norden tief unten der Ort *Kaikoura*, im Westen die *Kaikoura Ranges* und im Süden die *Southern Bay*, an der die Ausflugsboote ablegen.Schnorcheln mit Delfinen sollten Sie unter keinen Umständen

Mit den Delfinen schwimmen

Wir haben die 8.30 Uhr Tour gebucht und betreten voll Vorfreude den großräumigen Empfang des sympathischen Familienunternehmens. Wir werden freundlich begrüßt und direkt mit passendem Neoprenanzug, Schnorchel, Maske und Flossen ausgestattet und in die modernen Umkleidekabinen geleitet. Nach einer genauen Videoinstruktion geht es los. Erst mit dem Bus zum Hafen, dann mit jeweils mit maximal16 Personen auf ein Boot. Wir fahren hinaus aufs Meer, bis wir eine Gruppe von Delfinen finden. Heute eine riesige Schule von rund 200 Delfinen, die voller Freude im Wasser spielen und springen. Das Wasser brodelt und die Delfine warten scheinbar voller Vorfreude auf die neuen menschlichen Spielgesellen mit den bunten Füßen, die quiekend und aufgeregt im Wasser strampeln. Wir waren vorher von der Crew instruiert worden, etwas für die Unterhaltung der Delfine zu tun, denn diese sind sehr neugierig und interagieren gerne mit Menschen. Auch für uns ist es ein Riesenspaß, die großen, eleganten Tiere rings um uns zu sehen, ihnen ins Auge zu schauen, mit ihnen zu schwimmen, zu erleben, wie sie aus dem Wasser plötzlich auftauchen, auf uns zu schießen und elegant vorbeizischen. Sobald die Gruppe Delfine das Interesse verliert und weiterzieht, ertönt das Signal: alle zurück an Bord. Das Boot fährt der Gruppe nach und alle Schwimmer können dann wieder ins Wasser gleiten und die Delfine aufs Neue bespaßen. Die 16 Teilnehmer unserer Gruppe sind hellauf begeistert und auch unerfahrene Schnorchler kommen mit den klaren Anweisungen der Tourführerin sehr gut zurecht. Nach 5 Schwimmgängen liegt ein glückliches Lächeln auf den Gesichtern aller Teilnehmer und alle sind tief berührt und euphorisch von diesem einzigartigen Erlebnis. Außer dem Schwimmen mit den Delfinen gibt auch die Möglichkeit, nur zuzusehen und zu fotografieren. Auch dies ist ein unvergessliches Erlebnis, da erst von Boot aus die ganze Menge der Delfine, die sich hier in Kaikoura zeigt, sichtbar wird. Manches Mal waren es ungefähr 300 Delfine, die sich rings um das Boot tummelten. Als sich unsere Zeit mit den Delfinen zu Ende neigt, verabschieden uns die Delfine mit eleganten, hohen Sprüngen, als würden sie uns sagen wollen: „kommt bald wieder!!“.

keinen Umständen verpassen! Es wird ein Highlight Ihrer Neuseeland Reise sein. Die Tour dauert ungefähr 3,5 Stunden. Bei entsprechendem Wetter und ruhiger See findet sie das ganze Jahr über statt. Eine Reservierung einige Tage im Voraus wird dringend empfohlen. **Encounter Kaikoura** (96 Esplanade, Kaikoura, Tel. 0800 733 365, Info@encounterkaikuora.co.nz).

Auch die Whale Watching Touren sind super organisiert, sehr gute Boote, klasse Team. In dem 1600 m tiefen Canyon vor Kaikoura gibt es Spermwhales (Pottwale), die hier resident leben, die Skipper kennen sie bei der Fluke, haben ihnen Namen gegeben. Wir trafen zwei riesige Pottwale, sahen sie sich an der Oberfläche ausruhen, dann abtauchen und dabei ihre Fluke zeigen. **Whale Watch Kaikoura** (Whaleway Road, Kaikoura, Tel. 0800 655 121, res@whalewatch.co.nz)

Tour S01 folgt nun einer Streckenführung, die **„Alpine Pacific Triangle“** genannt wird. Sie lernen den 380 m ü.d.M. liegenden reizvollen **alpinen Kurort Hanmer Springs** und die **Weinregion Waipara Valley** kennen. Der Kurort *Hanmer Springs* ist ein schönes Ausflugsziel während des ganzen Jahres. Im Winter ist er Basis für die umliegenden Skigebiete, im Herbst verzaubert prächtiges Farbenspiel die Landschaft, im Frühling treffen Sie ein Blütenmeer an und im Sommer herrschen hier angenehme Temperaturen. In den Wäldern um *Hanmer Springs* können Sie ausgedehnte Wanderungen inmitten traumhafter Natur unternehmen und sich danach in heißen Thermalquellen entspannen.

Wer auf direktem Wege über den SH1 nach Christchurch fahren will, findet hier folgende Übernachtungsmöglichkeiten:

(165) WOMO-Stellplatz: Ohimi Reserve

GPS: S 42°28'20" E 173°32'10". **Max. WOMOs:** 10
Ausstattung/Lage: Toilette, Wasser / Am Strand, von der Straße durch Büsche und Bäume geschützt **Preise:** 12 NZD pro Person und Nacht, zu zahlen im 1 km südlich gelegenen Goosbay Camp Office,
Kontakt: Liz & John Mahony, Tel. 03 319 5348, goosebay@ihug.co.nz.
Zufahrt: Am SH1, 16 km südlich Kaikoura.
Beurteilung: Die Boote des Dolphin Encounter fahren bis hier her. Also halten Sie die Augen nach Delfinen offen! Der Platz gehört zu den Kaikoura Coastal Campgrounds. Duschen, Küche und Waschmaschinen stehen Ihnen im 1 km südlich gelegenen Goosbay Camp zur Verfügung.

(166) WOMO-Badeplatz: Hurunui River Mouth

GPS: S 42°54'38" E 173°16'50". **Max. WOMOs:** >20
Ausstattung/Lage: Wasser, Toilette / Am Nordufer des Hurunui River kurz vor seiner Mündung gelegen. Langgestreckter, von Bäumen und Buschwerk umgebener Platz. **Preise:** Stellplatz 4 NZD. Keine Anmeldung. Die Zahlung erfolgt am Parkeingang in eine „Honesty Box“.
Zufahrt: In Domett vom SH1 links in die Hurunui Rd abbiegen und dieser 8,4 km folgen. Unmittelbar vor dem Fluss rechts abbiegen.

Etwa 5 km südlich Kaikoura biegt der SH70 ins Landesinnere ab und windet sich Hügel hinauf und Hügel hinab über kühn konstruierte Flussbrücken und durch wunderschöne Wälder und Täler. Sie werden angenehm überrascht sein, wie einsam und wenig befahren diese Strecke ist, nur wenigen Kilometer vom umtriebigen Kaikoura entfernt. Keine Menschenseele wird Ihnen begegnen, es sei denn ein Farmer treibt seine Schafe oder Kühe gerade über die Straße. Nach 62 km erreichen Sie einen Abzweig in das beliebte **Mt. Lyford** Skigebiet. Direkt an dieser Abzweigung liegt ein empfehlenswerter Campingplatz. Im zugeordneten Blockhaus können Sie sehr stimmungsvoll

Waiau Ferry Bridge

essen, im Winter bei Kaminfeuer. Zudem ist das Essen wirklich besonders gut. Nach weiteren 23 km treffen Sie in *Waiau* auf die einzig nennenswerte menschliche Ansiedlung auf dem Weg nach *Hanmer Springs*. Hinter **Waiau** ist der Fahrweg nicht mehr so windungsreich und leichter zu befahren. Etwa 19 km hinter Waiau trifft die Straße auf den SH7, auf den Sie rechts Richtung *Reefton* einbiegen. Der SH20 ist die nördliche Route zwischen *Christchurch* und der *Westküste*. Sie führt über den *Lewis Pass*. Nach 25 km auf dem SH20 biegt rechts eine 9 km lange Stichstraße nach *Hanmer Springs* ab.

(167) WOMO-Campingplatz-Tipp: Mt Lynford Lodge

GPS: S 42°30'27" E 173°9'11". **WOMOs:** 10 mit Stromanschluss
Ausstattung/Lage: Standard / Am SH70, von Wald umgeben.
Preise: Stellplatz mit Strom 25 NZD, pro weiterer Person 15 NZD
Zufahrt: Sie fahren den SH70 von Kaikoura nach Waiau. Nach 64 km biegen Sie rechts in den Mt Lyford Forest Drive ab. Der CP liegt nach 100 m rechts. **Kontakt:** 10 Mt Lyford Forest Drive, Waiau, Tel. 03 315 6446, www.mtlyfordlodge.co.nz
Beurteilung: Sehr schöner Platz mit ausgezeichneten Sanitäranlagen. Die Küche im benachbarten Restaurant, der in einem großen, schönen Blockhaus situierten Mt Lyford Lodge, ist fantastisch.

(168) WOMO-Campingplatz-Tipp: Waiau Motor Camp

GPS: S 42°39'9" E 173°2'27". **WOMOs:** 16 mit Stromanschluss
Ausstattung/Lage: Spielplatz / Am Ortsrand.
Preise: Stellplatz mit Strom 30 NZD für zwei Personen, 10 NZD pro weiterer Person. **Zufahrt**: Sie biegen in Waiau in Flussnähe in die Highfield Street ein. Der Platz liegt nach 350 m links.
Kontakt: 9 Highfield Street, Tel. 03 315 6672, www.waiaumotorcamp.co.nz
Beurteilung: Großer Grasplatz mit Bäumen. Die Stellplätze sind mit Hecken abgegrenzt. Hilfsbereites und freundliches älteres Eigentümer-Ehepaar. Gepflegte Sanitäranlagen, gemütlicher Aufenthaltsbereich.

Kurz hinter dieser Abzweigung haben Sie an der 1887 gebauten eindrucksvollen **Waiau Ferry Bridge** die Gelegenheit zum Bungee Jumping. Das hier gelegene Adventure Centre **Thrillseekers Canyon** bietet außerdem White Water Rafting und Jetboating an (Tel. 03 315 7046, 0800 661 538).

Die 750 Einwohner zählende Gemeinde **Hanmer Springs** ist umgeben von Gebirgszügen. Noch bevor Sie die i-Site erreichen, liegt rechts an der Hauptstraße der beschriebene Top 10 Campingplatz. An der i-Site erhalten Sie eine Broschüre mit lokalen Wanderungen. Auf jeden Fall lohnend ist es, auf den auf

550 m hohen **Conical Hill** hinaufzusteigen. Für die eine halbe Stunde steil nach oben führende Wanderung werden Sie mit einem großartigen Blick auf den Ort und die umliegenden Berge belohnt. Danach können Sie sich im direkt neben der i-Site liegenden *Thermal Pools & Spa* entspannen, das immerhin schon auf mehr als 125 Jahre Geschichte zurückblickt. Die Außenbecken sind teilweise von Farnen eingefasst und in natürlich wirkenden Felsformationen arrangiert. Bei Einsetzen der Dämmerung werden die Becken von unten beleuchtet. Nach dem Thermalbad sollten Sie sich nicht mehr allzu viel vornehmen, denn es wird sich eine typische nachhaltige Müdigkeit einstellen.

(169) WOMO-Campingplatz-Tipp: Mountain View Hanmer Springs Top 10

GPS: S 42°31'40" E 172°49'48". **WOMOs:** 70 mit Stromanschluss
Ausstattung/Lage: Spielplätze, WIFI / Zentrale Lage, in Fussnähe zur Stadtmitte und zu den Hanmer Springs Thermal Pools.
Preise: Stellplatz mit Strom 48 NZD für zwei Erwachsene.
Zufahrt: Im Stadtzentrum, an der Hanmer Springs Rd. **Kontakt:** Hanmer Springs Rd, Tel. 03 315 7113, www.top10.co.nz/parks/hanmer-springs/
Beurteilung: Schöne, große Anlage mit etwas engen Stellplätzen.

(170) WOMO-Stellplatz: Balmoral Forest

GPS: S 42°52'0" E 172°46'9". **Max. WOMOs:** >20
Ausstattung/Lage: Wasser, Toilette / von Wald umgebene große Grasfläche in der Nähe des Hurunui River. **Zufahrt:** Vom SH7 kurz vor der Brücke über Hurunui River rechts in die Balmoral Station Road einbiegen. Die Einfahrt zum Platz liegt nach 60 m auf der linken Seite.
Preise: 5 NZD pro Platz, zu zahlen bei Caltex in Culverden

(171) WOMO-Campingplatz-Tipp: Waipara Sleepers

GPS: S 43°3'50" E 172°45'17". **WOMOs:** 8 mit Stromanschluss
Ausstattung/Lage: Spielplatz / In einem schönen Gartengrundstück, unmittelbarer Nähe von Pub, Teestube und Gemischtwarenladen.
Preise: Stellplatz mit Strom 25 NZD für zwei Erwachsene. **Zufahrt:** Sie biegen in Waipara vom SH7 links in den Glenmark Drive ein. Nach 100 m rechts. **Kontakt:** 12 Glenmark Dr, Waipara, Tel. 03 314 6003, www.waiparasleepers.co.nz

Beurteilung: Ausgesprochen origineller Platz! Das Office ist einer Bahnhofsstation nachempfunden und Übernachtungsgäste können in umgebauten historischen Eisenbahnwagons schlafen. Morgens gibt es frisch gebackenes Brot als kostenlose Zugabe!

Die Weiterfahrt nach Christchurch verläuft zunächst wie die Hinfahrt. Sie biegen jedoch nicht mehr in den SH70 ab, sondern bleiben auf dem SH2. Der Highway führt an den Wein-

Container City in Christchurch

anbaugebieten von Waipara entlang nach Waikari. Dieser Ort ist für seine Maori Felszeichnungen bekannt. Hier haben Sie die Gelegenheit zum **Waikari Walkway**, der zu den Felszeichnungen führt und Ihnen schöne Panorama-Ausblicke über die Canterbury Plains bis zu den südlichen Alpen bietet. Auf der Weiterfahrt nach Waipara sollten Sie eine Winery besuchen. Die Gegend ist aufgrund ihres Klimas für hervorragende Weißweine prädestiniert. Auch der Pinot Noir gedeiht in der Weinregion Waipara Valley prächtig. Im Ort Waipara treffen Sie wieder auf den SH1, der Sie ins 59 km entfernte Christchurch bringt.

(172) WOMO-Badeplatz: Amberley Beach Camping Ground
GPS: S 43°10'27" E 172°46'40". **Max. WOMOs:** 15 mit Strom
Ausstattung/Lage: Ver- Entsorgung, Toilette, Spielplatz / Vom Strand nur durch ein Häuserreihe getrennt. **Preise:** Stellplatz mit Strom 10 NZD (2 Pers.), pro weiterem Erwachsenen 3 NZD, pro weiterem Kind 1 NZD. Keine Anmeldung. Die Zahlung erfolgt am Parkeingang in eine „Honesty Box".
Zufahrt: 1 Chamberlain Ave, Amberley Beach. Auf dem SH1 Richtung Christchurch kurz hinter dem Ortszentrum Amberley links in die Amberley Beach Rd einbiegen und dieser 4,5 km folgen.
Beurteilung: Ruhiger, einfacher, schattenloser Platz mit sauberen Toiletten.

Christchurch ist heute eine Stadt im Übergang, zwischen dem katastrophalen Erdbeben und dem Neuanfang. Das Beben vom 22. Februar 2011 traf die Menschen während der geschäftigsten Tageszeit, um exakt 12:51 Uhr Ortszeit. Es hatte die Stärke 6,3 und kostete 185 Menschen das Leben. Das Epizentrum lag im nahen Lyttelton. Es wurden zahlreiche Gebäude zerstört oder schwer beschädigt, darunter auch das Wahrzeichen der Stadt, die **Christ Church Cathedral**, deren Kirchturm einstürzte. Bei einem der zahlreichen Nachbeben verlor die Christ Church Cathedral Teile des Chors und des Kirchenschiffs. Damit hat Christchurch sein Wahrzeichen endgültig verloren. Inzwischen wurde eine sehenswerte Übergangskirche

Café im Container

gebaut, die Cardboard Cathedral des japanischen Architekten Shigeru Ban. Sie wurde aus 98 Pappröhren konstruiert, die alle eine Länge von rund 20 Metern haben und mit Polykarbon überzogen sind (**Cardboard Cathedral**, 234 Hereford Street, www.cardboardcathedral.org.nz). Man geht davon aus, dass im Stadtzentrum 75% der vorhandenen historischen Gebäude zerstört wurden. In einigen Fällen konnte immerhin noch die Fassade gerettet werden. Um die historische Vergangenheit der Stadt zu bewahren, werden sie in die Neubauten integriert. Es gibt viele Baustellen, Geschäftshäuser werden neu aufgebaut und es wird intensiv an der Infrastruktur gearbeitet. Auch viele Wohnhäuser sind schwer betroffen, einige wurden als einsturzgefährdet klassifiziert und müssen weichen. Dieses Schicksal teilen sie mit fast allen Hochhäusern der Stadt. 70 Prozent der Immobilien im Stadtkern werden abgerissen. Christchurch wird ein komplett neues Zentrum bekommen, bei dessen Aufbau die neuesten Standards der Erdbebensicherheit zur Anwendung kommen. Die Gebäude werden flacher gehalten und in mehr Grünzonen eingebettet.

Doch die schwer getroffenen Menschen der Region haben sich nicht unterkriegen lassen. Es ist typisch für die Mentalität der Neuseeländer, dass sie die Ärmel hoch krempeln und mit unglaublicher Energie und Einfallsreichtum für den Wiederaufbau und das Leben in der Stadt kämpfen. Viele Menschen zieht es nach Christchurch, weil sie Teil des großen Neuanfang-Projektes werden wollen. Es geht ihnen dabei nicht nur um den Wiederaufbau der Stadt, sondern um die Kreation von etwas ganz neuem, etwas einzigartigem, etwas von großem Format. Die Unbeirrbarkeit des Wiederaufbauwillens und die Kreativität und der Erfindergeist, mit dem die Bewohner ihre Lage meistern ist vorbildlich. Der Reiseführer „Lonely Planet" zeigte sich beeindruckt und nahm Christchurch 2013 in seine Top-Ten-Liste sehenswerter Städte auf.

Im Stadtzentrum wurde nach dem Beben eine rote Zone eingerichtet, die von Touristen nicht betreten werden durfte. Am 30 Juni 2013 wurde sie aufgehoben. Sie können nun wieder vom Canterbury Museum bis zum Cathedral Square die Worcester Street entlang spazieren, einen Kaffee trinken oder in einzelnen Geschäften shoppen gehen. Durch Zäune können Sie Ruinen, Trümmerhaufen und Aufbauarbeiten sehen.

Ein Großteil der früheren Restaurants im Innenstadtbereich sind dem Erdbeben zum Opfer gefallen. Wenn Sie heute in der lange Zeit gesperrten Innenstadt Christchurchs wieder einen Kaffee trinken oder eine Kleinigkeit essen wollen, gehen Sie in das 2012 wiedereröffnete C1 Espresso, dessen Statue schon von weitem zu sehen ist (**C1 Espresso**, Corner High & Tuam Sts, tgl. 7 – 22 Uhr). Wenn Sie gut essen gehen wollen, spazieren Sie durch die Victoria Street. Neben den asiatischen Speisen im **King of Snake** (145 Victoria Street, Tel. 03 365 7363) bis hin zu edlen Gerichten im **Harlequin Public House** (32 Salisbury St, Tel. 03 377 8669) finden Sie hier eine große Auswahl an Restaurants. Auch einige ziemlich ausgefallene Bars werden Sie in der Victoria Street antreffen.

Historische Tram

Das zentrale Leben der Stadt findet jetzt im Bereich Lichfield St Ecke Colombo St statt. Hier sind viele farbenfrohe Container anzutreffen, die oft zweifach übereinander gestapelt von Geschäften zum Verkauf ihrer Produkte hergerichtet wurden. Einige dienen lediglich als Lagerräume, andere sind ansprechend angemalt und wurden zum Café, Geldautomat oder Laden umfunktioniert. Diese neuen Einkaufsmöglichkeiten in der Cashel Mall erfreuen sich großer Beliebtheit. So wie es derzeit scheint, werden die bunten Ladencontainer so gut angenommen, dass sie vermutlich zur dauerhaften Einrichtung werden.

Ein innovative Beispiel ist der aus alten Holzpaletten gebaute Pellet Pavilion, neben einem alten Doppeldeckerbus und Wohnwagen, aus denen Essen und Trinken verkauft wird (**Pallet Pavilion**, Ecke Durham Street und Kilmore Street). Im Hummingbird Coffee können Sie ausgezeichnet essen und dazu einen vpn 20 selbst gerösteten Kaffeesorten genießen (**Hummingbird Coffee**, Restart Mall, Cashel St).

Am 15. Februar 2013 wurde „Quake City“ eröffnet, eine Ausstellung in der man Erdbebenrelikte sehen kann, wie z.B. die eingestürzte Spitze der Kathedrale, eine ihrer Glocken und auch das Rosenfenster. Auch wurde die Geschichte der Erdbeben für die Besucher in vielen Bildern und dazu gehörenden Geschichten zusammen getragen. Sie werden in Christchurch immer wieder Straßenkunst begegnen, die oft aus alltäglichen Objekten geformt ist. Sie zeugt von Kreativität und ungebrochenem Lebensmut. Eine besonders kreative Initiative

Antigua Boat Sheds

nennt sich **GapFiller**. Hier werden noch bestehende Baulücken künstlerich aufgewertet. Ein Kunstprojekt das als Mahnmal dient sind die 185 weißen Stühle, die für immer leer bleiben werden. Sie finden es nur wenige Schritte von der Pappkathedrale entfernt auf einer Grasfläche zwischen Cashel und Madras Street. Jeder der 185 bunt zusammen gestellten Stühle soll an einen Toten erinnern.

Informieren Sie sich in der i-Site über den aktuellen Stand der Wiedereröffnungen. Sie finden das Informationszentrum am Eingang des Botanischen Garten neben dem Canterbury Museum (**Christchurch i-SITE Visitor Centre**, Tel. 03 379 9629, www.christchurchnz.com, tgl. von 8.30-17 Uhr).

Der *Hagley Park* bildet zusammen mit dem angrenzenden **Botanischen Garten** einen großen innerstädtischen Park. **Tipp:** Parken Sie Ihr Womo am Wochenende in der Hagley Avenue. Dort finden Sie immer einen stadtnahen Parkplatz und können Ihren Stadtrundgang im Grünen beginnen, indem Sie durch den *Hagley Park* über den *Avon* in den Botanischen Garten laufen. Am Ausgang des Botanischen Gartens Richtung Zentrum treffen Sie auf das eindrucksvolle **Canterbury Museum**. Es zeigt beeindruckende Maori Exponate und informiert über die Geschichte Canterburys, das frühe Leben in *Christchurch* und Neuseelands Naturgeschichte. Wenn Sie nach dem überaus lohnenden Museumsbesuch rechts in die Rolleston Ave einbiegen, gelangen Sie zur idyllisch am *Avon* gelegenen **Antigua Boat Sheds** (2 Cambridge Tce, Tel. 03 366 5885). Hier finden Sie ein ausgezeichnetes Café, Möglichkeiten Boote zu mieten und den Ausgangspunkt der *Stocherkahnfahrten* auf dem Avon. Sich von einem Gondoliere durch die bezaubernde Natur „punten" zu lassen ist ein besonders romantisches Erlebnis.

Wenn Sie vom Botanischen Garten den Worcester Boulevard Richtung Kathedrale entlang schlendern, so treffen Sie nach nur wenigen Metern das **Arts Centre**. Es liegt stimmungsvoll in den neugotischen Gebäuden der ehemaligen *University of Canterbury* und wurde schwer beschädigt. Eine Straßenecke weiter führt Sie der Worcester Boulevard an der **Art Gallery** vorbei. Wenn Sie Glück haben, ist das futuristische Bauwerk bei Ihrem Besuch wieder offen. Eine sehr zu empfehlende Möglichkeit, sich Christchurch zu erschließen, ist an einer zweistündigen geführten **Fahrradtour** teilzunehmen (Christchurch Bike Tours, Tel. 0800 733 257). Nett ist es auch, eine 2,5 km lange Schleife mit der **historischen Tram** zu fahren. *Christchurch* verfügt über einen **internationalen Flughafen** mit sehr guten Flugverbindungen nach Europa. Für viele Gäste startet oder endet der Neuseeland Urlaub hier. Ganz in der Nähe des internationalen Flughafens von Christchurch liegt das riesige und absolut sehenswerte **Antarctic Centre,** in dem gezeigt wird, wie das Überleben in der Eiswüste der Antarktis möglich ist. Im Preis inbegriffen ist eine atemberaubende Fahrt mit dem Hägglund über ein künstliches Off-Road Gelände. Der Hägglund ist ein Expeditionsfahrzeug, das in der Antarktis als Fortbewegungsmittel eingesetzt wird. Nicht sehr weit entfernt liegt das *Willowbank Wildlife Reserve* (60 Hussey Rd, Tel. 03 359 6226) mit vielerlei einheimischen Tieren, vom Bergpapagei Kea bis zum Nationalvogel Kiwi. Von den zahlreichen Vororten Christchurchs möchten wir Ihnen **Sumner** ans Herz legen. Dort können Sie baden, den schmucken Surfer Boys zuschauen oder sich einfach in einer der Bars, Cafés oder Restaurants dem örtlichen Lifestyle hingeben.

Stadtrundfahrt per Fahrrad

(173) WOMO-Campingplatz-Tipp: Christchurch Amber Park

GPS: S 43°32'18" E 172°34'56". **WOMOs:** 50 mit Stromanschluss
Ausstattung/Lage: Spielplatz / 4 km östlich des Zentrums.
Preise: Stellplatz mit Strom 46 NZD. **Zufahrt:** Vom SH1 links in den SH73 abbiegen und dann links in die Blenheim Rd.
Kontakt: 308 Blenheim Rd, Upper Riccarton, Christchurch, Tel. 0800 348 308, www.amberpark.co.nz **Beurteilung:** Sehr saubere und grüne Anlage. Die Bushaltestelle ist direkt vor der Tür. Der Flughafen ist 8 km entfernt.

(174) WOMO-Campingplatz-Tipp: South New Brighton Motor Camp

GPS: S 43°32'4" E 172°44'10". **WOMOs:** 8 mit Stromanschluss
Ausstattung/Lage: Spielplatz / 11 km südlich vom Stadtzentrum Christchurch, auf einer Halbinsel zwischen dem Flussmündungsbereich und der Pegasus Bay. **Preise:** Stellplatz mit Strom 32 NZD für zwei Personen.
Zufahrt: Am SH74 in die Bridge St einbiegen, dann rechts in die Estuary Rd und nach 1,3 km rechts in die Hasley St. Vorsicht, die Straßen sind teilweise noch sehr wellig, Erdbebenschäden.
Kontakt: 59 Halsey Street, South New Brighton, Tel. 03 388 9844, www.southbrightonmotorcamp.co.nz
Beurteilung: Großer parkähnlicher Platz, in dem immer wieder Hecken natürliche Abgrenzungen bilden. Die Beach lädt in 400 m Entfernung zum schwimmen ein. Alle halbe Stunde fährt ein Bus in die Innenstadt.

TOUR S02
25 km
N
Pegasus Bay
Christchurch
Lyttelton Harbour
Lyttelton
Belfast
Kaiapoi
Oxford
Waddington
Waimakariri River
Darfield
Springfield
Glentunnel
Banks Halbinsel
Akaroa
Akaroa Harbour
Lake Forsyth
Lake Ellesmere
Canterbury Bight
Rakaia
Rakaia River
Nebenstrecke
Ashburton
Methven
Mount Hut
Lake Coleridge
Mayfield
Ashburton Lakes
Rangitata River
Abrundel
Geraldine
Temuka
Timaru
Pleasant Point
Captains Peak 2330 m
Fox Peak 2330 m
Mt Dobson 2095 m
Fairly
Mt Dalgety 1752 m
Lake Tekapo
Tekapo River
Lake Benmore
Twizel
Mount Cook Village
Franz Joseph Gletscher
Fox Gletscher
Aoraki Mt Cook 3754 m
Tasman Gletscher
Hooker Gletscher
1
72
73
75
77
79
8
80
6
175
176
177
178
179
180
181
182
183
184
185
186
187
188
189
190
191
192
193
194
195
196
WC
E

Tour S02: Durch Rolling Hill Country zum Mt Cook

Christchurch - Lyttelton - Akaroa - Inland Scenic Route - Lake Tekapo - Mount Cook Village - 560 km

Camping:	Onuku Farm, Glentunnel, Geraldine, Lake Tekapo, Rakaia River, Ashburton, Timaru
Stellplätze:	Corsair Bay, Allandale, Catons Bay, Waihora Park, Hinds River, Rakaia Gorge, Peel Forest DOC, Lake Alexandria, Lake Tekapo, Lake Pukaki, Mt Cook DOC, Timaru
Wandern:	Lyttelton Historic Walk, Akaroa Historic Walk, L'aube Hill, Sharplin Falls, Mount Somers Walkway, Peel Forest, Geraldine: Big Tree Walk, Mount John Lookout, Aoraki Mount Cook Nationalpark,, Tasman Glacier View
Essen:	Hilltop Tavern, Barry's Bay Cheese, French Farm Winery & Restaurant, Geraldine: Café Verde, Fairlie: Bakehouse, Mount John Observatory Astro Café

Zunächst schauen Sie sich **Lyttelton** und die reizvolle *Banks Halbinsel* mit der französisch geprägten Stadt **Akaroa** an. Danach fahren Sie Richtung Westen, bis die *Canterbury Plains* auf die südlichen Alpen treffen. Nun folgen Sie der *Inland Scenic Route*, die Sie an den Ski-Orten **Mount Hutt** und **Mount Somers** vorbei führt, den wilden *Rangitata River* überquert und in Geraldine endet. Tour10 wendet sich nun westlich ins **Rolling Hill Country** und dringt hinter dem **Burkes Pass** in das *Mackenzie Country* ein. Vorbei an den von Gletschern gespeisten türkisfarbenen Seen **Lake Tekapo** und **Lake Pukaki** fahren Sie in den **Mount Cook Nationalpark**.

Für den Weg von Christchurch zum 12 km entfernten **Lyttelton** stehen Ihnen zwei Alternativen zur Verfügung. Die eindeutig schnellste Verbindung führt über den SH74 durch einen 1964 in Betrieb genommenen Tunnel, an dessen Ende Sie das Städtchen schon links liegen sehen. Sehr viel interessanter und auch schöner ist die Strecke über die *Summit Road*. Auf dieser Strecke haben Sie nacheinander einen tollen Blick auf die *Governors Bay, Cass Bay,* den *Christchurch Harbour* und den *Lyttelton Harbour*, den Sie von diversen am Wegesrand gelegenen Lookouts genießen können. Der Verlauf der Strecke ist in der Broschüre *Christchurch Scenic Drive Guide* sehr gut beschrieben.

Der Naturhafen von **Lyttelton** wurde bereits 1770 von Besatzungsmitgliedern der Endeavour gesichtet, die unter dem Oberbefehl von James Cook fuhr. Im Jahr 1849 wurde das gerade erst gegründete Lyttelton wegen seiner günstigen und geschützten Lage zum Hafen erklärt. Am 12. September 1867 wurde der erste Eisenbahntunnel Neuseelands eröffnet, der die

Anlegestelle in Lyttelton

Ortschaft mit dem damals schon aufstrebenden Christchurch verband. Heute ist *Lyttelton Harbour* internationaler Hafen für den gesamten Ballungsraum. Hier machen sowohl Kreuzfahrtschiffe als auch Containerschiffe fest und die Versorgungsschiffe der Antarktisstationen von Neuseeland und der USA legen hier ab. Eine zweistündige Hafenrundfahrt können Sie mit **Black Cat Cruises** unternehmen (17 Norwich Quay, Tel. 0800 436 574, www.blackcat.co.nz, tgl. 13.30 Uhr).

Das von den Felswänden eines versunkenen Vulkankraters eingeschlossene **Lyttelton** (3000 Einwohner) konnte sich noch etwas von der Atmosphäre der Gründerzeit bewahren. In der i-Site erhalten Sie für einen Dollar die Broschüre **„Lyttelton Historic Walk"**, die Sie an 24 historischen Stellen vorbeiführt. Eine berühmte Attraktion, die die 1876 von Strafgefangenen gebaute Navigationsstation *Timeball-Station*, wurde beim Erdbeben von 2011 leider zerstört. Sehenswert ist die *Holy Trinity Church*, das älteste Kirchengebäude der Region, für dessen Errichtung Steinblöcke von der nahe gelegenen Insel *Quail Island* verbaut wurden. *Lyttelton* fungiert als Tor zur **Banks-Halbinsel** und ist damit für Handel und Tourismus von beträchtlicher Bedeutung.

(175) WOMO-Badeplatz: Corsair Bay Reserve frei

GPS: S 43°36'21" E 172°42'2". **Max. WOMOs:** 7

Ausstattung/Lage: Toilette, Wasser, kalte Dusche / traumhaft, zwei große Parkplätze, geschützt von der oberhalb liegenden Straße, direkt an der Corsair Bay. Die Plätze sind mit einer Schranke gesichert, die in der Sommerzeit zwischen 21 Uhr und 7 Uhr geschlossen wird!

Zufahrt: Hinweisschild an der Straße beachten, kurz hinter Lyttelton und kurz vor einem Lookout.

Beurteilung: Toller Badeplatz mit Umkleidekabinen und Badeinsel.

Sie können *Lyttelton* als Entre zur *Banks-Halbinsel* nutzen. Die Halbinsel ist nach *Joseph Banks* benannt, einem vermögenden Reisebegleiter *James Cooks*. Sie folgen zunächst der schmalen Governors Bay Road, die Sie kurvenreich entlang der *Governors Bay* und der *Cass Bay* führt, bevor sie in Teddington rechts in die Gebbies Pass Road abbiegt. Unterwegs bieten sich Ihnen zwei wunderbare freie Stellplätze und ein Chocolaterie/Café, das Sie sich keinesfalls entgehen lassen sollten! Ein Cappuccino, mit selbst gemachter Schokolade on top, auf der traumhaft schönen Terrasse serviert, mit Blick auf die Bucht von Governors Bay und Lyttelton, ist ein großes Vergnügen für Gaumen und Auge. Café und Terrasse sind liebevoll dekoriert, die Kuchen und Muffins Bestens, von den leckeren Schokoladen und Pralinen aus der hauseigenen Chocolaterie ganz zu schweigen (**She Chocolat**, 79 Main Rd, Governors Bay, Tel. 03 329 9825, www.shechocolat.com, am Wochenende 10 bis 17 Uhr, sonst von 11 bis 16 Uhr).

Terrasse mit Blick auf Lyttelton

(176) WOMO-Picknickpatz: Allandale Reserve

GPS: S 43°38'26" E 172°38'58".
Max. WOMOs: 5
Ausstattung/Lage: Toilette, Picknicktisch / malerisch, direkt an der Governors Bay.
Zufahrt: Picknickplatz neben der Straße, am südlichen Ende der Governors Bay.
Beurteilung: Ausgesprochen idyllischer und friedvoller Picknickplatz direkt am Wasser. Bei Ebbe können sie Vögel beobachten. Die nahe Straße ist wenig befahren.

28 km hinter *Lyttelton* erreichen Sie den SH75, dem Sie 54 km bis *Akaroa* folgen. Doch zunächst treffen Sie auf den Süßwassersee *Lake Ellesmere*, der durch die schmale Landzunge *Kaitorete Spit* vom *Pazifischen Ozean* getrennt wird. Ab dem Ort *Little River* steigt die Straße kontinuierlich an und erreicht ihren höchsten Punkt bei der **Hilltop Tavern**. Hier lohnt ein Halt, denn der Ausblick ist wirklich atemberaubend. Wenn Sie sich an dem tollen Panorama satt gesehen haben, fahren Sie steil hinab zum am oberen Meeresarm des *Akaroa Harbour* gelegenen *Barry's Bay*, wo Sie die Molkerei **Barry's Bay Cheese** besichtigen und Ihre Käsevorräte auffrischen können. Ein Stück hinter der Käserei liegt **French Farm Winery & Restaurant** (French Farm Valley Rd, Tel. 03 304 5784) mit französischem Flair, eigenem Wein und ausgezeichnetem Essen. Die Straßen tragen in **Akaroa** französische Namen wie Rue Jolie oder

Akaroa Horbour

Rue Balguerie. Dies geht auf *Jean Francois Langlois* zurück, der hier 1838 mit seinem Walfängerschiff vor Anker ging. Heimgekehrt, warb er für die Besiedlung dieses schönen Fleckchens Erde. 63 Franzosen und sechs Deutsche machten sich auf den weiten Weg. Doch es wurde nichts mit einer französischen Kolonie in Neuseeland, denn sechs Tage vor ihrer Ankunft wurde in *Akaroa* die britische Fahne gehisst. Langlois Passagiere entschlossen sich trotzdem zu bleiben. Heute ist Akaroa ein liebliches Plätzchen, die Besucher sitzen entspannt in Cafés am Hafen und genießen die Aussicht auf das Wasser und das malerische Stadtbild. Die Stadt wird von den vielen gepflegten historischen Gebäuden und Gärten geprägt. Einige der privaten Gärten kann man besuchen und bestaunen.

(177) WOMO-Campingplatz-Tipp: Onuku Farm Camping Ground
GPS: S 43°50'40" E 172°57'7". **WOMOs:** 10ohne Stromanschluss
Ausstattung/Lage: Toilette, Dusche, Gemeinschaftsraum mit Kochgelegenheit / Wiese auf einem Bergrücken mit großartigem Blick über den Akaroa Harbour. **Preise:** Stellplatz 12,50 NZD pro Person.
Zufahrt: Akaroa durchfahren und der Beschilderung 6 km über die Hamiltons Road bis zum Onuku Farm Hostel folgen.
Kontakt: Onuku Farm Hostel, 89 Hamiltons Rd, Akaroa, Tel 03 304 7066, www.onuku.co.nz/ **Beurteilung:** Extrem ruhig und friedvoll gelegener Platz im Grünen. Ideal für Neuankömmlinge, um erst einmal in Neuseeland „anzukommen" und sich auf das Land einzustellen!

Sehenswert sind auch die 1864 erbaute katholische Pfarrkirche *St. Patrick*, die anglikanische *St. Peter's Church* im neugotischen Stil von 1863, das alte *Zollhaus* aus dem Jahre 1863, die katholische Kirche *Church of St Patrick* von 1864 und die presbyterianische *Trinity Church* von 1886. All diese historischen Gebäude können Sie auf dem Spazierweg **Akaroa Historic Walk** kennen lernen. Im historischen *Langlois-Eteveneaux House* von 1845 ist das Museum untergebracht, das sich ausgiebig mit der französischen Vergangenheit von *Akaroa* auseinandersetzt. Nicht nur das Elektrizitätswerk von 1911 beheimatet heute eine Kunstgalerie. Bei einem Spaziergang durch das Örtchen kommen Sie immer wieder an Kunsthandwerkgeschäften vorbei, die Keramiken, Schmuck, Holz- und Glasarbeiten, Gemälde und Skulpturen zum Verkauf anbieten. Ein wunderbarer Aussichtpunkt ist der **L'aube Hill** am nördlichen Ortsrand, der über einen Weg durch ein klei-

Badestrand in Akaroa

nes Waldstück erreicht wird, der am Friedhof *French Cemetery* vorbeiführt. Die *Bucht von Akaroa* bietet Ihnen eine weitere Besonderheit. Dort tummeln sich rund 30 *Hector-Delfine*, eine seltene Art, die nur 1,20 bis 1,40 m groß wird. Für diese Meeresbewohner wurde ein Naturschutzgebiet vor der Küste eingerichtet, damit sie nicht von Fischernetzen verletzt werden.

(178) WOMO-Picknickplatz: Catons Bay frei

GPS: S 43°47'23" E 172°45'29".
Max. WOMOs: 3
Ausstattung/Lage: Nichts / Auf einer Wiese zwischen dem SH75 (Christchurch Akaroa Road) und dem Lake Forsyth.
Zufahrt: 48 km hinter Christchurch am SH75 gelegen.
Beurteilung: Schöne, große Wiese, idyllisch am See gelegen.

(179) WOMO-Stellpatz: Waihora Park Domain CG

GPS: S 43°43'43" E 172°35'15".
Max. WOMOs: 30
Ausstattung/Lage: Toilette, Wasser, Kinderspielplatz / Auf dem Weg nach Akaroa.
Preise: 10 NZD pro Fahrzeug
Zufahrt: In Motukarara zunächst in südliche Richtung vom SH75 in die Fiddlers Rd einbiegen, und nach 250 m rechts in die Park Rd.
Kontakt: 136 Park Rd, Motukarara, Tel. 03 329 7818
Beurteilung: Riesiger, ruhiger Platz auf einer grünen Wiese.

Während einer zweistündigen Hafenrundfahrt mit **Black Cat Cruises** können Sie in den meisten Fällen auch einen Blick auf die kleinen *Hector-Delfine* werfen (Main Wharf, Tel.

Rakaia River

03 304 7641, www.blackcat.co.nz, tgl. 13.30 Uhr). Die nächsten Hauptattraktion **Lake Tekapo** liegt ca. 300 km von *Akaroa* entfernt. Wer es eilig hat, fährt über den SH1 und *Ashburton* nach *Geraldine* und hat bis *Lake Tekapo* 282 km zurückzulegen. Er nimmt dabei aber eine weniger reizvolle Strecke durch leicht hügeliges und landwirtschaftlich genutztes Land in Kauf. Tour10 führt Sie über eine 41 km längere Strecke, die kurz hinter *Darfield* auf den **SH72** trifft, der als **Inland Scenic Route** bezeichnet wird. In *Geraldine* vereinen sich beide Routen wieder.

Wenn Sie von *Akaroa* Ihre Reise nach *Lake Tekapo* antreten, empfehlen wir Ihnen zu einem weiteren Umweg. Kurz hinter *Akaroa* zweigt rechts die **Summit Road** ab. Sie führt steil hoch in die Höhen der Akaroa umgebenden Hügelkette und folgt dieser in luftiger Höhe. Diese wirklich atemberaubende schmale Straße hält ständig phantastische Ausblicke zu beiden Seiten der Hügelkette bereit. Bei der *Hilltop Tavern* trifft die *Summit Road* wieder auf den SH75. Sie folgen diesem, fahren am Abzweig nach Teddington vorbei und biegen in Taitapu nach links ab. Nach 21 km erreichen Sie den SH1, in den Sie links einbiegen. Bereits 6 km später verlassen Sie in Norwood den SH1 wieder. Die Telegraph Road bringt Sie ins 20 km nördlich gelegene **Darfield**.

(180) WOMO-Campingplatz-Tipp: Glentunnel HP

GPS: S 43°29'0" E 171°56'0". **WOMOs:** 54 mit Stromanschluss
Ausstattung/Lage: Standrad / Kleines Dorf, zentrumsnahe Lage direkt am Selwyn River mit Bademöglichkeit, Golfplatz nebenan.
Preise: Stellplatz mit Strom 16 NZD pro Person.
Kontakt: Homebush Road, Glentunnel, Tel. 03 318 2868
Zufahrt: Hinweisschild am SH77. **Beurteilung:** Großzügiger, grüner Platz mit vielen Bäumen und guten Sanitäranlagen.

Darfield (1.500 Ew) ist der bedeutendste Ort zwischen *Christchurch* und der *West Coast*. Er wird oft auch *„The township under the Nor'west arch"* genannt. Dies bezieht sich auf ein Wetterphänomen, das auch *Canterbury Arch* genannt wird, bei dem sich ein Bogen aus Wolken am sonst klaren Himmel westlich des Ortes bildet. Dieser entsteht durch die Kondensation von Wasser, das in winzigen Tröpfchen an den Hängen der Südalpen nach oben getragen wird. Im Gebiet um *Darfield* wird Ackerbau und Farmwirtschaft betrieben. Es wird als Ausgangspunkt zu Ausflügen an den *Waimakariri-River*, den *Rakaia River* und in die Südalpen genutzt und ist auch ein beliebter Startplatz für Heißluftballons. Durch Darfield verläuft der etwa 250 km lange **The Great Alpine Highway (SH73),** dessen Route von Christchurch über den Arthur's Pass durch die Neuseeländischen Alpen zur Westküste an der *Tasmanischen See* führt.

Rangitata River

In *Darfield* stoppt der auf der Midland-Strecke verkehrende **TranzAlpine** von *Christchurch* nach *Greymouth*. Der TranzAlpine zählt zu den schönsten Reisezügen der Welt. Auf der Strecke von 223 km werden 5 Viadukte (darunter das *Staircase-Viadukt* mit 73 m Höhe) überquert sowie 16 Tunnel durchfahren. Der längste Tunnel ist der *Otira-Tunnel* unter dem 920 m hohen *Arthur's Pass* mit 8.550 m Länge. Der Zug startet morgens in *Christchurch* und benötigt für die Strecke 4,5 Stunden. Nach einem einstündigen Aufenthalt in *Greymouth* beginnt die Rückfahrt, so dass der Zug abends wieder in *Christchurch* ankommt.

(181) WOMO-Stellplatz: Rakaia Gorge Camp

GPS: S 43°31'9" E 171°39'15". **Max. Womos:** 60
Ausstattung/Lage: Wasser, Toilette, Dusche, Picknicktische, Dump Station / Am Rakaia River auf der Südseite der Rakaia Gorge Bridge.
Preise: 12 NZD pro Person, Kinder unter 12 Jahren sind frei.
Zufahrt: An der Inland Scenic Route, SH77, südlich der Rakaia Gorge Bridge.
Kontakt: Rakaia Gorge Camp Society, Tel. 03 302 9353. In der Hauptsaison ist ein Camp-Manager vor Ort, sonst Selbstregistrierung.
Beurteilung: Absoluter Geheimtipp mit atemberaubenden Bilck über die Rakaia Gorge, sehr ruhig und friedlich!

Sie verlassen *Darfield* über den SH72, der Sie an Berghängen entlang nach Süden führt und erreichen nach 40 km die Brücke über die *Rakaia Gorge*. Der sonst in einem sehr breiten Bett verlaufende *Rakaia River* zwängt sich zwischen *Mount Hutt* und der *Big Ben Range* durch eine relativ enge

Sharplin Falls

Schlucht. Dort werden Jetbootfahrten angeboten. Kurze Zeit später erreichen Sie die Abzweigung zum 1.600 bis 2.255 m hoch gelegenen *Mt. Hutt Skigebiet*, einem der schönsten von Neuseeland. Das *Mount Hutt Skigebiet* weist dank aufwendiger Kunstschneeanlagen von Juni bis Oktober gute Pistenverhältnisse auf und bietet einen fantastischen Ausblick bis zum Pazifik. Basis für dieses Skigebiet ist das über den SH77 zu erreichende **Methven**. Sie folgen dem SH72 bis zu dem kleinen Ort **Staveley**. An dem Hinweisschild *Sharplin Falls* biegen Sie rechts ab, folgen weiterhin den Hinweisschildern und erreichen nach insgesamt 4 km den Sharplins Parkplatz. Der letzte Teil der Strecke ist eine Schotterstraße. Vom Parkplatz aus wandern Sie auf einem wunderschönen oft steil verlaufenden Waldweg zu den **Sharplin Falls** (1 h hin und zurück).

Zurück auf dem SH72 erreichen Sie nach 9 km den 2.500 Einwohner zählenden Ort *Mount Somers*, der vom Abbau von Kohle, Ton, Sand und Kalkstein aus den umliegenden Bergen lebt. Der Richtung Staveley gelegene gleichnamige Mount Somers erhebt sich aus der *Canterbury Ebene* zu einer stattlichen Höhe von 1687 m über dem Meer. Der Hochlandwanderweg **Mount Somers Walkway** liegt im Regenschatten der südlichen Alpen und kann bei oft schönem Wetter bewandert werden. Genauere Informationen erhalten Sie über die DOC Broschüre *Mount Somers Conservation Area*.

(182) WOMO-Stellplatz: Hinds River

GPS: S 43°48'33" E 171°25'51". **Max. WOMOs:** 10
Ausstattung/Lage: Toilette / Großer Rastplatz am SH72.
Zufahrt: Der Platz liegt 11 km hinter Cavendish und 1,5 km vor Mayfleld, kurz vor dem Hinds River, rechts an der Straße.
Beurteilung: Von Büschen und Bäumen umgebener Platz am Ufer des Hinds River. Gut für eine Nacht. Überflutungsgefahr bei starken Regenfällen !!!

In Mount Somers zweigt eine 32 km lange Straße zum *Lake Clearwater* ab. Der 1 km x 5 km große *Lake Clearwater* liegt herrlich am Fuße der südlichen Alpen im oberen Bereich des *Rangitata Rivers* und bietet beste Gelegenheit zum Windsurfen, Mountain-Bike fahren und Wandern. Der SH72 führt Sie weiter zum **Rangitata River**. Kurz nach Überqueren der Brücke über den *Rangitata River* biegt die Peel Forest Road ab, die Sie nach 12 km in den Ort **Peel Forest** bringt. Etwa 1,5 km entfernt ist der Eingang in das *Naturreservat Peel Forest*. In dem ausgedehnten Waldgebiet, einem der wenigen erhaltenen Mischwälder im Osten der Südinsel, gibt es lohnenswerte Wanderungen. In der entsprechenden DOC-Broschüre werden 13 Walks von 30 Minuten bis 6 Stunden Dauer angeboten. Als Basis kann Ihnen der wunderschön gelegene DOC Campingplatz dienen. Bei der Durchquerung des Steineiben-Waldes können neben einer reichen Vogelwelt auch Reste der frühen europäischen Besiedelung angetroffen werden. Wer will kann im *Rangitata River* sehr anspruchsvolle Wildwasserfahrten unternehmen. Die **Rangitata Gorge** liegt

St Andrews Kirche in Geraldine

(183) WOMO-Wanderplatz: Peel Forest - DOC Serviced

GPS: S 43°54'39" E 171°15'39". **WOMOs:** 24 mit Stromanschluss

Ausstattung/Lage: Toilette, Dusche, Küche, Waschmaschine, Trockner / Im Grünen, in der Nähe des Rangitata River.

Preise: Stellplatz 17 NZD pro Erwachsenem, unter 18 Jahren 7,50 NZD, unter 5 frei. Strom 5 NZD.

Zufahrt: Kurz nach überqueren der Brücke über den Rangitata River in Arundel rechts vom SH72 abbiegen. Die Peel Forest Road bringt Sie nach 12 km in den Ort Peel Forest. Dort im General Store Camping-Gebühr zahlen, noch 2 Km weiter fahren.

Hinweise: Großzügige, wunderschöner DOC Campingplatz. In dem ausgedehnten Waldgebiet des Peel Forest gibt es lohnenswerte Wanderungen von 30 Minuten bis zu 6 Stunden (DOC-Broschüre).

14 km nördlich des DOC Campingplatzes. 15 km hinter dem *Rangitata River* erreichen Sie **Geraldine** (2.500 Ew.), ein bezauberndes aufstrebendes Städtchen mit alten Siedlerhäusern. Entlang der Hauptstraße gibt es Läden, kleine Bistros und wundervoll angelegte Vorgärten. Geraldine ist traditionell Zentrum eines landwirtschaftlich geprägten Gebietes, hat aber

Rolling Hill Country

in den letzten Jahren auch den Ruf als Ort der Künstler und Handwerker erworben, die ihre Arbeiten in Kunsthandwerksläden, Galerien oder nahegelegenen Ateliers zum Kauf anbieten. Kunstfreunde sollten die ***McAtamney Gallery*** besuchen, in der ständig wechselnde Ausstellungen zu sehen sind (47/49 Talbot St, Tel. 027 305 3000, Do-Mo 11 bis 3 Uhr). In der Talbot Street finden Sie die Käserei ***Talbot Forest Cheese*** und ***Baker's***, ein alteingesessenes Unternehmen, das seit 1969 Marmeladen, Chutneys und Fruchtsäfte herstellt. Alleine das bezaubernde **Café Verde** (45C Talbot St, Tel. 03 693 9616), in dem Sie in einem blühenden Garten sitzen, ist einen Stopp wert. Im nahen ***Talbot Forest*** finden Sie den **Big Tree Walk**, einen 30-Minuten-Rundwanderweg durch einen alten Bestand von Totara Trees, deren ältestes Exemplar über 1000 Jahre alt ist und einen Durchmesser von mehr als drei Metern hat.

(184) WOMO-Campingplatz-Tipp: Geraldine Kiwi HP

GPS: S 44°5'40" E 171°14'37". **WOMOs:** 73 mit Stromanschluss
Ausstattung/Lage: Spielplatz / Zentrumsnahe Lage (200 m).
Preise: Stellplatz mit Strom 36 NZD für zwei Erwachsene.
Zufahrt: Vom Zentrum kommend biegt die Oxford Street direkt hinter dem Waipoua River links vom SH2 ab. **Kontakt:** 39 Hislop St, Geraldine, Tel. 03 693 8147, www.geraldineholidaypark.co.nz
Beurteilung: Sehr schöne, ruhige Anlage.

Wenn Sie mit Kindern auf Reisen sind, ist der 6 km südlich des Zentrums gelegene **Farmyard Holiday Park** sehr zu empfehlen, in dem Ihre Kinder mit zahmen Tieren spielen können (**185**), GPS: S 44°07'50" E 171°16'26", Coach Road, Geraldine, Tel. 03 693 9355, www.thefarmyardholidaypark.co.nz).

Der SH79 bringt Sie durch sanft gerundete Hügelketten ins 46 km entfernte **Fairlie**. Auf dem Weg dorthin biegen Sie 5 km hinter *Geraldine* in die Te Moana Road ab und folgen der Beschilderung der Glasbläserei *Denise Belanger-Taylor*. Dort können

Sie einen selbstgebauten Brennofen besichtigen, mit etwas Glück bei der Fertigung von Glasarbeiten zuschauen und die Endprodukte (Teller, Mosaike und Schmuckstücke) käuflich erwerben. **Fairlie** ist mit seinen knapp 900 Einwohnern als Tor zum Mackenzie-Country bekannt. Seinen Namen verdankt es frühen Siedlern, die das Gebiet an Fairlie in Schottland erinnerte. Die ersten Siedler waren es auch, die die stattliche Allee am Ortseingang anlegten. Der Ort, der von den umliegenden Farmen als Versorgungs- und Wartungszentrum genutzt wird, präsentiert sich dem Besucher mit vielen farbenfrohen Blumenrabatten. In Fairlie gibt es das in der Mt. Cook Road gelegene *Fairlie Historical Museum* zu besichtigen, und auch die einzige Holunder Weinkellerei Neuseelands ist hier angesiedelt. Im **Fairlie Bakehouse** (74 Main St, Tel. 03 685 6063) warten vom mehrfach ausgezeichneten Chefkoch Franz Lieber zubereitete Spezialitäten auf Sie. Auf dem Weg nach Kimbell liegt die historische Schafschurstation *Three Springs Sheep Station*.

Café kurz vor Fairlie

(186) WOMO-Campingplatz-Tipp: Lake Tekapo HP

GPS: S 44°0'5" E 170°28'18". **WOMOs:** 80 mit Stromanschluss

Ausstattung/Lage: Spielplatz, Dusche (2 NZD!) / Direkt am See gelegen. **Preise:** Stellplatz mit Strom 40 NZD (2 Personen)
Zufahrt: Am Ortsausgang den Schildern folgen
Kontakt: Lakeside Drive, Lake Tekapo, Tel. 0800 853 853, www.laketekapo-accommodation.co.nz
Beurteilung: Anlage sehr eng, wenig Toiletten und Duschen, in keinem guten Zustand, Management unfreundlich. In die Ortschaft Lake Tekapo 20 min zu Fuß. Thermalbad in der Nähe, 5 min zu Fuß.

Sie folgen dem SH8 durch die sanft gerundeten Hügelketten des **Rolling Hill Country** bis zum 21 km entfernten *Burkes Pass*, der in einer Höhe von 709 m zwischen den Bergketten *Rollesby Ranges* und *Two Thumbs Range* liegt. Er ist nach *Michael John Burke* benannt, der 1855 diesen Pass ins *Mackenzie Country* entdeckte. Das Landschaftsbild wandelt sich nun schlagartig von sattgrünen Weidelandschaften in trocke-

Church of the Good Shepherd

ne *Tussock Steppe*. Im von Trockenheit geprägten *Mackenzie Becken* grasen vorwiegend die robusten *Merino-Schafe*, die für ihre feine Wolle bekannt sind. Durch künstlich angelegte Stauseen hat das ansonsten karge und im Sommer von braungelbem Tussock Gras bestimmte Land einige grüne Oasen erhalten. Benannt wurde es nach dem Schotten *Mackenzie*, der 1855 mehr als 1000 gestohlene Schafe hierhin getrieben hatte.

Nach weiteren 21 km erreichen Sie **Lake Tekapo**, den mit einer Fläche von 83 km² größten Binnensee der Region *Canterbury*. Er befindet sich auf einer Höhe von über 700 m ü.d.M. und wird durch die aus Schmelzwasser von Gletschern gebildeten *Godley River* und *Cass River* gespeist. Die im See schwimmenden mikroskopisch kleinen Felspartikel reflektieren das Sonnenlicht und lassen den See in leuchtendem Türkis erstrahlen. Der See dient als Quelle für das kleine Wasserkraftwerk Waitaki. Für dieses Wasserkraftwerk wurde der Wasserspiegel des Sees um einige Meter angehoben. *Lake Tekapo* ist der höchstgelegene See im System des **Upper Waitaki Power Scheme**, in dem 25% des neuseeländischen Strombedarfs erzeugt wird.

Blick auf Lake Tekapo vom Mount John

Am Südufer des Sees, in direkter Nähe zum abfließenden Tekapo River, befindet sich der aufstrebende Ort **Lake Tekapo Village** (850 Ew). Hier befinden sich auch einige touristische Einrichtungen, die besonders in letzter Zeit den See zu einem immer bedeuten-

Rundwanderweg auf dem Mount John

deren Tourismusziel machten. Kajak-, Segel- und Angeltouren können hier gebucht und Mountain Bikes angemietet werden. Die erste Kirche der Gegend, die Steinkapelle zum guten Hirten (englisch: *Church of the Good Shepherd*), wurde 1935 vom Architekten R. S. D. Harman aus Christchurch errichtet und gehört wegen ihrer exponierten Lage direkt am See zu den am meisten fotografierten Kirchen Neuseelands. Anstelle eines großen Altars verfügt die Kirche über ein weites Fenster, das den Blick des Kirchgängers über den *Lake Tekapo* bis zum *Mount Cook* schweifen lässt.

Nur etwa 100 m entfernt wurde 1968 von Schaffarmern das *Collie Dog Monument* errichtet: Die Bronzeskulptur eines Hirtenhundes soll die herausragende Bedeutung der Hirtenhunde bei der schafwirtschaftlichen Erschließung des unwirtlichen *Mackanzie Beckens* würdigen. Auch dieses Denkmal gehört zu den meistfotografierten Motiven des Landes. Zum Gelingen der Fotos tragen ebenfalls die einzigartig guten Lichtverhältnisse am *Lake Tekapo* bei, der im Ruf steht, die klarste Luft

(187) WOMO-Stellpatz: Lake Tekapo Canal Rd

GPS: S 44°3'40" E 170°25'46". **Max. WOMOs:** 10

Ausstattung/Lage: Nichts / am Tekapo River.

Zufahrt: Lake Tekapo auf dem SH8 Richtung Lake Pukaki verlassen und nach 2 km links in die Tekapo Powerhouse Rd abbiegen. Dieser 2 km bis zur Tekapo Canal Rd folgen. Sie fahren auf dem Level des Kanals und sehen links unten den Tekapo River liegen. Suchen Sie sich eine geeignete Zufahrt, Vorsicht holprig! Die GPS Koordinaten beziehen sich die Pattersons Ponds, zu denen Sie etwa 4 km auf der Tekapo Canal Rd fahren müssen.

Beurteilung: Einsamer Platz für Mutige. Herrliche weiträumige Flusslandschaft. Nachts bietet sich Ihnen ein prächtiger Sternenhimmel. Flusspegel im Auge behalten!

der Südhalbkugel zu haben. Um einen schönen Blick über die Umgebung des Sees zu bekommen, ist eine Wanderung zum **Mount John Lookout** zu empfehlen (10 km hin und zurück, 300 m Anstieg, 3 h). Wer einen Flug zum Mount Cook plant, sollte von Tekapo aus starten, das ist preisgünstiger als ein Flug vom *Glentanner Park Center*, das im oberen Bereich

Blick über den Lake Pukaki zum Mount Cook

des Lake Pukaki liegt

Weltweite Bekanntheit genießt die direkte Umgebung des Sees bei astronomisch Interessierten wegen des sehr dunklen Nachthimmels . Nicht zuletzt deswegen wurde auf dem etwas nördlich der Stadt gelegenen *Mount John* ein *astronomisches Observatorium der Universität Canterbury* errichtet. Das vor 50

(188) WOMO-Stellplatz: Lake Alexandrina / McGregor

GPS: S 43°56'12" E 170°27'38". **Max. WOMOs:** 10
Ausstattung/Lage: Toilette / Am Lake Alexandrina / McGregor.
Preise: Preise: 5 NZD pro Person, zu zahlen per Selbstregistrierung oder an den Kommunalvertreter vor Ort.
Zufahrt: Von Lake Tekapo kommend rechts in die Godley Peaks Road einbiegen und dieser etwa 9 km bis zum Lake McGregor folgen. Dann links in die Lake Alexandrina Road einbiegen. Der beschriebene Stellplatz liegt kurz vor der Brücke zu den Wochenendhäuschen.
Schon 400 m davor, am Lake McGregor, werden Sie Wohnmobile stehen sehen. Auch dort können Sie übernachten. Beide Plätze werden von der Kommunalbehörde betrieben.

Beurteilung: Wunderschön gelegene einfache Plätze, sehr ruhig.

Jahren errichtete Observatorium, das von den Amerikanern zunächst als Satellitenkontrollstation genutzt wurde, hat bereits ein wenig astronomische Geschichte geschrieben: 2008 entdeckte man dort den bis dato kleinsten bekannten extrasolaren Planeten. Den Astronomen des Observatoriums zuliebe begann 1965 die Verdunklung von *Tekapo*, die mittlerweile als regionale Besonderheit vermarktet wird. Das **Astro Café am Mount John Observatory** ist nicht nur wegen seiner Rundumsicht zu empfehlen. Wegen des fehlenden Lichtes aus künstlichen Quellen, hofft *Lake Tekapo* Village auf die Verleihung des UNESCO-Titels „Starlight Reserve“.

Flug zum Mt Cook

Am Abend zeigt sich im Westen ein blauer Fleck am Himmel, ein Hoffnungsschimmer. In der Nacht verziehen sich die Wolken ganz, und am nächsten Morgen ist alles reingewaschen und die Luft glasklar - ein kleines Wunder! Wer hätte das gedacht, nach dem es am Lake Tekapo bei unserer Ankunft unaufhörlich regnete und der Himmel aussah, als wäre er ein einziges Wolkenmeer. Sofort rufen wir den Flugplatz an, ja, es gibt noch zwei Plätze im ersten Flieger. 30 Minuten später sitzen wir in der Maschine. Die Bedingungen für diesen Flug auf der Rückseite des durchgezogenen Tiefs sind perfekt. Nach einer Zwischenlandung am Glentanner Airport schraubt unser Pilot Tom seine Maschine immer höher an der Bergkette des Mount Cook und des Mount Tasman hinauf, bis auf die Gipfelhöhe von 3754 m.

Traumhafte Sicht, immer näher kommt der Gipfel, dick verschneit mit einer 3 m hohen Neuschneeschicht, die in den Nächten zuvor gefallen war. Der Tasman Gletscher unter uns leuchtet weiß-blau, tiefe Schluchten durchfurchen ihn. Und immer wieder kurven wir ganz nah um die Gipfel. Bei dieser grandiosen Sicht, ein wunderschönes Gefühl! Wir erleben diese gigantische Bergwelt aus luftiger Nähe und fühlen uns wie Adler auf ihrem Weg zum heimischen Horst. Auf der Westseite der neuseeländischen Alpen liegt eine dichte Wolkendecke. Darunter erspähen wir zunächst den Fox Glacier und wenig später den Franz-Joseph Glacier. Wir haben Glück und können unter den Wolken hinab bis zur Gletscherzunge schauen. Der Pilot tritt den Rückflug an und der herrliche Panoramaflug geht leider viel zu schnell zu Ende. Im Gleitflug überfliegen wir den Gletschersee des Tasman Glacier mit seinen großen Eisbergen und haben einen phantastischen Blick in den hinteren Teil des Lake Pukaki. Schließlich überfliegen wir noch den Murchison Gletscher und den Godley Gletscher und schweben danach über den Lake Tekapo, vorbei am Lake Alexandria und dem Mt John Observatorium, zurück zu Lake Tekapo Airport. Ein unvergesslicher Flug! Bei guter Wetterlage sollten Sie nicht lange zögern, fliegen Sie!

Richtung Südwesten erreichen Sie über SH8 nach 50 km **Lake Pukaki**. Auch dieser 80 km² große und zwischen 518 und 532 m ü.d.M. liegende See entstand durch sich zurückziehende Gletscher, den *Tasman-Gletscher* und den *Hooker-Gletscher*. Der See fließt an seinem Südende in den *Pukaki River* und gehört zum oberen Teil des Wasserkraftprojektes am *Waitaki River*. Nahe dem Abfluss gibt es mehrere Dämme und Kanäle, die ihn mit dem Lake Tekapo und Lake Ruataniwha verbinden. Der Wasserspiegel wurde zweimal um insgesamt 37 m angehoben, wobei die Insel *Five Pound Note Island* überflutet wurde, die

Seine Majestät Mount Cook

früher auf Neuseelands Fünf-Pfund-Banknote abgebildet war. Bei gutem Wetter lohnt es sich, bei der Anfahrt zum Lake Pukaki einen kleinen Umweg über die asphaltierte *Tekapo-Pukaki Canal Road* zu machen. Hier können Sie eine **Lachsfarm** besichtigen und Lachs kaufen, der im Kanal gezüchtet wird. Die Lachse finden dort ideale Bedingungen vor: reichlich Nährstoffe und eine starke Strömung. Sie gehören zu den besten Zuchtlachsen der Welt.

(189) WOMO-Stellplatz: Lake Pukaki Dam

GPS: S 44°11'12" E 170°9'5". **Max. WOMOs:** 10
Ausstattung/Lage: Plumpsklo, eigenes Papier mitnehmen / Kurz vor dem Staudamm in einem Pinienhain, mit Blick auf den Mt Cook.
Zufahrt: 200 m vor dem Pukaki Damm rechts vom SH8 abbiegen und dem Weg bis zu einem großen Areal am See folgen.

(190) WOMO-Stellplatz: Lake Pukaki Hayman Rd

GPS: S 44°9'57" E 170°12'48". **Max. WOMOs:** 3
Ausstattung/Lage: Nichts / Malerisch, direkt am Lake Pukaki, mit Blick auf den majestätischen Mount Cook.
Zufahrt: Vom SH8 rechts in die Hayman Rd abbiegen, nach 400 m links einen kleinen Weg zum See fahren.

(191) WOMO-Stellpatz: Lake Pukaki Canal Rd

GPS: S 44°8'5" E 170°12'43". **Max. WOMOs:** 10
Ausstattung/Lage: Nichts / am Lake Pukaki.
Zufahrt: Vom SH8 rechts in die Hayman Rd abbiegen. Der Platz liegt ein Kilometer südlich der Tekapo Canal Rd und der Power Station.

Beurteilung: Unvergleichlich, dieser freie Stellplatz am Lake Pukaki! Mehrere wunderschöne Plätzchen direkt am See laden zum Verweilen ein. Den großartigen Blick über das leuchtend türkisblaue Wasser auf viele Berge bis hin zum schneebedeckten Mt. Cook kann man stundenlang genießen. Und die Krönung eines warmen, sonnigen Sommertages ist ein (kurzes) Bad in diesem fantastischen Wasser. Nachts bietet sich ein unvergleichlicher Sternenhimmel über dem Womo, einfach nur schön.

Blick vom Hooker Vally Track

Am Südende des Sees des Sees liegt das **Lake Pukaki Visitor Centre** und ein Kilometer dahinter zweigt der SH80 Richtung **Aoraki Mount Cook Village** ab. Nachdem die kurvenreiche alte Straße im angehobenen See untergegangen ist, führt nun eine neue Schnellstraße durch das Tussock Grasland des Westufers. *Peters Lookout*, einen beliebten Aussichtspunkt, erreichen Sie nach 12 km. Nach weiteren 21 km liegt rechts der Straße das *Glentanner Park Centre*, wo Sie einen ersten Blick auf den *Tasman Gletscher* werfen können und ein neues komfortables *Visitor Centre* vorfinden. Die gebuchten Flüge können sofort in Angriff genommen wer-den, da der Hubschrauber-Landeplatz direkt vor derHaustür liegt und auch der *Mount Cook Airport* nur wenige Kilometer entfernt ist. 17 km trennen Sie nun noch von *Mount Cook Village*, 762 m hoch am Ende des *Hooker Valley* gelegen. Seine Majestät **Mount Cook**, oder **Aoraki** (Wolkendurchbrecher), wie ihn die Maori nennen, liegt nun direkt vor Ihnen. Bei einem Bergsturz verlor er 1991 10 m an Höhe, überragt aber mit 3754 m alle anderen Berge Neuseelands immer noch um mindestens 200 m. *Mount Cook* und die nordöstlich liegende Region, mit unglaublichen 22 Dreitausen-

Eisberg im Tasman Gletschersee

Hängebrücke am Hooker Valley Track

dern, wurde 1986 als **Aoraki Mount Cook Nationalpark** zum Weltkulturerbe der UNESCO erklärt. Im Visitor Centre können Sie sich in einer audiovisuellen Show über die alpine Region informieren und mit ausreichend Kartenmaterial für die beabsichtigten Wanderungen versehen. Zehn kurze, gut markierte Wanderungen werden in der DOC-Broschüre ausgewiesen. Jeweils zwei Stunden nehmen der *Red Tarns Track*, *Kea Point* und *Hooker Valley Track* in Anspruch.

(192) WOMO-Wanderplatz: White Horse Hill - DOC Scenic Camsite

GPS: S 43°43'8" E 170°5'36". **WOMOs:** 50

Ausstattung/ Lage: Toilette, Gemeinschaftsküche / Inmitten beeindruckender alpiner Landschaft.
Preise: Stellplatz 10 NZD pro Erwachsenem, Kinder 5 NZD.
Zufahrt: Am Ende des SH80, kurz vor Mt Cook Village, 2,5 km über eine Schotterstraße dem Schild Hooker Valley folgen. **Hinweise:** Großzügiger DOC Platz. Ideal gelegen für verschiedene Wanderungen im Aoraki/Mt. Cook National Park. Die nächste Dumping Station finden Sie in Twizel (65 km).
Twizel Public Dump Station, GPS: S 44°15'28" E 170°6'2"

Dabei ist der *Hooker Valley Track* besonders beliebt, denn der Weg führt an einem Gletscherbach entlang, am malerischen *Muller Lake* vorbei, überquert zwei Hängebrücken und kann bis zum *Hooker Lake* erweitert werden, um dann drei Stunden hin und zurück in Anspruch zu nehmen. Erfahrene Alpinisten können bei einer der drei Passüberquerungen (*Mueller Pass, Copland Pass* und *Ball Pass*) noch tiefer in das Gebiet des Nationalparks vordringen. Dominiert wird *Mount Cook Village* ganz eindeutig vom Komplex des Luxushotels *The Hermitage*, der bekanntesten Unterkunft Neuseelands. Zwei Kilometer nördlich liegt ein Parkplatz und auf steinigem Untergrund der **White Horse Hill Campground (DOC)**, der im Sommer Toiletten und fließendes Wasser bereithält, das aber erst nach dreiminütigem Kochen getrunken werden sollte. Auf dem Rückweg biegen Sie kurz hinter *Mount Cook Village* links in die nicht asphaltierte *Tasman Valley Road* ab, der Sie etwa 7 km bis zu dem *Parkplatz Blue Lakes* folgen. Hier beginnt eine sehr schöne kurze Wanderung, die uns in 20 Minuten an den drei *Blue Lakes* vorbei zum **Tasman Glacier View** führt. Wer die 100 m Steigung überwunden hat, wird mit einem tollen Blick auf den Tasman Gletschersee belohnt, in dem riesige Eisberge schwimmen. Deren wirkliche Größe kann man erst abschätzen, wenn eines der gelben Schlauchboote auf dem See unterwegs ist, das Touristen zu den Eisbergen bringt. Auf der Rückfahrt zum asphaltierten SH80 haben Sie einen phantastischen Blick in den hinteren Teil des Lake Pukaki.

Abel Tasman Gletscher

Alternativroute über Timaru

Wenn Sie es eilig haben in die Mount Cook Region zu gelangen, oder direkt nach Oamaru/Dunedin weiterfahren wollen, sollten Sie den SH1 wählen. Er führt schnurgerade durch die **Canterbury Plains** ins 165 km entfernte Timaru. Von dort fahren Sie 65 km nach Fairlie (SH8), oder 85 km nach Oamaru (SH1). Die überaus fruchtbaren Canterbury Plains beherbergen riesige Rinder- und Schafsfarmen und sind eine der bedeutendsten Kornkammern Neuseelands. Ihre Fahrt durch Rakaia,

Ashburton und das Töpfereizentrum Temuka wird vermutlich nicht sehr abwechslungsreich sein, dafür verschafft Ihnen ein klarer Tag einen wunderbaren Blick auf die Neuseeländischen Alpen. Das noch junge Faltengebirge der Southern Alps durchzieht die Südinsel auf einer Länge von 360 km.

Das Hafenstädtchen **Timaru** (27.000 Ew.) bietet Ihnen einige instruktive Baudenkmäler aus der frühen Besiedlungszeit, das sehenswerte South Canterbury Museum und den beliebten Sandstrand **Caroline Bay**. Nur wenige hundert Meter von diesem Strand mit ausgezeichneten Bademöglichkeiten entfernt können Sie mit Ihrem Wohnmobil frei übernachten. Darüber hinaus informieren wir Sie über drei Campingplätze, die Sie auf dem Weg nach Timaru passieren.

(193) WOMO-Campingplatz: Rakaia River Holiday Park

GPS: S 43°45'6" E 172°1'44". **WOMOs:** 77 mit Stromanschluss

Ausstattung/Lage: Spielplatz / großer Platz mit Hecken und Bäumen.
Preise: Stellplatz mit Strom 35 NZD für 2 Personen
Zufahrt: Am Ortseingang links, ausgeschildert.
Kontakt: 85 Rakaia Terrace, Rakaia, Tel. 0800 226 772, www.rakaiariverholidaypark.co.nz
Beurteilung: Ordentlicher Campingplatz mit einfachen Sanitäranlagen, vom Straßenlärm geschützt.

(194) WOMO-Campingplatz: Ashburton Holiday Park

GPS: S 43°55'27" E 171°42'21". **WOMOs:** 24 mit Stromanschluss
Ausstattung/Lage: Spielplatz / Großer Platz mit alten Bäumen um einen Ententeich angelegt.

Preise: Stellplatz mit Strom 35 NZD für 2 Personen
Zufahrt: 3 km nachdem Sie den Ashburton River überquert haben, Sie befinden sich nun in Ashburtons Ortsteil Tinwald Domain, biegt die Maronan Road rechts ab. Der Platz liegt nach 450 m auf der rechten Seite.
Kontakt: Maronan Rd, Tinwald Domain, Ashburton, Tel. 03 308 6805
Beurteilung: Große, grüne Anlage mit Teich und schönem Baumbestand, kein Straßenlärm. Swimmingpool, Tennisplatz und 18 Loch Golfplatz in unmittelbarer Nachbarschaft. Auch sind drei Museen nicht weit: Plains Vintage Railway & Historical Museum (mit Miniatureisenbahn), Ashburton Vintage Car Club & Museum und Lyn Historical Woodworking Trust.

(195) WOMO-Campingplatz-Tipp: Timaru Top 10 Holiday Park

GPS: S 44°23'3" E 171°13'53". **WOMOs:** 100 mit Stromanschluss

Ausstattung/Lage:
Spielplatz / Großer grüner Platz mit altem Baumbestand.

Preise: Stellplatz mit Strom 40 NZD für 2 Personen

Zufahrt: Sie biegen in Timaru gegenüber Ashbury Park rechts in die Hobbs St ein und nach 550 m links in die Selwyn St. Der Platz liegt auf der rechten Seite.

Kontakt: 154a Selwyn Street, Timaru, Tel. 0800 242 121, www.timaruholidaypark.co.nz

Beurteilung: Große, grüne Anlage mit schönem Baumbestand, sehr ruhig. Ausgezeichnete Sanitäranlagen. Stadtnah, Sie laufen zwei Minuten zum Supermarkt.

(196) WOMO-Badepatz: Timaru Caroline Bay

GPS: S 44°23'30" E 171°15'4". **Max. WOMOs:** 10

Ausstattung/Lage: Toilette, Wasser, Entsorgungsstation, Picknicktisch / Halbkreisförmig gebogener Parkplatz, der von der Port Loop Rd eingekreist wird.

Zufahrt: Sie biegen am Hafen links vom SH1 in die Sefton St East (SH78) ein, die in die kreisförmige Port Loop Rd über geht. Nachdem Sie diese 360° gefahren sind, biegen Sie links in die Marine Parade ein und direkt danach, wiederum links, zum Stellplatz.

Beurteilung: Grüner Platz mit Bäumen in Hafennähe (Lastwagen). Durchgang zum Sandstrand der Caroline Bay. Sie dürfen maximal drei Nächte bleiben und müssen den Platz zwischen 10 Uhr und 16 Uhr räumen.

TOUR S03
Aoraki / Mt Cook
3754 m
Mt Cook Village
Mount Misery
2294 m
Rangitata River
Lake Tekapo
Lake Tekapo
Lake Pukaki
Arundel
Burke Pass
709 m
Fairlie
79
Geraldine
8
Tekapo River
197
Twizel
Pleasant Point
Temuka
Lake Ohau
198
8
Benmore Peak
1894 m
Timaru
Makikihi River
Clay Cliffs
199
Ahuri River
Lake Benmore
Mount Nimrod
1525 m
1
8
Omarama
200
Lake Aviemore
Otematata
Hakataramea River
Waihao River
Lake Waitaki
Waimate
Hawkoun Range
201
Hakataramea
Kurow
Takiroa Maori Rock Art
82
Waitaki River
Danseys Pass 935 m
Earthquakes
Duntroon
Elephant Rocks
85
Naseby
Kakanu Mountains
202
Ranfurly
Oamaru
85
Shag River
Moeraki Boulders
Moeraki
WC
203
Trotters Gorge
204
Middlemarch
Palmerston
736 m
Hummnock
87
1
205
WC
E
Port Chalmers
Otago Halbinsel
Lake Mahinerangi
Taieri River
Otago Harbour
206
208
WC
Mosgiel
Portobello
N
207
Dunedin
50 km

Tour S03: Vom Mt Cook ins schottische Dunedin

Mt Cook - Twizel - Omarama - Oamaru - Moeraki - Dunedin - 350 km

Stellplätze:	Ruataniwha, Ahuri River, Hakataramea River, Katiki Trotters Gorge, Warrington, Dunedin, Portobello
Camping:	Ruataniwha, Lake Benmore, Oamaru, Dunedin
Baden:	Lake Ruataniwha, Lake Ohau, Otematata, Oamaru
Wandern:	Lake Ohau, Otematata: Wildlife Reserve, Oamaru: Sebastopol Hill, Trotters Gorge
Essen:	Duntroon: Flying Pig Café, Oamaru: Harbour St Bakkeri, Filadelfios, Dunedin: Scotia

In Tour S03 verlassen Sie die schneebedeckten Gipfel der **Southern Alps** und durchfahren das ausgedehnte Farmland des *Mackenzie-Beckens*. Das in der Bevölkerung als **Mackenzie Country** bezeichnete elliptisch geformte Becken befindet sich im geographischen Zentrum der Südinsel. In **Omarama** biegen Sie in das *Waitaki Valley* ein, das Sie vorbei an Staudämmen und geologisch interessanten Stellen bis zum Pazifik bringen wird. Dort erwartet Sie **Oamaru** mit europäischer Architektur und deutschem Sauerteigbrot. Danach führt Sie Tour S03 an der Küste entlang bis **Dunedin**. Unterwegs bestaunen Sie die riesigen Steinkugeln der **Moeraki Boulders**, die vom Meer aus der Uferböschung herausgespült wurden.

Ihre erste Station ist **Twizel**, das inmitten ausgedehnter, meist braungelber Weideflächen liegt, eingerahmt von alpiner Landschaft. Da die Bäume in der Umgebung weitestgehend fehlen, wirkt *Twizel* mit seinen vielen Bäumen wie eine Oase. *Twizel* wurde 1966 auf Farmland als Wohnsiedlung für die am Bau des Wasserkraftprojekt am Oberlauf des *Waitaki River* Beteiligten gebaut und erreichte auf dem Höhepunkt der Bauarbeiten stattliche 6.000 Einwohner. Nach Fertigstellung der Bauarbeiten 1983 sollte *Twizel* eigentlich wieder aufgegeben werden. Die Einwohner kämpften jedoch erfolgreich für den Fortbestand des heute 1.200 Einwohner zählenden Ortes. Ein altes Rohr erinnert heute am *Information*

Lachsfarm nahe Twizel

Centre an die Bauarbeiten zum Staudamm. Die Stadt wurde nach einem *skandinavischen Muster* entworfen, demzufolge Läden, Schule und ein Erholungspark das Stadtzentrum bilden und die Wohnungen darum herumgebaut werden. Die kleinsten Wohngebäude waren für Arbeiter bestimmt, etwas größere *Staff Houses f*ür Lehrer und Fachleute, die größten für Ingenieure und andere Einwohner mit hohem sozialen Status. Die meisten Häuser waren demontierbare Fertighäuser, um sie nach Projektende wieder abbauen zu können. Den Straßen und Wegen wurde ein kurviger Verlauf gegeben. *Twizel* ist heute Dienstleistungszentrum wie auch Touristenstadt. Der nahe gelegene **Lake Ruataniwha** lädt zum Segeln, Kanu fahren, Angeln, Wasserski fahren oder einfach nur zum Baden ein. Auf dem *Lake Ruataniwha* finden die jährlichen Ruderwettkämpfe für den Maadi Cup statt, einer von Schulen durchgeführten Regatta für Schüler unter 18 Jahren.

(197) WOMO-Campingplatz-Tipp: Ruataniwha HP

GPS: S 44°16'21" E 170°4'6". **WOMOs:** 150 mit Stromanschluss
Ausstattung/Lage: Spielplatz / Am Lake Ruataniwha.
Preise: Stellplatz mit Strom 18 NZD pro Person, Kinder 10 NZD, Kinder unter 2 Jahren sind frei
Zufahrt: Den SH8 3 km Richtung Omarama fahren, dann rechts in den Max Smith Drive einbiegen. Nach 3 km links abbiegen.
Kontakt: Lake Ruataniwha, Twizel, Tel. 03 435 0613, www.lakeruataniwha.co.nz
Beurteilung: Einfache, großzügige und ruhig gelegene Anlage. Jeder der gerne Wassersport treibt ist hier gut aufgehoben. Der Standard der Einrichtungen ist allerdings nicht sehr hoch.

Das nationale Ruder-Leistungszentrum ist hier angesiedelt. Direkt daneben liegt ein großer Camping platz, der überwiegend von Kiwis aufgesucht wird. Im Ort *Twizel* gibt es lediglich einen kleinen Campingplatz (122 McKenzie Dr , Tel. 03 435 0507)

Lake Ohau

und eine öffentliche Entsorgungsstation (Twizel Public Dump Station, GPS: S 44°32'45" E 170°5'11"). Twizel verfügt auch über eine große Startbasis für Heißluftballons. Das nahe *Ohau-Skigebiet* und die **Roundhill Ski Area** ziehen im Winter Besucher an. Das Gebiet hat, wie schon im Beitrag für den *Lake Tekapo* beschrieben, einen der saubersten, lufttrockensten und dunkelsten Nachthimmel der Welt. Dies hat schon seit längerer Zeit Astronomen zur Beobachtung nach *Twizel* und in das *Mackenzie Becken* geführt. Ein Observatorium in *Twizel* ist im Bau. Bereits in Betrieb ist der *Ben Ohau Golfclub*, auf den man durch ungewöhnliche Schilder aufmerksam wird, die vor Golfbällen warnen, die über die Fahrbahn geflogen kommen könnten. Lohnenswert ist außerdem ein Besuch der *Kaki/Black Stilt Visitor Hide*, das zum Schutz des vom Aussterben bedrohten Schwarzen Stelzenläufers (Kaki) errichtet wurde.

(198) WOMO-Badeplatz: Ruataniwha Reserve

GPS: S 44°16'53" E 170°5'0". **Max. WOMOs:** 3

Ausstattung/Lage: Nichts / Am Lake Ruataniwha.

Zufahrt: Sie biegen vom SH8 rechts in den Max Smith Drive ein, der direkt am See entlang führt. Nach 400 m führt ein holpriger Weg zum See.

Beurteilung: Idyllisches Plätzchen unter hohen Pinien, direkt am türkisblauen Wasser des Lake Ruataniwha. Ideal für eine Übernachtung mit einem Lachs Dinner, denn der Clou an diesem Platz: nur 1,6 km entfernt ist unsere favorisierte Lachsfarm angesiedelt (GPS S 44°17'27" E 170°5'3"), dort kaufen Sie ganze Lachse, frische Filets oder geräucherte Lachsstücke. Unbedingt probieren!

Hinweis: Nicht erlaubt zwischen 24.12. und dem 2. Montag im Januar.

Tipp: Auf jeden Fall anhalten sollten Sie an der **Lachsfarm**, die kurz hinter dem Ort direkt am SH8 liegt. Man drückt Ihnen dort zur Begrüßung Fischfutter in die Hand und Sie können die in einem großen runden Becken ständig im Kreis schwimmenden Lachse füttern. Im Shop sollten Sie danach unbedingt frischen Lachs in allen möglichen Varianten kaufen. Er schmeckt ausgezeichnet und ist sehr zu empfehlen Auch ein kurzer Abstecher über eine schmale Versorgungsstraße zum

Clay Cliffs

an der Grenze zwischen den Regionen *Otago* und *Canterbury* gelegenen **Lake Ohau** ist sehr empfehlenswert. Mit einer Fläche von 54 km² ist er zwar etwas kleiner als seine ebenfalls in Nord-Süd-Richtung ausgerichteten Nachbarn *Lake Pukaki* und *Lake Tekapo*, aber nicht weniger geeignet zum Baden und Kanu fahren. Im nordwestlichen Bereich seiner Zuflüsse *Dobson River* und *Hopkins River* kann man wunderbare Wanderungen durch die Südbuchenwälder unternehmen, die in der DOC Broschüre genau beschrieben sind. Das *Ohau-Skigebiet* liegt nahe der Südwestküste des Sees. Die Zufahrt zum *Ort Lake Ohau* erfolgt etwa auf halber Strecke zwischen Twizel und *Omarama* vom SH8 aus.

(199) WOMO-Stellplatz: Ahuri River Campsite

GPS: S 44°28'04" E 169°59'18". **Max. WOMOs:** >20
Ausstattung/Lage: Nichts / Am Ahuri River.
Zufahrt: 3 km vor Omarama, kurz vor der Brücke über den Ahuri River.
Beurteilung: Einfacher, großer Platz. Flusspegel im Auge behalten!

Sie fahren nun 31km durch eine karge, aber dennoch reizvolle Landschaft bis **Omarama** (Maori: *Ort des Lichtes*). Der kleine Ort ist vor allem für sein Segelfluggelände bekannt, auf dem 1995 die Weltmeisterschaft stattfand und das als Ausgangspunkt zahlreicher Weltrekorde diente. Der Flugpionier *Dick Georgeson* unternahm hier den ersten Segelflug auf der Südinsel und erreichte 1960 eine Höhe von 10.484 m. Segelflieger und Paragleiter werden jeden Sommer von der ausgezeichneten Thermik magisch angezogen. Vom Ort aus hat man einen wunderbaren Blick auf den 13 Kilometer entfernten *Benmore Peak*, der mit 1.932 m höchsten Erhebung der *Benmore Range*. Etwas nördlich der Siedlung verläuft der *Ahuriri River*, der sechs Kilometer östlich in den Stausee **Lake Benmore** mündet. In *Omarama* gibt es einen ordentlichen Campingplatz (Omarama Top 10 Holiday Park, 1 Omarama Avenue, Tel. 03 438 9624). Nur durch den weitverästelten *Ahuriri River* getrennt, liegt nordwestlich von *Omarama* die spektakuläre Felslandschaft der **Clay Cliffs** mit ihren Zinnen und Felsnadeln. Hier finden

Wasserkraftwerk am Lake Benmore

Sie eine bizarre Landschaft von kahlen Steintürmen und kantigen Felsrücken vor, die durch eine schmale Spalte im Fels betreten werden kann. Auf dem Gelände der *Clay Cliffs* geht es steil nach oben und zu ihrer Erkundung sind fast schon Kletterkünste erforderlich. Die *Clay Cliffs* sind ein instruktives Beispiel dafür, was Erosion durch Wasser formen kann, wenn sie geeignete Bedingungen vorfindet, hier Lehmklippen, die durch tektonische Aktivität freigelegt wurden. Sie erreichen die *Clay Cliffs*, indem Sie von *Twizel* kommend 3,5 km vor Omarama einer ausgeschilderten Nebenstraße folgen. Die letzten 4 der insgesamt 11 km führt sie über eine schrecklich schlechte Straße durch privates Gelände (Nutzungsgebühr 5 NZD pro Fahrzeug). Die Straße mit einem Wohnmobil zu befahren ist für den Camper eine Extrembelastung und den Fahrer eine absolute Zumutung. Wir müssen leider davon abraten.

(200) WOMO-Campingplatz-Tipp: Lake Benmore HP

GPS: S 44°31'19" E 170°3'11".
WOMOs: 14 mit Stromanschluss
Ausstattung/Lage:
Jeder Stellplatz hat eine eigene Toilette mit Dusche, Spielplatz / Vom Lake Benmore nur durch den SH83 getrennt.
Preise: Stellplatz mit Strom 20 NZD pro Person, Kinder 5 NZD, Kinder unter 5 Jahren sind frei.
Zufahrt: Am SH83, 7 km östlich von Omarama.

Kontakt: SH83, Tel. 03 438 9624, Email: benmoreview@xtra.co.nz
Beurteilung: Wunderschöne, ruhige und großzügige Anlage auf Gras.

Südlich von *Omarama* endet das *Mackenzie Becken* und das Gelände steigt stetig bis zum 32 km entfernten *Lindis Pass (965)* an. Sie aber wenden sich Richtung Osten und folgen dem SH83 durch das **Waitaki Valley**, bis er in *Oamaru*,

Abbruch an den Takiroa Felsen

an der Pazifikküste, endet. Das farbenfrohe *Tal des Waitaki* wurde durch das schon erwähnte Staudammprojekt nachhaltig verändert. Insgesamt neun Staudämme wurden gebaut. Nach 26 km erreichen Sie **Otematata**, ein Erholungs- und Freizeitparadies, in dem man schwimmen, wandern und Rad fahren kann. Es existiert ein **Wildlife Reserve**, das von schönen Wanderwegen durchzogen wird. Über eine Nebenstraße erreichen Sie den 5 km entfernten, riesigen **Benmore Damm**, der besichtigt werden kann. Mit 12,5 Millionen Kubikmetern ist der größte Stausee Neuseelands. Nach weiteren 12 km erreichen Sie den nächsten Staudamm, den 1968 fertig gestellten **Aviemore Damm**.

Im weiteren Verlauf des SH83 liegt direkt an der Straße ein riesiger Kalksteinfelsen. Am oberen Rand der steilen Felswand befindet sich der Eingang zum Felsdach mit **Maori Zeichnungen**, die aus einem Gemisch aus Holzkohle und Tierfett angefertigt wurden. Leider wurden mehrere der besten Zeichnungen (zu ihrem Schutz) zusammen mit dem umgebenden Fels herausgemeißelt und in verschiedene Museen gebracht. Eine kleine Handvoll, meist rötlicher Zeichen, lässt noch ein klein wenig davon ahnen, was hier einstmals an eindrucksvollster Maori-Kunst vorhanden war. Im **Waitaki Valley** gab es über 20 Stellen mit historischen Felszeichnungen der Maori. Ein Teil fiel Baumaßnahmen zum Opfer, ein anderer Teil verschwand in den Fluten neu angelegter Stauseen. **Takiroa** ist eine der drei erhalten gebliebenen Stellen. Einige Kilometer weiter liegt, direkt an der Hauptstraße, die **Takiroa Maori Rock Art Site**. Wenig später erreichen Sie den 1859 von schottischen Einwanderern gegründeten Ort **Duntroon** (120 Ew.) mit kleinen neogotischen Gebäuden, der anglikanischen Kirche *St. Martin's* und dem *Vanished World Heritage*

Flying Pig Café

Center, das die Besonderheiten der Geologie des *Waitaki River Valleys* und einige Fossilienfunde zeigt. Zu letzteren gehört das versteinerte Skelett eines Wals, dessen Geschichte hier phantasiereich erzählt wird.

Elephant Rocks

Sicher wird Ihnen in Duntroon ein ganz in rosa gehaltenes Gebäude ins Auge fallen. Das **Flying Pig Café** (23 Campbell St, Tel. 03 431 2717) ist sehr geschmackvoll eingerichtet und bietet Ihnen außerordentlich leckere Muffins und belegte Brote mit Pfiff.

(201) WOMO-Stellplatz: Hakataramea River

GPS: S 44°43'28" E 170°29'19". **Max. WOMOs:** >10 Plätze

Ausstattung/Lage: Nichts / Am Hakataramea River.

Zufahrt: In Kurow vom SH83 links in den SH82 abbiegen und den Waitaki River überqueren (2 Brücken). Am alten Hakataramea Hotel, kurz vor dem Hakataramea River, links in die Old Slip Road einbiegen, über einen Hügel fahren und rechts in eine kleine Straße einbiegen (fishing access road).

Hinweise: Vom Waimate District Council werden für self-contained Wohnmobile zwei Übernachtungen zugelassen. Wegen überhängender Äste ist dieser Platz für sehr hohe Wohnmobile nicht geeignet. Sie können auch den Hakataramea River überqueren, links in die McHenry's Road einbiegen und sich am Flussufer einen Platz suchen.

Zu den geologisch beachtlichen Stellen der Gegend gehören die bizarren **Elephant Rocks**. Sie haben sich im 25 Millionen Jahre alten Sandstein herausgebildet, der sich dort ablagerte und dann zu Kalkstein umwandelte. Ein Spaziergang durch die gewaltigen skurrilen Naturskulpturen, zwischen denen Schafe friedlich grasen vor der Kulisse der Neuseeländischen Alpen, ist erhebend. Teile der Filmaufnahmen für „Die Chroniken von Narnia" wurden hier gedreht. Sie erreichen die Elephant Rocks über eine schmale kurvenreiche Straße Richtung *Danseys Pass*, die 5 km hinter *Duntroon* vom SH83 abzweigt. Auf dem Weg finden Sie auch die *Earth Quakes*, eine schroffe Felslandschaft inmitten sanft geschwungener Schafhügel. Sie sind auf einer tektonischer Bruchstelle der Erde senkrecht angehoben worden. Sie folgen nun dem immer breiter werdenden Bett des *Waitaki River* und treffen nach 35 km auf den SH1 von **Timaru**, der drittgrößten Stadt der Südinsel nach **Dunedin**. Lohnend ist ein 10 km Abstecher Richtung Norden zum mächtigen **Mündungsdelta des Waitaki River**, das landschaftlich beeindruckt, an dem es aber auch bedeutende archäologische Funde gab. Die archaischen Moajäger hinterließen hier um das Jahr 1100

Oamaru Opera House

ihre Spuren.

In den 1850ern kamen immer mehr europäische Siedler in die Gegend, darunter auch *Hogh Robinson*, der 1853 am *Oamaru River* eine Hütte aus Grassode (ausgestochene, viereckige Stücke Grasnarbe) baute. Der Standort wurde 1859 zur Stadt erklärt. **Oamaru** wurde bald zum Zentrum für das landwirtschaftliche Hinterland und baute am nahen *Cape Wanbrow* einen wichtigen Handels- und Fischereihafen. Die Kalksteinfelsen der Umgebung eigneten sich sehr gut für die Weiterverarbeitung und so prägte der künstlerische Umgang der Handwerker mit dem Kalkstein das Stadtbild. Über die wirtschaftlichen Standbeine Landwirtschaft, Holzwirtschaft und Steinbrüche wurde *Oamaru* Ende des 19. Jahrhunderts zu einer der schönsten und finanzstärksten Städte Australasiens. Gut essen können Sie im **Filadelfios** (70 Thames St, Tel. 03 434 8884). Gutes Brot gibt es in der **Harbour Street Bakery,** 4 Harbour Street.

(202) WOMO-Campingplatz-Tipp: Oamaru Top 10 HP

GPS: S 45°5'49" E 170°57'19". **WOMOs:** 50 mit Stromanschluss
Ausstattung/Lage: Spielplatz / Zentrumsnahe Lage.
Preise: Stellplatz mit Strom 21 NZD pro Person, Kinder 5 NZD.
Zufahrt: Den Schildern an der Hauptstraße folgen, mitten im Zentrum.
Kontakt: 30 Chelmer St, Oamaru, Tel. 0800 280 202, www.oamarutop10.co.nz **Beurteilung:** Mitten in der Stadt, günstige, angenehme Anlage. Direkt nebenan ist ein wunderschöner Park. Touren zu den Pinguinen starten hier und können im Office gebucht werden.

Heute können Sie das architektonische Erbe dieser Zeit im **Historic Precinct** genannten Stadtviertel bestaunen. Neben beachtenswerten Banken und Handelshäusern finden Sie hier die *Country Council Chambers* von 1882, das *Opera House* von 1906, das *Courthouse* von 1883 sowie die Kirchen *St. Luke's Anglican Church* von 1865 und die *St. Patrick's Basilika*. Daneben stechen die Hotels *Nothern Hotel* (1880), *Criterion Hotel* (1877) und das ehemalige *Queens Hotel* (1881, heute *Brydone Hotel*) ins Auge. Eine öffentliche Galerie, die *Forrester Art Galerie*, wurde 1983 im neoklassizistischen Gebäude der *Bank of New South Wales* eröffnet. Auch andere Gebäude wurden restauriert. Ein Treuhandfond wurde eröffnet und die Restaurierungsarbeiten am historischen Hafenstadtteil vorangetrieben. Die Parks der heute ca. 12.000 Einwohner zählenden Stadt gehören zu den schönsten der Südhalbinsel. Im

Südosten der Stadt liegt eine große Parkanlage, die zum Meer hin in die *Bushby Beach* übergeht. Dort, also noch im Stadtbereich, gibt es zwei Pinguin Kolonien. Wenn die **Zwergpinguine** abends an Land kommen und zu ihren Schlafplätzen wandern, können sie gut beobachtet werden. Im Bereich des Hafens gibt es insgesamt 3000 Exemplare dieser nicht bedrohten Pinguine. Ein lohnender Fußmarsch führt uns in 30 Minuten auf den **Sebastopol Hill**. Über weitere vorhandene Wanderrouten und alle Sehenswürdigkeiten der Umgebung kann sich der Besucher im sehr hübschen Visitor Centre am Ende der Thames Street ausführlich informieren.

Kriterion Hotel, Oamaru

Den kleinen 150 Einwohner zählenden Fischerort **Moeraki** erreichen Sie 39 km hinter *Oamaru* auf dem SH1 nach Dunedin. Zur Hauptattraktion des Ortes, den *Moeraki Boulders*, biegen Sie 2 km vor dem Ort am Hinweisschild „Boulders“ ab und folgen der Stichstraße. Vom Parkplatz sind es dann noch gebührenpflichtige 5 Minuten zu dem Strandabschnitt, an dem große Gesteinskugeln mit einem Umfang von bis zu drei Metern im Sand liegen. Die **Moeraki Boulders** werden bei Flut vom Meer überspielt und können daher nur bei Ebbe bewundert werden. Es gibt viele verschiedene Formen am Strand, noch ganz unversehrte Steine oder schon fast vollständig zerfallene.

(203) WOMO-Badeplatz: Katiki (north end)

GPS: S 45°24'1" E 170°50'20".
Max. WOMOs: 5
Ausstattung/Lage:
Nichts / Zwischen SH1 und Strand, Bäume.
Zufahrt:
Etwa 6 km südlich Moeraki, in dem Bereich, in dem der SH1 wieder auf die Küste trifft.
Beurteilung:
Einfacher, kleiner Platz am Meer, von einer Gruppe von Bäumen geschützt.

Wissenschaftler gehen davon aus, dass sich die *Moeraki Boulder* vor ungefähr 65 Millionen Jahren in einem 4 Millionen Jahre dauernden Prozess auf dem Meeresboden gebildet haben, bei dem sich durch Kristallisierung von Kalzium und

Moeraki Boulders

Karbonaten um geladene Partikel in schlammigen Unterwassersedimenten die Steinkugeln formten. Vor ca. 15 Millionen Jahren sind sie aus dem Meer aufgetaucht. Der Ort *Moeraki* selbst hat eine hübsche Maori Kirche. Von einem Lookout, an einem Monument zur Erinnerung an die ersten Siedler *Otagos*, können Sie den an einer sandigen Bucht an der Basis einer kleinen Halbinsel gelegenen Ort gut überschauen. Am nahe gelegenen **Katiki Point** finden wir das *Katiki Point Lighthouse*, einen inmitten eines Pinguin Naturschutzgebietes gelegenen Leuchtturm. Hier können Sie *Pinguine, Robben* und *Kormorane* beobachten. Im Beobachtungshäuschen sind sogar Ferngläser verfügbar (Spende erbeten). In der Nähe gibt es weitere Möglichkeiten Tiere zu beobachten, z.B. den wunderschönen, 15 km südlich Moeraki gelegenen **Shag Point**. Er liegt unweit des SH1 an der Mündung des *Shag River*. An der wilden meist stürmischen Felsenküste können Sie Seebären beobachten.

Bevor Sie Richtung Dunedin weiterfahren, sollten Sie einen 7 km Abstecher zur **Trotters Gorge** unternehmen. Auf Höhe des Abzweiges zum *Katiki Point Lighthouse* biegen Sie vom SH1 ins Landesinnere in die *Horse Range Road* ein. Auf den ersten Kilometern ist Vorsicht geboten, denn die Straße wird hier häufig von Holzlastwagen befahren! Im weiteren Verlauf führt sie durch eine hügelige, landwirtschaftlich genutzte Landschaft. Nach 4,5 km zweigt rechts die Zufahrt zu einem reizvoll gelegenen DOC Campingplatz ab (siehe Stellplatz (07)). Wenig später taucht plötzlich eine karstige Schlucht mit markanten ausgewaschenen Kalk-Formationen auf, die Trotters Gorge. Diese Schlucht wird sicherlich jeden Betrachter in ihren Bann ziehen. Von den höher gelegenen Teilen der Strecke haben Sie einen wunderbaren Ausblick bis zum Pazifik. Die Schlucht

Blick auf Port Chalmers

ist prächtig mit Kowhai, Kanuka, und anderem einheimischen Busch bewachsen und von einer vielfältigen Vogelwelt bevölkert. Einige der hier lebenden Pflanzen und Insekten sind einzigartig im gesamten Land.

(204) WOMO-Wanderplatz: Trotters Gorge - DOC Standard

GPS: S 45°24'14" E 170°46'56". **Max. WOMOs:** 10

Ausstattung/Lage: Toilette / Wunderschön mitten in einem urigen Wald gelegen. Ein glasklarer Bach fließt in der Nähe.

Preise: Stellplatz 6 NZD pro Person, Kinder 3 NZD,

Zufahrt: Sie biegen wenige km hinter Moeraki rechts in die Horse Range Rd ein und folgen dieser 4,5 km. Dann rechts in die Trotters Gorge Rd einbiegen, Schildern folgen. Achtung, Sie durchqueren eine Furt!

Hinweise: Wunderschön von altem Wald umgebender Campingplatz. Startpunkt verschiedener Wanderungen durch den Herbert Forest.

Zurück am SH1 verlassen Sie am Shag Point die Küste, passieren bald darauf **Palmerston**, 35 km dahinter **Waikouaiti** und erreichen nach weiteren 26 km **Waitati**. Der kleine, im Jahre 2006 immerhin 501 Einwohner zählende Ort, liegt schon innerhalb der Stadtgrenzen von Dunedin, dessen Stadtzentrum nur noch 19 km entfernt liegt. *Waitati* ist zum Treffpunkt für deutsche Immigranten nach Neuseeland geworden. Empfehlenswert ist ein Abstecher zum eindrucksvollen **Wattenmeer in Aramoana**. Ab *Waitati* folgen Sie 25 km der *Blueskin Road* bis zum schönen **Port Chalmers**. Über die *Aramoana Road*, die kurvenreich am **Otago Harbour** entlangführt, erreichen Sie

Dunedin Bahnhof

nach 11 km Aramoana. Hier, in der Bereich der Öffnung des *Otago Harbour* in den Pazifik, liegt ein ausgedehntes Wattenmeer. Von Aramoana Fahren Sie zurück nach *Port Chalmers* und über den SH88 das Stadtzentrum von **Dunedin**. Es liegt am Südende des Otago Harbour auf einer Sandbank, die die **Otago Peninsula** schließlich zur Halbinsel werden ließ. Dunedin ist eingefügt in das erodierte Lavabett eines alten Vulkans, der sich im Bereich von *Port Chalmers* befand. Der damalige Lavastrom formte vor etwa 10 Millionen Jahren den heutigen *Otago Harbour* aus.

(205) WOMO-Badeplatz: Warrington Domain

GPS: S 45°42'55" E 170°35'47". **Max. WOMOs:** 5

Ausstattung/Lage: Toilette, Entsorgungsstation, Spielplatz / Großer Grasplatz hinter den Dünen.
Zufahrt: Der Platz liegt neben dem „Surf Life Saving Club", 1 Esplanade, Warrington. Sie fahren über die Coast Rd nach Warrington und dann Perry St, Couper St, Bank Rd, Bay Rd und Esplanade. Am Parkplatz rechts vorbei fahren, dann kommt der Womo-Platz.
Hinweis: Dunedin City Council (Tel. 03 477 4000) erlaubt maximal zwei Nächte und maximal zwei Camper in einen 50 m Radius.

Dunedin (sprich „Dänieden") wurde von Schotten nach dem Grundriss *Edinburghs* errichtet und bedeutet „Stadt auf dem Hügel". Auch heute noch werden in *Dunedin* **schottische Traditionen** gepflegt. So gibt es mehrere Dudelsack-Bands, High-

Schalterhalle der Dunedin Railway Station

land Tänze und Haggis, das traditionelle Essen der Schotten. In der mit 119.000 Einwohnern fünftgrößten Stadt Neuseelands können viele historische Gebäude besichtigt werden. Am bekanntesten ist der 1906 eröffnete **Bahnhof**, dessen Außenseite aus Kalkstein ein imposanter Anblick ist, doch richtig ins Staunen versetzt wird man erst durch das Interieur. Die in England hergestellten Mosaiksteinchen ergeben einen herrlichen Fußboden und die Wände der Bahnhofshalle sind mit farbigen Keramikfliesen versehen. Von hier starten u.a. täglich die Ausflüge mit der **Taieri Gorge Eisenbahn**.

Auch die älteste Universität Neuseelands, die 1869 gegründete **University of Otago**, befindet sich in Dunedin. Das Studienangebot umfasst nahezu sämtliche Studiengänge, einzig in Neuseeland kann hier Zahnmedizin, Theologie, Pharmazie und Vermessungswesen studiert werden. Dunedin beherbergt jährlich bis zu 23.000 Studenten aller Bildungseinrichtungen, was der zweitsüdlichsten Großstadt der Welt ein lebendiges Treiben und eine ausgesprochen aktive Kulturszene verschafft. *Dunedin* ist neben *Auckland*, *Wellington* und *Christchurch* eines der Popmusik-Zentren des Landes.

Taieri Gorge Eisenbahn

Dunedin, University of Otago

Dunedin hat eine bemerkenswerte historische Architektur. Diese Stadt gilt als eine der am besten erhaltenen viktorianischen und edwardianischen Städte der südlichen Hemisphäre. So ist die **Dunedin Railway Station** aus massivem Stein im flämischen Renaissance-Stil und der Glockenturm der Universität sowie das Dominikanermünster in einem faszinierenden neugotischen Stil entworfen worden. Viele Besucher sind überrascht, welch außergewöhnliche Architektur, Historie, Kunstszene und Shopping-Möglichkeiten Dunedin bietet.

(207) WOMO-Stellplatz: Dunedin – The Oval

GPS: S 45°53'23" E 170°29'47".
Max. WOMOs: 5
Ausstattung / Lage: Nichts / Parkplatz mitten in der Stadt, an einem großen Sportgelände.
Zufahrt: Von der Princess St in den Ardmore Drive einbiegen. Parken am Ende der Sackgasse.
Hinweis: Dunedin City Council (Tel. 03 477 4000) erlaubt maximal 2 Nächte und maximal 2 Camper in einen 50 m Radius.

(206) WOMO-Campingplatz-Tipp: Aaron Lodge Top 10 HP

GPS: S 45°52'7" E 170°28'29". **WOMOs:** 20 mit Stromanschluss
Ausstattung/Lage: Sehr großer, schöner Spielplatz, Swimmingpool, Spapool / 3 km vom Stadtzentrum, Bushaltestelle und Supermarkt nebenan.
Preise: Stellplatz mit Strom 46 NZD, 17 NZD pro weiterem Erwachsenen, 8 NZD pro weiterem Kind.
Zufahrt: Vom Zentrum aus (Oktagon) steil die Stuart St den Berg hinauf.
Kontakt: 162 Kaikorai Valley Rd, Dunedin, Tel. 0800 879 227, www.aaronlodgetop10.co.nz **Beurteilung:** Platz ist ideal zum Entdecken von Dunedin, etwas eng. Sanitäranlagen sehr gut.

Octagon, Municipal Chambers und St. Paul's Anglican Church (links)

Wer Interesse hat, die Grenzen der Leistungsfähigkeit seines Wohnmobiles auszutesten, kann dies in der Baldwin Street tun. Die laut Guinness-Buch der Rekorde steilste Straße der Welt weist eine maximale Steigung von 35% auf. Jedes Jahr im Februar sorgt das Baldwin Street Gutbuster Rennen mit rund 1000 zumeist jungen Wettbewerbern für ein großes lustiges Spektakel. In Dunedin, mit seinem das Stadtzentrum beherrschenden **Octagon**, kann man alle Einrichtungen einer modernen und blühenden Stadt antreffen und dennoch gibt es keine Verkehrsstaus und Parkplatzprobleme. Eine Vielzahl von Cafés, Restaurants und Bars mit einer faszinierenden Mischung aus Läden und Unterhaltungstreffpunkten sind bei den Besuchern besonders beliebt. Wir empfehlen Ihnen das Restaurant **Scotia** (199 Upper Stuart St, Tel. 03 477 7704), in dem das Angebot schottisch geprägt ist.

Otago Harbour

Ob per historischem City Walk durch reizvolle Parks, alte Anwesen und historische Gebäudeanlagen oder per Öko-Tour auf die Otago-Halbinsel, um das fantastische Wildlife zu beobachten, Dunedin wird Sie begeistern. Juweliere, Fotografen, Maler, Galerien und andere kreative Künstler geben der Stadt ihr ganz eigenes faszinierendes Gesicht mit viel Herz und einer großen Ausstrahlung. Die **Otago Peninsula** ist eine ca. 30 km lange und bis

Panoramablick von Larnach Castle

zu 12 km breite Halbinsel, die vollständig zum Stadtgebiet von Dunedin gehört. Das hügelige Weideland im Landesinneren und die wild zerklüftete Steilküste erinnern an Schottland, die Highcliff Road in der Mitte des Landstreifens offenbart in beide Richtungen spektakuläre Blicke auf den Pazifik. Albatrosse, Seelöwen, Gelbaugenpinguine, hier können sie ganz aus der Nähe beobachtet werden. Was aus der Ferne noch wie ein Felsblock am einsamen Strand gewirkt hat, kann sich bei genauerem Hinsehen als majestätischer Seelöwen-Koloss entpuppen. Es sind ungewöhnliche Begegnungen wie diese, die der Halbinsel den Ruf eingebracht haben, ein einzigartiges Tierparadies zu sein.

Larnach Castle

Ganz in ihrem Norden der Halbinsel liegt einer der stärksten Anziehungspunkte, das Vogelschutzgebiet am **Taiaroa Head** mit der einzigen Festlandkolonie von **Königsalbatrossen**. Die Giganten der Lüfte bringen es auf eine Flügel-Spannbreite von bis zu drei Metern und können bequem vom Besucherzentrum aus betrachtet werden. An den Sandbuchten im Nordwesten ist eine Kolonie der **Gelbaugenpinguine** anzutreffen. Aus Verstecken heraus können Touristen diese stark bedrohten Pinguine mit dem leuchtend gelben Streifen am Kopf beobachten, wie sie abends in der Dämmerung mit hoher Geschwindigkeit durch die

Larnach Castle

Wellen an Land gesaust kommen und dann über den Strand zu den Dünen watscheln, wo sie vom hungrigen Nachwuchs schon lautstark erwartet werden.

Den wohl schönsten Panoramablick können Besucher vom Turm des **Larnach Castle** aus genießen, das auf einer Anhöhe auf der Halbinsel liegt. Das extravagante Schloss wurde 1871 für den Bankier und Politiker William Larnach gebaut und war das teuerste Bauprojekt Neuseelands. Wir wollen es bei dieser Schilderung bewenden lassen und verweisen auf die Besucher information (i-Site) als Quelle für viele weitere Empfehlungen für dieses wundervolle Stückchen Erde.

(208) WOMO-Stellplatz: Portobello Domain

GPS: S 45°50'26" E 170°39'14". **Max. WOMOs:** 5

Ausstattung/Lage: Toilette / Parkplatz mitten in Portobello, dem Herzen der Otago Halbinsel. Geschützte Lage, Grünfläche neben Bäumen und einer Hecke. Sportplatz nebenan.

Zufahrt: Von der Harrington Point Rd, der durch die Otago Halbinsel führenden Hauptstraße in die Allens Beach Rd abbiegen und dieser ca. 180 m folgen. Die Einfahrt zum Platz liegt gegenüber Sherwood St, nahe am „Otago Peninsula Medical Centre".

Hinweis: Dunedin City Council (Tel. 03 477 4000) erlaubt maximal 2 Nächte und maximal 2 Camper in einen 50 m Radius.

Beurteilung: Nicht unbedingt berauschend, aber gut für eine Nacht

TOUR S04
Dunedin
WC
209
Brighton
210
Taieri Mouth
Taieri River
1
Sinclair Feuchtgebiet
Tokomairiro River
Milton
8
Kaka Point
213
Nugget Point Leuchtturm
212
Pounawea
211
Balclutha
Clutha River
Jacks Blowhole
Purakaunui Falls
214
Tautuku Bay
Florence Hill Lookout
Cathedral Caves
Mc Lean Falls
Catlins Conservation Park
Clinten
1
90
93
WC
Niagara Falls
215
Curio Bay
Waikawa
216
Catlins Forest Park
92
Tokanui
Slope Point
Gore
94
Otara
Fortrose
1
218
217
Waipapa Point Leuchtturm
WC
Mataura River
Toetoes Bay
25 km
N
96
219
WC
Waituna Lagune
98
Invercargill
Awarua Bay
220
Winton
6
1

Tour S04: Durch die rauen Catlins im Southland

Dunedin - Balclutha - Catlins - Invercargill - 300 km

Stellplätze:	Brighton Domain, Taieri Mouth, Nugget Point, Tautuku Bay, Waikawa, Fortrose, Lignite Pit
Camping:	Balclutha, Kaka Point, Curio Bay, Invercargill
Baden:	Kaka Point, Tautuku Bay
Wandern:	Kaka Point, Wattwanderung Pounawea, Jack's Blowhole, Purakaunui Falls, Matai Falls, Horseshoe Falls, Papatowai, Lake Wilkie, Tautuku Estuary Boardwalk, Cathedral Caves, McLean Falls, Stewart Island

Tour S04 führt Sie durch den südlichsten Teil Aotearoas. Das dünn besiedelte **Southland** hält für Sie einen der spektakulärsten Landstriche Neuseelands bereit. Sie fahren entlang der **Southern Scenic Route** und sehen gewaltige Wälder, wildes Buschland, fruchtbares Farmland, idyllische Wasserfälle, raue Küstenabschnitte und einsame Strände. Die Ursprünglichkeit der Südinsel können Sie in den **Catlins** in vollen Zügen genießen. Sie folgen der *Southern Scenic Route* bis **Invercargill**.

Verlassen Sie auf Ihrer Weiterfahrtfahrt nach Süden den SH1 an der Ausfahrt Richtung Abbotsford/Sunnyvale/Brighton. Über die Brighton Rd gelangen Sie zum kleinen Küstenort Brighton und später zur Taieri Mouth Rd, die bis zur Mündung des Waipori River wunderschön entlang der Küste verläuft. Unterwegs haben Sie die folgenden beiden reizvollen Gelegenheiten zur freien Übernachtung:

(209) WOMO-Stellplatz: Brighton Domain

GPS: S 45°56'53" E 170°20'6". **Max. WOMOs:** 5

Ausstattung/Lage: Toilette, Entsorgungsstation / Großer Parkplatz am Meer, neben einem Sportplatz und einem Spielplatz. Vom Womo aus können Sie die waghalsigen Wellensurfer beobachten.

Zufahrt: Die Einfahrt zum Platz liegt an der Brighton Rd gegenüber Bath St.

Hinweis: Dunedin City Council (Tel. 03 477 4000) erlaubt maximal 2 Nächte und maximal 2 Camper in einen 50 m Radius.

(210) WOMO-Stellplatz: Taieri Mouth

GPS: S 46°1'3" E 170°14'10". **Max. WOMOs:** 2

Ausstattung/Lage: Nichts / Parkplatz am Meer, mit einige schützenden Bäumen, an der Taieri Mouth Road gelegen. **Zufahrt:** An der Küstenstraße, 11 km hinter Brighton und 6 km vor dem Waipori River.

Clutha River

Nach Überquerung des Waipori River verlässt die Straße die Küste und bringt Sie als Finlayson Rd zurück zum SH1, auf den Sie nach 12 km Fahrt am Lake Waihola treffen. Nach 15 km wartet die 1.900 Einwohner Gemeinde Milton mit einer Kuriosität der Marke „Schildbürger" auf. Wie Sie feststellen werden, ist die Hauptstraße des Ortes an einer Stelle um eine gesamte Straßenbreite seitlich versetzt. Offensichtlich haben die Vermesser der beiden Straßenbautrupps die Straße, jeweils von sich aus gesehen, rechts der Vermessungslinie ausgerichtet.

Die 25 km entfernte Kleinstadt **Balclutha** liegt mit ca. 4000 Einwohnern am *Clutha River* inmitten eines fruchtbaren Schafweidegebietes. *James McNeil* war 1852 der erste Siedler der Stadt. Er betrieb eine Fähre über den *Clutha*, die bis zur Eröffnung einer Brücke im Jahre 1868 von großer Bedeutung war. Heute ist *Balclutha* das landwirtschaftliche Versorgungszentrum von **South Otago** und landesweit bekanntes Zentrum für Schafzucht. Das *South Otago Museum* und die *Stirling-Käserei* können im Ort besichtigt werden. Vor der Weiterfahrt in die **Catlins** versorgen Sie sich im *Clutha Visitor Center* mit Informationsmaterial über diesen spektakulären Landstrich.

Schafe am Clutha River

Sie folgen Hinweisschildern am Ortsausgang von *Balclutha* links in den *Owaka Highway* (SH92), der Sie unmittelbar in die einsame Hügel- und Küstenlandschaft der **Catlins** führt.

Rundweg durch ein Naturschutzgebiet am Kaka Point

Die *Southern Scenic Route* folgt kurvenreich dem Küstenverlauf und ist heute vollständig geteert. Die wilde und zerklüftete **Catlins Coast** ist wegen ihrer hohen Wellen unter Seeleuten berüchtigt, aber bei Big Wave Surfern beliebt, da sie hier viele Stellen zur Ausübung ihres gewagten Sports antreffen.

(211) WOMO-Campingplatz-Tipp: Balclutha Motor Camp

GPS: S 46°14'18" E 169°44'0".
WOMOs: 26 mit Stromanschluss
Ausstattung/Lage: Standard / An einem Park gelegen, direkt hinter dem Damm des Clutha River.
Preise: Stellplatz mit Strom 18 NZD pro Erwachsenem.
Zufahrt: Die Charlotte Street ist eine Parallelstraße der Hauptstraße.
Kontakt: 56 Charlotte Street, Balclutha, Tel. 03 418 0388, www.balcluthamotorcamp.co.nz
Beurteilung: Einfacher Platz.

Der (falsch geschriebene) Name Catlin geht auf den Walfänger Kapitän *Edward Cattlin* zurück. Nachdem der Walfang an Bedeutung verloren hatte, begann die Zeit der blühenden Holzwirtschaft. Die großflächig abgeholzten Steineiben wurden in zahlreichen Sägemühlen verarbeitet. Ein großer Teil des Holzes wurde nach *Dunedin* verschifft und dort überwiegend für den Häuserbau verwendet. Ab 1879 wurde das Holz auch über die neue Bahnlinie abtransportiert und erst in den 30er Jahren des 20. Jahrhunderts verlor die Holzindustrie ihre Bedeutung für die *Catlins*. Heute dominieren die Wirtschaftszweige Milchviehhaltung und Fischerei. Daneben gewinnt zunehmend der

Nugget Point Lighthouse

Ökotourismus an Bedeutung. Das dünn besiedelte Gebiet hat heute etwa 1200 Einwohner, von denen 400 in **Owaka** leben, dem größten Ort der *Catlins*. Das Gebiet der *Catlins* umfasst einen 90 km langen Küstenstreifen zwischen dem *Clutha River* im Nordosten und dem *Mataura River* im Westen. Im Nordwesten weichen die rauen, mit Buschwerk bedeckten Hügel einem hügeligen Weideland. Es bietet sich an 21 km hinter *Balclutha*-

(212) WOMO-Campingplatz: Kaka Point Camping Ground

GPS: S 46°23'9" E 169°46'32". **WOMOs:** 32 mit Stromanschluss
Ausstattung/Lage: Ver- und Entsorgung, Toilette, Dusche, Gemeinschaftsküche, Waschmaschine, Trockner, Spielplatz nebenan / Inmitten von Bäumen und Buschwerk, am Kaka Point Scenic Reserve.
Preise: Stellplatz mit Strom 32 NZD für 2 Erwachsene.
Zufahrt: In Kaka Point von der Küstenstraße in die Moana Street und wenig später in die Tarata Street abbiegen. **Kontakt:** 30 Tarata Street, Kaka Point Otago 9012, Tel. 03 412 8801, www.kakapointcamping.co.nz/
Beurteilung: Einfacher, ruhiger und sauberer Platz. 400m zum Strand.

am **Kaka Point** einen Stopp einzulegen. Am bewachten goldenen Sandstrand der kleinen Feriensiedlung können Sie wunderbar schwimmen. Auch ein gut ausge schilderter 2,5 km Rundweg durch ein schönes Naturschutzgebiet wartet hier auf Sie.

(213) WOMO-Stellplatz: Nugget Point

GPS: S 46°24'10" E 169°47'20". **Max. WOMOs:** 2
Ausstattung/Lage: Nichts / Parkplatz am Meer, neben der Straße zum Nugget Point. **Zufahrt:** In Kaka Point auf der Esplanade nach Südwesten Richtung Nugget Point fahren. Der Platz liegt nach 2,5 km links an der The Nuggets Rd. **Beurteilung:** Einfacher, ungeschützter Platz.

Deutlich spektakulärer ist die nächste Station, der in eindrucksvollen Landschaft gelegene **Nugget Point.** Dessen Parkplatz liegt 9 km hinter dem Kaka Point. Sie wandern über einen befestigten Pfad, der Sie an schroffen Felskanten vorbeiführt. Vereinzelte windschiefe Bäume zeugen von den dauerhaften Stürmen, die an diesem Küstenabschnitt toben. Sie folgen nun der bis auf 133 m ansteigenden Bergflanke und

Purakaunui Falls

hinter einer Biegung entfaltet sich Ihnen ein zauberhafter Blick. Vor Ihnen liegt am Ende einer Felszunge auf einem kleinen Felsen ein weißer Leuchtturm. Das 1869 errichtete **Nugget Point Lighthouse** befindet sich 76 m über dem Wasser und ist heute noch in Betrieb. Sie erreichen es über einen zunächst leicht abschüssigen und dann ansteigenden Weg, zu dessen beiden Seiten der Hang steil zum Meer hin abfällt. Eine Gruppe von Felsen, die in der Verlängerung der Landzunge im Meer liegen, und in der Abendsonne golden schimmern gab dem Ort seinen Namen. Vom Weg aus

Matai Falls

können **Pelzrobben** und - zwischen Oktober und März - die selteneren **See-Elefanten** beobachtet werden (Fernglas nützlich). Ebenfalls vom Parkplatz aus erreicht man in 10 Minuten eine Beobachtungshütte für **Gelbaugenpinguine**. Die Tiere kommen nachmittags aus dem Meer und watscheln Richtung Steilhang, wobei sie immer wieder stehen bleiben. Sie müssen den gesamten steilen Hang hochklettern, um zu ihren Jungen zu gelangen. Wie sie das schaffen ist uns ein Rätsel. Ihr nächstes Ziel ist das bereits erwähnte **Owaka**. Am 5 km vor *Owaka* gelegenen Tunnel Hill

Horseshoe Falls

Tautuku Bay

haben Sie Gelegenheit einen historischen Eisenbahntunnel anzuschauen. In Owaka gibt es ein Museum und eine DOC Visitor Information. Der Campingplatz kann nicht empfohlen werden. Im 4 km entfernten **Pounawea** finden Sie einen einfachen, aber sehr schön an der Mündung des *Catlin River* am Meer gelegenen Platz.

Der nächste Weg führt Sie zu **Jack's Blowhole**, einem imposanten 55 m tiefen Loch, das über einen 200 m langen Tunnel mit dem Meer verbunden ist. Zunächst folgen Sie einer Straße am Wasser entlang zu Jack's Bay. Dann wandern Sie 30 Minuten über Farmland (1 NZD Spende erbeten), bis sich unvermittelt vor Ihnen ein 144 m langes und 68 m breites Loch auftut. Seine steil abfallenden Wände sind schön bewachsen und in 55 m Tiefe tost das Meer. Bitte seien Sie nicht frustriert, wenn das Blowhole seinem Namen keine Ehre macht. Eine Wasserfontäne ist nicht immer garantiert.

Kurz hinter *Owaka* wartet ein weiterer Spaziergang. Sie benötigten 20 Minuten, um über einen gut ausgezeichneten Pfad durch den Regenwald zum oberen Teil **Purakaunui Falls** zu gelangen. Die Kaskade mehrerer Wasserfälle des *Purakaunui River* hat zwar nur eine Fallhöhe von 20 m, ist aber dennoch wunderschön und viel fotografiert. Den schönsten Blick auf die bezaubernden

Lake Wlikie

Blühender Rata bei Papatowai

dreistufigen Wasserfälle hat man von deren Basis aus, zu der wir über den Weg absteigen können. Nur 5 km hinter der Abzweigung nach *Purakaunui* liegen die malerischen **Matai Falls**, die über eine leichte, 10-minütige Wanderung vom Parkplatz aus zu erreichen sind. Das Wasser fließt in Kaskaden über die moosbewachsenen Felsen. Oberhalb der *Matai Falls* liegen noch die **Horseshoe Falls**.

8 km hinter den *Matai Falls* überqueren Sie den *Tahakopa River* und erreichen die kleine Siedlung **Papatowai.** Hier können Sie in einem Gemischtwarenladen Ihre Vorräte auffrischen und einige Waldspaziergänge unternehmen. Nur 2,5 km hinter *Papatowai* finden Sie, unweit des SH92, den mitten im Wald liegenden **Lake Wilkie**. Der kleine Rundwanderweg um den wunderschönen Moorsee wird auch Sie mit wundervollen Spiegelbildern in der glatten Oberfläche des Sees verzücken.

(214) WOMO-Badeplatz: Tautuku Bay

GPS: S 46°34'33" E 169°27'12".
Max. WOMOs: 5
Ausstattung/Lage: Nichts / Nahe der Küste mit einem langen weißen Sandstrand und dem Mündungsbereich eines Flusses.
Zufahrt: Nahe dem Florence Hill Lookout, 3 km hinter dem Ort Papatowai und 1 km vor Lake Wilkie links abbiegen. Eine enge Schotterstraße bringt Sie nach ca. 400 m zu zwei Bereichen mit Stellplätzen.

Mehrere Schilder erläutern das Fortschreiten der Verlandung und die dabei aufeinander folgenden Pflanzen, vom Sphagnum-Moos bis zum ausgewachsenen Wald. Eine kleine Brücke führt an das Seeufer, wo Sie winzige Frösche von nur 1,5 - 2

McLean Falls

cm Größe entdecken können. Nur 100 m hinter der Ausfahrt auf den SH92 erreichen Sie den **Florence Hill Outlook**, der uns einen wunderbaren Blick auf die bezaubernde *Tautuku Beach* liefert. Der **Tautuku Estuary Boardwalk** führt durch Feuchtgebiete im Mündungsbereich des *Tahakopa River*, der hier in einen Meeresarm übergeht (30 Minuten hin und zurück). Eine besonders beliebte Attraktion sind die **Cathedral Caves**, die nur zwei Stunden vor und nach der Ebbe zu begehen sind. Die geeigneten Zeiten sind am Eingang einzusehen (Eintritt 3 NZD). Streng genommen bestehen die *Cathedral Caves* aus einem System von bis zu 15 Höhlen, von denen aber meist nur zwei besichtigt werden. Diese beiden miteinander verbundenen Höhlen sind am leichtesten zugänglich und besitzen ca. 30 m hohe eindrucksvolle Grotten.

(215) WOMO-Stellplatz: Waikawa Recreation Reserve

GPS:
S 46°37'20" E 169°8'7".

Max. WOMOs: 5

Ausstattung/Lage:
Toilette / Grasfläche am Waikawa Harbour.

Zufahrt: Von der Haupt straße, Niagara-Waikawa Rd, in die Larne Street zum Meer hin abbiegen.

Hinweis: Schöne, ruhige Grasfläche am Waikawa Harbour. Erlaubt ist maximal eine Nacht. Gegenüber der Hauptstraße finden Sie eine beliebte Fish and Chips Bude.

Zurück auf der Hauptstraße, zweigt bereits nach einem Kilometer die *Rewcastle Road* zum drei Kilometer entfernten Parkplatz der **McLean Falls** ab. Über einen Waldweg, durch

Curio Bay, versteineter Wald

dichten Regenwald, treffen Sie nach ca. 15 Minuten Fußmarsch auf die insgesamt 100 m hohen Wasserfälle, die sich aus fünf Stufen zusammensetzen. Am Spätnachmittag wird die 4. Stufe, mit 30 m Fallhöhe zugleich die größte, vom Sonnenlicht beschienen. Dies miterlebt zu haben, macht die ohnehin sehr beeindruckenden *McLean Falls* zum unvergesslichen Erlebnis.

(216) WOMO-Campingplatz-Tipp: Curio Bay

GPS: S 46°39'38" E 169°6'11". **WOMOs:** 40

Ausstattung/Lage: Toilette, Dusche, Küche / Durch Schilf und hohe Gräser geschützte Lage auf einem Cliff zwischen Curio Bay und Porpoise Bay.

Preise: Stellplatz mit Strom 10 NZD pro Person.

Zufahrt: Die Curio Bay ist auf der Southern Scenic Route zwischen Fortrose und Papatowai ausgeschildert (13 km Schotterstraße).

Kontakt: Curio Bay, Tel. 03 230 4331, www.curiobay.org/curio-bay-camping-ground.html

Beurteilung: Sehr einfache Ausstattung, aber traumhaft gelegen. Kleiner Shop mit Basislebensmitteln. Wer Glück hat sieht die seltenen Hector-Delphine, Gelbaugen Pinguine oder Seelöwen. Auch gibt es einen versteinerten Wald zu besichtigen (siehe Text).

Sie fahren auf dem SH92 Richtung Invercargill und biegen, etwa 30 km hinter Papatowai, links in die *Niagara Waikawa Road* ein. Diese folgt dem *Waikawa River* und bringt Sie nach 8 km in das Fischerdörfchen **Waikawa**, am wunderschönen *Waikawa Hafen* gelegen. Hier gibt es neben einem kleinen Coffee-Shop eine alte Kirche und ein aus zwei alten Schulhäusern entstandenes Museum. Im *Dolphin Information Center* wird man ausführlich über eine Schule von etwa 20 **Hector**

Waipapa Point, Lighthouse

Delphinen informiert, die von November bis April in der nahe gelegenen **Porpoise Bay** ihre Jungen großziehen. Die kleinen Delphine können oft vom Ufer aus beim Spiel in der Brandung beobachtet werden. Wem das nicht genügt, kann ab **Waikawa** zu *Dolphin Watching* Boots-Touren starten. Der langgezogene Sandstrand der *Porpoise Bay* liegt am Ausgang des *Waikawa Harbour* und ist nur durch eine Landnase von der nächsten Attraktion, der **Curio Bay**, getrennt. Auf diesem Landvorsprung liegt ein Campingplatz, der „Curio Bay Camping Ground", von dem aus man beide Buchten überblicken kann. Die *Curio Bay* hat eine besondere Attraktion zu bieten, den **Fossil Forest**. Von einem Aussichtspunkt unweit des Camping Platzes kann der versteinerte Wald mit versteinerten Baumstümpfen und umgekippten Stämmen bei Ebbe beobachtet werden.

(217) WOMO-Stellpatz: Fortrose Moray Terrace

GPS: S 46°34'31" E 168°47'48". **Max. WOMOs:** 10
Ausstattung/Lage: Toilette, Picknicktische / Grasfläche in Fortrose am Ufer des Toetoes Harbour, in den der Mataura River und der Titiroa Stream fließen.

Zufahrt: In Fortrose vom SH92 links in die Maray Tarrace einbiegen und dieser Straße 500 m folgen.
Hinweis: Erlaubt sind maximal zwei Nächte. Der Platz wird gerne von Neuseeländern besucht. Bei starkem Wind finden Sie hier mehr Schutz, als auf dem exponiert gelegenen Platz auf den Klippen.

Der **Slope Point** ist mit seinen windzerzausten Bäumen der südlichste Punkt der Südinsel, liegt 16 km südwestlich von der *Curio Bay* und ist nur über eine Schotterstraße zu erreichen. Weitere 22 km westlich liegt der **Waipapa Point** an einem Felsenkap, 10 km südöstlich der Mündung des *Mataura River* am äußersten südwestlichen Ende der *Catlins*. Der schöne Strand lädt zum Spaziergang und zu Sturmbeobachtungen am Meer ein. Am 28./29. April 1881 kam es hier zum schwersten zivilen Schiffsunglück Neuseelands, bei dem 131 Menschen an

Bord der *SS Tararua* ihr Leben verloren, als diese auf das 13 km ins Meer hinausreichende **Otara Reef** auflief. Als Reaktion auf das Unglück wurde 1884 ein hölzerner Leuchtturm gebaut, der 1976 automatisiert wurde und noch heute in Betrieb ist. Die *Waipapa Lighthouse Road* führt von der etwa 5 km nordöstlich gelegenen Ansiedlung Otara zum Leuchtturm. Zurück auf dem SH92 verlassen wir kurz hinter **Fortrose**, nach Überquerung des *Mataura River*, die Catlins und erreichen nach 60 km *Invercargill*. Mit rund 50.000 Einwohnern ist das großzügig angelegte **Invercargill** die südlichste Stadt Neuseelands. Die Stadt wurde schachbrettartig und mit sehr breiten Straßen (zum Teil 4 Spuren in jede Richtung) errichtet und weist im Kern viktorianische Architektur auf. Ein großer Anteil der Einwohner *Invercargills* ist schottischer Ab-

Invercargill, Queens Garden

(218) WOMO-Stellplatz: Fortrose Foreshore

GPS: S 46°35'9" E 168°48'9". **Max. WOMOs:** 5
Ausstattung/Lage: Nichts / Direkt an der Steilküste mit weißen Sandstrand und nahe dem Mündungsbereich des Mataura River.
Zufahrt: In Fortrose vom SH92 links in die Neva St und nach 800 m rechts in die Boat Harbour Rd einbiegen. Dieser 1 km vorbei am Golfclub bis zu ihrem Ende folgen.

Unser Lieblingsplatz auf den Klippen von Fortrose

An einem windarmen Tag ein paar Tagesstunden hoch über der See stehen, mit weitem Blick nach Invercargill bis zu Steward Island, vor uns der Abhang der Klippe mit den segelnden Möwen und Kormoranen, nur der Wind und die Brecher der Wellen sind zu hören. Das Tussock Grass bildet Inseln im tiefgrünen Gras, die wenigen Büsche sind vom Wind verbogen, ducken sich an den Boden, wir sitzen in der Sonne und lassen die Füsse baumeln und die Gedanken segeln. Wenn der Wind es zulässt: in der Nacht die Sterne, das Glitzern der Wellen im Mondlicht, ein Traum!

stammung, was heute noch an vielen keltisch klingenden Ortsbezeichnungen zu erkennen ist. Einige Stadtteile sind nach

Flüssen Schottlands benannt. Neben *Dunedin* gilt *Invercargill* als die am stärksten schottisch geprägte Stadt Neuseelands.

Die Stadtgründung geht auf das Jahr 1856 zurück, als in der Gegend um **Bluff** ein Hafen erbaut wurde. Die in der Folge nördlich davon entstandene Siedlung erhielt den Namen *Inver-cargill*. Der erste Namensbestandteil, *„Inver"* entstammt der schottischen Bezeichnung für *Flussmündung*, und der zweite, *„Cargill"*, geht auf den damaligen Gouverneur von Otago, *William Cargill*, zurück. Als größte Stadt des Southlands ist **Invercargill** das Handelszentrum der Region und Reisende finden hier alle Artikel des täglichen Bedarfs. Der Wohlstand der Stadt gründet sich ganz wesentlich auf die Schlachthöfe, die ein Viertel der nationalen Produktion an Lammfleisch erzeugen. Das stets feuchte Klima lässt die Schafweiden das gesamte Jahr über üppig sprießen, was wiederum die Schafe fett

(219) WOMO-Stellplatz: Lignite Pit Scenic Stop

GPS: S 46°27'59" E 168°39'28". **Max. WOMOs:** 3 mit Stromanschluss

Ausstattung/Lage: Toilette, Wasser, Spielplatz / An einem Baggersee mit Park.
Preise: Stellplatz mit Strom 10 NZD pro Person.
Zufahrt: 27 km vor Invercargill links am SH92, nur kleines Schild! **Kontakt:** 15 Ashers Rd, Kapuka, Tel. 03 239 5040, www.lignitepit.co.nz
Beurteilung: Der Platz liegt an einem kleinen See mit schönem Garten. Gutes Café mit Blick auf den See. Moderne, saubere Sanitäranlagen.

macht. Ein anderes wirtschaftliches Standbein ist die Leichtmetallindustrie.

Das Erscheinungsbild von *Invercargill* ist durch weitläufige Grünflächen geprägt. Besonders sehenswert ist der fast in der Stadtmitte gelegene, ca. 80 Hektar große **Queens Park**, eine großzügige Grünanlage mit einem Hirschgehege, Gewächshäusern, einem Rosengarten und einem kleinen Rhododendron-Park. Im bereits 1869 angelegten *Queens Park finden Sie darüber hinaus Skulpturen-Gruppen, ein Café, einen 18 Loch-Golfplatz, mehrere Sportplätze und ein Wassersportzentrum*. Am Südeingang des Parks liegt die eindrucksvolle *Southland Museum and Art Gallery, in Form einer weißen Pyramide gebaut.* Berühmt ist das Museum wegen seines preisgekrönten *Tuatara-Brut-Programmes* und seiner Antarktis-Abteilung. Neben Exponaten zur regionalen Geschichte werden bemerkenswerte Maori Kunstwerke gezeigt. Im gleichen Gebäude ist auch die Touristeninformation untergebracht. Einen sehr guten Überblick über die Stadt hat man von dem 1889 aus Backstein errichteten und südöstlich vom Queens Park gelegenen 40 m hohen Wasserturm. In der Stadt sind auch einige gute Restaurants anzutreffen, die vor allem für ihre frischen Austern und Fischspezialitäten bekannt sind. Die **Bluff-Auster** ist eine gefragte Delikatesse und hat den Ruf, die beste Austernart weltweit zu sein.

Panoramablick vom Bluff Hill

Eine halbe Stunde Fahrt südlich von Invercargill befindet sich der Fischereihafen **Bluff**, in dem die Austern in der Zeit von April bis August absolut fangfrisch genossen werden können. Jedes Jahr im April oder Mai feiert der ganze Ort das *„Bluff Oyster and Southland Seafood Festival"*, ein Event rund um die Auster, gutes Essen und leckeren Wein. Von *Bluff* aus hat man die Möglichkeit, mit einer Fähre nach **Steward-Island** überzusetzen. Die Überfahrt durch die 30 Kilometer breite **Foveaux Strait** dauert nur eine Stunde und eignet sich damit auch für einen Tagesausflug. *Stewards-Island* ist ein Paradies für Wander- und Naturfreunde, ein Ort der Stille und Schönheit. Auf Stewart Island lassen sich die neuseeländische Tier- und Vogelwelt und der urwüchsige Urwald vortrefflich kennen lernen. Eine vom australischen *Great Barrier Reef* kommende warme Meeresströmung sorgt in den flachen küstennahen Gewässern für auffallend klares, warmes Wasser und eine artenreiche Unterwasser-Fauna.

(220) WOMO-Campingplatz-Tipp: Invercargill Top10 HP

GPS: S 46°21'51" E 168°21'22".
WOMOs: 35 mit Strom, davon 12 auf Beton und 23 auf Gras.
Ausstattung/Lage: Spielplatz / 5 km nördlich des Stadtzentrums.
Preise: Stellplatz mit Strom für zwei Personen 42 NZD.
Zufahrt: Die McIvor Road zweigt 5 km nördlich von Invercargills i-Site am Queens Park rechts vom SH6 ab.
Kontakt: 77 McIvor Road, Invercargill, Tel. 0800 486 873, www.invercargilltop10.co.nz
Beurteilung: Kleiner und außergewöhnlich ordentlicher Campingplatz, mit sehr komfortablen und bemerkenswert sauberen Sanitäranlagen. In Stoßzeiten kommt es dort allerdings zu Wartezeiten. Der Platz liegt in der Nähe eines Parks und ist von Monterey-Zypressen umsäumt. Die einzelnen Stellplätze liegen, gut voneinander abgegrenzt, unter schattenspendenden Bäumen.

Milford Sound
Poison Bay
1683 m Mitre Peak
231
Milford Sound
Hollyford River
Bligh Sound
Southerland Sound
George Sound
Homer Tunnel
Mt Christina 2474 m
Dart River
230
Glenorchy
2017 m Triangle Peak
Fjordland National Park
229
Lake Wakatipu
Eglinton River
Mt Irene 1859 m
94
Lake Te Anau
North Mavora Lake
Mt Lyall 1892 m
South Mavora Lake
Eyre Peak 1969 m
227
228
Te Anau
Waiau River
Mararoa River
Eyre Mountains
Eyre Mauntains Conservation Park
Lake Manapouri
226
225
232
224
Manapouri
The Key
94
Flat Mount 1748 m
Oreti River
233
Fjordland National Park
99
1570 m Aparima Peaks
Takitimu Mountains
Mossburn
1634 m Spence Peak
Green Lake
Lake Monowai
Lake Hauroko
Dipton
Oreti River
WC 223
Clifden
Waiau River
Tuatapere
Otahua
Aparima River
Winton
6
Orepuki
Te Waewae Bay
222 WC
99
Riverton
N
25 km
WC 221
Colac Bay
Oreti Beach
Invercargill

Tour S05: In die überfluteten Täler des Fjordlands

Invercargill - Riverton - Manapouri - Doubtful Sound -
Te Anau - Milford Sound - Mossburn - 480 km

Stellplätze:	Colac Bay, Opureki, Clifden Swing Bridge, Manapouri Lake Gunn DOC, Deer Flat DOC, Mararoa River Bridge
Camping:	Manapouri: Possum Loge + Holiday Park, Milford Lodge, Te Anau: Lakeview, Te Anau Great Lakes, Mossburn
Baden:	Oreti Beach, Monkey Island Beach, Brod Bay
Wandern:	Hilltop Lookout, Clifden Caves, Rakatu Wetlands, Lake Te Anau Control Gates, Brod Bay, Fjordland NP Day Walks: Key Summit, Humboldt Falls, Lake Marian
Essen:	Riverton: Mrs. Clarks Café, Tuatapere: Yesteryears-Café, Te Anau: Olive Tree Café & Restaurant, La Toscana, Mitre Peak Lodge, Blue Duck Café

In Tour S05 folgen Sie zunächst der **Southern Scenic Route**, die Sie von den Southlands in die Fjordlands führt und in **Te Anau** endet. Sie besuchen, von **Manapouri** aus, den **Doubtful Sound** und setzen Ihre Reise über *Te Anau* hinaus fort. Durch den *Homer Tunnel* erreichen Sie, 120 km hinter Te Anau, den weltberühmten **Milford Sound**, Ausgangspunkt für den legendären *Milford Track*. Diese Tour bietet für Wanderfreunde viele wunderschöne Gelegenheiten ihrer Leidenschaft nachzugehen.

Wer noch einen schönen Strand besuchen möchte, bevor er sich in die Fjordlands begibt, hat dazu am bezaubernden Sandstrand von **Oreti Beach** Gelegenheit. Um an diesen, auch bei Wellensurfern sehr beliebten Strand zu gelangen, verlassen Sie das Zentrum **Invercargills** Richtung Südwesten, fahren am Airport vorbei, überqueren den *Oreti River* und erreichen nach 10 km *Oreti Beach*. Wer sich von Nordsee Wassertemperaturen nicht abschrecken lässt, kann ein erfrischendes Bad nehmen. Allerdings könnte den unerschrockenen Schwimmer eine Nachricht vom 2. Februar 2010 doch noch von seinem Vorsatz abbringen: „Lydia Ward, eine 14 Jahre alte Neuseeländerin ist an der Oreti Beach, hüfttief im Wasser stehend, von einem Hai gebissen worden und hat das Tier nach eigenen Worten mit ihrem Bodyboard, einem verkürzten Surfbrett, in die Flucht geschlagen“. Der schöne Strand ist, wie viele Strände in Neuseeland, mit dem Auto befahrbar. Er erstreckt sich über 30 km bis zu unserer nächsten Station Riverton.

Sie verlassen *Invercargill* Richtung Nordwesten über den SH6 und biegen nach 8 km links in den SH99 ab. Nach 30 km erreichen Sie die 1.600 Einwohner Gemeinde **Riverton**, eine der ältesten Siedlungen Neuseelands. Schon seit 1820 wurde der Standort von Walfängern und Robbenjägern genutzt und

Blick vom Hilltop Lookout auf Riverton

1836 formell von Kapitän *John Howell* als Siedlung gegründet. Sein noch heute erhaltenes Haus ist das älteste Gebäude der Südinsel. Die Existenzgrundlage von Riverton war traditionell der Fischfang. Mit dem allmählichen Rückgang der Fischerei gewann zunehmend die Landwirtschaft und Milchviehhaltung an Bedeutung.

(221) WOMO-Stellplatz: Colac Bay - Oraka

GPS: S 46°22'37" E 167°53'1". **Max. WOMOs:** 12

Ausstattung/Lage: Toilette / Grasstreifen neben der Schotterstraße, direkt an der Colac Bay.
Zufahrt: An der Colac Bay vom SH99 in die Colac Foreshore Rd abbiegen und dieser etwa 3.5 km bis ans Ende der Straße folgen. .
Hinweis: Erlaubt sind maximal zwei Nächte. Wird vorwiegend von Neuseeländern besucht.

Der Pourakino *River* und der *Aparima River* münden beide kurz vor Riverton in einen Meeresarm, um den Riverton angesiedelt ist. Einen beeindruckenden Blick über die Szenerie hat man vom **Hilltop Lookout**, der über einen 10 minütigen Fußmarsch vom Parkplatz am Ende der Richard St zu erreichen ist **(Mores Scenic Reserve).** In Riverton gibt es mehrere Restaurants, Imbissstuben und Tearooms. In vielen Läden werden *Abalone Paua Muscheln* feilgeboten. Diese Meeresschnecken gelten in verschiedenen Ländern des Pazifik Raumes als Delikatesse und werden auch „Opale des Meeres" genannt. Besuchenswert ist das in der Palmerston Street ge-

Colac Bay

legene *Maori Craft Studio*. Nebenan können Sie im grell an gemalten **Mrs. Clarks Café** (108 Palmerston St, Tel. 03 234 8600) einen leckeren Kaffee in schicker Umgebung trinken.

Nach 11 km erreichen Sie die idyllische *Colac Bay* mit dem Wakapatu Campingplatz und nach weiteren 20 km den historischen Goldgräberort **Orepuki**. Hier können Sie sich eine Weile die hereinrollenden Brecher an der *Te Waewae Bay* anschauen, in denen gelegentlich auch Hector Delfine zu sehen sind. Nach einem Bad an der **Monkey Island Beach** begeben Sie sich wieder auf den SH99, der zunächst in Strandnähe verläuft. Etwa 11 km hinter Orepuki, kurz vor der Mündung des *Waiau River* in die *Te Waewae Bay*, biegt der SH99 rechts nach

(222) WOMO-Badeplatz: Opureki - Monkey Island

GPS: S 46°18'2" E 167°43'41". **Max. WOMOs:** 10

Ausstattung/Lage: Toiletten, Wasser, Abfalleimer, Feuerstellen / Grasstreifen neben der Schotterstraße, an der Gemstones Beach. Monkey Island liegt direkt vor Ihnen, bei Ebbe können Sie hin laufen.

Zufahrt: An der Gemstones Beach, kurz vor Orepuki, vom SH99 links in die Frence Rd einbiegen und später rechts in die Monkey Island Road. Dieser bis zur Küste folgen. Rechts finden Sie nun einen Grasstreifen, der durch große Flachsbüsche vom Meer abgetrennt ist, auf dem Sie Campen dürfen.

Hinweis: Erlaubt sind maximal 28 Nächte. Der Platz wird gerne von Neuseeländern für einen längeren Camping Aufenthalt genutzt besucht. Ein toller Freedom Camping Spot um einen Tag zum relaxen einzulegen!

Norden ab. Nach 8 km erreichen Sie die kleine Landgemeinde **Tuatapere** (600 Ew.), durch die der Waiau River fließt. Der verschlafene Ort versucht sich als *Würstchen-Hauptstadt* zu ver-

Tuatapere, Yesteryears-Café

markten. Die wichtigsten Wirtschaftszweige sind jedoch Landwirtschaft und Forstwirtschaft. Tuatapere hat ein *Holzfällermuseum* und ist Ausgangspunkt für den viertägigen **Hump Ridge Track,** der im Westen des Blue Cliffs Beach Parkplatzes startet und nach 53 km dort auch endet. Der Blue Cliffs Beach Parkplatz kann von Tuatapere aus über die Papatotara Raod erreicht werden und eignet sich auch zum Besuch der nahe gelegenen Blue Cliffs oder zur Delfinbeobachtung in der Blue Cliffs Bay. Verweilen Sie noch etwas in Tuataperes heimeligen **Yesteryears-Café**, wo Sie Helens Carrot Cakes genießen und sich im angegliederten Museum umschauen können.

(223) WOMO-Badeplatz: Clifden Swing Bridge

GPS: S 46°1'43" E 167°42'54". **Max. WOMOs:** 10

Ausstattung/ Lage: Wasser, Toilette / Malerisch gelegen, direkt am Waiau River, an der alten Suspension Bridge, Bademöglichkeit.

Zufahrt: Etwa 300 m hinter der Brükke über den Waiau River links vom SH99 in die Bates Rd abbiegen.

Beurteilung: Der abgebildete Platz ist nur noch zum Zelten frei gegeben. Sie Parken auf einem großen Platz direkt davor. Immer noch ein stimmungsvoller Ort.

Sie überqueren den *Waiau River* und erreichen nach 13 km das landschaftlich sehr schön gelegene **Clifden**. Die *Clifden Caves* laden zu einer Höhlen-Erkundung auf eigene Faust ein. Man kann sich die gespenstischen Höhlen ohne Risiko anschauen. Vorsicht ist allerdings bei starken Regenfällen geboten, auch eine Taschenlampe sollte man dabei haben und die Hinweisschilder beachten. Wer körperlich fit ist kann noch weiter in die Höhle vordringen. Schön anzuschauen ist auch die **Clifden Swing Bridge**, eine alte Brücke von 1902 mit einem ganz eigenen Charme. Direkt an der Brücke liegt ein Picknickplatz mit Plumpsklo, an dem freie Übernachtungen erlaubt sind.

Am nächsten Tag setzen Sie Ihre Reise gen Norden fort. Nach etwa 40 km bietet sich Ihnen die Gelegenheit, die **Rakatu Wetlands** zu besuchen. Ein Schild an der Straße weist zu einem 1 km entfernten Parkplatz. Sie laufen von dort 10 Minuten zu einem Aussichtspunkt, der Informationstafeln und Toiletten für Sie bereit hält. Zwei Wanderungen zur Vogelbeobachtung warten auf Sie, der Speight Wetland Rundweg 1h und der Rakatu Wetland Rundweg 2-3h.

Rakatu Wetlands

Vier Kilometer bevor Sie Manapouri erreichen, prangt am Straßenrand ein Schild mit roter Aufschrift: **„No Freedom Camping Zone begins"**. Die Verbotszone für freies Campen erstreckt sich bis hinter Te Anau. Wir haben für Sie in Manapouri und Te Anau je zwei Campingplätze aufgenommen. Einen außerhalb der Verbotszone liegenden freien Stellplatz (06) können wir Ihnen ebenfalls bieten. Er liegt 13 km von Manapouri und 18 km von Te Anau entfernt.

(224) WOMO-Campingplatz-Tipp: Manapouri Possum Lodge

GPS: S 45°33'59" E 167°36'15". **WOMOs:** 10 mit Stromanschluss.
Ausstattung/Lage: Standard / Direkt am Lake Manapouri gelegen.
Preise: Stellplatz für zwei Personen mit Strom 35 NZD, ohne Strom 30 NZD.
Zufahrt: Die Murrell Ave biegt von der Waiau Street ab (400m). Direkt an der Abbiegung können Sie sich eine leckere Pizza kaufen.
Kontakt: 13 Murrell Ave, Manapouri, Tel 03 249 6623, www.possumlodge.co.nz **Beurteilung:** Gemütlicher kleiner (unbedingt vorher buchen!) Campingplatz, auf dem Sie wunderbar entspannen können. Die Plätze auf Gras sind kreisförmig angeordnet. Zum Pearl Harbour, der Anlegestelle der Ausflugsschiffe zum Doubtful Sound, laufen Sie drei Minuten durch ein Buchenwäldchen.

(225) WOMO-Campingplatz-Tipp: Manapouri HP

GPS: S 45°33'32" E 167°37'11". **WOMOs:** 34 mit Stromanschluss.
Ausstattung/Lage: Spielplatz / Am Lake Manapouri gelegen, die Strasse liegt dazwischen, in 20 min kann man zur Anlegestelle der Schiffe zum Doubtful Sound laufen. Auf Wunsch werden Sie für die Touren am Campingplatz abgeholt. **Preise:** Stellplatz mit Strom 20 NZD pro Erwachsenem.
Zufahrt: An der Straße nach Te Anau gelegen
Kontakt: 86 Cathedral Drive, Manapouri, Tel 03 249 6624 www.manapourimotels.co.nz **Hinweise:** Etwas lotteriger Platz, aber schön in einem Tannenwäldchen gelegen, für eine Nacht völlig ok.

Sperrwerk am Waiau River

Der 400 Einwohner Ort **Manapouri** liegt idyllisch am östlichen Ufer des *Lake Manapouri* an dessen Abfluss in den *Waiau River*. Der Ort profitiert von den steigenden Besucherzahlen und verfügt über eine Post, ein Café und einen kleinen Laden für die wichtigsten Einkäufe. Neben mehreren Motels und Pensionen gibt es auch zwei Campingplätze. Man kann sich Kajaks für Ausflüge auf dem See mieten oder Wanderungen unternehmen. Ausflugsboote starten von *Pearl Harbour*, einem schmalen Seitenarm des Sees, an dessen Ende sich ein Stauwerk befindet, über das das Niveau des *Lake Manapouri* reguliert wird.

Der 178 m über dem Meer gelegene **Lake Manapouri** hat mehrere Inseln und in seinem westlichen Teil drei ausgeprägte Wasserarme. Sein Name bedeutet so viel wie „trauriges-“ oder „ängstliches Herz“. Seine sanften Ufer sind reich bewaldet, ebenso wie die Gipfel der im Hintergrund zu sehenden *Kepler Mountains*. Er wird oft als schönster Alpensee Neuseelands bezeichnet. In den 1960er-Jahren wurde die **„Manapouri Power Station“,** das mit 850-MW Leistung größte Wasserkraftwerk des Landes am westlichen Ende des *Lake Manapouri* errichtet. Das Kraftwerk, dessen Großteil sich unter der Erde befindet, nutzt die Höhendifferenz von 178 m zum Meeresspiegel zur Energiegewinnung. Die sieben Energie erzeugenden Turbinen geben ihr Wasser über zwei 10 km lange Tunnelröhren in den *Doubtful Sound* ab. Wegen der massiven Eingriffe in die Natur, der *Waiau River* führte vorübergehend nur noch etwa 3% des früheren Wassers, war der Bau des Kraftwerkes sehr umstritten. Schlimmere Umweltsünden konnten über massive Proteste, die als Beginn der grünen Bewegung in Neuseeland gelten, verhindert werden. Das Manapouri-Kraftwerk gilt als die Geburtsstätte des neuseeländischen Umweltbewusstseins. Der **Doubtful Sound** ist mit 40 km Län-

Lake Manapouri

ge der zweitgrößte der Fjorde des 1,2 Millionen Hektar großen **Fjordland-Nationalparks**. Seine Seitenarme sind stark verzweigt und an der tiefsten Stelle ist er 430 m tief. Die höchsten Gipfel, die ihn umgeben, erreichen immerhin 1700 m. Die steilen Bergflanken links und rechts der Wasserarme sind dicht von Regenwald bewachsen. Zu den Schönheiten des Fjordes gehören auch seine zahlreichen Wasserfälle, von denen die *Helena Falls* und die *Browne Falls* mit einer Fallhöhe von 600 m am beeindruckendsten sind. Da die *Fjordlands* zu den regenreichsten Gebiete der Erde zählen, hier fallen jährlich ca. 9 m Niederschlag, erhalten die Wasserfälle permanent neue Nahrung, sodass sich an den Steilhängen immer wieder neue Fälle bilden. Bedingt durch die starken Regenfälle liegt eine mehrere Meter dicke Süßwasserschicht auf dem schwereren Salzwasser. Da sich beide Wasserschichten nicht mischen und das Licht durch ausgewaschene Pflanzenreste in der Süßwasserschicht stark absorbiert wird, befindet sich bereits wenige Meter unter der Wasseroberfläche eine reichhaltige Fauna, die sonst nur in wesentlich größerer Wassertiefe anzutreffen ist. Dazu zählen diverse Seesterne und Anemonen sowie Schwarze Korallen. Neben einer Kolonie Großer Tümmler leben im Fjord *Dickschnabelpinguine* und *Robben,* die sich von den Ausflugsbooten aus sehr gut beobachten lassen. Am Ausgang des Fjordes zur offenen tasmanischen

Im Herz der Manapouri Power Station

Blick vom Wilmot Pass

Doubtful Sound

Ausflugsboot auf dem Doubtful Sound

See kann man zahlreiche *Pelzrobben* entdecken, die auf den Felsen lagern. Seinen ungewöhnlichen Namen verdankt der Fjord **James Cook**. Er erreichte 1770 mit seinem Schiff Endeavour die Einmündung des Fjords, hatte aber seine Zweifel, in dem engen Fjord mit seinen besonderen Winden wenden zu können. Erforscht wurde der Doubtful Sound 23 Jahre später von einer spanischen Erdumsegelungsexpedition unter dem Kommando von Allesandro Malaspina. Er schickte ein großes Beiboot mit dem Hydrographen Don Felipe Bauza voraus. Ihm hat der Doubtful Sound die vielen spanischen Ortsbezeichnungen zu verdanken.

Der Ausflug zum **Doubtful Sound** erfolgt über eine kombinierte Bus- und Schiffstour von *Manapouri* aus. Zunächst überquert man den gleichnamigen See, bevor man mit dem Bus über den 670 m hoch gelegenen **Wilmot Pass** auf die andere Seite der Berge gefahren wird. Dort, am *Deep Grove*, schließt sich die etwa dreistündige Bootstour durch den Fjord an. Auch ein Besuch des ferngesteuerten Wasserkraftwerkes am *Lake Manapouri* können Sie mit buchen. Die Straße über die Berge sowie die Pier im Fjord sind für den Bau und Betrieb dieses Kraftwerks angelegt worden.

(226) WOMO-Stellplatz: Hillside Manapouri Rd Bridge
GPS: S 45°31'40" E 167°45'20". **Max. WOMOs:** 15
Ausstattung/Lage: Nichts / Großer, etwas ruppiger Grasplatz mit einzelnen Büchsen, durch Bäume vom Whitestone River getrennt.
Zufahrt: Von Manapouri aus Richtung Nordwesten etwa 13 km der Hillside Manapouri Rd folgen. Der Platz liegt links hinter der Brücke über den Whitestone River.
Hinweis: Erlaubt ist maximal eine Nacht. Der Platz ist keine Augenweide, liegt aber nahe an Manapouri und Te Anau, die derzeit beide vom Freedom Camping ausgenommen sind!

Helikopter Landeplattform auf dem Lake Te Anau

Weiter geht es über den SH95 nach **Te Anau** (2.000 Ew.), dem Einfallstor zum legendären *Milford Sound* und Ausgangspunkt von drei der beliebtesten Wanderungen Neuseelands, dem *Milford Track,* dem *Routeburn Track* und dem *Kepler Track*. Auch direkt von *Te Anau* aus starten einige schöne Wanderungen. *Te Anau* liegt am südöstlichen Ende des mit 344 km² zweitgrößten neuseeländischen Sees, des *Lake Te Anau*, dessen Hauptteil etwa 65 km in Nord-Süd-Richtung verläuft. Der für seinen Fischreichtum bekannte See wird durch mehrere Zuflüsse mit Frischwasser versorgt. Der Abfluss des Lake Te Anau erfolgt über den Waiau River, am südlichsten Ende des Sees, der nach nur 15 km in den Lake Manapouri mündet. Den Flußabschnitt zwischen den beiden Seen können Sie über eine sehr empfehlenswerte einstündige Jetboat-Tour erkunden **(Luxmore Jet, Tel. 0800 253 826, www.luxmorejet.com).**

(227) WOMO-Campingplatz-Tipp: Te Anau Lakeview HP

GPS: S 45°25'31" E 167°43'8". **WOMOs:** 125 mit Stromanschluss
Ausstattung/Lage: Spielplatz, Sauna, Spapool / Nur durch die Straße vom Lake Te Anau getrennt. **Preise:** Stellplatz mit Strom 19 NZD pro Person.
Zufahrt: An der Zufahrtstrasse von Manapouri nach Te Anau gelegen.
Kontakt: 77 Manapouri - Te Anau Rd, Te Anau, Tel. 0800 483 262, www.teanauholidaypark.co.nz
Beurteilung: Empfehlenswerter Platz, vor allem in der Hochsaison wenn der Top 10 CP in der Stadtmitte voll ist (Dieser liegt zwar ideal, ist aber sehr eng!). 20 min zu Fuß bis Stadtzentrum, am See entlang.

Lake Te Anau

An der Nordküste des *Lake Te Anau* befindet sich der Startpunkt des *Milford Track*. Während die Ostküste des Sees nur leicht hügelig ist, ragen am Westufer die *Kepler-* und *Murchison Mountains* bis zu 1.400 m in die Höhe. Die nähere Umgebung des Sees bildet den Lebensraum für zahlreiche geschützte und teilweise vom Aussterben bedrohte Tiere.

Das Visitor Centre des DOC, das **Fjordland National Park Visitor Centre**, befindet sich in einem geschmackvollen neuen Gebäude am Seeufer. Hier erhält man nicht nur fachkundige Auskunft über Ausflüge und Wanderungen im Park, sondern kann auch ein Museum besuchen und ein 20-minütiges Video über die geologischen und historischen Gegebenheiten des Nationalpark sehen (3 NZD). Gegenüber dem Visitor Center liegt das *Underground Trout Aquarium*. Das vom DOC betriebene **Te Anau Wildlife Center** liegt am Seeufer 1 km stadtauswärts. Die eigentlich der Forschung dienenden großen Freigehege sind frei zugänglich und neben einem *Kea* können mit etwas Geduld *Takahe, Sittiche, Kuckuckskauze* und andere Waldvögel beobachtet werden. Wenn Sie dem Uferweg weitere 45 Minuten folgen, können Sie sich die „Lake Te Anau Control Gates" anschauen. Hier wird der oben angesprochene Abfluss in den *Waiau River* und damit der Wasserstand des *Lake Te Anau* über ein Wehr automatisch gesteuert kontrolliert. Über das Wehr gelangt man auf die Westseite des Sees zum Startpunkt des *Kepler Tracks*. Eine einstündige Wanderung am See entlang bringt Sie zum hübschen Sandstrand der **Brod Bay.** Hier können Sie baden, oder den Rundweg *Nature Walk* laufen (30 Min.). Per Wassertaxi (**Kepler Water Taxi,** Tel. 03 249 8364) gelangen Sie zurück nach Te Anau. Natürlich geht es auch andersherum. Sie lassen sich morgens in die Brod Bay bringen und wandern am See entlang zurück (2,5 h).

Im touristischen Zentrum Te Anau's befinden sich viele Geschäfte, Restaurants, Cafés, Kunstgewerbeläden und auch eine Shopping Mall.

(228) WOMO-Campingplatz-Tipp: Te Anau Great Lakes HP
GPS: S 45°24'50" E 167°43'8" **WOMOs:** 50 mit Stromanschluss, 30 ohne.
Ausstattung/Lage: Spielplatz / Zentrumsnahe Lage.
Preise: Stellplatz mit Strom 20 NZD pro Erwachsenem.
Zufahrt: Gut ausgeschildert. Bis in das Zentrum von Te Anau fahren. Der CP liegt an der Kreuzung von Luxmore Drive und Milford Road.
Kontakt: 15 Luxmore Drive, Te Anau, Tel. 03 249 8538, 800 249 555, www.teanaugreatlakes.co.nz **Beurteilung:** Große Stellplätze auf Gras. Sehr schöne Anlage, gute Sanitäranlagen, sehr zu empfehlen.

Im **Olive Tree Café & Restaurant** (52 Town Centre, Tel. 03 249 8496) können Sie Ihren Kaffee im großzügigen Freiluftbereich trinken und im beliebten Italiener **La Toscana** (108 Town Centre, Tel. 03 249 7756) gut und preiswert essen. Um die Ecke befindet sich das **Fjordland Cinema** (7 The Lane, Tel. 03 249 8812), in dem Sie den sehr eindrucksvollen Dokumentarfilm Ata Whenua sehen können. Diese halbstündige Einstimmung auf die Fjordlands sollten Sie keinesfalls verpassen. Läuft man vom Zentrum über die treffend Town Center genannte Straße, stößt man direkt auf das am Seeufer gelegene **Visitor Center Te Anau's** und das im gleichen Gebäude untergebrachte **Real Journeys Visitor Centre**, das Buchungsbüro eines der großen Tourenanbieters. Hier herrscht immer Gedränge. Eine der buchbaren Aktivitäten ist der Besuch der **Te Anau Glowworm Caves**. Die Glühwürmchen-Höhlen befinden sich am Westufer des Lake Te Anau und sind Teil eines 6,7 km langen und ca. 12000 Jahre alten Kalksteinlabyrinths, das von einem quirligen Flüsschen durchflossen wird. Der Besucher wird mit einem Boot über den See zum Ausgangspunkt einer geführten Tour gebracht. Am Ende eines teilweise sehr niedrig verlaufenden Weges durch die Höhle steigt er in ein Boot, das ihn in eine stille und nur von den Glühwürmchen

(229) WOMO-Picknickplatz: Deer Flat - DOC Standard
GPS: S 45°0'7" E 168°0'34". **Max. WOMOs:** 20
Ausstattung/Lage: Toiletten, Flusswasser, Picknicktische / Am Eglinton River, von weitem Grasland und einem kleinen Buchenwäldchen umgeben.
Preise: 6 NZD pro Erwachsenem, 3 NZD pro Kind.
Zufahrt: Vom SH94 (Milford Road) 62 km nach Te Anau links abbiegen
Beurteilung:
Sehr idyllische Stellplätze! Genügend Platz auch für große Wohnmobile, Picknicktische und eine gute Badegelegenheit im Fluss bei dem kleinen Hügel in der Mitte des Campingplatzes.

beleuchtete Grotte bringt. Viele weitere verschiedenartige Aktivitäten, wie Kajaktouren, Ausritte, Jagd- und Angelausflüge, Rundflüge oder Exkursionen in den Nationalpark werden angeboten. Für den Aktivurlauber wird mit Sicherheit ein interessantes Angebot dabei sein.

Aber die Hauptattraktion ist und bleibt der weltberühmte **Milford Sound**, der mit dem Auto nur über Te Anau zu erreichen ist. Die Straße wurde 1952 fertiggestellt. Statt die 120 km hin und wieder zurück mit dem eigenen Gefährt zu fahren, können Sie sich einer Bustour anschließen. Dann können Sie sich während der Fahrt ganz von der beeindruckenden Natur mit Wasserfällen und dichtem Regenwald einfangen lassen. Andererseits gibt es auch viele gute Gründe, die Strecke, die als eine der schönsten Bergstraßen der Welt gilt, mit dem eigenen Wohnmobil zu fahren. Sie sind Ihr eigener Herr und können an vielen einladenden Stellen für ein Foto stoppen oder auch Wanderungen unternehmen. Die Broschüre **„Milford Road“** erhalten im Visitor-Center. Ein anderer Grund selbst zu fahren, liegt in den landschaftlich wunderschön gelegenen DOC Campingplätzen, die in der erstaunlichen Anzahl von zehn Plätzen auf dem Weg zum Milford Sound anzutreffen sind! Wir empfehlen Ihnen, mit dem Wohnmobil zum Milford Sound zu fahren. Tanken Sie Ihr Gefährt in *Te Anau* voll, denn zwischen *Te Anau* und dem Fjord gibt es keine Tankstelle und

(230) WOMO-Wanderplatz: Lake Gunn - DOC Standard

GPS: S 44°51'23" E 168°6'8". **Max. WOMOs:** 10

Ausstattung/Lage: Toiletten, Flusswasser / Direkt am Nordende von Lake Gunn gelegen, nur von Wasser und dichtem Wald umgeben.
Preise: 6 NZD pro Erwachsenem, 3 NZD pro Kind. **Zufahrt:** Vom SH94 (Milford Rd) 78 km nach Te Anau links abbiegen.
Beurteilung: Kleiner, ausgesprochen idyllischer Campingplatz. Für sehr große Wohnmobile nicht geeignet. Der **Nature Walk** (45 Min.) führt durch einen moosbewachsenen Feenwald.

der Sprit am *Milford Sound* ist der teuerste in ganz Neuseeland. Besorgen Sie sich außerdem die Broschüre **Fjordland National Park Day Walks**, um für die anstehenden Wanderungen gerüstet zu sein. Der Streckenverlauf der Milford Road führt Sie für 30 km sehr reizvoll am Ufer des Lake Te Anau entlang, um dann ins **Eglinton Valley** *einzumünden.*

Die *Milford Road* führt nun im raschen Wechsel durch offene Tussock-Ebenen und Südbuchenwälder, um sich im weiteren Verlauf bezaubernd durch steiles, dicht bewaldetes Bergland zu winden. 56 km nördlich *Te Anau* passieren Sie die **Mirror Lakes**, die bei sonnigem Wetter ihrem Namen Ehre machen und die gegenüber liegenden schneebedeckten Berge wundervoll spiegeln. Nach den *Mirror Lakes* steigt die Straße zu dem Pass **The Divide** an, der mit 532 m der am niedrigsten gelegene Ost-West-Pass der Neuseeländischen Alpen ist. Eine lohnenswerte Wanderung führt vom Pass-Parkplatz zum **Key Summit (919m)**, der ein schönen Blick über mehrere Täler bietet (3 Stunden hin und zurück). Auf der anderen Seite des Passes führt die Straße ins Tal zum *Hollyford River* und folgt dem Fluss flussaufwärts. 31 km hinter den *Mirror Lakes* zweigt nach rechts die *Lower Hollyford Road* ab, die als Stichstraße 15 Kilometer ins *Hollyford Valley* hineinführt. Am Ende der Straße befindet sich der Ausgangspunkt zum 60 km langen *Hollyford Track* an die Westküste. In 30 Minuten hin und zurück

Spiegelbild in den Mirror Lakes

Marian Falls

gelangt man zu den 3-stufigen **Humboldt Falls**, die insgesamt 200 Meter hoch sind. Auf halber Strecke liegt die kleine Siedlung **Gunns Rest**, in der sich ein Laden, ein kleines Museum und ein paar Hütten zum Übernachten finden. Zu Beginn der Stichstraße (Lake Marian Carpark) gibt es die Möglichkeit zu einer Wanderung (3 Stunden, 400 Höhenmeter), die steil hinauf zum schönen **Bergsee Lake Marian** führt. Bereits nach 10 Min. erreichen Sie die **Marian Falls**.

Sie folgen dem SH94, der ab hier *Milford Sound Highway* heißt, und erreichen nach weiteren 13 km den **Homer Tunnel**. Hinter dem Tunnel führt die Straße mit einem Gefälle von 1:10 steil bergab zum *Cleddau River*. An dieser Stelle sei der technische Hinweis erlaubt, hier in einen niedrigen Gang zu schalten, um einer Überhitzung der Bremsen entgegenzuwirken. Vom Parkplatz *The Chasm* erreichen Sie in wenigen Minuten seine reißenden Stromschnellen. Im weiteren Verlauf windet sich die Straße in Serpentinen zum Fjord hinunter, den sie 17 km hinter dem *Homer Tunnel* erreicht. Die Straße endet auf einem großen Parkplatz und das Panorama des Fjords mit dem beherrschenden **Mitre Peak (1.695 m)** nimmt den Besucher sofort gefangen. Die Popularität des *Milford Sound* kann man an den Kolonnen von Reisebussen, die täglich den weiten Weg bis an den Fjord suchen, erkennen. Wer vor 10 Uhr morgens am Fjord erscheint,

Straße zum Milford Sound

Der Homer Tunnel

Der Homer Tunnel verbindet das Hollyford- mit dem Claddau Valley. William H. Homer entdeckte 1889 den nach ihm benannten Pass und schlug vor, hier einen Tunnel zu bauen, um den Zugang zum Gebiet um den Milford Sound zu verbessern. Mit dem Bau des ebenfalls nach ihm benannten Tunnels wurde 1935 während der Wirtschaftskrise als Arbeitsbeschaffungsmaßnahme begonnen. Der Bau des Tunnels verlief unter extrem schwierigen Bedingungen und musste wegen Muren- und Lawinenabgängen immer wieder unterbrochen werden. Insgesamt verloren drei Arbeiter durch Lawinen ihr Leben. Außerdem ließen Risse im Felsen Schmelzwasser eindringen und machten Pumpen erforderlich, über die 40.000 Liter Wasser pro Stunde abgepumpt wurden. Während des zweiten Weltkrieges ruhten die Arbeiten, so dass der 921 m lange Tunnel erst 1953 in Betrieb genommen wurde. Der Tunnel besaß ursprünglich nur einen einzigen geschotterten Fahrstreifen, in der Zwischenzeit wurde er jedoch etwas erweitert und 1992 geteert, kann aber von Bussen und Wohnmobilen nur unter größter Vorsicht zweispurig befahren werden. Daher wird zwischen 6 Uhr und 20 Uhr die Durchfahrt durch den Tunnel über eine Ampelanlage geregelt. Dabei wird der vorherrschenden Verkehrsrichtung Rechnung getragen, was für den antizyklisch Reisenden bis zu 15 Minuten Wartezeit an der Ampel bedeuten kann. Außerhalb der genannten Kernzeiten wird der Tunnel mit Gegenverkehr befahren. Größere Fahrzeuge können sich an zwei „passing Bays" ausweichen. Den aktuellen Status des Homer Tunnels können Sie unter www.highwayinfo.govt.nz, Tel. 0800 44 44 49, oder über die i-Sites in Erfahrung bringen.

Die Durchfahrt durch den Tunnel ist bis heute ein kleines, leicht gruseliges Unterfangen geblieben. Er ist erst seit kurzer Zeit beleuchtet und die Tunnelwände bestehen aus unbekleidetem Granit. Das Ostportal befindet sich in 921 m Höhe, während Sie das westliche Ende bei 792 m Höhe verlassen. Das bedeutet ein Gefälle von etwa 1:8. Direkt am Tunnelausgang des Westportals geht es scharf in eine Rechtskurve, in der es immer wieder zu Unfällen kommt, daher ist hier besondere Vorsicht geboten. Bis heute ist der Tunnel im neuseeländischen Winter wegen Lawinengefahr oder auch Lawinenabgängen häufig gesperrt. Zwischen Mai und November ist das Mitführen von Schneeketten Pflicht (in Te Anau erhältlich).

Anleger der Ausflugsboote

kann durchaus noch mit relativ leeren Booten die Natur genießen, danach sind viele der Ausflugsboote ausgebucht. Es ist also empfehlenswert, auf einem der beschriebenen DOC Campingplätze zu nächtigen und am nächsten Morgen nicht zu spät aufzubrechen. So bewegt man sich vor der Welle der Reisebusse, kann sich an der bezaubernden Natur erfreuen und dabei doch dem größten Rummel aus dem Wege gehen. Vom Parkplatz führt ein sehr schöner Weg am Ufer des Fjords entlang zum Bootsanleger, an dem auch das Visitor Center untergebracht ist. Eine Ausflugsfahrt mit dem Boot in den *Milford Sound* sollten Sie sich keinesfalls entgehen lassen. Die spektakuläre Schönheit und Erhabenheit des Fjordes kann hier am eindrucksvollsten erlebt werden.

Als *Rudyard Kipling* vor 1900 die Gegend besuchte, nannte er den *Milford Sound* das „Achte Weltwunder der Erde". Die dreistündige Fahrt führt bis zur *Tasmanischen See* mit Zwischenstopps an interessanten Punkten. Bis zum *Dale Point* sind 12 km zurückzulegen, bis zum Leuchtturm am *St Anne Point* 16 km. Beeindruckend wird der Fjord von über 1000 Meter hohen Felswänden umschlossen, von denen mehrere Wasserfälle ins Meer hinabstürzen. Der markanteste Berg ist der **Mitre Peak (Bischofsmütze)**, der fast senkrecht bis zur Wasseroberfläche abfällt. In der Nähe der *Fairy Falls* hat sich eine *Robbenkolonie* angesiedelt und mit etwas Glück kann man die eine oder andere Robbe beim Schläfchen auf einem Felsen beobachten. An die 155 m hohen *Stirling Falls* manövrieren die Kapitäne ihre Ausflugsboote gerne so weit heran, bis das Wasser auf das Deck prasselt. Auf dem Rückweg können Sie an der *Harrison Cove* austeigen und das Unterwasser Observatorium **Milford Deep Underwater Observatory** besichtigen. Man steigt 10 m unter die Wasser-

Ausflugsboot im Milford Sound

Stirling Falls

oberfläche hinab und kann von einer Aussichtsplattform aus durch Scheiben die erstaunliche Flora und Fauna der Unterwasserwelt beobachten. Auf dem Rückweg zum Bootsanleger können Sie eine beliebige Fähre wählen und werden auch von den Booten anderer Anbieter mitgenommen. Es werden diverse Bootstouren angeboten, wobei der Veranstalter **Real Journeys** auch die Übernachtung an Bord, an einem geschützten Ankerplatz im Fjord, anbietet, sicher ein ganz besonderes Erlebnis.

Blue Duck Café und Mitre Peak Lodge

Das Grab des ersten Siedlers, des Schotten *Donald Sutherland*, befindet sich hinter dem Hotel zwischen den Unterkünften der Angestellten. *Donald Sutherland* ließ sich 1877 am Fjord nieder und errichtete das erste Hotel am Ort. Bereits 1823 gelangte der europäische Entdecker *John Grono* an diesen Fjord und benannte ihn nach dem südwalisischen Milford Haven. Die Maori, denen der Fjord schon lange vorher bekannt war, nannten ihn *Piopiotahi („einsame Drossel“).*

Direkt am Parkplatz befindet sich die **Mitre Peak Lodge** mit dem **Blue Duck Café**. Hier wird vom Frühstück bis zum Abendessen eine gute Küche angeboten, in Anbetracht der Monopolstellung zu einem vernünftigen Preis-Leistungsverhältnis. Auf dem Milford Sound Parkplatz, direkt neben der

Robbenkolonie am Milford Sound

Mitre Peak Lodge und dem Blue Duck Café, konnten Sie bis 2012 frei übernachten, an einem wunderbaren Platz. Nachdem die Busse und die Tagesgäste verschwunden waren, hatten die Wohnmobile den Platz für sich alleine, mit tollem Blick auf den Milford Sound und Mitre Peak. Leider wurden dann Verbotsschilder aufgestellt und pro Wohnmobil 40 NZD kassiert. Schauen Sie nach dem aktuellen Stand. Ansonsten bleibt ihnen nur die Milford Lodge.

(231) WOMO-Campingplatz-Tipp: Milford Lodge CG

GPS: S 44°40'38" E 167°56'17". **WOMOs:** 14 mit Stromanschluss
Ausstattung/Lage: Standard / Am Cleddau River, durch Bäume vom Highway abgeschirmt. **Preise:** Stellplatz mit Strom 50 NZD.
Zufahrt: Am SH49 ausgeschildert, 2 km vor den Schiffsanlegestellen.
Kontakt: Am SH49, Tel. 0800 7829645, www.milfordlodge.com
Beurteilung: Teure Plätze auf Schotter, trotzdem überfüllt. Wenn Sie hier übernachten wollen, müssen Sie unbedingt rechtzeitig buchen.

(232) WOMO-Stellplatz: Mararoa River Bridge

GPS: S 45°32'28" E 167°53'9". **Max. WOMOs:** 20
Ausstattung/Lage: Keine / Direkt am Ufer des geflochten dahin fließenden Mararoa River gelegen.

Zufahrt: Von Te Anau auf dem SH94 kommend etwa 100 m vor der Brücke über den Mararoa River abbiegen.
Hinweise: Hier finden sich an vielen verschiedenen Stellen reizvolle Übernachtungsplätze. Sie dürfen nur für eine Nacht bleiben.

Milford Sound mit Mitre Peak

Tour S05 endet in **Mossburn**. Vom *Milford Sound* fahren Sie die herrliche *Milford Road* zurück nach *Te Anau* und biegen dort links in den SH94 ab. Dieser Highway bringt Sie nach 60 km bis Mossburn, wobei an Attraktionen am Wegesrand nur die **Red Tussock Conservation Area** zu erwähnen ist.

(233) WOMO-Campingplatz-Tipp: Mossburn Country Park

GPS: S 45°39'16" E 168°16'11". **WOMOs:** 35 mit Stromanschluss

Ausstattung/Lage: Standard / Mitten auf dem Land mit Alpakas und anderen Farmtieren.

Preise: Stellplatz mit Strom 32 NZD. Für jede weitere Person 12 NZD, für jedes weitere Kind 10 NZD. Kinder unter 2 Jahren sind frei.

Zufahrt: Kurz hinter Mossburn links in die Mossburn Five Rivers Road abbiegen. Der Platz liegt 2 km nach überqueren des Oreti River links.

Kontakt: 333 Mossburn, Five Rivers Rd, Tel. 03 248 6444, www.mossburncountrypark.co.nz

Beurteilung: Sie fühlen sich auf diesem großen und freundlichen Campingplatz wie auf einer Farm. Alpakas, Ziegen und Schafe können gefüttert werden, ideal für Kinder. Gute Sanitäranlagen.

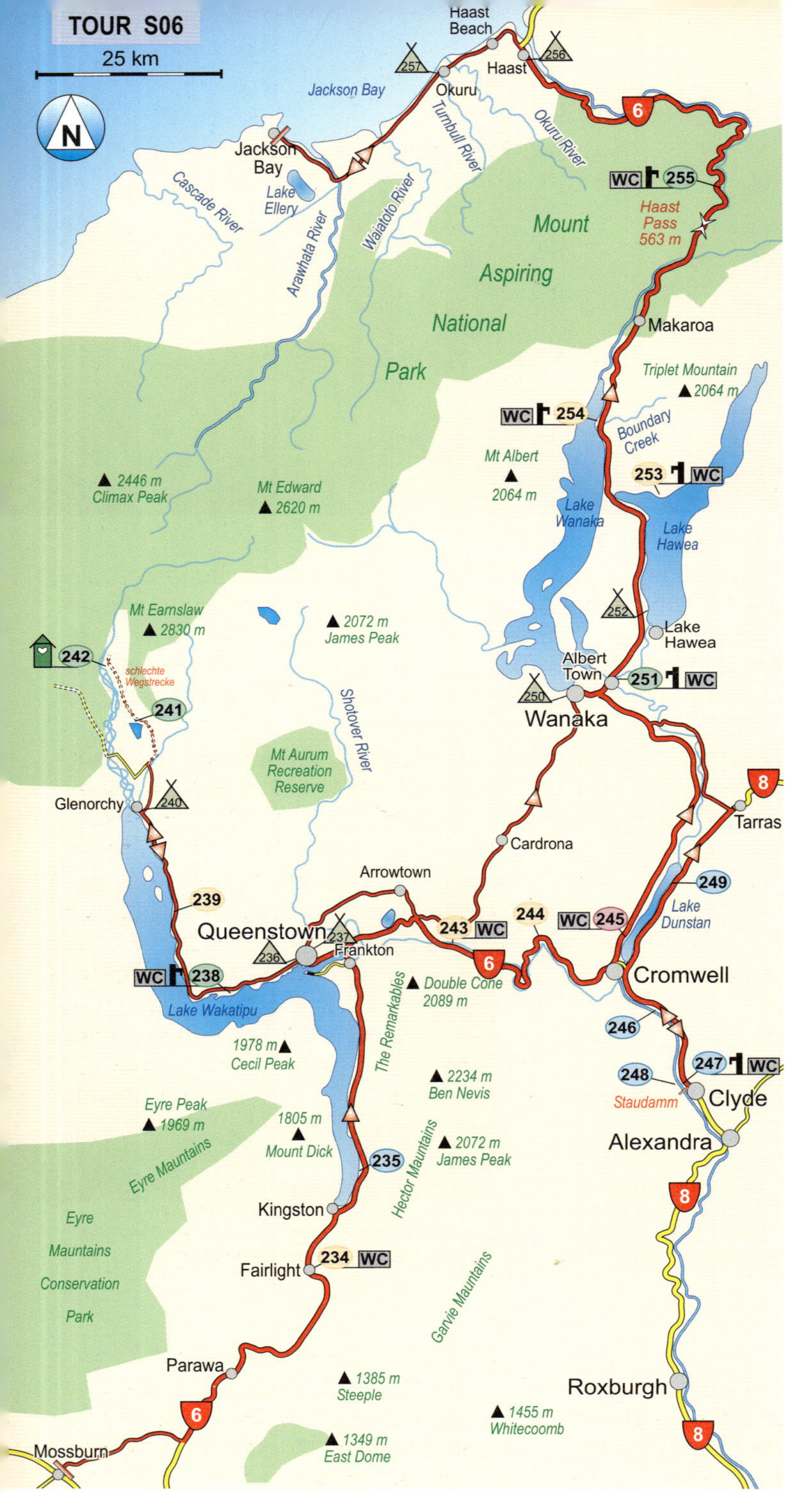
TOUR S06
25 km
N
Haast Beach
Haast
Okuru
Jackson Bay
Jackson Bay
Lake Ellery
Cascade River
Arawhata River
Waiatoto River
Turnbull River
Okuru River
6
255
WC
Haast Pass 563 m
Mount Aspiring National Park
Makaroa
Triplet Mountain
2064 m
254
Boundary Creek
253
Mt Albert
2064 m
Lake Wanaka
Lake Hawea
252
Lake Hawea
Albert Town
251
250
Wanaka
2446 m
Climax Peak
Mt Edward
2620 m
Mt Earnslaw
2830 m
2072 m
James Peak
242
schlechte Wegstrecke
241
Shotover River
Mt Aurum Recreation Reserve
Glenorchy
240
8
Tarras
Cardrona
249
Arrowtown
239
Lake Dunstan
244
245
243
Queenstown
237
Frankton
236
238
Cromwell
Lake Wakatipu
Double Cone
2089 m
246
1978 m
Cecil Peak
The Remarkables
247
248
2234 m
Ben Nevis
Staudamm
Clyde
Eyre Peak
1969 m
1805 m
Mount Dick
2072 m
James Peak
Alexandra
Eyre Mountains
235
Hector Mountains
Eyre Mountains Conservation Park
Kingston
234
Fairlight
Garvie Mountains
Parawa
1385 m
Steeple
Roxburgh
1455 m
Whitecoomb
Mossburn
1349 m
East Dome

Tour S06: Adrenalin pur in Queenstown

Mossburn - Lake Wakatipu - Queenstown - Wanaka
Lake Hawea - Haast Pass - Haast - 320 km

Stellplätze:	Fairlight, Lake Wakatipu, Twelve Mile Delta, Twentyfive Mile Creek, Diamond Lake, Chinamans Bluff, Kawarau, Roaring Meg, Lowburn, Jackson, Clyde Dam, Rocky Point, Albert Town Camp, Kidds Bush; Boundary Creek, Pleasant Flat
Camping:	Queenstown: Lakeview, Top 10, Glenorchy, Wanaka: Lakeview, Lake Hawea, Haast: Lodge, Okuru
Baden:	Lake Wakatipu, Lake Wanaka, Lake Hawea
Wandern:	Queenstown, Bob's Cove Nature Trail, Glenorchy, Kawarau Historic Bridge, Wanaka, Waterfall Creek Walk, Kids Bush Recreation Reserve Nature Walk, Pleasant Flat, Haast Highway, Okuru Hapuka Estuary, Wharekai Te Kau Walk, Smoothwater
Essen:	Queenstown: Cow, Skyline Restaurant, Glenorchy Café, Wanaka: Missy's Kitchen, Jackson Bay: The Craypot

Tour S06 wird Sie 320 km nach Norden bis zur *Tasmanischen See* führen. Zunächst folgen Sie dem SH6 bis zum **Lake Wakatipu**, der die Form eines riesigen S hat, das sich über eine Länge von 84 km in die Landschaft krümmt. Eingerahmt von Bergketten liegt malerisch an seinen Ufern das pulsierende **Queenstown**, die Hauptstadt des zur *Region Otago* gehörenden *Lakes-Districts*. Sie verlassen dieses Zentrum des Abenteuertourismus gen Norden über die zunächst extrem steil aufsteigende und wildromantische *Cardrona Road* (SH89), die Sie nach **Wanaka** bringt. Der SH6 schlängelt sich danach zwischen dem *Lake Wanaka* und dem *Lake Hawea* hindurch in den *Mt. Aspiring National Park*. Weiter Richtung Norden überqueren Sie den *Haast Pass* und fahren durch tiefgrüne Regenwälder 60 km hinab zur tasmanischen See. Die Straße nach **Haast** ist sehr abwechslungsreich und landschaftlich ungemein reizvoll.

(234) WOMO-Stellplatz: Fairlight Station

GPS: S 45°25'13" E 168°40'31". **Max. WOMOs:** 3
Ausstattung/Lage: Toilette / In einem Wäldchen am Bahnhof des Kingston Flyer in Fairlight. **Zufahrt:** Am SH6 ausgeschildert, 11 km vor Kingston. Der Weg links führt an eine geschützte Stelle unter Bäumen.
Beurteilung: Guter Stellplatz, um die historische Dampflok Kingston Flyer zu bewundern.

Mit einer Länge von 84 km ist **Lake Wakatipu** der längste See des Landes. Er befindet sich in einer Höhe von 310 m ü.d.M. und führt an seiner tiefsten Stelle 380 m weit hinab bis unter den Meeresspiegel. Die auffälligste Eigenschaft des *Lake Wakatipu* ist seine lange, schlanke S-Form. An seinem

nördlichen Ende fließt der *Dart River* in den See, der zunächst etwa 30 km nach Süden führt, um dann Richtung Nordosten zu verlaufen. Nach weiteren 20 km wendet er sich wieder Richtung Süden, um nach 30 Kilometern bei *Kingston* ohne Abfluss zu enden. Der See mündet stattdessen 10 km östlich von *Queenstown* bei *Frankton* in den *Kawarau River*. Ein ins Auge springenden Charakteristikum des Sees ist der Wechsel seiner Farbe. Während Sie ihn in *Kingston* zunächst in einem klaren Blau erleben, wechselt er bis nach *Glenorchy* seine Farbe immer weiter in ein Türkis, wie Sie es vom *Lake Pukaki* kennen. Der **Lake Wakatipu** weist eine weitere Besonderheit auf. Sein Wasserspiegel hebt und senkt sich im schnellen 5-Minuten Rhythmus um ca. 12 cm. Während die Maori-Mythologie als Ursache dieser Oszillation den Herzschlag eines auf dem Seegrund schlafenden Riesen sieht, führt die westliche Wissenschaft das Phänomen, vergleichsweise langweilig, auf den Wechsel des Atmosphärendrucks zurück, der wiederum aus dem Wechsel von kalten und heißen Luftbewegungen über dem See resultieren soll.

70 km hinter *Mossburn* erreichen Sie die hübsch am Südende des *Lake Wakatipu* gelegene Gemeinde **Kingston**. Auf dem letzten Abschnitt des 60 km langen Weges nach Kingston werden Sie mit einigem Glück auf einen Zug mit Dampflok aufmerksam. Der seit 1878 verkehrende **Kingston Flyer** wird heute als Touristeneisenbahn genutzt und fährt von Kingston ins

15 km südlich am SH6 gelegene Fairlight. Die ehemalige königliche Zuglokomotive wurde 1927 in Dunedin gebaut und verkehrte vor ihrer Stilllegung zwischen Kingston und Gore. 1982 wurde der Zug restauriert und unter privater Führung wieder in Betrieb genommen, wofür sich u.a. der Regisseur Peter Jackson einsetzte. Die eindrucksvolle, stets auf Hochglanz polierte Dampflokomotive, zieht elegant ausgestattete Waggons, die in erste und zweite Klasse aufgeteilt sind. Nach einer erneuten Stilllegung wurde der Fahrbetrieb am 29. Oktober 2011 wieder aufgenommen (www.kingstonflyer.co.nz, Tel. 027 415 8838).

(235) WOMO-Badeplatz: Lake Wakatipu

GPS: S 45°17'44" E 168°45'33". **Max. WOMOs:** >10
Ausstattung/Lage: Nichts / In einem Wäldchen direkt am See.
Zufahrt: Am SH6 nach Queenstown, 6 km hinter Kingston.
Beurteilung: Romantischer, bildschöner Stellplatz am Lake Wakatipu.

Sie verlassen **Kingston** nach Norden und erreichen nach etwa 7 km einen in einem Wäldchen direkt am See gelegenen Picknickplatz. Hier können Sie für ein Picknick oder ein Bad verweilen und auch die Nacht verbringen, ein herrlicher freier Stellplatz! Sie folgen weiterhin dem SH6, der sich reizvoll zwischen dem See und der Bergkette der *Remarkables* hindurchwindet, und erreichen 47 km hinter Kingston das Touristenzentrum Queenstown.

Die heute etwa 13.000 Einwohner zählende Gemeinde **Queenstown** liegt an einem der beiden Knicke des s-förmigen *Lake Wakatipu*, des zweitgrößten Sees der Südinsel. Die ersten Menschen, die die seltene Schönheit der Lage entdeckten, waren Maori, die hier jagten und nach Jade suchten. Heute ist *Queenstown* nicht nur für seine herrliche Landschaft weltweit bekannt, sondern auch, vor allem bei jungen Leuten, für die unglaublich variantenreichen Möglichkeiten, ein adrenalinför-

Blick auf Queentstown vom Bob‘s Peak

derndes Abenteuer zu erleben. Wie keine andere Stadt Neuseelands zieht *Queenstown* vergnügungs- und abenteuerlustige Besucher an, jährlich etwa 1,5 Millionen. Die *Outdoor-City* bietet dem Besucher etwas zu jeder Jahreszeit. Die langen, oftmals heißen Sommertage sind ein Traum für Mountainbiker und Wanderer und der Herbst taucht die Bäume in rote und goldene Farben, lässt die Berge wie im Feuer erscheinen und begeistert Fotografen und Golfer gleichermaßen. Im kalten Winter lassen die umliegenden schneebedeckten Berge das Herz von Skifahrern und Snowboardern höher hüpfen und der Frühling bringt wieder frisches Grün in die Landschaft, eine Zeit zum Verweilen und Genießen. *Queenstown* hat seinen Weltruf als Abenteuerstadt nicht ohne Grund, die Vielzahl der angebotenen Erlebnistouren zu Wasser, Land oder in der Luft ist einmalig: Whitewater Rafting, Jetboating oder Wildwasserfahrt durch Canyons, Bungee Jumping und Tandem-Gliding, Swinging, Helikopterflug, Ski- oder Skateboard fahren im Winter, lange Wanderungen im Paradise-Valley oder Geländefahrten per Jeep. Wir wollen in diesem Buch nicht näher auf die einzelnen Aktivitäten eingehen und verweisen auf die unzähligen Buchungsbüros und das *DOC Visitor Centre*, 38 Shotover Sreet. Trotz des Urlauberansturmes hat der malerisch zwischen

(236) WOMO-Campingplatz-Tipp: Queenstown Lakeview

GPS: S 45°1'49" E 168°39'26". **WOMOs:** 150 mit Stromanschluss
Ausstattung/Lage: Spielplatz / Sehr zentrumsnahe Lage.
Preise: Stellplatz mit Strom 50 NZD für zwei Personen.
Zufahrt: Gut ausgeschildert. Vom Zentrum aus die Brecon Street Richtung Gondola fahren und links in die Cemetery Rd abbiegen.
Kontakt: 4 Cemetery Road, Queenstown, Tel. 0800 482 735, www.holidaypark.net.nz **Beurteilung:** Zentral gelegene große Anlage, 500 m bis zum See, gute Sanitäranlagen, sehr eng, dicht auf dicht gepackt.

dem romantischen, azurblauen See und den zerklüfteten Bergen gelegene Ort einiges von seinem ursprünglichen Charakter behalten. In der verhältnismäßig kleinen Innenstadt befinden sich unzählige Bars und Cafés. Um sich einen Überblick über Stadt und Umgebung zu verschaffen, fahren Sie zunächst einmal mit der *Gondelbahn (Skyline Gondola)* zu der Bergstation auf dem *Bob's Peak (762 m)*. Genießen Sie dort angekommen den herrlichen Blick auf die umliegenden Berggipfel, zu denen die *Remarkables*, der *Crown Peak* und der *Coronet Peak* gehören. In der Bergstation gibt es eine Cafeteria und ein **Skyline Restaurant** (Tel. 03 442 7860), in dem Sie ein empfehlenswertes Dinner mit tollem Blick hinab auf den See einnehmen können. In der Bergstation finden Sie auch Souvenirshops und ein Theater, in dem der sehenswerte High-Tech-Film *Kiwi Magic* zu sehen ist.

TSS Earnslaw am Walters Peak

(237) WOMO-Campingplatz-Tipp: Queenstown Top 10 Creeksyde

GPS: S 45°1'33" E 168°39'37". **WOMOs:** 65 mit Stromanschluss
Ausstattung/Lage: Spielplatz / Schattenspendende Bäume, 10 min zu Fuß bis Stadtzentrum. **Preise:** Stellplatz mit Strom 50 NZD, 18 (16) NZD pro weiterem Erwachsenem (Kind). **Zufahrt:** Im Zentrum ausgeschildert.

Kontakt: 54 Robins Road, Queenstown, Tel. 0800 786 222, www.camp.co.nz
Beurteilung: Der Platz ist in mehrere wunderschöne Parzellen angelegt und hat viele heimelige und von üppigem Grün umgebene Stellplätze. Die Toiletten und Duschen sind einzigartig Künstlerich gestaltet.

Nordende des Lake Wakatipu

Zurück in der Talstation besuchen Sie den *Kiwi & Birdlife Park* und den alten Friedhof, in dem einige der Pioniere der Stadt begraben sind. Danach promenieren Sie entlang der Uferstraße *Lake Esplanade* bis zur Steamer Wharf, wo zahlreiche Kneipen Bars und Restaurants auf Sie warten. Ein traditionsreiches Restaurant mit behaglicher Atmosphäre ist das **Cow** (Cow Lane, Tel. 03 442 8588). Zurück am Anleger *Steamer Wharf* schauen Sie sich die **TSS Earnslaw** an. Dieses 51 m lange, elegante und immer noch auf Hochglanz polierte Dampfschiff hatte 1912 seine Jungfernfahrt und ist der einzige Überlebende einer Flotte von fast drei Dutzend Schiffen, die vor 150 Jahren Passagiere und Fracht (1.500 Schafe fanden Platz) über den See transportierten. Mehrfach am Tage legt die *TSS Earnslaw* zu einer Ausflugsfahrt über den See zur

(238) WOMO-Wanderplatz: Twelve Mile Delta - DOC Standard

GPS: S 45°4'1" E 168°32'39". **Max. WOMOs:** 100

Ausstattung/Lage: Toiletten, Trinkwasser, Picknicktische / Weiträumiges Gelände am Ufer des Lake Wakatipu, inmitten natürlichen Bewuchses.

Preise: 6 NZD pro Person

Zufahrt: Von Queenstown aus 9 km Richtung Glenorchy fahren und dann den Hinweisschildern folgend links abbiegen.

Beurteilung: Sehr schöner in die natürliche Umgebung eingebetteter Platz, mit tollem Blick auf den See und die umliegenden Berge. Ideale Basis um die Umgebung zu erkunden (Mt Chrichton Loop Track, **Bob's Cove Track**, Lake Dispute Track). Da auch eine Bootsrampe verfügbar ist, wird der Platz gerne von Kiwis zum Fischen benutzt.

Straße am Dart River

Walter Peak Country Farm ab, wo dem Interessierten *High Country Schafzucht* demonstriert wird.

Von der Anlegestelle der *TSS Earnslaw* folgen Sie dem Seeufer und gelangen bald zu einem Komplex von Bootsrampen. An der zweiten Pier, in der Verlängerung der Mall gelegen, befindet sich *Underwater World*, eine unterseeische Galerie mit Aussichtsfenstern zum See. Da die Neuseeländischen Alpen als Schutzwall gegen die kühlen Westwinde wirken, liegt die durchschnittliche Höchsttemperatur in *Queenstown* im Sommer um zwei Grad höher als die der deutlich nördlicher gelegenen Hauptstadt *Wellington*. Auch der Niederschlag fällt mit dank des Regenschattens der Süd-Alpen eher moderat aus. Im Ergebnis gilt das Hinterland *Queenstowns* als eines der besten Weinbaustandorte Neuseelands. Geführte Weintouren, die vornehmlich Weingüter im nahe gelegenen *Gibbston Valley* besuchen, werden in *Queenstown* angeboten.

(239) WOMO-Stellplatz: Twentyfive Mile Creek - DOC Basic

GPS: S 44°59'32" E 168°25'52". **Max. WOMOs:** 10

Ausstattung/Lage: Nichts / Schön unterhalb der Straße am Seeufer, an der Mündung des 25 Mile Creek gelegen. **Zufahrt:** Von Queenstown aus 28 km Richtung Glenorchy fahren und direkt vor der One Way Bridge über den 25 Mile Creek links abbiegen. **Vorsicht, etwas holprig.** **Beurteilung:** Absolut empfehlenswerter Platz. Schutz durch eine Gruppe von Bäumen. Maximal vier Nächte sind erlaubt.

Falls Sie über genügend Zeit verfügen, sollten Sie einen reizvollen Abstecher in das 46 km entfernte **Glenorchy** un-

Glenorchy Café

ternehmen, das friedvoll am Nordende des *Lake Wakatipu* liegt. Sie erreichen dieses selbsternannte „*Tor zum Paradies*" über eine Straße, die dem Verlauf des Seeufers folgt und immer wieder tolle Ausblicke auf See und Bergwelt gewährt. Vor dem Ortseingang liegt die *Blanket Bay Lodge*, eine 4-Sterne-Unterkunft für hohe Ansprüche und starken Geldbeutel. *Glenorchy* ist der östliche Ausgangspunkt für einige Fjordland Tracks. Es besteht im Wesentlichen aus dem *Glenorchy Information Center*, dessen Funktion sich nicht in einer Touristeninformation erschöpft. Es ist Dorfladen und Souvenirshop, Rezeption für den *Glenorchy Holiday Park & Camping Ground* und selbstverständlich können auch alle Touren hier gebucht werden. Zu letzteren ge-

(240) WOMO-Campingplatz: Glenorchy Camping Ground
GPS: S 44°51'4" E 168°23'19". **WOMOs:** 20 Stellplätze mit Stromanschluss.
Ausstattung/Lage: Standard / Im Ort an der Hauptstraße.
Preise: Stellplatz mit Strom 18 NZD pro Person, Dusche extra.
Zufahrt: In Glenorchy, an der Hauptstraße, nicht zu verfehlen.
Kontakt: 2 Oban St, Glenorchy, Tel. 03 441 0303, www.glenorchyaccommodation.co.nz **Beurteilung:** Einfacher Campingplatz, dafür recht teuer.

(241) WOMO-Wanderplatz: Diamond Lake - DOC Basic
GPS: S 44°43'51" E 168°22'49". **Max. WOMOs:** 8
Ausstattung/Lage: Nichts / Am Lake Diamond.
Zufahrt: Sie folgen von Glenorchy aus der Glenorchy-Paradise Road, die nach 8 km zur Gravelroad wird. Das Ziel erreichen Sie nach insgesamt 15 km.

Beurteilung: Sehr schöne Lage mitten im Mount Aspiring National Park. Reizvoll für Herr der Ringe Fans (Isengard, Lohtlorien)!
Hinweis: Maximal 4 Nächte. Campen unter Bäumen wird nicht empfohlen.

(242) WOMO-Wanderplatz: Chinamans Bluff - DOC Basic
GPS: S 44°39'16" E 168°18'54". **Max. WOMOs:** 20
Ausstattung/Lage: Toilette, Schutzhütte / Am Oberlauf des Dart River, eingerahmt von der Bergwelt des Mount Aspiring National Park.
Zufahrt: Leider sehr schwierig. Sie folgen von Glenorchy aus der Glenorchy-Paradise Road, die nach 8 km zur Gravelroad wird. Das Ziel erreichen Sie nach weiteren 16 km und einige Flussdurchfahrten.
Beurteilung: Absolut idyllischer Platz mitten im Mount Aspiring NP, Startpunkt vieler Wanderungen. Für Herr der Ringe Fans ein Muss, wenn da nur nicht die lange Gravelroad wäre. Nur für Abenteuerlustige zu empfehlen!

hören Trips mit Jetboats und Funyaks, aufblasbaren Kanadiern, auf dem Dart River, einem wilden und ursprünglichen Gletscherfluss (**Dart River Safaris**, 45 Mull Street, Tel. 0800 327 853, www.dartriver.co.nz). Das besondere Alpenpanorama macht Glenorchy zum begehrten Filmset. Einige Szenen aus *Herr der* Ringe wurden hier gedreht. *Nomad Safaris* bietet Jeep Touren zu den Drehorten an. Keinesfalls entgehen lassen, sollten Sie sich einen Besuch im **Glenorchy Café** in der Mull Street. Das Café hat viele schöne Plätze auf seinen Verandas. Sie sitzen unter Kastanien, eine sehr relaxte, schöne Stimmung. Auch der Innenraum ist *cosy.* Alles was angeboten wird ist sehr lecker! Wir waren besonders von den diversen Berry Crumbles angetan. Auch der Cappuccino war vortrefflich.

Die ehemalige Goldgräberstadt **Arrowtown** liegt mit ihren 2.150 Einwohnern im Tal des *Arrow River*, zu Füßen der *Crown Range*. Das malerische Städtchen, mehr als 60 Gebäude aus dem 19. Jahrhundert wurden liebevoll renoviert, hat seinen ursprünglichen Charakter erhalten. Sie erreichen den kleinen Ort am Westufer des *Arrow River* über den SH6, dem Sie 25 km in nördlicher Richtung folgen.

Nachdem 1862 ein Schafscherer Gold im *Arrow Rive*r gefunden hatte, verbreitete sich diese Nachricht in Windeseile. Innerhalb weniger Wochen wuchs die Einwohnerzahl auf 1.500 und stieg während des Höhepunktes des Goldfiebers weiter bis auf über 7.000 an. Insgesamt wurde damals in 80 Goldfeldern, teilweise im eiskalten Wasser der Flüsse, nach dem begehrten Edelmetall geschürft. Die Goldvorkommen waren schnell erschöpft und die Schürfstellen wurden innerhalb nur eines Jahrzehnts wieder aufgegeben. Wer will kann heutzutage am *Arrow River* mit ausgeliehenen Pfannen selbst sein Glück beim Goldwaschen versuchen und die mühselige Arbeit des

Edith Cavell Bridge über den Shotover River

Schürfens in Angriff nehmen. Heute ist *Arrowtown* ein lebendiger Ort, in dem die liebevoll renovierten und teils pittoresken Fassaden das Bild einer längst vergangenen Zeit nachzeichnen. In dem stimmungsvollen Ort mit Wild-West Atmosphäre kann man gut bummeln und einkaufen. Das *Lake District Museum* informiert umfangreich über die Goldgewinnung in der Region. Hier erhält man die Broschüre *Historic Arrowtown*, die verschiedene Spazierwege beschreibt.

Am westlichen Ostrand befindet sich am Fluss das **Chinese Settlement** ein Camp chinesischer Arbeitskräfte, die um 1870 in die Gegend kamen. Auch sie suchten in den Schluchten von *Arrow River* und *Shotover River* nach Gold. Ihre kleinen Stein- und Lehmziegelhütten sind inzwischen restauriert.

Wem *Arrowtown* noch nicht genügend Goldgräberstimmung vermittelt, der kann sich einer Geländewagen-Tour nach **Macetown** anschließen. Diese 15 km nördlich *Arrowtown* gelegene, eindrucksvolle Geisterstadt ist alternativ über einen Fußmarsch, eine Mountainbike-Tour oder einen Ausritt zu erreichen, deren Routen sämtlich flussaufwärts dem *Arrow River* folgen.

Cardrona Valley Road

Wenn Ihr Camper nicht gar zu groß ist, sollten Sie als Route nach **Wanaka** die *Crown Range Road* über Cardrona wählen, die im späteren Verlauf *Cardrona Valley Road* heißt. Sie windet sich zunächst als extrem steile Serpentinenstraße in vielen engen Haarnadelkurven über die *Crown Terraces*, bevor sie die Passhöhe von 1076 m erreicht.

Cardrona Hotel

Es bieten sich immer wieder atemberaubende Ausblicke hinab auf das Tal des *Kawarau River* und den *Lake Hayes*. Im weiteren Streckenverlauf führt die Straße durch das schmale und ausgesprochen pittoreske **Cardrona Valley**. Die das Tal umgebenden steilwandigen Hügel sind von kugelförmigen und meist braunen Grasbüscheln übersät (Tussockgras). Auf halber Strecke nach *Wanaka* passieren Sie das liebevoll restaurierte *Cardrona Hotel*, in dessen historischem Schankraum schon zu Goldgräberzeiten gezecht wurde.

Alternativstrecke nach Wanaka über Cromwell

Die 45 km längere Alternativroute über Cromwell folgt dem *Kawarau River* bis zum *Lake Dunstan*, führt an der Westseite des Sees entlang und folgt schließlich dem *Clutha River* bis nach *Wanaka*. Hinter Queenstown verläuft der SH6, der hier Gibbston Highway heißt, zunächst durch das noch recht junge Weinbaugebiet **Gibbston Valley**. Am malerischen *Lake Hayes* passieren Sie mit der Lake Hayes Winery das erste Weingut des breit terrassiert verlaufenden Tales. Nach überqueren des Kawarau River liegt am Wegesrand mit *Gibbston Valley Wines* das Weingut, das nicht nur den längsten Untergrundkeller Neuseelands hat (75 m), sondern auch die meisten Besucher: 100.000 pro Jahr (www.gibbstonvalleynz.com, Tel. 03 442 6910). In diesem ältesten Weingut des Gibbston Valley wurde 1987 der erste Wein gelesen.

An der Stelle, an der der SH6 den Kawarau River überquert, befindet sich die nicht zu befahrende historische **Kawarau Bridge**, heute ein Kulturdenkmal. Sie ist 43 m hoch und war der Ort, an dem 1988 weltweit erstmals das kommerzielle Bungee-Jumping angeboten wurde. Sie können auf dem großen Parkplatz an der Brücke frei übernachten und den mutigen Springern zuschauen. Auch heute noch zieht die Kawarau Bridge jährlich tausende „thrill-seekers" aus der ganzen Welt an. Auf dem Fluss werden auch Jetbootfahren, Rafting und River Surfing angeboten (**Kawarau Bungee Centre,** www.bungy.co.nz/kawarau-bungy-centre, Tel. 0800 286 4958).

(243) WOMO-Stellplatz: Kawarau Historic Bridge

GPS: S 45°0'35" E 168°54'6". **Max. WOMOs:** 8

Ausstattung/Lage: Toilette, während der Öffnungszeiten des „Kawarau Bungy Centre" / Parkplatz am SH6, oberhalb der historischen Brücke über den Fluß.

Zufahrt: Am Gibbston Highway (SH6), 24 km hinter Queenstown.

Beurteilung: An der 43 m hohen historischen Kawarau Bridge wurden 1988 erstmals kommerzielle Bungeesprünge angeboten. Am Kawerau River, mit seinen starken Strömungen und zahlreichen Stromschnellen, begann das Rafting in Neuseeland. Sie können den Bungee Springern zusehen, oder verschiedene Wanderungen unternehmen (**Gibbston River Trail**). Sie dürfen mit zwischen 17 Uhr und 9 Uhr den Parkplatz benutzen.

(244) WOMO-Stellplatz: Roaring Meg Recreation Reserve

GPS: S 45°0'2" E 169°4'13". **Max. WOMOs:** 6

Ausstattung/Lage: Nichts / Von Bäumen gegen die Straße geschützt.

Zufahrt: Am SH6, 45 km hinter Queenstown.

Beurteilung: Picknickplatz gegenüber dem Wasserkraftwerk Roaring Meg. Wenige hundert Meter unterhalb des Kraftwerkes befindet sich eine Naturbrücke über den dann auf 1,2 m verengten Kawerau River. Sie dürfen mit ihrem Wohnmobil zwischen 17 Uhr und 9 Uhr auf dem Picknickplatz campen. **DOC Basic Campsite**.

Der Kawarau River, der 60 km nachdem er Lake Wakatipu verlassen hat, bei Cromwell in den Lake Dunstan mündet, passiert nun die ausgesprochen reizvolle **Kawarau Gorge**. Der Fluss weist in der engen Schlucht zahlreiche Stromschnellen und starke Strömungen auf. Bei dem Wasserkraftwerk **Roaring Meg** haben Sie eine weitere Gelegenheit zur freien Übernachtung. Wenige hundert Meter unterhalb des Kraftwerkes verengt sich der Fluss auf 1,2 m. In früheren Zeiten nutzten Goldgräber diese Naturbrücke als Übergang auf dem Weg zu den Arrow-Goldfeldern. Noch im 19. Jahrhundert wurde aus dem Kawarau River Gold gewonnen. Einige Hütten der Bergleute sind noch heute erhalten. Kurz vor dem Ende der Schlucht können Sie das **Otago Goldfields Mining Centre** besuchen (www.goldfieldsmining.co.nz, Tel. 0800 111 038).

Wenige Kilometer hinter dem Goldfields Centre erreichen Sie Cromwell, das seine Existenz der Jagd nach Gold verdankt und Anfang des 19. Jahrhunderts noch Kawarau genannt wurde. Der Ort (4000 Ew.) im oberen Clutha Tal liegt malerisch am Lake Dunstan, braune Tussock-Grasbüschel bilden mit dem blauen See einen spektakulären Kontrast. Cromwell ist der größte Obstproduzent der Region und wird liebevoll „Fruchtkorb des Südens“ genannt. Dies wird dem Besucher im Ort durch eine riesige Obst-Statue stolz kund getan.

(245) WOMO-Picknickplatz: Lowburn Picnic Area

GPS: S 45°0'31" E 169°12'50".
Max. WOMOs: 6
Ausstattung/Lage: Toilette, Picknicktische, Grillstellen, Bootsrampe / Großer Picknickplatz am Lake Dunstan, etwas südlich des Lowburn Inlet.
Zufahrt:
Am SH6, 3 km hinter der Abzweigung zum SH8, nördlich Cromwell.
Beurteilung:
Weiträumiger Picknickplatz mit schönen Stellplätzen direkt am Seeufer.

Wer seine Vorräte an Obst und Gemüse auffüllen möchte, sollte bei **Jackson's Orchard** anhalten (73 SH6, Cromwell, Tel. 03 445 0596, www.jacksonorchard.co.nz). Hier können Sie auch aus einer süßlich schmeckenden Frischwasserquelle Wasser abfüllen. Cromwell liegt eingebettet zwischen den Dunstan Mountains im Osten und der Pisa Range im Westen.

(246) WOMO-Badeplatz: Jackson Picnic Area

GPS: S 45°5'13" E 169°16'12". **Max. WOMOs:** 8
Ausstattung/Lage: Nichts / Am Lake Dunstan.
Zufahrt: Am SH8 rechts, 8 km südlich der Abzweigung nach Cromwell.

Beurteilung: Wunderschöner Platz. Neben den Pappeln finden Sie schattige und geschützte Stellplätze. Lassen Sie sich ein Bad im See nicht entgehen!

Als der Clyde Damm fertig gestellt war, verschwand neben ausgedehnten Obstfeldern auch das alte Stadtzentrum Cromwells zwischen 1992 und 1993 in den Fluten des neu entstehenden Lake Dunstan.

Teile der Stadt wurden verlagert und heute können Sie bei einem Besuch in der Melmore Terrace mit der Old Cromwell Town ein faszinierendes Stück lebendiger Geschichte von Central Otago bestaunen. Die antike Häuserzeile der restaurierten Stein- und Holzhäuser erscheint einer Filmkulisse entsprungen zu sein.

(247) WOMO-Badeplatz: Clyde Dam Dairy Creek

GPS: S 45°10'15" E 169°18'34". **Max. WOMOs:** 5

Ausstattung/Lage: Toilette, Wasser Picknicktische, Badeplattform / Am Lake Dunstan, kurz vor dem Clyde Staudamm.
Zufahrt: Am SH8 rechts, 20 km südlich der Abzweigung nach Cromwell. Sie biegen zum Lookout ab und fahren dann ein Stück zurück, den Schildern folgen.
Beurteilung: Wunderschöner, friedvoller Badeplatz.. Ein Bad im See werden Sie sich sicher nicht entgehen lassen!

(248) WOMO-Badeplatz: Clyde Dam Bullock

GPS: S 45°10'32" E 169°18'7".
Max. WOMOs: 20
Ausstattung/Lage: Nichts / Auf der westlichen Seite des Lake Dunstan, dicht am Clyde Staudamm.
Zufahrt: Sie fahren in Clyde vom SH8 rechts über die rote Brücke, dann rechts am Kraftwert vorbei. **Beurteilung:** Beliebter Badeplatz.

Wenn Sie genügend Zeit mitbringen, möchten wir Ihnen einen Ausflug durch die **Cromwell Gorge** zum 23 km entfernten Clyde Dam ans Herz legen. Der größte Teil dieser bezaubernden Schlucht versank mit dem Bau des Clyde Dam und eine Verlegung des SH8 an das Ostufer des neu entstandenen Lake Dunstan wurde erforderlich. Der See ist in diesem Teil nicht sehr breit und bietet Ihnen eine Vielzahl ausgezeichneter Bademöglichkeiten. Wir zeigen Ihnen drei sehr empfehlenswerte Übernachtungsstellen auf. Der zunächst umstrittene

Clyde Dam wurde zwischen 1982 und 1993 gebaut. Vor allem wegen seiner Vorrichtungen zur Erdbebensicherheit gilt er als technische Meisterleistung. Schauen Sie ihn sich von der Aussichtsterrasse aus an, Sie werden beeindruckt sein. Sein Kraftwerk deckt 5% des neuseeländischen Strombedarfes und das Wasser des Lake Dunstan versorgt großflächig die anliegenden Weingüter und Obstplantagen. Von Einheimischen und Besuchern wird der See für diverse Wassersportarten genutzt.

(249) WOMO-Badeplatz: Lake Dunstan Rocky Point

GPS:
S 44°55'58" E 169°18'2".
Max. WOMOs: 8
Ausstattung/Lage: Picknicktisch / Am Lake Dunstan.
Zufahrt: Am SH8 rechts, 14 km hinter Tarras.
Beurteilung:
Wunderschöner Platz mit vielen Vögeln und Eukalyptus Bäumen. Die schönsten Stellplätze finden Sie am Ende der Zufahrtsstraße.

Um nach Wanaka zu gelangen, können Sie von Cromwell aus den östlich des Sees verlaufenden SH8 befahren, oder den SH6 an seiner Westküste. Die Route über den SH8 ist 8 km länger, bietet Ihnen dafür die Möglichkeit ein ausgezeichnetes Mittagessen mit einer Weinprobe zu verbinden (siehe Kasten „Northburn Station"). Wenn Sie den SH8 wählen, folgen Sie 17 km der Westseite des Lake Dunstan und dann für die Reststrecke von 36 km dem Clutha River bis zu seiner Mündung in den Lake Wanaka.

Winetasting in der Northburn Station

Wie wäre es mit einem gepflegten Mittagessen in einer der wunderschönen Winerys von Central Otago? Wir haben für Sie die 5 km nördlich von Cromwell an der Ostseite des Lake Dunstan gelegene Northburn Station getestet. Urteil: sehr empfehlenswert! Im Schatten der Veranda mitten im Grünen sitzend, wird es Ihnen schwerfallen, ein Gericht zu wählen, weil sich alle so lecker anhören. Haben Sie sich dann entschieden, werden Sie happy sein, alles schmeckt bestens! Dazu ein schöner Wein dieser nach biodynamischen Grundsätzen geführten Winery, toll! Ein Winetasting wird angeboten, mit leckeren Häppchen. Dazu können Sie den Kühlschrank Ihres Womos mit überaus leckeren Spezialitäten aus dem „Farmgate Shop" bestücken: Lamm, Pasteten, Marmeladen aus der eigenen Produktion stehen dort zusammen mit frischen saisonalen Gartenprodukten zum Verkauf. GPS: S 45°0'17" E 169°14'16", 7 Northburn Station Rd., Tel. 03 445 1743, www.northburn.co.nz, tgl. 10.30 -16.30 Uhr.

Badevergnügen am Lake Wanaka

Der an der Südspitze des *Lake Wanakas* gelegene beschauliche Ort **Wanaka** (5.000 Ew) bietet eine gute Mischung aus Abenteuer, Sport und Entspannung. Bei schönem Wetter laden im Sommer viele Stellen am See zum Picknick ein und im Winter ist Wanaka beliebte Basis für die Skigebiete *Cardrona* und *Treble Cone*. Angeboten werden in der selbsternannten Abenteuerdestination neben mehreren Wildwassertouren, Jetboat Fahrten auf dem *Wanaka River* und Kreuzfahrten, Angeltouren und Wasserski auf dem See. Auch Sightseeingflüge, Gleitschirmfliegen und Fallschirmspringen können Sie buchen. Wanaka hat viele kleine Läden, einen großen Supermarkt, diverse Restaurants und Cafés und underschöne Lage zwischen dem See und den Ausläufern des *Mt. Aspiring National Parks*. Das schön an der Uferpromenade des Lake Wanaka gelegene Tourist Office ist von 8.30 - 17.30 Uhr geöffnet.

Besuchen Sie unbedingt das **Paradiso Cinema**. Dieses witzige Kino hat einzigartige und doch bequeme Sitzgelegenheiten. Sie können sich auf Polstersesseln und Ledersofas nieder lassen und sogar in einem Auto. In der Pause gibt es frisch gebackene Cookies und vieles mehr, alles sehr zu empfehlen (72-76 Brownston St., Tel. 03 443 1505, www.paradiso.net.nz).

Das mehrfach prämierte edle Restaurant **Missy's Kitchen** (Ecke Ardmore St / Lakeside Dr, Tel. 03 443 5099) liegt sehr schön mit Blick zum See und den dahinter thronenden Bergen. In den letzten Jahren hat sich *Wanaka* stark entwickelt und ist damit deutlich in Konkurrenz zu *Queenstown* getreten. Die Fläche unterhalb von *Mt. Iron*, *Wanakas* kleinem Hausberg, war im Jahr 2000 noch Weidefläche für Schafe und ist heute weitestgehend bebaut. Der Spazierweg hinauf auf den Gipfel des **Mt. Iron (549 m)** ist auch bei Einheimischen sehr beliebt und bietet einen herrlichen Panoramablick auf Wanaka, sowie

Vergnügungspark *Great Maze*

Lake Wanaka und *Lake Hawea.* Der Ausgangspunkt der Wanderung liegt 1,5 km östlich von *Wanaka* am SH84. Sie führt zunächst durch Weideland und später durch die vogelreichen Wälder des *Mount Iron Scenic Reserve* (4 km hin und zurück, 1-2 h, 240 Hm). In der DOC-Broschüre *Wanaka Walks and Trails* sind weitere schöne Wanderungen beschrieben, z.B. der **Diamond Lake-Rocky Mountain Track** (7 km, 2,5 h, 400 Hm) und der **Waterfall Creek Walk** (3 km, 35 min). Wer das Wandern liebt, hat dazu auch im nahen *Mount Aspiring Nationalpark* oder an der *Glendhu Bay* in allen Schwierigkeitsstufen Gelegenheit

(250) WOMO-Campingplatz-Tipp: Wanaka Lakeview HP
GPS: S 44°42'3" E 169°7'41". **WOMOs:** 70 mit Stromanschluss
Ausstattung/Lage: Entsorgung außerhalb des Platzes, Spielplatz / 20 min zur Stadtmitte, 5 min über die Straße an den See zum Schwimmen!.
Preise: Stellplatz mit Strom 46 NZD für zwei Erwachsene.
Zufahrt: Von Queenstown kommend kurz vor dem See links.
Kontakt: 212 Brownston Street, Wanaka, Tel. 03 443 7883, www.wanaka-lakeview.co.nz **Beurteilung:** Nicht sehr schön, aber für eine Nacht ok.

Zwei km östlich des Ortszentrums bietet der Vergnügungspark *Great Maze* einen hölzernen Irrgarten, mehrere Geduldsspiele, eine Hologramm-Halle und das Holzhaus *Tilted House*, dessen Fußboden 15 Grad gegen die Horizontale geneigt ist. Historisch interessierte Besucher finden im *New Zealand Fighter Pilots Museum* die größte Sammlung von Kampfflugzeugen in der südlichen Hemisphäre und am Wanaka Airport ein Transport- und Spielzeugmuseum. Schließlich kann der Interessierte noch die preisgekrönte Brauerei *Wanaka Beer Works* besichtigen, in der man drei Biersorten für 4 NZD probieren kann. Wer Wein bevorzugt kann im 3 km westlich gelegenen Weingut *Rippon Vineyard* vom Pinot Noir über Sauvignon Blanc bis zum Riesling zehn verschiedene Weinsorten kostenlos probieren. Sie dürfen für eine Nacht auf dem Parkplatz des Weingutes stehen. Oder Sie wandern von *Wanaka* über den **Waterfall Creek Walk** zum Weingut.

Nur wenige Kilometer östlich vom Lake Wanaka liegt der *Lake Hawea*, mit einer Fläche von 141 km² der kleinste und nördlichste der fünf großen Gletscherseen Neuseelands. An der engsten Stelle („The Neck") sind beide Gewässer nur etwa 1000 Meter voneinander entfernt.

(251) WOMO-Wanderplatz: Albert Town Camp

GPS: S 44°40'45" E 169°11'26". **Max. WOMOs:** 10
Ausstattung/Lage: Toilette, Wasser / Schön in einer Flussschleife gelegen.
Preise: Stellplatz 7 NZD pro Erwachsenem, Kinder 3,50 NZD, Kinder unter 5 Jahren sind frei.
Zufahrt: Direkt hinter der Brücke über den Clutha River am SH6.
Kontakt: Queenstown Lakes District Council, Tel. 03 443 0024
Beurteilung: Einfacher Platz, sehr schön am Clutha River gelegen. Ausgangspunkt verschiedener Wanderungen.

Am Südufer des *Lake Hawea* wurde im Jahr 1958 ein 30 m hoher Damm gebaut und damit der Wasserspiegel um 20 Meter angehoben. Das angestaute Wasser wird, im Bereich zwischen 10 und 200 m³ pro Sekunde, kontrolliert abgegeben und dient im 100 km entfernten *Roxburgh Wasserkraftwerk* als zusätzliche Ressource zur Stromgewinnung. Allerdings verlor der See durch dieses Bauwerk einiges von seinem Reiz, denn die ursprünglichen Badestrände gingen verloren. Am Staudamm, unweit seines Abflusses in den *Hawea River*, befindet sich die

(252) WOMO-Campingplatz-Tipp: Lake Hawea HP

GPS: S 44°36'25" E 169°14'44". **WOMOs:** 98 mit Stromanschluss.
Ausstattung/Lage: Spielplatz / Am Lake Hawea.
Preise: Stellplatz mit Strom 38 NZD für zwei Erwachsene.
Zufahrt: Vom SH6 Richtung Norden kurz nach Hawea rechts abbiegen.
Kontakt: State Highway 6, Lake Hawea Tel. 03 443 1767 www.haweaholidaypark.co.nz
Beurteilung: Schöner, weitläufiger Platz in einem Wäldchen.

einzige größere Siedlung am See, der etwa 300 Einwohner zählende Ort **Hawea**. Kurz hinter der Abzweigung nach Hawea liegt zwischen dem SH6 und dem See der Campingplatz *Lake Hawea Holiday Park*. Im nördlichen Bereich des Sees fließt, neben vielen kleinen Zuflüssen, der *Hunter River* in den *Lake Hawea*. Der See ist nicht so beliebt wie sein größerer Nachbar, eignet sich aber hervorragend für verschiedene Arten von Wassersport und lädt wegen seines Fischreichtums zum Angeln von Forellen und Lachsen ein. Am nördlichen Ende des Sees, an der engsten Stelle zwischen den beiden Seen, zweigt eine Schotterstraße nach rechts ab (Meads Road), die Sie nach 6 km zu einem charmant am See gelegenen DOC Campingplatz bringt. Hier beginnt der gut ausgeschilderter Rundweg **Nature Walk**, der über eine Anhöhe durch den Wald führt und etwa 35 Minuten in Anspruch nimmt.

(253) WOMO-Stellplatz: Kidds Bush Reserve - DOC Standard Campsite

GPS: S 44°26'28" E 169°15'42". **WOMOs:** 40 Stellplätze
Ausstattung/Lage: Toiletten, Trinkwasser / Malerisch am Lake Hawea.
Parkgebühr: 6 NZD pro Person **Zufahrt:** Am Kopfende des Lake Hawea rechts in die Meads Rd einbiegen und 6 km der Schotterstraße folgen.

Beurteilung: Sehr idyllische Stellplätze auf einer Wiese am See!

Der *Haast Pass* ist mit nur 563 m ü.d.M. die am tiefsten gelegene Passstraße über die Südalpen. Er ist nach dem deutschen Geologen *Julius von Haast* benannt, welcher ihn als erster Europäer nach dem Goldsucher *Charles Cameron* (1863) bezwang. Die Straße über den *Haast Pass* ist der südlichste Zugang zur *West Coast* und wurde erst 1965 für den öffentlichen Verkehr freigegeben. Die Streckenführung folgt einem bereits von den **Ngai Tahu** genutzten Pfad an die Westküste, den diese zum Handel mit Jade benutzten. Unser Weg zum *Haast Pass* führt uns durch eine vielfältige Szenerie: Regenwald, Feuchtgebiete, Seen, Gletscherflüsse und Stromschnellen.

Zunächst erreichen Sie, 45 km hinter *Wanaka*, den an der Südostseite des *Mount Aspiring National Park* gelegenen kleinenOrt **Makarora**, mit Motor Camp und DOC i-Site ausgestattet. Hier sollten Sie die Broschüre Walks along the Haast Highway

SH 6 am Lake Hawea

erstehen, die eine Vielzahl gut markierter kurzer Wanderungen entlang der Straße nach Haast beschreibt. Wir wollen den Blue Pools Walk hervorheben, der mit sensationellem Blick auf die Berge zu einer Serie von Wasserbecken führt, die über die Jahrhunderte hier aus den Steinen gewaschen wurden. In ih

(254) WOMO-Stellplatz: Boundary Creek - DOC Standard
GPS: S 44°21'7" E 169°10'9". **WOMOs:** 40
Ausstattung/Lage: Toiletten, Trinkwasser, Picknicktische / Malerisch auf einer Landnase am oberen Ende des Lake Wanaka gelegen.
Preise: 6 NZD pro Erwachsenem **Zufahrt:** Von Wanaka aus den SH6 Richtung Norden fahren. Der Platz liegt 9 km nachdem der SH6 wieder auf den Lake Wanaka getroffen ist auf der rechten Seite zum See hin.
Beurteilung: Sehr idyllische Plätze!

rem kristallklaren Wasser tummeln sich unzählige Forellen. Die Region um *Makarora* ist mit ihrem dichten Südbuchenbestand und alpiner Vegetation von fesselnder Schönheit und lädt zum Verweilen ein. Für unternehmungslustige Reisende werden hier Rundflüge und Jetboat-Fahrten auf dem *Makarora River* angeboten. Ein besonderer Leckerbissen für adrenalinhungrige ist das sogenannte *Siberia Experience*, das einen 30 minütigen Flug mit dem Kleinflugzeug, danach 3 h Bushwalk und eine abschließende Jetbootfahrt umfasst (225 NZD). In Makarora gibt es die letzte Tankstelle vor der Westküste. Sie überqueren 17 km hinter *Makarora* den *Haast Pass* und lassen damit endgültig die trockene,

Blue Pools

Haast River

sanft gewellte Tussock-Landschaft von *Central Otago* hinter sich und tauchen in die tiefgrünen Regenwälder der regenreichen Westküste ein. Zunächst folgt die Straße in vielen engen Kurven dem *Haast River* in die Ebene hinab, in der das Flussbett dann wesentlich breiter verläuft.

(255) WOMO-Wanderplatz: Pleasant Flat - DOC Standard

GPS: S 44°0'43" E 169°22'53". **Max. WOMOs:** 10 Stellplätze

Ausstattung/Lage: Toiletten, Trinkwasser / Vom SH6 durch Bäume geschützt.

Parkgebühr:
6 NZD pro Erwachsenem

Zufahrt: Am SH6, direkt hinter der Brücke über den Haast River, 45 km vor Haast.

Beurteilung: Toller Blick auf den schneebedeckten Mt Hooker. Hinter dem Platz startet ein kurzer Wanderweg durch den Wald. Striktes Feuerverbot!

Die Fahrt vom *Haast Pass* nach **Haast** ist sehr abwechslungsreich und ungemein reizvoll. Etwa 60 km hinter dem Haast Pass erreichen Sie die abgeschiedenen und ruhig gelegenen Siedlungen **Haast Township, Haast Junction** und, an der tasmanischen See gelegen, **Haast Beach**. Umgeben von ausgedehnten Regenwäldern und unberührt gebliebenen Stränden zieht Haast vor allem naturbegeisterte Reisende an. Sie sollten Ihre Vorräte möglichst noch in Wanaka ergänzt haben, denn der kleine Supermarkt in *Haast Township* bietet nur sehr begrenzte Einkaufsmöglichkeiten. Immerhin können Sie in *Haast* tanken, freilich etwa 15 Cent pro Liter teurer als in *Wanaka*. Die Region um *Haast* wurde bereits in den 1870er Jahren von Europäern besiedelt, aber erst spät über befestigte Straßen mit

Hapuka Estuary Walk

dem Rest des Landes verbunden. Die Straße über den *Haast Pass* wurde 1960 freigegeben und 1965 bis nach *Fox Glacier* ausgebaut. Der durch *Haast* führende SH6 ist erst seit 1995 in seiner gesamten Länge geteert. Die wichtigsten Wirtschaftszweige der Region sind Landwirtschaft, Fischerei und Tourismus. Sehr empfehlenswert ist eine 90 minütige Jetboot-Fahrt den *Haast River* aufwärts, die Ihnen einen wunderbaren Einblick in die prächtige Natur dieses Flusslaufes gibt (**Haast River Safari**, www.haastriver.co.nz, Tel. 0800 865 382). Sie startet direkt unterhalb der *Haast River Bridge*, auf der von *Haast* abgewandten Seite der Brücke.

(256) WOMO-Campingplatz-Tipp: Haast Lodge & Motor Park

GPS: S 43°52`55" E 169°2'40". **WOMOs:** 24 mit Stromanschluss
Ausstattung/Lage: Standard / Südlich Haast Zentrum.
Preise: Stellplatz mit Strom 32 NZD für zwei Erwachsene.
Zufahrt: Die Marks Rd zweigt vom SH6 links ab.
Kontakt: Marks Rd; Haast, Tel. 0800 500 703, www.aspiringcourtmotel.com
Beurteilung: Einfacher Platz, einer Lodge angeschlossen.

Falls Sie über genügend Reisezeit verfügen, können Sie das Gefühl für Einsamkeit noch etwas weiter auf die Spitze treiben und links in die Küstenstraße *Haas Jackson Bay Road* einbiegen, die Sie nach etwa 50 km ins südwestlich gelegene **Jackson Bay** bringen wird. Die Straße verläuft nahe der Küste direkt hinter den Dünen durch eine dicht bewaldete Schwemmlandebene. Aus dem undurchdringlichen Unterholz ragen immer wieder 20 bis 30 m hohe Baumriesen hervor. Der Bewuchs ist geprägt von großen Farnen sowie vielen Flechten und Moosen. 10 km hinter Hast Beach erreichen Sie die ehemalige Maori Siedlung **Okuru,** in der es auch einen Zugang zum Meer gibt.

(257) WOMO-Campingplatz-Tipp: Haast Beach HP

GPS: S 43°54'30" E 168°54'1". **WOMOs:** 50 mit Stromanschluss
Ausstattung/Lage: Standard / Zwischen dem Hapuka River und dem Turnbull River. **Preise:** Stellplatz mit Strom 34 NZD.
Zufahrt: Vom SH6 links Richtung Jackson Bay abbiegen. Nach 14 km liegt der Platz kurz hinter dem Örtchen Okuru auf der rechten Seite.
Kontakt: Haast Beach / Jackson Bay Rd, Okuru, Tel. 0800 843 226, www.haastbeachholidaypark.co.nz
Beurteilung: Einfacher, aber großzügig angelegter Platz. Kein direkter Zugang zum Strand. Empfehlenswert: *Hapuka Estuary Nature Walk*

Der etwas weiter südlich gelegene einfache Campingplatz ist zwar vom Meer nicht weit entfernt, verfügt aber über keinen Zugang zum Strand. Die *Okuru* etwa 4 km vorgelagerte Inselgruppe *Open Bay Islands* wurde zum Schutzgebiet für *Pelzrobben* und *Dickschnabelpinguinen* erklärt. In Okuru lädt der 20-minütige Rundgang **Hapuka Estuary Walk** zu einem kleinen Spaziergang ein, der über eine Brackwasser-Lagune (Plankenweg) und durch einen Kowhai-Wald führt. Er beginnt an einem kleinen Parkplatz, der vom Campingplatz aus gesehen etwa 100 m hinter der Straße liegt. Die geteerte Küstenstraße endet nach weiteren 35 km in **Jackson Bay**. Dieser Ort war ursprünglich eine Walfangstation und sollte später zu einer Hafenstadt für die südliche *West Coast* ausgebaut werden. Der Versuch Getreide anzubauen scheiterte an den dauerhaften Regenfällen und nur einige Unentwegte, die ihren Lebensunterhalt mit Hummer und Fischfang verdienen, sind geblieben. Sie können mit ihren Fischerbooten heute eine Pier nutzen, die für eine US-Basis gedacht war, deren Bau aber aufgegeben wurde. Im Schutze eines Landvorsprunges, *Jackson Head*, tummelt sich eine große Kolonie *Pelzrobben* und *Dickschnabelpinguine* haben hier ihre Brutplätze. Hinter *Jacksons Head* führt der **Wharekai Te Kau Walk** zum entsprechenden Strandabschnitt (40 Minuten hin und zurück). Der **Smoothwater Track** (3 h hin und zurück) führt zum gleichnamigen Fluss und hält für den Wanderer immer wieder wundervolle Ausblicke zur Küste bereit. Stärken kann man sich nach getaner Wanderung gleich neben der Pier in der urigen Kneipe **The Craypot**, die neben „Fish & Chips" auch andere Speisen bereithält.

Anleger in Jackson Bay

Stärkung nach der Wanderung

TOUR S07
25 km
Hokitika
274
Arahura River
Lake Kaniere
WC
273
Lake Mahinapua
6
Hokitika River
271
Ross
272
WC
270
Mikonui River
269
Kakapotahi
Waitaha River
Pukehura
Lake Ianthe
268
WC
Wanganui River
Tasmanische See
267
Poerua River
Salzwasser Lagune
Harihari
Okarito Lagune
Whataroa
Whataroa River
266
WC
WC
265
Okarito
264
WC
Lake Mapourika
263
262
Franz Joseph
Franz Joseph Gletscher
Lake Matheson
260
261
Fox
Fox Gletscher
Gillespies Beach
Aoraki Mt Cook
2754 m
Tasman Lake
Mt Cook Village
Karangarua River
Bruce Bay
Mt Hopkins
2678 m
Lake Pukaki
Paringa River
Lachsfarm
Lake Paringa
259
WC
Mt Hooker
2640 m
Knights Point
Lake Moeraki
Mt Glenmary
2590 m
Ruataniwha Conser-vation Park
6
258
Anita Peak
2380 m
Lake Ohau
Haast Beach
Haast River
Mount Aspiring National Park
Mt Brewster
2515 m
6
Ahuri Conser-vation Park
Haast
Okuru
Okuru River
Haast Pass 563 m
Jackson Bay

Tour S07: Die Gletscher der West Coast

Haast - Fox-Gletscher - Franz-Joseph-Gletscher - Okarito - Harihari - Ross - Hokitika - 280 km

Stellplätze:	Waita River Mouth, Lake Paringa, Doherty Creek, Peak Viewpoint, Gillespies Beach, Lake Mapourika, Okarito, Old Whataroa Bridge, Wanganui River Mouth, Lake Ianthe, Kakapotahi, Trig Station, Ross Beach, Empire Hotel, Lake Mahinapua
Camping:	Fox Glacier, Franz Josef Rainforest, Hokitika Shining Star
Baden:	Lake Paringa, - Mapourika, - Ianthe, - Mahinapua
Wandern:	Kahikatea Swamp Forest, Mataketake Dune Lake, Monro Beach Fox River, Chalet Lookout, Lake Matheson, Peak View Point, Gillespies Beach, Franz-Josef-Gletscher, Okariko Trig, Three Mile Lagoon, Harihari Coastal Walk, Ross: Water Race Walkway, Hokitika Treetop Walk
Essen:	Café Lake Matheson, West Coast Treetop Walk Café, Hokitika: Stumpers Bar and Café

Vor Ihnen liegen nun zwei außergewöhnlich schöne, naturbetonte Touren entlang der Westküste der Südinsel. In der ersten besuchen Sie zwei bis ins Tal hinab reichende Gletscher und eine friedvolle Lagune, in der seltene Wattvögel nach Nahrung suchen. Tour S07 endet nach 280 km in der Jadestadt **Hokitika**. Sie durchfahren einen schmalen Landstreifen zwischen der Bergkette der südlichen Alpen und der oft wilden Tasmansee, der selten mehr als 30 km breit ist und von den Neuseeländern **West Coast** genannt wird.

Die wilde und ursprüngliche **Westküste** umfasst ein 23.000 km² großes Gebiet, in dem nur rund 33.000 Menschen leben und ist damit die am dünnsten besiedelte Region Neuseelands. Sie erstreckt sich über eine Entfernung von 600 km vom **Awarua Point** im Süden (ca. 60 km südlich *Jackson Bay*) bis zum **Kahurangi Point** (ca. 120 km nördlich *Westport*) im Norden. Da es nur drei Pässe über die Südalpen gibt, ist die **West Coast** vom übrigen Land recht isoliert. Ihre Einwohner werden von den Kiwis als **Coasters** bezeichnet und stehen im Ruf sehr besonders zu sein, skurril und trinkfest. Neuseelands Ex-Premierministerin *Helen Clark* rutschte für die *Coasters* der Begriff *Ferals (Verwilderte)* heraus. Das wird von

SH6, hinter Haast

den *Coasters* durchaus als Kompliment verstanden, sieht man sich selbst doch als ungezähmt und freiheitsliebend. Dieser Ruf wird von den *Coasters* mit Veranstaltungen wie dem Wildfood Festival in *Hokitika* gepflegt, in dem man von rohem Seeigel über Mövenleberpastete und getrockneten Würmern in Trüffeln bis zu Opossum mit Stechginsterwein alles (Ekelhafte) geboten bekommt. Im benachbarten Okarito wohnt *Keri Hulme*, Neuseelands exzentrischste Schriftstellerin, die mit *Unter dem Tagmond* den *Booker-Preis* gewann. Vor ihrem achteckigen selbstgebauten Holzhaus prangt ein Schild mit der Aufschrift „piss off".

Ebenso ungezähmt wie die Menschen ist die Landschaft. Statt sanfter Wellen schlägt eine wütende Brandung auf die langen Strände, zum Baden ist es meist zu gefährlich. Das Baden ist auch an geschützteren Küstenabschnitten wegen der allgegenwärtigen **Sandflies** kaum möglich, die sich sofort in großen Schwärmen auf jeden potentiellen Blutlieferanten stürzen. Da die Feuchtigkeit bringenden Winde von Westen kommen, wird der schmale westliche Küstenstreifen jährlich mit 7 bis 9 Metern Regenmenge beglückt. Auf den Berggipfeln gibt es sogar bis zu 15 m Niederschlag und die Gletscher werden mit reichlich Nachschub versorgt, was dazu führt, dass die bekanntesten, der *Fox-* und der *Franz-Josef Gletscher*, bis auf eine Höhe von etwa 200 m ins Tal und damit nahe an die Westküste hinabreichen. Wer nun seine Reisepläne überdenkt, dem sei gesagt, die Sonne scheint an der West Coast oft und lange, wenn es jedoch regnet, dann wie aus Kübeln.

(258) WOMO-Stellplatz: Waita River Mouth

GPS: S 43°47'22" E 169°7'15". **Max. WOMOs:** 5

Ausstattung/Lage: Nichts / Am Waita River, von Bäumen gegen die Straße geschützt.

Zufahrt: Vor der Brücke über den Waita River, etwa 13 km hinter Haast, links vom SH6 abfahren und nach 100 m rechts abbiegen.

Beurteilung: Der Platz ist bei den Neuseeländern während der Whitebait Saison sehr beliebt. Für Sie ist er gut für eine Nacht. Maximal zwei Nächte dürfen Sie bleiben.

Ship Creek Coast

Die Westküste ist geprägt von schroffen, gischtbespritzten Felsformationen. An einigen Stellen ist die Küstenstraße in Gefahr, weggewaschen zu werden. Bei starken Regenfällen, und die sind hier die Regel, stürzen Wasserfälle direkt neben der Küstenstraße herab und werden unter der Straße hindurch ins Meer geleitet. Unmittelbarer als hier kann man die Elemente der Natur in Neuseeland nicht erleben. Dieses Aufeinandertreffen von wilder Strandlandschaft, reißenden Flüssen, unzähligen Wasserfällen, friedlichen Seen, üppigem Regenwald, riesigen Gletschern und schneebedeckten Bergen auf engstem Raum ist einzigartig. In Tour S07 werden Sie den wildesten und am dünnsten besiedelten Teil der Westküste erleben. Freuen Sie sich auf eine wunderschöne Landschaft.

Sie verlassen **Haast** über die längste einspurige Brücke Neuseelands, die 700 m lange *Haast River Bridge*. Der SH6 verbleibt für die nächsten 28 km in Küstennähe. Sie werden die wilde Tasmanische See aber erst in *Ship Creek* wieder zu Gesicht bekommen, denn rechts und links der Straße zeigt sich ein wundervoll dichter Bewuchs. Besonders im ersten Abschnitt hinter Haas ist das Grün unglaublich schön modelliert. Wie von einem Landschaftgärtner geschaffen wird das dichte Buschwerk langsam höher und geht schließlich in Wald über, auch bei Regen ein sehr nachhaltiges Naturerlebnis. Nach 18 km erreichen Sie **Ship Creek**, wo Sie sich von einem in unmittelbarer Nähe zum Parkplatz gelegenen Aussichtspunkt einen Überblick über den einsamen wilden Strand, die Dünen und den umsäumenden Wald verschaffen können. Informationsschilder weisen auf zwei kurze Wanderungen hin. Der **Kahikatea Swamp Forest Walk** (20 Minuten) folgt dem Flüsschen *Ship Creek* flussaufwärts durch Sumpfland und Kahikatea-Wald zu einem Aussichtspunkt. Der **Mataketake Dune Lake Walk** ver-

Blick vom Knights Point

läuft in Strandnähe zum *Lake Mataketake* (30 Minuten).

Der Highway steigt bald an und erreicht nach 9 km **Knights Point**. Von dieser Klippe bietet sich Ihnen ein wunderschöner Blick auf die zerklüftete Küstenlandschaft der West Coast. Eine Tafel erinnert daran, dass hier 1965 die Straßenverbindung zwischen nördlicher und südlicher Westküste geschlossen wurde.

Die Straße biegt nun ins Landesinnere ab und erreicht nach 7 km den fischreichen (Forellen, Lachse, Whitebait) *Lake Moeraki*, der Brutplatz der *Kotuku (White Heron, Silberreiher)* ist. Noch bevor Sie den See sehen können, führt Sie ein Hinweisschild an der Straße zu einem Parkplatz. Dort, am Westende des Sees startet der **Monro Beach Walk** (5 km, 1,5 h, hin und zurück), der Sie durch einen wunderbaren Wald mit uralten *Kahikatea Baumriesen* an einen Strand führt, an dem Sie **Dickschnabelpinguine** beobachten können. Die seltenen Pinguine nisten hier zwischen Juli und Dezember und kommen im Februar zur Mauser an Land. Nach weiteren 16 km erreichen Sie das einsame Ufer des ebenfalls sehr fischreichen *Lake Paringa*. Am See befindet sich ein reizend gelegener DOC-Campground. Auch wenn Sie nicht vorhaben, hier zu übernachten, sollten Sie sich diesen idyllischen Ort anschauen.

(259) WOMO-Badeplatz: Lake Paringa - DOC Standard

GPS: S 43°43'19" E 169°24'43".
Max. WOMOs: 12
Ausstattung/Lage: Toilette, Picknicktisch / Direkt am Lake Paringa, durch ein Waldstück vom SH6 getrennt.
Preise: 6 NZD pro Erwachsenem
Zufahrt: Am SH6 ausgeschildert.
Beurteilung: Wunderschöner, romantischer Platz mit Bademöglichkeit.

Der SH6 überquert 7 km hinter dem *Lake Paringa* den *Paringa River*. Sie haben hier die Gelegenheit eine nahe Lachsfarm zu besuchen, die auch über ein Café mit selbstgemachtem Ku-

Blick auf den weit zurück gezogenen Fox-Gletscher

chen verfügt. Nach weiteren 18 km trifft der SH6 an der **Bruce Bay** wieder auf die Küste. Der mit Treibholz übersäte Strand mit seinen vielen rund geschliffenen wundervollen Steinen lädt zum Verweilen ein. Zum Schutz des Highways vor der oft wilden *Tasmanischen See* wurden an der zum Meer hin gelegenen Straßenseite große Felsbrocken aufgehäuft. Bald darauf verlassen Sie wieder die Küste, passieren den *Karangarua State Forest* und den *Karangarua River* und erreichen nach 46 km Fox. In der 300 Seelen Gemeinde **Fox Glacier Township** angekommen ist es ratsam, sich zunächst im Visitor Centre Wanderkarten zu besorgen. Der Ort wird ganz vom nahen **Fox Glacier** beherrscht, zu dessen Erkundung er ein idealer Ausgangs-

(260) WOMO-Campingplatz-Tipp: Fox Glacier HP

GPS: S 43°27'50" E 170°0'30". **WOMOs:** 54 mit Stromanschluss
Ausstattung/Lage: Spielplatz / Richtung Lake Matheson.
Preise: Stellplatz mit Strom 42 NZD für zwei Erwachsene.
Zufahrt: In Fox Glacier die Cook Flat Road nach Gillespie Beach / Lake Matheson nehmen und nach 1 km links in die Kerr Road abbiegen.
Kontakt: Kerr Rd, Fox Glacier, Tel. 03 751 0821, 0800 154 366, www.foxglacierholidaypark.co.nz **Beurteilung:** Ein sehr schöner, gepflegter Platz.

punkt ist. Die Eismassen des *Fox-Gletscher* werden von den Gipfelregionen des *Mount Tasman (3.497 m)*, des *Mount Haidinger (3.065 m)* und der *Bismark Peaks* gespeist und fließen über eine Länge von 14 km hinab bis auf 200 m ü.d.M.. Wie überall auf der Welt zieht sich die Gletscherzunge immer weiter zurück, zwischen unseren Besuchen 2011 und 2013 um stattliche 200 m. Noch im 19. Jh. hat sie bis zum heutigen SH6 gereicht und vor 15.000 Jahren soll sie gar ins Meer gekalbt haben. Um sich den *Fox-Gletscher* aus der Nähe anzuschauen, fahren Sie die am *Fox River* abbiegende Stichstraße (Gla-

Blick vom Peak Viewpoint

cier Road) 4 km flussauf bis zum Parkplatz. Von hier aus benötigen Sie nur noch 30 Minuten zum Gletscher, wobei Sie einige kleinere Bäche überqueren müssen. Der markierte Weg führt durch instabiles Terrain, was gelegentliche Sperrungen oder Umleitungen zur Folge hat. Eine Alternative ist der **River Walk** (2 km, 30 Min.), der unterhalb des Parkplatzes an einer historischen Hängebrücke beginnt und den *Glacier Valley Viewpoint* zum Ziel hat. Hier startet der **Chalet Lookout Walk** (4 km, 75 Min.), der großartige Blicke auf den Gletscher bereithält. Wer der Gletscher hautnah erleben möchte, kann sich einer professionell geführten Gletschertour zu Fuß oder mit dem Hubschrauber anschließen.

Der 3 km östlich von Fox gelegene **Lake Matheson** ist berühmt für die nahezu perfekten Spiegelbilder, die seine Wasseroberfläche werfen. Sein Wasser ist von den organischen Rückständen des umliegenden Waldes dunkelbraun gefärbt und bildet dadurch an windstillen Tagen eine perfekte Reflektionsfläche. Die umliegenden Berge, unter ihnen an prominen

(261) WOMO-Stellplatz: Peak Viewpoint/Clearwater Stream

GPS: S 43°27'2" E 169°54'46". **Max. WOMOs:** 5

Ausstattung/Lage: Nichts / Offene Grasfläche am Clearwater Stream.

Zufahrt: Von Fox am Lake Matheson vorbei Richtung Gillespies Beach fahren und den Peak Viewpoint passieren. Die freien Stellplätze befinden sich direkt hinter der Brücke über den Clearwater Stream.

Beurteilung: Der Reiz des Platzes liegt in dem phantastischen Blick auf die schneebedeckten Southern Alps. Sie werden bei Sonnenuntergang beschienen und sind morgens oft noch wolkenfrei!

tester Stelle *Mount Cook* und *Mount Tasman*, sind dafür ein fantastisches Motiv. Ein gut ausgeschildeter Pfad führt durch einen uralten Wald mit großen *Rimu* und *Kahikatea Bäumen* um den See. Auf der Strecke liegt auch eine Aussichtsplattform, die ein Stück weit in den See hinausragt. Aber auch von vielen anderen Stellen aus hat man einen wundervollen Blick auf den See. Die etwa 1,5-stündige Wanderung sollten Sie möglichst früh morgens oder am späten Nachmittag unter-

Lake Matheson

nehmen, dann ist die Oberfläche des Sees absolut glatt und liefert die schönsten Spiegelungen. Am Ende des Rundganges wartet das ausgezeichnete **Café Lake Matheson** auf den Wanderer. Hier hat man einen fantastischen Ausblick und bekommt sehr gutes Essen serviert. Nicht nur deswegen sollten Sie sich den *Lake Matheson* keinesfalls entgehen lassen. Sie folgen weiterhin der Stichstraße zum Meer (Cook Flat Road) und erreichen bald den **Peak View Point**. Der Aussichtspunkt ermöglicht Ihnen einen Blick auf den *Fox Gletscher* in voller Länge und Schönheit und die ihn speisende Bergwelt. Auf der Weiterfahrt zur **Gillespies Beach** haben Sie 11 km einer windungsreichen und sehr engen nicht geteerten Straße vor sich, vorsichtig fahren! Am Strand der ehemaligen Goldgräbersiedlung werden Sie staunen über unzählige vom Meer angespülte Baumstümpfe, Äste in jeder Gestalt und Größe, Wurzelwerk und vereinzelt auch über vollständige Baumriesen. Das Treibgut bildet, zusammen mit den geschliffenen Steinen unterschied

(262) WOMO-Stellplatz: Doherty Creek

GPS: S 43°23'2" E 170°7'50". **Max. WOMOs:** 5
Ausstattung/Lage: Nichts / Am Docherty Creek.
Zufahrt: Vor der Brücke über den Docherty Creek, etwa 18 km hinter Fox, links vom SH6 abbiegen (Schild „Mt Cook, Ski Planes, Glacier Landings"). Nach 200m rechts abbiegen.
Beurteilung: Schotterplatz, der vor der Straße geschützt ist.

lichster Größe, eine bizarre Landschaft, ein Festschmaus für Fotografen. Auf dem DOC Campingplatz darf heute leider nur noch gezeltet werden.Von Gillespies Beach aus bietet sich Ihnen ein traumhafter Blick ins Hinterland mit den Gipfeln der Südalpen, den riesenhaften Gletschern und verwunschenen Wäldern. Vom in den Dünen gelegenen ausgeschilderten Parkplatz starten verschiedene Wanderungen, von denen die

Wanderweg zum Franz-Joseph-Gletscher

längste in knapp zwei Stunden zu einer *Robbenkolonie* an der *Galway Beach* führt.

Nur 23 km hinter *Fox Glacier Township* bringt Sie der SH6 über einige Anhöhen nach **Franz Joseph Village**. Der **Franz-Josef-Gletscher** wurde 1865 von dem deutschen Entdecker *Julius von Haast* nach Franz Josef I. von Österreich benannt.

(263) WOMO-Campingplatz-Tipp:
Franz Josef Rainforest Holiday Park

GPS: S 43°23'8" E 170°11'1". **WOMOs:** 57 mit Stromanschluss **Ausstattung/ Lage:** Kramladen, Spielplatz, Sauna, Spa-Pool / Zentrumsnahe Lage in idyllisch schönem Regenwald.

Preise: Stellplatz mit Strom 42 NZD für zwei Erwachsene.
Zufahrt: Vom Zentrum aus bergaufwärts fahren und den erste. Platz nehmen.
Kontakt: 46 Cron Street, Franz Josef, Tel. 03 752 0220, 0800 873 346, www.rainforestholidaypark.co.nz **Beurteilung:** Solch ein schöner Platz findet sich kaum ein zweites Mal. Die Camper stehen idyllisch unter hohen Bäumen, Baumfarnen und Busch. Unbedingt zu empfehlen!

Wie sein südlicher Nachbar, der *Fox-Gletscher*, wird er aus den Gipfelregionen der Südalpen gespeist, seine Abflüsse fließen über den *Waiho River* in die *Tasmanische See*. Die Balance zwischen Abschmelz-und Nachschubmenge aus den Akkumulationsgebieten bestimmt, ob ein Gletscher wächst oder schrumpft. Wie praktisch bei allen Gletschern der Erde fällt die Bilanz beim *Franz-Joseph-Gletscher* generell negativ aus, d.h. seine Gletscherzunge verschiebt sich in immer größere Höhen. Beim *Franz-Joseph-Gletscher* kommt es aber immer wieder zu Phasen des Wachstums, in denen der 13 km lange Gletscher an Länge zunimmt. Auch seine Fließgeschwindigkeit ist beeindruckend. Bei einer Durchschnittsgeschwindigkeit von 5 m pro Tag erreicht er bisweilen Spitzengeschwindigkeiten von bis zu 8 m pro Tag. Ein Kleinflugzeug, das nach einer Notlandung in eine Gletscherspalte gerutscht war, tauchte fünf Jahre später vier Kilometer unterhalb der Unglücksstelle wieder auf.

Franz-Joseph-Gletscher

Um zur Gletscherzunge zu gelangen biegen Sie an der Brücke über den *Waiho River* in die *Franz Joseph Glacier Road* ab, die Sie nach 4 km zu einem großen Parkplatz bringt. Der hier startende Pfad führt Sie bis zum Gletschertor, aus dem der *Waiho River* entspringt (6 km, 1,5 h, hin und zurück). Da dieser Weg oft wegen Unpassierbarkeit gesperrt ist, bietet sich alternativ ein 10 minütiger Fußmarsch zum *Sentimental Rock* an, mit spektakulären Ausblick auf den Gletscher. Ebenfalls

(264) WOMO-Picknickplatz: Lake Mapourika - DOC Standard

GPS: S 43°17'47" E 170°13'32".
Max WOMOs: 10-15
Ausstattung/Lage: Toilette, Wasser, Picknicktische / Direkt am See. Durch ein Wäldchen vom SH6 getrennt. **Preise:** Stellplatz 6 NZD pro Erwachsenem.
Zufahrt: Am McDonalds Creek links vom SH6 abbiegen, Schild beachten. Links geht es zum Picknick-, rechts zum Campingplatz.
Beurteilung: Sehr schöner, idyllischer Platz direkt am See, Tisch und Bänke für ein Picknick.

Blick vom Okarito Trick auf die Okarito Lagune

zu empfehlen ist der **Douglas Walk**, ein schöner Rundweg, der an dem See *Peter's Pool* vorbeiführt. In der 300 Einwohner Gemeinde Franz-Joseph-Village erhalten wir die DOC-Broschüre *The Glacier Region*, die neben den genannten auch noch andere Wanderungen beschreibt, darunter den anspruchsvollen **Axel Knob Track** (12 km, 8 h, hin und zurück, 1000 Hm) und den spektakulären **Roberts Point Track** (9 km, 5 h, hin und zurück, 600 Hm).

(265) WOMO-Wanderplatz: Okarito Campground

GPS: S 43°13'22" E 170°9'46". **Max. WOMOs:** 30

Ausstattung/Lage: Kein Strom, Toilette, Dusche (1 NZD), Unterstand mit Kühlschrank und Essecke / Nahe der Beach und der Okarito Lagune.

Preise: Stellplatz 10 NZD pro Erwachsenem, Kinder frei.

Zufahrt: Vom SH6 13 km über die Forks Okarito Rd nach Okarito, dort ist der Platz ausgeschildert.

Kontakt: 1 Russell St, Tel. 03 753 4223, Okarito Community Association, www.okarito.net/page/accommodation.html

Beurteilung: Der von Büschen und Bäumen eingesäumte, einfach ausgestattete Campingplatz ist liebevoll gepflegt und vermittelt eine angenehm entspannte Atmosphäre.

Neun Kilometer hinter *Franz Joseph Village* passieren Sie den wunderschönen **Lake Mapourika**, dessen Ufer dicht bewachsen sind. Nach weiteren 8 km biegen Sie links in eine Stichstraße (*Forks Okarito Road)* zum Meer ein, die Sie nach 13 km nach **Okarito** bringt. Bevor Sie den kleinen Ort erreichen, gelangen Sie zu einem Ausläufer der **Okarito Lagune.** Das Haff der **Okarito Lagune** ist mit einer Fläche von 30 km² das größte unberührte Feuchtgebiet Neuseelands. Viele kleine Flüsse fließen in die Lagune, darunter auch der Abfluss des *Lake Mapourika*. In ihr leben viele Wattvögel, darunter ist besonders der extrem seltene *Kotuku (White Heron, Silberreiher)* hervorzuheben.

Kormorane in der Okarito Lagune

Man sieht die prachtvollen Vögel in großer Zahl auf der Suche nach Fischen durch die flache Lagune staken. Die Beobachtung ihrer Nistplätze in der benachbarten **Waitangi Roto Nature Reserve** ist jedoch schwierig, da sie in den Schilfgebieten der Lagune liegen. Mit ihrer friedvollen Schönheit zieht die Lagune den Betrachter sofort in ihren Bann und weckt den Wunsch, sie auf dem Wasser zu erkunden.

Am südlichen Ende der Lagune liegt die verschlafene kleine Siedlung **Okarito** mit etwa 30 permanenten Bewohnern, darunter die preisgekrönte Schriftstellerin *Keri Hulme* und der Landschaftsfotograf *Andris Apse*. Kaum Vorstellbar, dass hier um 1866, in einer nur 18 Monate dauernden Phase des Goldrausches, 50 Läden, Hotels und Bars entstanden und *Okarito* den Ruf einer verruchten Hafenstadt einbrachten. Davon ist heute kaum etwas zu bemerken. An die stürmische Vergangenheit erinnert lediglich die *Okarito Wharf*, ein rekonstruierter Anleger, und **Donovan's Store**, der als Jugendherberge dient.

Gebäude der Touranbieter in Okarito

So klein und beschaulich *Okarito* auch ist, hat es doch einige Aktivitäten zu bieten. Zuallererst sind hier die begleiteten Kajaktouren zu nennen, die Sie bei Flut durch das Flachwasser der Lagune führen. Sie können bei Ihrer Kajaktour neben dem Silberreiher Schwärme von schwarzen Schwänen, Kormoranen und Königslöfflern beobachten. An den Ausläufern der Lagune wachsen *Kahikatea-* und *Rimu-Bäume* und das undurchdringliche Dickicht des *Okarito*

Spezialboot in der Okarito Lagune

Forest ist Lebensraum für viele weitere Vogelarten (**Okarito Nature Tours**, Okarito, Tel. 03 753 4014, www.okarito.co.nz). Im gleichen Gebäude werden Fahrten zur Vogelbeobachtung in der Lagune im offenen Spezialboot angeboten. Sehr zu empfehlen sind die „Early Bird Tour“, die um 7.30 Uhr startet und für die eine Anmeldung erforderlich ist, und die um 9 Uhr beginnende „2h Nature Tour“. Die frühe Zeit ist nicht nur gut für die Vogelbeobachtung, oft präsentieren sich dann auch noch die schneebedeckten Berge ohne Wolken (**Okarito Boat Tours**, Okarito, Tel. 03 753 4223). Der reizende Ort bietet Ihnen eine weitere Attraktion. Nach Einbruch der Dunkelheit beginnen 2.5 stündige Kiwi-Beobachtungstouren unter erfahrener Führung (**Okarito Kiwi Tours,** Okarito, Tel. 03 753 4330).

Neben lohnenden Spaziergängen am wild-romantischen Strand gibt es zwei ausgezeichnete Wanderwege. Zunächst bietet sich der **Okarito Trig Walk** an, der auf den 170 m hohen Hügel *Okarito Trig* führt, wo sich an regenlosen Tagen eine grandiose Aussicht auf die schimmernden Eisgipfel der südlichen Alpen, die blaue und oft wilde tasmanische See, den dichten grünen Regenwald und die dunkelgrün eingefasste Lagune bietet (90 Minuten, hin und zurück).

Daneben gibt es die Wanderung zur südlich gelegenen **Three Mile Lagoon**, die deutlich kleiner als ihre nördliche Schwester ist. Bei Ebbe, jeweils in der Zeitspanne 2h vor bis 2 h nach Niedrigwasser, kann man direkt am Strand zur Lagune laufen. Eine Gezeitentabelle ist am Startpunkt der Wanderung einzusehen. Zu anderen Zeiten folgt der Wanderweg einer historischen Packstraße und klettert zum *Kohuamarua Bluff* mit eindrucksvollem Ausblick hinauf, führt dann durch Pinienwald, bevor er zum Meeresarm hinunterführt. Es bietet sich an, beide Wanderungen zu kombinieren, falls es die Gezeiten zulassen. Man ist dann insgesamt 3 h unterwegs. In *Okarito* gibt es keine Einkaufsmöglichkeit und kein Restaurant, dafür einen empfehlenswerten einfachen Campingplatz.

Zurück auf dem SH6 biegen Sie links ab, passieren bald darauf den *Lake Wahapo* und erreichen 24 km hinter Okarito die am Westufer des gleichnamigen Flusses gelegene 400 Seelen Gemeinde *Whataroa*. Von hier aus starten Touren zur oben bereits erwähnten Brutkolonie des Silberreihers, dessen gesamter neuseeländischer Bestand von etwa 200 Exempla-

Mündungsbereich des Wanganui River

ren sich in der Zeit von November bis Februar im nördlichen Ende der *Okarito Lagune* zum Brüten einfindet. Die einzige vom DOC autorisierte Tour ist die von **White Heron Sanctury Tours** (SH6, Tel. 0800 523 456, www.whiteherontours.co.nz). Sieben mal täglich startet eine 2,5 stündige Tour, die mit einer kurzen Busfahrt beginnt. Ein Jetboot bringt die Tourteilnehmer auf dem *Whataroa River* zu einem Beobachtungsplatz, von dem aus die brütenden Silberreiher 30 Minuten lang beobachtet werden können.

(266) WOMO-Wanderplatz: Old Whataroa Bridge

GPS: S 43°17'37" E 170°24'46". **Max. WOMOs:** 5

Ausstattung/Lage: Toilette / Parkplatz am Fluss, direkt neben den Pfeilern der alten Brücke und zwischen einem Helikopter und dem zugehörigen Office für Helikopter Flüge.

Zufahrt: Direkt vor der Brücke über den Whataroa River, 36 km hinter Franz Josef und 5 km hinter Whataroa, rechts vom SH6 abbiegen (Schilder „Tourist Recreation Area" und „Glacier Flights"). 1,5 km der Straße folgen (900m Gravelroad).

Beurteilung: Startpunkt für Helikopter Flüge zu den Gletschern (Glacier Country Scenic Flights, www.glacieradventures.co.nz, Tel. 0800 423 463) und verschiedener Wanderungen ins Whataroa Valley. Ruhiger Platz.

25 km hinter **Whataroa** erreichen Sie **Harihari**. Die kleine ländliche Siedlung tauchte am 8. Januar 1931 in den Schlagzeilen auf, als der australische Flieger *Guy Menzies* im nahe gelegenen *La-Fontaine-Sumpf* eine Bruchlandung hinlegte, wobei sich das Flugzeug überschlug. Pikantes Detail: nachdem er die Anschnallgurte geöffnet hatte, landete er kopfüber im Sumpf. Die positive Nachricht: *Menzies* hatte im Alleinflug

Mount One One (Doughboy)

die Strecke von *Sydney* über die *Tasmansee*, mit 11 h 45 m, in Rekordzeit zurückgelegt. Am 7. Januar 2006 feierte man mit 400 Gästen das 75-jährige Jubiläum dieses Ereignisses. Lohnenswert ist ein Abstecher zur 20 km entfernten Küste, wobei die letzten 8 km nicht befestigt sind. Sie biegen kurz vor *Harihari* links in die Wanganui Flats Road ein und 8 km später, ebenfalls links, in den La Fontaine Drive. Am Ende der unbefestigten Straße erreichen Sie einen Parkplatz.

Hier beginnt der wunderschöne 2,5 stündige **Harihari Coastal Walk**. Der Rundwanderweg folgt zunächst dem dicht bewachsenen Flussufer des *Wanganui River* durch einen schönen Kahikatea-Wald. Ab und zu gibt eine Lücke im Bewuchs den Blick auf den Fluss frei. An einigen Stellen sehen Sie Gestelle, die bei Bedarf in den Fluss abgelassen werden und dem Whitebait Fang dienen. Besonders bezaubernd ist der Mündungsbereich des *Wanganui River*, in dem zahlreiche Vögel beobachtet werden können. Ein Schild informiert den Wanderer darüber, dass der nächste Wanderabschnitt, der entlang der Lagune zum Strand führt, im Zeitraum 2 h vor bis 2 h nach der Flut nicht begangen werden sollte. Auch eine Gezeitentabelle ist angebracht. Der nun folgende Abschnitt bis zum Strand führt am Watt entlang und ist eine mühsame Kletterpartie. Die eine 56 m hohe Felsnase, auf die Sie am Strand treffen, ist der *Mount One One,* auch *Doughboy* genannt. Der Aufstieg ist derzeit gesperrt. Der Wanderweg verläuft nun entlang der wildromantischen Küste mit starker Brandung und viel angespültem Treibgut. Bereits nach 1,5 km erreichen Sie den Mündungsbereich

(267) WOMO-Wanderplatz: Wanganui River Mouth

GPS: S 43°02'30" E 170°26'36". **Max. WOMOs:** 5

Ausstattung/Lage: Nichts / Am Ende der Straße zur Mündung des Wanganui River. **Zufahrt:** Sie biegen am SH6 kurz vor Harihari links in die Wanganui Flats Rd ein und 8 km später, ebenfalls links, in den La Fontaine Drive. Am Ende der auf den letzten 7 km unbefestigten Straße liegt der Platz.

Beurteilung: Ruhiger Platz für die Nacht. Hier beginnt der wunderschöne 2,5 stündige *Harihari Coastal Walk* (siehe Text).

des *Poerua River*. Nun verläuft der Track durch üppiges Grün landeinwärts vorbei an einigen wenigen Häuschen, die vermutlich Menschen als Unterkunft dienen, die am Wochenende zum Fischen kommen. Im letzen Abschnitt des Weges folgen Sie einem alten Handelspfad durch den leicht hügeligen *Wanganui Forest*, der Sie zum Ausgangspunkt dieser wirklich bezaubernden Wanderung zurückbringt.

Landschaft bei Harihari

Der Parkplatz eignet sich gut für eine freie Übernachtung. Sie fahren zurück zum SH6, in den Sie nach links einbiegen. Er bringt Sie nach 17 km zum idyllischen **Lake Ianthe**, einem beliebten See zum Fischen und Schwimmen.

(268) WOMO-Badeplatz: Lake Ianthe - DOC Standard

GPS: S 43°3'34" E 170°38'3". **Max. WOMOs:** 8
Ausstattung/Lage: Toilette, Wasser, Picknicktische, Umkleide / Direkt am Lake Ianthe, durch ein Waldstück vom Highway getrennt.
Preise: 6 NZD pro Person
Zufahrt: Am SH6 ausgeschildert, 15 km hinter Harihari.
Beurteilung: Wunderschöner, idyllischer Platz mit Bademöglichkeit.

(269) WOMO-Stellplatz: Kakapotahi Beach

GPS: S 42°57'22" E 170°39'59". **Max. WOMOs:** 10
Ausstattung/Lage: Nichts / Parkplatz in Strandnähe.
Zufahrt: In Kakapotahi in die Beachroad einbiegen und dieser 3,5 km folgen, davon 2,5 km Gravel.
Beurteilung: Wilder Platz bei einem urigem Strand, nahe an der Mündung des Waitaha River.

(270) WOMO-Stellplatz: Trig Station

GPS: S 42°55'14" E 170°45'38". **Max. WOMOs:** 4
Ausstattung/Lage: Picknicktische / Parkplatz Auf einer Anhöhe, etwas oberhalb der Straße, geschützt durch Büsche und Bäume
Zufahrt: Am SH6, 22 km hinter Lake Ihante und 6 km vor Ross.
Beurteilung: Schöner Fernblick.

Nach 7 km wird eine riesige Sandfliege am Straßenrand Ihre Aufmerksamkeit erregen. Sie haben das touristische **Pukekura** erreicht, das eigentlich nur aus dem *Bushman's Center* und dem *Puke Pub* besteht. Zu Ersterem gehört ein Museum, das in einer rustikalen Blockhütte untergebracht ist. Es informiert auf unbekümmerte Art und Weise über die Jagd, Waldwirtschaft und Holzverarbeitung und alles andere, das ein *Coaster* zum Überleben braucht. Im Restaurant *Puke Pub* wird für die West Coast typisches Wild Food angeboten, vom Wildschwein über

Bar im historischen Empire Hotel in Ross

Gämsen bis zum Possum. 23 km hinter *Pukekura* liegt die ehemalige Goldgräbersiedlung **Ross,** die zu ihrer Blütezeit 3.000 Einwohner hatte. Im Jahre 1909 stieß man auf einen 3,1 kg schweren Goldklumpen, den größten, der je in Neuseeland gefunden wurde. Auch heute noch wird in der *Birchfields Ross Mine* in *Ross* Gold gefördert. *Ross* liegt auf einem der ergiebigsten Seifengoldfeldern Aoateroas (als **Seifengold** bezeichnet man Gold, das in Flüssen in Form von kleinen Plättchen vorkommt). In der i-Site können Sie sich eine Multimedia-Show anschauen, die über die kurze Phase des Goldrausches und die nachfolgende Zeit der Holzfäller und Farmer informiert. Wer Lust hat selbst nach Gold zu schürfen, kann sich in der i-Site Goldgräberutensilien ausleihen (tgl. 9-16 Uhr, Tel. 03 755 4077). An der i-Site beginnt und endet auch ein beliebter Rundwanderweg in die goldene Vergangenheit, der einstündige **Water Race Walkway**. Er führt an Relikten aus der Goldgräberzeit und am alten Friedhof vorbei. Das 1866 errichtete *Empire Hotel* in der Aylmer Street bietet Wohnmobilen einige Stellplätze, und im Pub selbst eine ausgesprochen urige Atmosphäre.

Nördlich *Ross* fließen in kurzem Abstand der *Totara River* und eine Reihe kleiner Flüsschen in die Tasmansee. Um dem

(271) WOMO-Stellplatz: Ross Beach

GPS: S 42°52'50" E 170°47'57". **Max. WOMOs:** 4
Ausstattung/Lage: Nichts / Parkplatz direkt am Strand.
Zufahrt: Am Ortseingang von Ross links in die Ross Beach Rd einbiegen und dieser 1,7 km folgen.
Beurteilung: Wilder Platz an einem urigem Strand (Vorsicht Sand!), nahe an der Mündung des Donelly Creek. Schöne Sonnenuntergänge über dem Meer.

(272) WOMO-Stellplatz: Historic Empire Hotel

GPS: S 42°53'59" E 170°49'0". **Max. WOMOs:** 8
Ausstattung/Lage: Toilette, Dusche / Parkplatz im Hof des Hotels.
Preise: 10 NZD pro Person und Nacht, 4 NZD für eine Dusche.
Zufahrt: Sie folgen in Ross dem SH6, bis er nach links abbiegt. Hier biegen sie rechts in die Alymer Street ein. Das Hotel liegt nach 100 m auf der rechten Seite. **Kontakt:** 16 Alymer St, Ross, Tel. 03 755 4005
Beurteilung: Lassen Sie sich das Ambiente des Hotels mit seiner rustikalen Bar nicht entgehen.

Mündungsbereich dieser Flüsse und einem kleinen Vorgebirge auszuweichen, verläuft der SH6 für die nächsten 11 km ca. 3 km von der Küste entfernt. Vor dem **Lake Mahinapua** wendet er sich bis *Hokitika* wieder der Küste zu.

Genau hier zweigt die Hokitika Rimu Road ab, die Sie nach 2 km zum 2012 eröffneten West Coast Treetop Walk bringt. Auf einer Länge von 450 m können Sie zwischen 25 und 47 Meter über dem Waldboden durch die Wipfel des heimischen Buschwaldes laufen. 200 bis 300 Jahre alte Rimu und Kamahi Bäume sind mit Farnen, immergrünen und im Frühjahr hellroten Horopito Sträuchern, Orchideen und aufsitzenden Schmarotzerpflanzen gespickt. Und wenn Sie möchten, können Sie nach Ihrem Treetop Walk im angegliederten Café noch eine kleine Stärkung genießen (**Hokitika Rimu Treetop Walk**, 1128 Woodstock Rimu Rd, Tel. 03 755 5052,www.treetopsnz.com , täglich von 9 bis 17 Uhr geöffnet).

(273) WOMO-Picknickplatz: Lake Mahinapua - DOC Standard

GPS: S 42°47'42" E 170°54'4"
Max. WOMOs: 100
Ausstattung/Lage: Toilette, Wasser, Picknicktische / Am See, von Wald umgeben.
Preise: Stellplatz 6 NZD pro Erwachsenem. **Zufahrt:** 10 km südlich Hokitika in die Shanghai Rd einbiegen. **Beurteilung:** Sehr schöner, großzügiger Platz auf ausgedehnten Wiesen, direkt am See, Badesteg. Sonntags können Sie bei dem benachbarten Verein segeln.

Der flache *Lake Mahinapua* liegt nur etwa 500 m von der Küste entfernt. Er war früher eine Lagune, wurde dann aber durch die Ansammlung von Dünen vom Meer abgetrennt und ist heute von dichtem Regenwald umsäumt. 1907 wurde das *Lake Mahinapua Scenic Reserve* ins Leben gerufen, um den Bereich um den See mit seinen Graureihern, schwarzen Schwänen und Wildenten zu schützen. Sie können das *Lake Mahinapua Scenic Reserve* mit einigen Walks erkunden (DOC-Broschüre). Der empfehlenswerte *Jum Michel Walk* (30 min) taucht in den Wald ein und führt durch dichtes und faszinierendes Buschwerk, vorbei an hohen Farnen und Bäumen, die fast schon gespenstisch mit Flechten, Moosen und feinblättrigen Kletterpflanzen bewachsen sind. Auch Bootstouren werden angeboten (**Paddle Boat Cruises**, Tel. 03 755 7239).

Die Geschichte der 3.100 Seelen Gemeinde **Hokitika** begann 1864 als Goldgräbersiedlung. „Hok", wie die Stadt heute von ihren Bewohnern genannt wird, wuchs bis 1867 auf 4.000

Glockenturm in Hokitika

Einwohner, danach auf über 6.000 Einwohner und war bald das Zentrum des Goldrausches in Westland. Der Hafen an der Mündung des *Hokitika River* gewann schnell an Bedeutung, da der größte Teil der erstaunlichen monatlichen Gold-Fördermenge von über einer Tonne hier verschifft wurde, meist nach Melbourne. 1873 wurde *Hokitika* Hauptstadt der neu geschaffenen *Provinz Westland*, allerdings nur für drei Jahre, denn bereits 1876 erfolgte eine Änderung der Verwaltungsgliederung. Neben diesem Bedeutungsverlust setzten nachlassende Goldfunde und immer aufwändigere und damit weniger wirtschaftliche Verfahren zur Goldgewinnung der jungen Gemeinde zu. Nach dem Niedergang der Goldindustrie wurden zunächst Milchwirtschaft, Holzindustrie, Abbau von Kohle und die Verarbeitung von Jade zu Tragpfeilern der Wirtschaft. Nachdem auch diese Wirtschaftszweige eine stetig nachlassende Bedeutung hinnehmen mussten, kam es zu einem starken Bevölkerungsrückgang. Einzig die Milchwirtschaft blieb einträglich und *Westland Milk Products* hat heute eine Monopolstellung in der nördlichen Westküste inne. Die negative Wirtschaftsentwicklung wurde in den letzten Jahren hauptsächlich durch steigende Touristenzahlen aufgefangen. *Hokitika* ist zu einem wichtigen Stopp für Touristen in der Westküsten-Region geworden und vor allem bei Ökotouristen sehr beliebt.

(274) WOMO-Campingplatz-Tipp: Hokitika Shining Star
GPS: S 42°42'28" E 170°58'26". **WOMOs:** 28 mit Stromanschluss
Ausstattung/Lage: Spielplatz / 1,4 km vom Stadtzentrum entfernt, mit Zugang zur Beach. **Preise:** Stellplatz mit Strom 40 NZD für 2 Erwachsene.
Zufahrt: Vom Stadtzentrum Richtung Greymouth fahren, links in den Richards Drive einbiegen, Schilder beachten.
Kontakt: 16 Richards Drive, Hokitika, Tel. 03 755 8921, 0800 744 646, www.shiningstar.co.nz **Beurteilung:** Sehr schöne, kleine Anlage mit hübschen, bepflanzten Stellplätzen. Sanitäranlagen sehr gut.

Wenn Sie im Stadtzentrum von *Hokitika* ankommen, fällt Ihnen sofort der 1903 zur Feier der Krönung von Edward VII. eingeweihte, markante **Glockenturm** ins Auge, der auf kaum einer Aufnahme von *Hokitika* fehlt. Ganz in der Nähe finden Sie das 1908 im neoklassizistischen Stil erbaute *Carnegie Building*. Hier ist das **West Coast Historic Museum** untergebracht. In Letzterem werden Sie über das Leben der Pioniere, Maori Artefakte und Jade Schmuck informiert. Eine sehenswerte 20-minütige audiovisuelle Vorführung startet alle 30 Minuten. In der ganz in der Nähe des Glockenturmes befindlichen i-Site erhalten Sie die Broschüre **Hokitika Historic Walk**, die Sie zu den schönsten Bauten aus dem 19. und frühen 20. Jahrhundert, den Hafenanlagen um den *Gibson Quay* und einigen Denkmälern führt. Darunter die Statue von *Richard Seddon*, der von 1893 bis 1906 Premierminister Neuseelands war. Ein weiteres Denkmal am Anlegeplatz am Flussufer erinnert an die zahlreichen Boote, denen die Sandbank im Mündungsbereich des *Hokitika River* zum Verhängnis wurden. Am Ende der Landzunge befindet sich der *Signal Station Lookout*.

Stadtleben in Hokitika

Zu den weiteren Sehenswürdigkeiten *Hokitikas* zählen das *National Kiwi Center* in der Sewell Street, eine Glühwürmchenhöhle am Nordrand und das kleine Aquarium *Westland Water World*, das die in den Flüssen und im Meer der *West Coast* lebenden Fische zeigt. Eine der Hauptattraktionen von Hokitika sind freilich die zahlreichen Kunsthandwerker-Shops und Galerien, in denen kunstvolle Jade- und Glasarbeiten feilgeboten werden. Darunter befinden sich auch Geschäfte, in denen man den Künstlern bei der Arbeit zuschauen kann. Erwähnung finden muss natürlich auch das weithin bekannte und beliebte **Hokitika Wildfood Festival**. Alljährlich am zweiten Wochenende im März strömen ca. 18.000 Menschen in die Stadt, um eine Reihe von Schrecklichkeiten zu essen. Darunter sind Kuheuter-Spießchen, Possum-Balls (deftige Hackbällchen aus dem Fleisch des Opossums), und Huhu Grubs (gegrillte Larven des Huhu-Käfers) noch die harmlosesten „Leckereien" (siehe Einleitung zu Tour 15). Im Lokal **Stumpers Bar and Café** (2 Weld St, Tel. 0800 788 673) können Sie in Kaffeehaus Atmosphäre wesentlich verträglichere Kost zu sich nehmen und im gegenüber der i-Site gelegenen **Café de Paris** (19 Tancred St, Tel. 03 755 8933) gediegen französisch essen.

TOUR S08
20 km
N
Kohaihai
290
WC
Karamea
289
Karamea River
Kahurangi National Park
Little Wanganui
288
Little Wanganui River
287
Mokihinui
67
Mokihinui River
Granity
Orikaka Ecological Area
Waimangaroa
Mount William 1062 m
Denniston
286
Westport
Cape Foulwind
Buller River
6
WC
285
Mount Gallileo 1256 m
69
Charleston
Mount Euclid 1450 m
Mount Faraday 1485 m
Inangahua River
Victoria Forest Park
284
Paparoa National Park
Brunner Range
Reefton
282
Punakaiki
Pancake Rocks
283
1276 m Mount Marshall
281
6
7
Ikamatua
280
Barrytown
Grey River
279
278
Aharua River
Grey River
Rapahoe
Lake Hochstetter
277
276
E
Stillwater
Arnold River
275
Greymouth

Tour S08: Versteinerte Pfannkuchen

Greymouth - Punakaiki - Westport - Karamea - Kohaihai - 230 km

Camping: Greymouth, Punakaiki, Westport, Gentle Annie, Karamea

Stellplätze: Greymouth, Twelve Mile Bluff, Barrytown, Coast Road Creeks, Mc Millen Road, Pororari River Treck, Fox River, Jack's Gasthof, Little Wanganui River, Kohaihai DOC

Baden: Rapahoe Beach, Kohaihai River

Wandern: Point Elisabeth Track, Dolomite Point Walk, Punakaiki: Cavern Track, Truman Track, Ballroom Overhang, Cape Foulwind Walkway, Denniston, Charming Creek Walkway, Oparara Basin, Nikau Walk, Zig-Zag Track

Essen: Barrytown: Rata Café, Cape Foulwind: The Bayhouse Granity: Blue Zephyr Kitchen, The Karamea Village Hotel

Tour S08 bringt Sie von **Greymouth**, dem Handelszentrum der Westküste, bis nach **Westport**, der zweitgrößten Stadt dieser Region. Hier mündet der wilde *Buller River* in die Tasmansee. Unterwegs werden Sie in **Punakaiki** die neben den Gletschern bekannteste Attraktion der Westküste kennen lernen, die **Pancake Rocks**. Es ist gar nicht so einfach, von den Pfannkuchen Felsen gute Fotos zu machen, denn die Insassen der zahlreichen Reisebusse veranstalten nicht selten ein Wettrennen zu den besten Foto Spots. Wenn Sie es ruhiger haben wollen, dann nehmen Sie Westport nicht sofort den SH6 Richtung Nelson, sondern gönnen sich einen Ausflug nach **Karamea**, das einsame nördliche Ende der West Coast.

(275) WOMO-Campingplatz-Tipp: Greymouth Seaside Top 10 Holiday Park

GPS: S 42°28'1" E 171°11'14". **WOMOs:** 66 mit Stromanschluss

Ausstattung/Lage:
Spielplatz / Etwa 4 km südlich des Stadtzentrums, am Strand, neben dem Flughafen.
Preise: Stellplatz mit Strom 44 NZD für zwei pro Personen.
Zufahrt: Von Hokitika kommend vor Greymouth links abbiegen, beschildert.
Kontakt:
2 Chesterfield St, Greymouth, Tel. 0800 867 104, www.top-10greymouth.co.nz
Beurteilung: Großzügige, schöne Anlage mit breiten Stellplätzen, direkt hinter den Dünen zum Stand. Der nahe Flughafen hat wenige Flugbewegungen. Es ist spannend den Anflug zu beobachten.

Blick auf Greymouth

Mit rund 13.000 Einwohnern ist **Greymouth** die größte Stadt der *West Coast. Ihre Größe verdankt die Stadt neben den Goldminen dem Kohlebergbau. Nachdem Thomas Brunner 1846 im Grey Valley Kohlevorkommen entdeckt hatte, entstanden bis zu 130 Gruben, von denen heute nur noch zwei aktiv sind. Im Jahre 1896 ereignete sich* im **Brunner Coalfield** ein schweres Grubenunglück, bei dem 65 Bergleute ihr Leben verloren. Wer die denkmalgeschützte Ruine der *Brunner Mine Industrial Site* besuchen möchte (kostenlos), parkt - vom *Lake Brunner* kommend - 2 km hinter der Einbiegung auf den SH7. Der Schornstein der *Brunner Mine* ist nicht zu übersehen. Auf einer alten Brücke können Sie den *Grey River* überqueren. Es gibt hier einen sehr informativen Rundgang mit Erklärungstafeln, eine Kokerei und eine Ziegelei.

(276) WOMO-Picknickplatz: Cobden Bridge

GPS: S 42°26'44" E 171°12'56". **Max. WOMOs: 15**

Ausstattung/Lage: Entsorgungsstation, Wasser, Picknicktisch / An der Nordseite des Grey River, westlich der Cobden Bridge.

Zufahrt: In Greymouth angekommen, folgen Sie nicht dem SH6 links über die Cobden Bridge, sondern fahren gerade aus in die Bright Street. Der Platz liegt unmittelbar vor Ihnen, Sie müssen aber der Bright St ca. 200m folgen und zweimal links abbiegen, bevor Sie ihn erreichen.

Beurteilung:
Gut besuchter, etwas exponiert liegender Platz auf einer großen Grasfläche. Sie können in 5 min zu Fuß in die Stadt laufen. Max. 2 Nächte.

Rund um *Greymouth* wird immer noch Gold abgebaut, dies ist aber kein bedeutender Wirtschaftsfaktor mehr. Den Stadtsäckel füllen heute vor allem Fischfang, Bergbau, Forstwirtschaft und Tourismus. In den letzten Jahren versucht Greymouth sich als Stadt des Ökotourismus zu etablieren. Bekannt ist Greymouth auch für seine Jade-Galerien. Wer sich für aus Jade, Gold oder Silber gefertigte Kunstgegenstände interessiert, sollte in die *Jade Boulder Gallery* (Ecke Guiness-/Tainui St, tgl. 8-18 Uhr geöffnet) gehen. In der *Monteith's Brewing Company*

(Ecke Trumman-/Herbert St, Tel. 03 768 4149) wird seit 1868 Bier gebraut. Sie können an Führungen teilnehmen und anschließend Kostproben der einzelnen Biere nehmen (15 NZD).

Sehr markant im Stadtbild ist die **große Mauer am Grey River**. Sie wurde Anfang der 1990-iger Jahre als Flutmauer gebaut, weil das jährliche Hochwasser des *Grey River* immer wieder zu Überschwemmungen führte. Bisher hat die „Great Wall" ihren Zweck erfüllt und lädt darüber hinaus zu einem Spaziergang ein, mit schönem Blick über die Stadt. Direkt unterhalb des *Clock Tower* haben Sie Gelegenheit, im neoklassizistischen Bau der *Left Bank Art Gallery* Ausstellungen von Jade Kollektionen anzuschauen. Danach können Sie durch die Grünanlagen des *Victoria Park* und des *Anzac Park* flanieren. Über kurze Wanderungen informiert Sie die i-Site (Ecke Herbert-/ Mackay St., Tel. 03 768 5101).

(277) WOMO-Stellplatz: Jellyman Park

GPS: S 42°26'9" E 171°12'1".
Max. WOMOs: 5
Ausstattung/Lage:
Nichts / Direkt an der Beachfront.
Zufahrt: In Greymouth angekommen, folgen Sie nicht dem SH6 links über die Cobden Bridge, sondern fahren gerade aus in die Bright Street. Dieser folgen Sie 1.8 km bis zur Waterkant und biegen dann links in die Domett Esplanade ein.
Beurteilung: Langgestreckter Schotterplatz direkt am Meer.

Nördlich *Greymouth* verlässt der SH6 für 11 km die Küste, um im kleinen Ort **Rapahoe** wieder an diese zurückzukehren. Bis zur nächsten bedeutenden Station, den 46 km entfernten *Pancake Rocks* in *Punakaiki*, wird der SH6 direkt an klippenreichen, schroffen und spektakulären Küste entlangführen. Wenn Sie Lust haben, mal wieder ein Bad im Meer zu nehmen, haben Sie in **Rapahoe Beach** die Gelegenheit, dies gefahrlos zu tun. Hier gibt es eine der wenigen sicheren Badebuchten an der

(278) WOMO-Picknickplatz: Twelve Mile Bluff

GPS: S 42°19'46" E 171°15'54".
Max. WOMOs: 6
Ausstattung/Lage:
Picknicktisch / Direkt oberhalb des Meeres, auf einer Klippe gelegen.
Zufahrt:
Am SH6, 18 km hinter Greymouth.
Beurteilung:
Picknickplatz direkt an der Straße.

Wilde Westküste bei Punakaiki

sonst so wilden Westküste. In diesem kleinen, friedvollen Paradies können Sie einige schöne Walks unternehmen, sich Robben Kolonien anschauen und mit etwas Glück auch Delfine vor der Beach im Wasser spielen sehen. An der Brücke nahe der Mündung des *Seven Mile Creek* startet der reizvolle

(279) WOMO-Picknickplatz: Coast Road Creeks
GPS: S 42°18'12" E 171°17'3,5". **Max. WOMOs:** 6
Ausstattung/Lage: Nichts / Direkt oberhalb des wilden Meeres.
Zufahrt: Am SH6, 21 km vor Greymouth.
Beurteilung: Parkbucht direkt an der Straße.

Point Elisabeth Track (5 km, 3 h, einfach, 100 Hm). Er endet am nördlichen Ende der Cobden North Beach Rd, 6km nördlich von Greymouth. Unterwegs zweigt ein Pfad zum *Point Elisabeth Lookout* mit Picknicktisch und Panoramablick ab (4 km, 2 h, hin und zurück). Das **Rapahoe Beach Motor Camp** lädt dazu ein, an diesem friedvollen Platz eine Nacht zu verbringen.

(280) WOMO-Stellplatz: Barrytown
GPS: S 42°14'42" E 171°18'34". **Max. WOMOs:** 3 **Ausstattung/Lage:** Nichts / Direkt am wilden Strand. **Zufahrt:** Sie biegen am SH6 in Barrytown zum Strand ab und folgen der Cargills Road 1.5 km bis zum Strand.

Ihre nächste Station ist die 19 km hinter Rapahoe liegende ehemalige Goldgräberstadt **Barrytown**. Wer bei schönster Aussicht auf das wilde Meer ein Mahl zu sich nehmen möchte, kann dies 2 km vor Barrytown im **Rata Café** tun. Nach kurzer Rast setzen Sie Ihre Fahrt entlang der wildromantischen Küste fort und erreichen nach 18 km, kurz vor dem Ort **Punakaiki**, die berühmten **Pancake Rocks**. Das an der Straße liegende Visitor Centre des *Paparoa Nationalparks* ist nicht zu übersehen.

Pancake Rocks

Der gegenüber liegende **Dolomite Point Walk** führt Sie in 10 Minuten zu den „Pfannkuchenfelsen“. Sie haben ihren Namen bekommen, weil die im Meerwasser stehenden bizarren Kalksteinformationen wie riesige Berge aus aufeinandergestapelten Pfannkuchen aussehen. An mehreren Schaubildern wird die Entstehung dieser eindrucksvollen Felsformation erläutert. Bei Flut bietet sich noch ein ganz besonderes Schauspiel, dann schießt das Meerwasser durch Spalten und Kammern in den Felsen und wird fontänenartig hochgeschleudert. Diese sogenannten “Blowholes” bieten ein eindrucksvolles Schauspiel.

Eine weitere Attraktion im **Paparoa Nationalpark** ist die Kolonie der Westlandsturmvögel. Der schwarze Verwandte des Albatros brütet hier, weltweit einzigartig, in der Zeit von April bis November. Die Kolonie kann nur im Rahmen einer Führung beobachtet werden (Paparoa Nature Tours, Tel. 03 322 7898).

(281) WOMO-Stellplatz: Mc Millen Road

GPS: S42°7‘47“ E 171°19‘42“.
Max. WOMOs: 6
Ausstattung/Lage: Nichts / Direkt am Meer, 100 m von der Straße. Bei der Stellplatzsuche auf weichen Sand achten!
Zufahrt: Auf dem SH6 1,2 km hinter dem Punakaiki River rechts in die Mc Millen Rd abbiegen. Platz liegt am Ende der Sackgasse.
Beurteilung: Wildromantischer Platz am Meer, umrahmt von hohen Flaxbüschen.

Es gibt auch einige lohnende Wanderungen. Sehr zu empfehlen ist der **Truman Track**, der ca. drei km nördlich des Visitor Centre startet, und der durch dichten Regenwald ans zer-

Pancake Rocks, Punakaiki

klüftete Steilufer **Perpendicular Point** führt (30 Min, hin und zurück). Wer will, kann zum anmutigen Strand hinunterklettern. Ein weitere kurze Wanderung ist der **Punakaiki Cavern Track**, der 500 m nördlich der Pancake Rocks startet und zu einer eindrucksvollen Glühwürmchenhöhle und einigen Wasserfällen führt. Eine dritte - als schwierig einzustufende - Wanderung führt 6 km ins Landesinnere zum **Ballroom Overhang**, einem imposanten Kalksteinfelsüberhang, der mit 100 m Länge der größte dieser Art auf der Südinsel ist. Das Felsendach ist eindrucksvoll mit Flechten, Gräsern, Farnen und auch einigen Bäumen überwachsen. Wegen einiger Flussdurchquerungen kommt diese Wanderung bei starken Regenfällen nicht in Frage.

(282) WOMO-Campingplatz: Punakaiki Beach Camp
GPS: S 42°6'26" E 171°20'10". **WOMOs:** 20 mit Stromanschluss
Ausstattung/Lage: Standard / In Punakaiki, an die Beach angrenzend.
Preise: Stellplatz mit Strom 18 NZD pro Person. **Zufahrt:** 1,2 km nach den Pancake Rocks. **Kontakt:** Owen St, Punakaiki, Tel. 03 731 1894, www.holidayparks.co.nz/punakaiki **Beurteilung:** Hübscher Platz.

(283) WOMO-Wanderplatz: Pororari River Treck
GPS: S 42°6'26" E 171°20'20". **Max. WOMOs:** 20
Ausstattung/Lage: Nichts / Parkplatz, von Büschen und Bäumen umgeben
Zufahrt: Am SH6, 56 km südlich Westport. Hinter der Brücke über den Pororari River links abbiegen.
Beurteilung: Idyllischer, ideal gelegener Platz, übernachten ist frei von 17 bis 9 Uhr, maximal vier Nächte. Startpunkt verschiedener Wanderungen (Pororari River Track). Auf dem Pororari River wird Kayaking angeboten.

Die Wanderung startet 12,5 km nördlich *Punakaiki* am Nordufer der neuen Brücke über den *Fox River*. Die alte Brücke hat man als historisches Bauwerk stehen lassen. Nahe der Mündung des *Fox River* in die Tasmansee, am südlichen Ende der langestreckten *Woodpecker Bay*, liegt der **Kaipakati**

Point, von dessen Anhöhe man einen ausgezeichneten Blick auf die urwüchsige und wildromantische Küstenlandschaft hat. 19 km hinter dem *Fox River* treffen Sie auf Charleston. Die **Charleston Goldfields** gehörten zu den ergiebigsten Schürfgebieten der Westküste. Von den ehemals 18.000 Bewohnern sind *Charleston* heute gerade noch 30 verblieben. Neben einigen Wanderungen in der schönen Bucht wird noch eine 25-minütige Fahrt mit der **Nile River Forest Train** durch ein Kalksteingebiet geboten.

Morgenstimmung am Fox River

Kurz hinter Charleston verlässt der SH6 die Küste, trifft nach 20 km auf den *Buller River* und führt dabei immer weiter ins Hinterland. Sie verlassen nun den SH6, um zum nahe gelegenen *Westport* weiterzufahren. Wenige Kilometer vor der Stadt biegen Sie links ab, um **Cape Foulwind** einen Besuch abzustatten. Das rund zehn Kilometer westlich *Westport* gelegene Kap verdankt seinen garstigen Namen *James Cook*, dessen Schiff *Endeavour* vor dem Kap wegen Windflaute einige Zeit herum dümpelte. Sie folgen der Straße entlang der Küste und gelangen schließlich über *die Cape Foulwind Road* zum, für die nautische Navigation genutzten, 1926 errichteten 30 m hohen Leuchtturm (das Leuchtfeuer befindet sich 231 m ü.d.M.).

(284) WOMO-Wanderplatz: Fox River

GPS: S 42°1'54" E 171°23'7".
Max. WOMOs: 15
Ausstattung/Lage: Nichts / Großer Schotterplatz neben dem SH6 und dem Fox River, 100 m bevor der Fluss in die Woodpecker Bay mündet.
Zufahrt: Am SH6, 45 km südlich Westport. Vor der Brücke über den Fox River links abbiegen.
Beurteilung: Großer Schotterplatz an der alten Brücke, vor dem Highway geschützt. Startpunkt verschiedener Wanderungen. Einen idyllischen Platz finden Sie direkt vor der alten Brücke. Maximal zwei Nächte.

Eine Besichtigung oder Besteigung des Leuchtturmes ist leider nicht möglich. Vom Parkplatz führt ein 4 km langer Wanderweg, der **Cape Foulwind Walkway**, zu einer Robbenkolonie, der **Tauranga Bay Seal Colony**. Die Tiere können über Aussichtsplattformen beobachtet werden. Wem diese wunderbare Wanderung durch herrliche Landschaft zu viel ist, der kann mit dem Auto noch bis zum Parkplatz am Strand der *Tauranga Bay* fahren und hat dann nur noch 10 Minuten bis zu den Aussichtsplattformen per pedes zurückzulegen.

(285) WOMO-Stellplatz: Jack's Gasthof & Motel

GPS: S 41°52'52" E 171°28'24". **Max. WOMOs:** 12

Ausstattung/Lage: Toilette / Gepflegter Grasplatz neben dem Motel.

Preise: 6 NZD pro Person und Nacht + 5 NZD für Strom.

Zufahrt: Am SH6, 22 km südlich Westport. Die Einfahrt zum Platz liegt direkt vor dem Little Totara River.

Kontakt: Tel. 03 789 6501; jack.schubert@xtra.co.nz

Beurteilung: Ausgesprochen stimmungsvoller Platz auf gepflegtem Rasen, heimelige Stellplätze, viele blühende Büsche und Bäume. Die fehlende Dusche kann durch baden und waschen im Little Totara River ersetzt werden. Der Gasthof unter deutscher Leitung bietet Ihnen hervorragende Speisen, wobei Sie sich die Pizza keinesfalls entgehen lassen sollten. Hervorragendes Vollkornbrot!

Südlich der Robbenkolonie haben Sie die Gelegenheit, das idyllisch an einer kleinen Bucht gelegene Restaurant **The Bayhouse** (Tauranga Bay, Tel. 03 789 7133) zu besuchen. Es wurde mehrfach Preisträger in verschiedenen Wettbewerben des Landes. Nahe dem Kap befindet sich auch die Gaststätte *Star Tavern*, die damit wirbt, die Australien am nächsten gelegene Gaststätte Neuseelands zu sein. Auf dem Rückweg nach *Westport* kommen Sie am breiten Strand der **Carters Beach** vorbei, der Sie mit seinem festen grauen Sand zum Strandspaziergang einlädt. Hier befindet sich der Seal Colony TOP 10 Holiday Park.

The Bayhouse

Westport wurde als erste Stadt an der Westküste 1861 gegründet. Wie an den meisten anderen Orten, so zogen auch hier Goldfunde die Menschen an. In der neu gegründeten Stadt fanden die Gold-Digger alles, was sie für ihr einfaches Leben benötigten. Aber die Region war nicht nur reich an Gold, und nachdem die Goldsucher weitergezogen waren, sicherten die

Kohlevorkommen das Überleben der Stadt. Der *Buller River* wurde kanalisiert und ein Hafen gebaut, der sich schnell zum bedeutendsten Kohleverladehafen des Landes entwickelte. Er profitierte von der geschützten Lage im „Windschatten“ des *Cape Foulwind*. Auch heute noch ist der Kohleabbau ein Wirtschaftsfaktor in der Region. Das **Coaltown Museum** (Queen St, Tel. 03 789 8204, www.coaltown.co.nz, Oktober bis April 9-16.30 Uhr, Mai bis September 10-16 Uhr) informiert seine Besucher instruktiv über die Geschichte des Bergbaus. Neben dem Kohlebergbau sind das hier angesiedelte größte neuseeländische Zementwerk und die ebenfalls nicht kleine Fischereiflotte wichtige Wirtschaftsfaktoren.

(286) WOMO-Campingplatz-Tipp:
Westport Seal Colony Top 10 Holiday Park

GPS: S 41°44'57" E 171°33'19" **WOMOs:** 51 mit Stromanschluss

Ausstattung/Lage: Spielplatz / Am langen Strand, etwa 6 km westlich des Stadtzentrums von Westport.
Preise: Stellplatz mit Strom 20 NZD pro Person.
Zufahrt: An der Straße von Cape Foulwind nach Westport.
Kontakt: 57 Marine Parade, Carters Beach, Tel. 0508 937 876, www.top10westport.co.nz **Beurteilung:** Angenehmer Platz auf Gras.

Ausflug nach Karamea und Kohaihai

Wenn es Ihre Zeit erlaubt, dann sollten Sie einen Ausflug nach Karamea unternehmen. Um zur nördlichsten Stadt von Neuseelands Westküste zu gelangen, folgen Sie von Westport aus 97 km dem SH67, der eingezwängt zwischen der Tasmanischen See und dicht bewaldeten Hügeln der Küstenlinie folgt. Sie werden auf dieser Strecke wenig Menschen antreffen, dafür aber eine abwechslungsreiche Landschaft kennen lernen, in der sich Sandstrände, Steilküsten und Riffe abwechseln. Ihr Abstecher in den einsamen Norden der Westküste lohnt sich auch wegen zahlreicher Kalkstein- und Tropfsteinhöhlen, in denen neben fossilen Versteinerungen auch ein gut erhaltenes Moa-Skelett gefunden wurde.

Im 17 km hinter Westport gelegenen *Waimangaroa* ist ein Abstecher nach **Denniston** lohnend, das sie nach 9 km auf dem 600 m hohen *Mount Rochford Plateau* erreichen. Hier wurde 1859 ein umfangreiches Kohlevorkommen entdeckt, welches in der Zwischenzeit längst abgebaut ist. Über neunzig Jahre wurde in dem ehemals größten Kohlvorkommen Neu-

Mündung des Mokihinui River

seelands 13 Mio. t Kohle zu Tage gefördert. Eine Führung in die *Banbury Historic Coalmine* führt Sie 170 m tief in den ältesten Stollen Neuseelands (**The Denniston Experience**, Tel. 0800 881 880, www.dennistonmineexperience.co.nz). Die heute weitestgehend verlassene Stadt, in seiner Blütezeit hatte Denniston 1.500 Einwohner, können Sie über den 40 minütigen T**own Walk** erkunden und dem ebenfalls 40 minütigen **Breakhead Walk** zu imponierenden Relikten aus der Bergbauzeit folgen. Breakhead ist der Name der 2008 restaurierten Verladestation, in der bis 1967 Loren mit der abgebauten hochwertigen Kohle gefüllt wurden. Über eine 90 Jahre zuvor in Betrieb genommene Grubenbahn wurden die Loren über eine Strecke von 1,7 km ins fast 600 m tiefer gelegene Tal transportiert. Die nur durch Schwerkraft getriebene Denniston Self-Acting Incline beförderte täglich über 1000 t Kohle, ein faszinierendes Beispiel neuseeländischer Ingenieurskunst.

Wer sich fit genug fühlt, kann über dem **Denniston Incline Walk** (2 km einfach 2-3 h, 520Hm) dem Weg der Loren folgen. Im alten Schulhaus können Sie sich im Visitor Centre im Detail informieren. Das Gebäude dient gleichzeitig als Museum, in dem historische Fotos und Gerätschaften ausgestellt werden (Friends of the Hill, Tel. 03 789 9755, sonntags 10 – 15 Uhr). Genießen Sie den wunderbaren Blick über die Küste, bevor Sie von diesem stimmungsvollen Ort wieder hinab ins Tal fahren. Das größte heute noch in Betrieb befindliche Kohlebergwerk Neuseelands befindet sich in Stockton, 33 km nördlich von Westport.

Kurz hinter **Granity** zweigt die Straße hinauf nach Millerton und im weiteren Verlauf nach Stockton ab. In der verschlafenen 200 Seelen Gemeinde Granity können Sie im **Blue Zephyr Kitchen**, 85 Torea Street, leckere Pasteten aus eigener Herstellung kosten. 3 km hinter Granity liegt *Ngakawau*, der gut ausgeschilderte südliche Startpunkt des

Beach an der Tasmansee

Gentle Annie Point Walkway

reizvollen **Charming Creek Walkway**. Die leicht zu laufende Wanderung führt an einem alten Schienenstrang entlang durch die Ngakawau River Gorge, passiert die Mangatini Falls und erreicht schließlich einem Picknickplatz an den Überresten der alten Watson's Mills. Sie benötigen bis hierher 2-3 Stunden und etwas länger bis zum nördlichen Ende der Wanderung, das hinter Seddonville liegt. Wenn Sie keinen Rücktransport organisieren konnten, sollten Sie hier umkehren.

16 km hinter dem *Ngakawau River* treffen Sie auf den *Mokihinui River*. Wir raten Ihnen hier zu einem 3 km langen Abstecher zur Mokihinui Beach, wo Sie auf dem Gentle Annie Mokihinui Holiday Park wunderbar einige Zeit entspannen können (siehe Campingplatz 13). Nördlich des Mokihinui River verlässt der SH67 die Küste um dem *Karamea Bluff* auszuweichen, auf das Sie mit Ihrem Wohnmobil hinauf klettern müssen. Nach 32 km fahren Sie wieder hinab ins Tal und treffen auf den Little Wanganui River, an dessen Mündung wir Ihnen einen freien Stellplatz anbieten können (siehe Stellplatz 14). Sie fahren nun durch von Milchwirtschaft geprägtes Farmland, überqueren den Karamea River und erreichen wenig später das geruhsame Karamea. In **Karamea** (430 Ew.) haben Sie das Ende des SH67 erreicht. Die Stadt liegt nördlich des gleichnamigen Flusses, der hier eine große Lagune bildet, bevor er in die Karamea Bight mündet. Diese Bucht der

Gentle Annie Mokihinui HP

(287) WOMO-Campingplatz-Tipp: Gentle Annie Mokihinui Holiday Park

GPS: S 41°31'16" E 171°56'24". **WOMOs:** 30 mit Stromanschluss
Ausstattung/Lage: Pizza Ofen, großes Holzfeuer BBQ, Feuerstellen / Wunderschöne Lage an der Mündung des Mokihinui River in die Tasmanische See.
Parkgebühr: Stellplatz 12 NZD pro Person und Nacht.
Zufahrt: 44 km hinter Westport, direkt hinter dem Mokihinui River, links in die De Malmanches Rd einbiegen und dieser 3.3 km folgen (Gravel).
Kontakt: Gentle Annie, Tel. 03 782 1826, www.gentleannie.co.nz

Beurteilung: Ein Paradies hoch im Norden der West Coast, zwischen Westport und Karamea, direkt am typischen wilden Strand der West Coast an einer Flussmündung gelegen. Der Platz hat große, saftig grüne Rasenflächen, die einzelnen Stellplätze sind mit mannshohen, üppig blühenden Hortensien und Agapanthus-Büschen abgegrenzt, überall blüht es, in allen Farben. Sie werden an Ihrem Stellplatz sicherlich von einigen frechen Wekas besucht.
Dazu das Cowshed Café, ein alter Kuhstall, charmant in Western Manier umgebaut, urwüchsig, heimelig, mit Fischteich, Baumfarn, Couch, Hollywood Schaukel und rustikalen Tischen. Sie betreten diesen Raum und fühlen sich zu Hause, alles wirkt entspannt, locker, fröhlich und unbeschwert. Sie können hier einen leckeren Cappuccino trinken, ausgezeichnet essen und während der Wartezeit das freie Wifi genießen.
Zur Verdauungsförderung bieten sich Ihnen gleich vier Wanderungen an: **Der Gentle Annie Point Walk, Lower Bush Walk, Waterfall Creek Walk** und für Abenteuerlustige der **Gold Mining Relic Walk**.

Tasmansee erstreckt sich über eine Länge von 100 m bis Cape Foulwind. Wie an anderen Orten der West Coast waren die ersten Europäer und Chinesen, die in diese Gegend kamen, Goldgräber. Zur Zeit der ersten Besiedlung 1874 stellte noch der Hafen eine Verbindung mit der Außenwelt her. Das Murchison-Erdbeben von 1929 führte jedoch zur Verlandung des Hafens und schnitt auch die Straßenverbindung des Ortes für zwei Jahre ab. In Karamea finden Sie einen Gemischtwarenladen, einen Supermarkt, eine Tankstelle und einen Laden für Kunsthandwerk. Auch ein Café, ein Hotel und ein Informationszentrum (www.karameainfo.co.nz) fehlen nicht. Die Stadt dient der nördlichen West Coast als Versorgungs- und

Cowshed Café

Dienstleistungszentrum. Dank des milden, ja subtropisch zu nennenden Klimas in der Region, wächst um Karamea das Sphagnum-Moos und zwar so gut, dass es kommerziell angebaut und in alle Welt vertrieben wird. Das Sphagnum-Moos ist nicht nur bei Orchideen-Liebhabern begehrt sondern wird auch zur Zubereitung außergewöhnlicher Gerichte verwendet. Im **The Karamea Village Hotel** haben Sie die Gelegenheit, eines davon zu probieren (Ecke Waverley St / Wharf Road, Tel. 03 782 6800, www.karameahotel.co.nz). Besucher werden vor allem durch die unmittelbare Nähe des **Kahurangi Nationalparks** und den Beginn des **Heaphy Tracks** angezogen, einem der Great Walks Neuseelands. Im Karamea River können Sie Angeln, Kanufahren und Schwimmen. Darüber hinaus lassen sich in der Umgebung teils auf eigene Faust und teils im Rahmen geführter Touren eindrucksvolle Höhlen erforschen.

(288) WOMO-Stellplatz: Little Wanganui River

GPS: S 41°23'32" E 172°03'35". **Max. WOMOs:** 4
Ausstattung/Lage: Nichts / Sandiger Grasplatz am Fluss kurz vor der Mündung.

Zufahrt: Sie biegen 22 km vor Karamea links in die Little Wanganui Wharf Rd ein und folgen dieser 2,2 km (Gravelroad).
Beurteilung: Wilder, ursprünglicher Platz, von Flachs und Dünengras umgeben, nahe der Mündung des Little Wanganui River. Schöne Sonnenuntergänge über der Tasmanischen See. Am Flussufer werden Sie genügend Kleinholz für ein Lagerfeuer finden.

(289) WOMO-Campingplatz: Karamea Holiday Park

GPS: S 41°15'32" E 172°6'25". **WOMOs:** 30 mit Stromanschluss
Ausstattung/Lage: Standard / Sehr schön, auf einer Landnase im Mündungsbereich des Karamea River gelegen.
Parkgebühr: Stellplatz 15 NZD pro Person und Nacht.
Zufahrt: Kurz vor Karamea biegen Sie in einer scharfen Rechtskurve links in die Maori Point Rd ein und folgen dieser 600 m.
Kontakt: 67 Maori Point Rd, Karamea, Tel. 03 7826 758, www.karamea.com
Beurteilung: Der Platz ist sicherlich old fashioned, aber liebevoll gepflegt und ausgesprochen ruhig. Die Plätze liegen auf großen Grasflächen, umgeben von altem Baumbestand. Überall sind Wasseranschlüsse verfügbar. Sie können Kajaks mieten.

Das erste Höhlensystem, das **Oparara Basin**, liegt 20 km nördlich Karamea. Nach der Hälfte der Strecke zweigt eine Straße zum Höhlensystem ab, die allerdings steil und eng und so schlecht zu befahren ist, dass wir sie Ihnen für Ihren Camper nicht empfehlen können. Sie müssen eine andere Möglichkeit finden, zu den Höhlen zu gelangen oder sich einer geführten Tour anschließen, es lohnt sich! Sie treffen auf eine Reihe von

Mündung des Kohaihai River

Kalksteinhöhlen, mitten im dichten ursprünglichen Wald, dessen Bäume mit dichtem Moosgeflächt bewachsen sind. Die erste Attraktion sind die **Oparara Basin Arches**, große natürlich entstandene Flusstunnel, die vom Wasser des *Oparara River* ausgeformt wurden. Hier bietet sich Ihnen ein buntes Farbenspiel, weißer Kalkstein im durch die Sedimente rötlich wirkenden Wasser. Dazu sind die Steine am Ufer und herumliegende alte Baustämme moosbewachsen und satt grün. Die Farne und die moosbehangenen Bäume des Waldes erzeugen eine feenhafte Welt.

Die erste der Höhlen, die **Oparara Arch**, spannt sich in 43 m Höhe über eine Länge von 219 m und einer Breite von 79 m über das Flussbett und ist durch ein Loch unterbrochen durch das die Sonne scheint - unglaublich stimmungsvoll! Der 1,5 stündige Rundweg führt nun am See *Moria Gate Mirror Tarn* vorbei zur **Moria Gate Arch**, in die Sie durch einen Schacht hinab steigen. Die Höhle ist kleiner als die Oparara Arch, aber nicht weniger imposant. Das Höhlengewölbe ist mit kleinen Stalaktiten übersät. Die zweite Attraktion, die **Honeycomp Hill Caves**, können Sie nicht auf eigene Faust erkunden. Wenden Sie sich an **Operara Experience** (Tel. 03 7826 652, www.oparara.co.nz). Auch Kajak Touren über den Fluss werden angeboten. In der Honeycomp Hill Höhle wurden unzählige Knochen von insgesamt 50 verschiedene Spezies gefunden, darunter Moa und Haast Adler. Man vermutet, dass die Tiere (der Adler wohl eher nicht) durch ein Loch in der Höhlendecke herab gefallen und durch die starken Sedimentablagerungen am Höhlenboden der Nachwelt erhalten geblieben sind.

Hinter Karamea führt eine nicht asphaltierte Straße 17 km weiter nach Norden. Sie endet an der ausgesprochen stimmungsvollen Mündung des **Kohaihai River**, in der Sie sicher schwimmen können (nicht im Meer!). Sie finden hier einen sehr

Hängebrücke am Heaphy Track

empfehlenswerten DOC Campingplatz. Direkt dahinter startet der **Heaphy Track**, der mit 78.4 km der längste von Neuseelands Great Walks ist. Er führt zunächst die beeindruckende

(290) Womo-Wanderplatz: Kohaihai - DOC Standard
GPS: S 41°6'34" E 172°6'8". **Max. WOMOs:** 20
Ausstattung/Lage: Toiletten, Wasser, Picknicktische, BBQ / Geschützter Platz, reizend an der Mündung des Kohaihai River gelegen, umgeben von einheimischem Busch und vielen Nikau Palmen. **Zufahrt:** Sie fahren ab Karamea auf der Karamea-Kohaihai Rd 16 km nach Norden.
Preise: Stellplatz 6 NZD pro Erwachsenem **Beurteilung:** Sicheres Schwimmen ist im Fluss und an der nördlich gelegenen Scotts Beach möglich. Der Heaphy Track startet hier, Sie können ihm bis zu einem Aussichtspunkt folgen und dann umkehren. Am Camp starten auch zahlreiche kürzere Wanderungen. Sie dürfen maximal zwei Nächte bleiben.

Küste entlang und biegt dann ins Landesinnere ab, wo er durch die dichten Wälder des Kahurangi Nationalparks führt. Er endet 34 km nordwestlich von Collingwood (Golden Bay, siehe Tour S10). Sie haben in Kohaihai aber auch einige kürzere Wandermöglichkeiten, über die Sie Schautafeln ausgezeichnet informieren. Wenn Sie dem Heaphy Track folgen, erreichen Sie schon nach wenigen Minuten den Rundweg **Nikau Walk** (30-40 Min.). Eine weitere Möglichkeit ist es, dem Heaphy Track bis zur **Scotts Beach** zu wandern (1,5 h hin und zurück). Schließlich können Sie noch über den **Zig-Zag Track** einen Aussichtspunkt erklimmen (40 Min. hin und zurück).

Nikau Walk

TOUR S09
10 km
Westport
Little Wanganui
Granity
Mount Rochfort 1040 m
Mount Frederick 1105 m
Mount Glasgow 1424 m
Buller River
Mount Gallileo 1256 m
Inangahua River
Inangahua Junction
Brunner Range
Mount Wynn 1413 m
Maruia River
Lyell
Matakitaki River
Murchison
Mount Thomson 1270 m
Mount Murchison 1470 m
Lake Rotoroa
Nelson Lakes National Park
Lake Rotoiti
Kawatiri
Saint Arnaud
Buller River
Mount Hope 1244 m
Marino Mountains
Mount Patriarch 1701 m
Kahurangi National Park
Arthur Range
The Twins 1809 m
Motueka River
Tapawera
Wairau River
Mount Richmond Forest Park
Wakefield
Bright water
Richmond
Nelson
Mapua
Rabbit Island
Motueka
Kaiteriteri
Marahau

Tour S09: Durch die Buller Gorge

Westport - Buller Gorge - Nelson Lakes NP - Nelson - 270 km

Camping:	Murchison Motorhome Park, Owen River Reserve
Stellplätze:	Buller Gorge, Lyell DOC, Kawatiri Junction DOC, Kerr Bay DOC, Hope Saddle Lookout, Clark Valley, McLean Picnic Area, Edward Baigent Reserve
Baden:	Motueka River, Lake Rotoiti, Lake Rotoroa
Wandern:	Lyell, Murchison, Kawatiri Railway Walkway, St Arnaud: Short Walks, Day Walks, Lake Rotoiti, Abel Tasman NP: Torrent Bay, Bark Bay

Freuen Sie sich auf diese reizvolle Tour, die Sie von *Westport* in das sonnenverwöhnte Nelson führen wird. Über den SH6 würden Sie das 230 km entfernte *Nelson* auf direktem Wege in ca. vier Stunden erreichen. Sie sollten sich jedoch unbedingt einen lohnenden Abstecher gönnen. Er folgt dem wilden *Buller River*, der mit 170 km einer der längsten Flüsse Neuseelands ist, zu seinem Ursprung, dem im **Nelson Lakes Nationalpark** gelegenen *Lake Rotoiti*. Falls Sie Ihr Weg danach nicht direkt nach **Nelson** führt, sondern Sie zuerst den **Abel Tasman Nationalpark** möchten, schildern wir Ihnen die Fahrt nach Motueka über den *Motueka Valley Highway*, und zeigen Ihnen unterwegs eine freie Übernachtungsmöglichkeit auf.

Sie verlassen *Westport* über den SH67 entlang dem Flussbett des **Buller River**. Sie werden diesem imposanten Fluss bis zu seiner Quelle beim *Lake Rotoiti* folgen. Zunächst aber biegen Sie wenige Kilometer hinter *Westport* links in den SH6 ein. Die Maori gaben dem *Buller River* den Namen „*Kawatiri*", was so viel wie „schnell und tief" meint. Wie sich bald herausstellen wird, ist dies eine sehr treffende Bezeichnung, denn der Fluss musste sich seinen Weg zwischen den Gebirgszügen der *Lyell Range* und der *Brunner Range* hindurch bahnen, wobei fantastische Schluchten entstanden sind. Zwischen breiteren und ruhigeren Abschnitten wird der Fluss immer wieder zum reißenden Wildbach. An diesen Stellen, wenn das Tal sehr eng wird, ist die Straße den Felsen in harter Arbeit abgerungen und verläuft teilweise einspurig unter Felsüberhängen hindurch.

(291) WOMO-Stellplatz: Buller Gorge

GPS: S 41°50'44" E 171°42'46". **Max. WOMOs:** 5
Ausstattung/Lage: Nichts / Rastplatz am SH6 zwischen Wald und Buller River. **Zufahrt:** 18 km hinter Westport am SH6, direkt hinter der Brücke über den Ohikanui River. **Beurteilung:** Ein guter Platz, trotz des Verkehrs auf dem SH6, um Buller River und Ohikanui River zu erkunden.

Buller River

Für Wohnmobil Fahrer stellt dies eine besondere Herausforderung dar. 46 km hinter *Westport* erreichen Sie die 60 Seelen Gemeinde **Inangahua Junction**, die immerhin eine Tankstelle, ein Café und einen Gemischtwarenladen aufzuweisen hat. Ihre nächste Station ist **Lyell**, eine einstige Goldgräberstadt, die hoch über dem *Buller River* lag und von der heute wenig mehr als einige windschiefe Grabsteine erhalten geblieben sind. Hier können Sie auf einem großzügigen DOC-Platz (siehe Stellplatz 02) übernachten und einige Wanderungen unternehmen.

(292) WOMO-Wanderplatz: Lyell - Upper Buller Gorge - DOC Standard Campsite

GPS: S 41°47'44" E 172°2'55". **WOMOs:** 50 Stellplätze
Ausstattung/Lage: Toilette, Wasser ,Picknicktische/ An der Upper Buller Gorge, von Wald umgeben. Wanderungen werden angeboten.

Preise: Stellplatz 6 NZD pro Erwachsenem, 3 NZD pro Kind, unter 4J frei.
Zufahrt: 18 km hinter Inangahua Junction vom SH6 abbiegen.
Beurteilung: Sehr schöner, großzügiger Platz, nahe den Überresten einer alten Goldgräberstadt.

23 km hinter *Lyell* treffen Sie auf den SH65, der rechts vom SH6 abzweigt und eine Verbindung zum SH7 (Lewis Pass Road) herstellt. Wir empfehlen Ihnen einen 10 km langen Abstecher zu den **Maruia Falls**. Der SH65 führt Sie am **Maruia River** entlang in das *Maruia Falls Scenic Reserve*. Der *Maru-*

Maruia Falls

ia River stürzt hier in einem lediglich 10 m hohen, aber wegen seiner Breite und gewaltigen Wassermassen beeindruckenden Wasserfall in die Tiefe, ein atemberaubendes Naturschauspiel. Vom ausgeschilderten Parkplatz aus sind die Fälle in 5 Minuten zu erreichen. Die *Maruia Falls* sind am 17. Juni 1829 durch ein Erdbeben der Stärke 7,8 entstanden, das an dieser Stelle eine starke Verwerfung verursachte. 17 Menschen verloren durch das Beben ihr Leben und es dauerte 18 Monate, bis die zerstörte *Buller Gorge Road*, der heutige SH6, repariert war.

Auf die direkt am State Highway 6 gelegene **Buller Gorge Swingbridge** treffen Sie 14 km vor Murchison. Wer die schwankende 110 m lange Hängebrücke in luftiger Höhe überqueren will muss dafür auch noch zahlen. Der Mutige wird durch einen tollen Blick in die Schlucht belohnt und kann mit etwas Glück ein Jetboat vorbei rasen sehen. Am anderen Flussufer erwartet ihn tiefgrüner Dschungel. Es wurden verschiedene Wanderwege mit einer Dauer zwischen 15 und 60 Minuten angelegt. Wem es eher nach Abenteuer zumute ist, der kann im *Adventure und Heritage Park* zahlreichen anderen Aktivitäten nachgehen, zum Beispiel nach Gold schürfen oder an einer Fahrt im Jet Boat teilnehmen. Jede dieser Aktivitäten

Jetboat auf dem Buller River

Buller Gorge Swingbridge

muss allerdings separat bezahlt werden. Um zu diesem Erlebnispark in freier Natur zu gelangen, müssen Sie zunächst die gefährlich schwankende Hängebrücke überqueren. Wer noch mehr Adrenalin braucht oder seinen Leidensweg bei der Rückkehr verkürzen will, kann mit dem *Flying Fox*, an einem 160 m langen Drahtseil hängend, über den Buller zurücksausen.

(293) WOMO-Campingplatz-Tipp: Murchison Motorhome Park
GPS: S 41°45'23" E 172°23'34". **WOMOs:** 25 mit Stromanschluss
Ausstattung/Lage: Standard / Zwischen SH6 und Buller River, auf einer großen freien Fläche.
Preise: Stellplatz mit Strom 30 NZD für zwei Erwachsene.
Zufahrt: 8 km nördlich Murchison am SH6.
Kontakt: Tel. 03 523 9666, www.murchisonmotorhomepark.co.nz
Beurteilung: Im Dezember 2008 eröffneter sauberer Platz am Buller River, der über alle Annehmlichkeiten, einschließlich eines gemütlichen Holzkamins, verfügt. Sie bekommen Top-10-Standard zum günstigen Preis. Und wer möchte, kann sich am selbst angebauten Gemüse bedienen.

Zurück auf dem SH6 erreichen Sie nach 11 km die am Zusammenfluss von *Buller River* und *Matakitaki River* gelegene 850 Einwohner zählende Gemeinde **Murchison**. Die Gegend nordwestlich von *Murchison* wird *Four Rivers Plain* genannt, weil hier auch noch der *Mangles River* und der *Matiri River* einmünden. Das Museum der ehemaligen Goldgräbersiedlung vermittelt einen sehr instruktiven Eindruck von den Zerstörungen, die das Erdbeben von 1929 angerichtet hat. *Murchison* ist eine ländliches Versorgungszentrum für die umliegenden Farmen und ein international bekanntes Wildwasser Revier. Die selbsternannte "Whitewater Capital of New Zealand" zählt neben den genannten vier Flüssen noch den *Gowan River*, *Glenroy River* und *Maruia River* zu ihrem exzellenten Wildwasser-Revier. Im *Murchison Museum* kann man sich über die Zeit des Goldrausches informieren

Owen River

und im Visitor Centre die DOC Broschüre **Murchison Day Walks** besorgen (1 NZD). Auch über einige interessante Mountain Bike Wege sind dort Informationen erhältlich.

Ihr nächstes Ziel ist **Lake Rotoroa**. Sie erreichen es, indem Sie 29 km hinter *Murchison* am Gowan River rechts ab biegen und ihm entlang der Gowan Valley Road folgen. Der *Lake Rotoroa* gehört zusammen mit dem *Lake Rotoiti* zu dem Hauptattraktionen des 1956 gegründeten **Nelson Lakes National Park** im Norden der Südinsel.

(294) WOMO-Campingplatz-Tipp:
Owen River Recreation Reserve Camping Ground

GPS: S 41°41'12" E 172°27'16". **WOMOs:** 20

Ausstattung/Lage: Toilette, Wasser, Dusche, Picknicktische, Grillstelle / Große Grasfläche an der Mündung des Owen River in den Buller River.
Parkgebühr: Stellplatz mit Strom 20 NZD
Zufahrt: Am SH6, 16 km hinter Kawatiri-Junction.
Kontakt: Anmeldung und Bezahlung an der Ocean River Tavern, Tel. 03 523 9273.
Beurteilung: Schöner großer Grasplatz. Zum Buller River hin finden Sie geschützte Plätze hinter hohen Bäumen. Ausgesprochen friedvoller Platz zum Seele baumeln lassen.

Während der letzten Eiszeit haben gewaltige Gletscher die beiden Seen geschaffen, die dem Park heute seinen Namen geben. Die beiden Gletscherseen haben unterschiedliche Gesichter. *Lake Rotoiti* ist der touristischere, mit Camping- und Wassersportmöglichkeiten. Die Vorzüge von *Lake Rotoroa* sind seine Schönheit und Einsamkeit. In seinen ruhigen Gewässern spiegeln sich sowohl die schneebedeckten umliegenden Berge, als auch der üppige einheimische Busch. Beide Seen können über zahlreiche Wanderwege durch den umgebenen Südbuchenwald erkundet werden. Um Vom *Lake Rotoroa* zum *Lake Rotoiti* zu gelangen, müssen Sie wieder 11 km zum SH6

(295) WOMO-Wanderplatz: Kawatiri Junction - DOC Basic

GPS: S 41°41'36" E 172°37'4". **Max. WOMOs:** 8
Ausstattung/Lage: Toilette, Wasser, Picknicktische / Zwischen Gowan River, SH6 und SH63.
Zufahrt: Am SH6 direkt hinter der Kreuzung von SH6 und SH63.
Beurteilung: Grüner Platz, aber direkt am Highway. Wanderung zur historischen Eisenbahn möglich: Kawatiri Railway Walkway (siehe Text).

zurückfahren und diesem 6 km bis zur bis **Kawatiri Junction** folgen. Hier können Sie dem, nahe der Kreuzung von SH6 und SH63 an der historischen Eisenbahnstation gelegenen,

Wassertaxi am Lake Rotoiti

DOC Campsite (siehe Wanderplatz 05) frei übernachten. Die alte Eisenbahnbrücke, der Eisenbahn Tunnel und die historische Eisenbahnstation können vom Wanderplatz aus über den 20 minütigen **Kawatiri Railway Walkway** gut erkundet werden. SH63, der 100 km weiter bis Blenheim führt, bringt Sie nach **St Arnaud**, ein kleiner Ort am Nordufer des **Lake Rotoiti**. Er wird vom Komplex des *Nelson Lakes Village Center* beherrscht, das neben einem Laden und einem Imbiss auch ein Postamt und eine Tankstelle zu bieten hat.

Das moderne DOC Visitor Centre liegt an der Hauptstraße (**DOC Nelson Lakes Visitor Centre**, View Road, Tel. 03 521 1806, nelsonlakesvc@doc.govt.nz, im Sommer von 8.00 bis 16.30 Uhr geöffnet) und liefert neben Informationen zu möglichen Aktivitäten auch die Broschüren **St Arnaud Short Walks** und **St Arnaud Day Walks**. Per Wassertaxi besteht die Möglichkeit, sich zu beliebigen Stellen am Seeufer bringen oder von dort abholen zu lassen (**Rotoiti Water Taxis**, 47 Main Road, Tel. 03 521 1894, watertaxi@clear.net.nz, Kajaks und Kanus können gemietet werden). Das bietet die komfortable Möglichkeit, Wanderungen am Seeufer nicht auf dem gleichen Weg zurückgehen zu müssen. Ein besonderes Highlight des *Nelson Lakes National Park* ist das 2004 ins Leben gerufene

(296) WOMO-Wanderplatz: Kerr Bay - DOC Scenic Campsite

GPS: S 41°48'22" E 172°50'41" **WOMOs:** 9 mit Strom, 30 ohne.
Ausstattung/Lage: Toilette, Wasser, Dusche, Dump Station, Waschmaschine, Trockner / Unweit dem Nordende des Lake Rotoiti, von Wald umgeben. Wanderungen werden angeboten.

Preise: Stellplatz mit Strom 15 NZD p.P., 7,50 NZD p.K. (ohne Strom 10/5).
Zufahrt: Über den SH63 nach Saint Arnaud fahren, dort in die Kerr Bay Road einbiegen.
Kontakt: Buchung über Tel. 03 521 1806, www.doc.goct.nz
Beurteilung: Sehr schöner, geschützter Platz, im Wald gelegen.

Lake Rotoiti

Rotoiti Nature Recovery Project. Hier wird durch rigorose Schädlingsbekämpfung versucht, in einer abgegrenzten Zone einen Lebensraum für einheimische Arten zu schaffen. Im zugehörigen Gebiet sind Wanderungen zwischen 15 Minuten und 1,5 Stunden frei zugänglich angelegt. Die Wälder beherbergen viele Vögel wie Blaumeisen, Rotkehlchen und den *tiny rifleman*, Neuseelands kleinsten Vogel. In manchen Regionen findet man auch den Südinsel *Kaka* (Waldpapagei). Besonderer Stolz ist der *Great spottet Kiwi*, der hier nach seiner erfolgreichen Rücksiedlung brütet. In St Arnaud gibt es den DOC Campingplatz Kerr Bay (06). Sie verlassen *St Arnaud* und *Lake Rotoiti* über den SH63 Richtung *Blenheim* und stoppen bereits nach 8 km am historischen *Tophouse Settle ment*, das in den 1880-igern den Pionieren (z.B. Schaftreck-Begleitern) als Hotel diente. Das schön renovierte Gebäude wird heute wieder als Hotel genutzt und wirbt mit einem originellen 9-Loch-

(297) WOMO-Picknickplatz: Hope Saddle Lookout

GPS: S 41°37'44" E 172°43'14". **Max. WOMOs:** 5

Ausstattung/Lage: Toiletten, überdachter Picknickplatz / Parkplatz am Hope Saddle Lookout, von Bäumen umgeben.

Zufahrt: Der Lookout ist am SH6 ausgeschildert, etwa 10 km hinter der Abzweigung des SH63 zum Lake Rotoiti.

Beurteilung: Der Hope Saddle bietet mit 467 m Höhe eine phantastische Rundumsicht. Sehr schöne Übernachtungsstelle, etwa 300 m vom SH6 entfernt.

Alpine-Golfplatz auf seinem Gelände. Die Tophouse Road bringt Sie nach wenigen Kilometern auf die Korere Tophouse Road, der Sie in nördliche Richtung folgen. Nach 39 km erreichen Sie die **Clark Valley Recreation Area** (siehe Picknickplatz 08). Wenn Sie diesen freien Übernachtungsplatz nicht in Anspruch nehmen möchten, biegen Sie am SH6 rechts ab, folgen diesem für 12 km, und müssen nun entscheiden, ob Sie direkt nach Nelson fahren wollen, oder zunächst über Motueka in den Abel Tasman National Park.

(298) WOMO-Picknickplatz: Clark Valley

GPS: S 41°34'39" E 172°46'7". **Max. WOMOs:** 6

Ausstattung/Lage: Toilette, Wasser / Auf einer schönen Wiese, neben dem SH6. Picknickplatz der *Clark Valley Recreation Area.*
Zufahrt: Am SH6, 5 km südlich der Einmündung der *Korere Tophouse Road* in den SH6.
Beurteilung: Sehr idyllische Plätze!

Strecke nach Motueka

Biegen Sie links in den *Motueka Valley Highway* ein. Sie folgen nun dem *Motueka River* in Richtung der namensgebenden Stadt. Nach 8 km passieren Sie den Ort **Tapawera** und gelangen durch Waldgebiete und eine sanfte Hügellandschaft in eine fruchtbare Mündungsebene. Direkt am Straßenrand bieten Obstbauern an Ständen ihre Früchte an, darunter Erdbeeren, Himbeeren und Blaubeeren. 50 km hinter *Tapawera* erreichen das bereits 1842 gegründete Motueka.

(299) WOMO-Picknickplatz: Motueka River Valley - McLean Picnic Area

GPS: S 41°17'19" E 172°48'26". **Max. WOMOs:** 6

Ausstattung/Lage: Toilette, Wasser / Schöner Picknickplatz inmitten von Büschen und Bäumen zwischen dem Motueka Valley Highway (SH61) und dem Motueka River.
Zufahrt: Am SH61, 6 km hinter Stanley Brook.
Beurteilung: Friedlicher Platz mit Badegelegenheit im Fluss!
Hinweis: Es ist maximal eine Übernachtung erlaubt.

Strecke direkt nach Nelson

Der fortan Wakefield-Kohatu Highway genannte SH6 wird Sie nach 62 km in Neuseelands sonnigste Stadt bringen. Die Gegend bis Nelson ist von Farmwirtschaft (Milchwirtschaft und Obstanbau), Weinbau und Holzverarbeitung geprägt. Kurz vor *Wakefield* bietet Ihnen die *Edward Baigent Reserve* eine kostenfreie und attraktive Übernachtungsmöglichkeit (siehe Stellplatz 10).

Wakefield (1.900 Ew.), auch Wakefield Village genannt, ist 25 km südwestlich von Nelson am Ufer des *Wai-iti River* gelegen. Die Ortschaft entstand zeitgleich mit der Besiedlung und Gründung von Nelson durch die *New Zealand Company* im Jahre 1842. Die Ansiedlung wurde 1843 unter dem Namen „Pitfure" gegründet, wenig später aber nach der Stadt Wakefield im englischen Yorkshire umbenannt. Die im Dorfkern liegende St Johns Church ist die zweitälteste Kirche Neuseelands und älteste der Südinsel.

Morgenstimmung am Motueka Riveri

Wenig später erreichen Sie **Brightwater** (1.800 Ew.). Das am Ufer des *Wairoa River* liegende Städtchen wurde wie Wakefield bereits 1843 von Europäern besiedelt. Brightwater entstand vom wenig entfernten *Spring Grove* aus, in dem der Siedler Alfred Saunders hier eine Flachsmühle errichtete. Das klare Wasser des Wairoa River soll für den Ortsnamen verantwortlich zeichnen. Der Atomphysiker und Nobelpreisträger **Ernest Rutherford** (1871-1937) wurde hier geboren. Besuchen Sie seine Gedenkstätte oder auch die Kunstschmiede und Töpferei, bevor Sie ins 21 km entfernte Nelson aufbrechen.

(300) WOMO-Stellplatz: Edward Baigent Reserve CG

GPS: S 41°24'26" E 173°2'7". **Max. WOMOs:** 15

Ausstattung/Lage: Toilette, Wasser, Picknicktische, Barbecue, Mülleimer / Großer Grasplatz mit viel Schatten durch hohe Bäume (Totaras, Kahikateas und Buchen).

Zufahrt: 22 km hinter der Abzweigung des Motueka Valley Hwy und 14 km vor dem Appleby Hwy. Am SH6 kurz vor Wakefield ausgeschildert.

Beurteilung: Sehr attraktiver Platz am Eighty Eight Valley Stream, nahe dem Zusammenfluss mit dem Wai-iti River. Maximal zwei Nächte.

Wharanaki Beach
311
Pillar Point
Leuchtturm
Farewell Spit Nature Reserve
310
Port Puponga
Leuchtturm
Whanganui Inlet
Pakawau Inlet
TOUR S10
10 km
N
Burnett Range
Ruatariwha Inlet
309
Collingwood
Parapara Inlet
Te Anaroa Caves
Aorere River
Golden Bay
Ligar
Bay
313
WC
Mutton Cove
Pupu
Springs
308
WC
312
Pohara
Totaranui
Takaka
Wainui
Falls
Awaroa
Bay
Kahurangi
National
Park
Abel
Tasman
National
Park
Devil River Peak
1784 m
Bark
Bay
Torrent
Bay
307
WC
Ngarua
Caves
305
Marahau
304
Kaiteriteri
WC
306
Hawkes Lookout
Takaka River
Gobb
Reservoir
Tasman
Bay
Motueka
303
302
WC
Motueka River
Arthur Range
Moutere River
Kina
314
WC
The Twins
1809 m
60
Mapua
315
WC
Rabbit
Island
Nelson
E
WC
301
Richmond

Tour S10: Captain Cook "farewell" sagen

Nelson - Motueka - Abel Tasman NP - Takaka - Collingwood - Mapua - Nelson - 360 km

Camping:	Motueka, Kaiteriteri, Marahau, Collingwood, Wharariki Beach, Pohara
Stellplätze:	Richmond, Mapua, Kina Beach, Motueka Beach, Hawkes Lookout, Uruwhenua Bridge, Waitapu, Puponga, Pohara
Baden:	Motueka River, Riwaka River, Kaiteriteri, Abel Tasman NP, Pohara Beach, Limestone Bay, Ligar Beach, Tata Beach
Wandern:	Motueka Walkway, Abel Tasman NP: Torrent Bay, Bark Bay, Pupu Springs, Pupu Hydro Walkway, Kaituna Track, Farewell Spit Walk, Hilltop Walk, Wharariki Beach Walk, Rawhiti Caves Walk, Wainui Falls Walk, Taupo Bay
Essen:	Neudorf Vineyards, Motueka: The Gothic, Red Beret, European Bakery & Café, Marahau: Park Café, Takaka: Bio Café, Mussel Inn, Collingwood: Corthouse Café, Rosy Glow Chocolaterie, Naked Possum Café, Pohanga: Paddlecrab Café Mapua: The Smokehouse, Golden Bear Brewing Company, Seifried Estate

Freuen Sie sich auf diese ausgesprochen reizvolle Tour, die Sie zum großartigen **Abel Tasman National Park** und zur bezaubernden **Golden Bay** führen wird. Während der Abel Tasman NP nicht allzu weit von der Rundstrecke entfernt liegt, befindet sich die Golden Bay abgelegen in einer Sackgasse. Zur Westküste gelangen Sie von dort nicht mit dem Wohnmobil, sondern nur über den 78 km langen Heaphy Track. Die Wanderung durch den Kahurangi National Park endet nördlich Karamea am Kohaihai Bluff (siehe Tour S08). 1642 entdeckte als erster Europäer der Niederländer Abel Tasman Neuseeland. Heute heißt die Bucht, in der er ankerte Golden Bay, nachdem hier im vorigen Jahrhundert Gold entdeckt wurde. Es waren also nicht die goldsandigen Strände, die der Bucht ihren Namen gaben. Freuen Sie sich auf die Golden Bay, die sich durch ihre abgeschiedene Lage ihre Ursprünglichkeit bewahrt hat. Abel Tasman gab auch dem zweifellos schönsten Nationalpark Neuseelands seinen Namen. Der 1942 gegründete **Abel Tasman National Park** besticht durch seine abwechslungsreiche Landschaft: Verkarstete Kalksteinhügel, regeneriertem Urwald mit fast lückenlos geschlossenem Busch, Nikaupalmen und Riesenfarnen sowie feinsandigen, südseeähnlichen Stränden mit türkisfarbenem Wasser, Wasserfällen und breiten Flussmündungen. Die Tageswanderungen im Park werden zu den Highlights Ihres Neuseeland Urlaubes gehören!

(301) WOMO-Stellplatz: Richmond Public DS

GPS: S 41°19'45" E 173°11'25". **Max. WOMOs:** 5

Ausstattung/Lage: Entsorgungsstation, Toilette, Wasser / Parkplatz im Industriegebiet, durch eine Zaun von der Tasman Bay getrennt..

Zufahrt: Vom SH6 rechts in die Lower Queen St (SH60 Richtung Motueka) abbiegen, dann rechts in die Stratford St, die in die Beach Rd über geht. Nach 1 km biegen Sie links in die Fittal St ab, die sie nach 200 m zum Platz führt.

Beurteilung: Trotz der nahen Küste kein schöner Übernachtungsplatz.

Über den SH6 fahren sie von Nelson zunächst nach Richmond und dann auf dem SH60 nordwestwärts nach Motueka. Etwa auf halber Strecke bietet sich ein Abstecher an, um ein ausgezeichnetes Weingut der Region kennen zu lernen, das sieben Kilometer westlich des SH60 liegende Neudorf (**Neudorf Vineyards**, 138 Neudorf Rd, Upper Motuere, Tel. 03 543 2643, www.neudorf.co.nz, 11 bis 17 Uhr). In dem ansprechenden scheunenartigen Komplex, der teilweise von Ranken bedeckt ist, können Sie diverse Weine verkosten, unter denen der Pinot Noir und der Chardonnay herausstechen. Die bereits 1842 gegründete 7.500 Einwohner Stadt **Motueka** ist ein Versorgungszentrum des umliegenden landwirtschaftlichen Anbaugebietes für Tee, Hopfen und verschiedene Obstsorten wie Äpfel, Birnen, Pfirsiche, Trauben und Kiwis. In den Erntemonaten wächst die Bevölkerung sprunghaft an, denn in dieser Zeit suchen die Farmer nach Hilfskräften bei der Obst- und Hopfenernte. Die kleine Stadt wird dann zum Anziehungspunkt für viele

(302) WOMO-Stellplatz: Motueka Beach Reserve

GPS: S 41°8'5" E 173°1'24". **Max. WOMOs:** 5

Ausstattung/Lage: Toilette, Wasser, Picknicktische, Feuerstelle, Dusche, Spielplatz / Großer Grasplatz am Meer, in Hafennähe.

Zufahrt: Hinter dem Moutere Inlet biegen Sie rechts vom SH60 in die Wharf Rd ein (Richtung Motueka Harbor). Diese geht nach 1 km leicht links in die Everett St über, an deren Ende der Platz liegt.

Beurteilung: Der Platz hat erstaunlich viel zu bieten und ist entsprechend beliebt. Er liegt neben einer Fischfabrik, einem Salzwasser Schwimmbecken und dem Küsten Wanderweg. Maximal zwei Nächte.

junge „Work & Travel" Reisende. Die frischen Produkte der umliegenden Farmen werden in einigen sehr guten Restaurants zu delikaten Speisen verarbeitet (**The Gothic**, 208 High St, Tel. 03 528 6699 und **Red Beret**, 145 High St, Tel. 03 528 0087). Ausgezeichnetes Brot bekommen Sie in der Bäckerei **European Bakery & Café**, 235 High St. Der Besitzer ist Deutscher. Motueka ist ein beliebter Ausgangsort für Touren in den Abel Tasman Nationalpark und den Kahurangi Nationalpark. Die aufstrebende Stadt hat dem Besucher einiges zu bieten. Auf dem **Motueka Sunday Market** (Wallace St, Tel. 03 540 2709, So ab 8 Uhr) werden Schmuck und Kunsthandwerk angeboten. Gartenfreunde werden sich sicherlich die beiden Rosengärten *Motueka Rose Gardens* und *Tasman Bay Roses* anschauen. Ebenfalls empfehlenswert ist der Besuch des kleinen *Motueka District Museum* oder des *Motueka Quay*, am geschäftigen Hafen des Fischereizentrums gelegen. Etwas außerhalb der Stadt laden Galerien und Kunsthandwerkstätten zu einem Besuch ein und in den umliegenden Weingütern können Sie die ausgezeichneten regionalen Weine probieren. Hingewiesen sei auch auf die Möglichkeit zum Tandem-Fallschirmspringen auf dem Flughafen 3 km südwestlich der Stadt (**Skydive Abel Tasman**, Tel. 0800 422 899, www.skydive.co.nz) und einem 30-minütigen Rundflug mit einem Ultraleichtflugzeug über den Abel Tasman National Park (**Tasman Sky Adventures**, Tel. 0800 114 386, www.skyadventures.co.nz).

Paar an der Kaiteriteri Beach

(303) WOMO-Campingplatz: Motueka Top 10 Holiday Park

GPS: S 41°6'15" E 173°0'48". **WOMOs:** 100 von 180 mit Strom
Ausstattung/Lage: Abenteuerspielplatz, Swimmingpool mit 28°C, Spa / Zentrumsnahe Lage.
Preise: Stellplatz mit Strom 43 NZD, 20 pro weiterem Erwachsenem, 15 NZD pro weiterem Kind.
Zufahrt: Am nördlichen Ende von Motueka in die Fearon St einbiegen.
Kontakt: 10 Fearon Street, Motueka, Tel. 03 528 7189, 0800 668 835 www.motuekatop10.co.nz
Beurteilung: Gute sanitäre Anlagen, viele große Bäume. Schattiger, aber sehr enger Platz, in der Saison voll.

Auf Ihrem Weg in den **Abel Tasman National Park** verlassen Sie Motueka über den SH60, überqueren den **Motueka River** kurz vor seiner Mündung, und biegen 5 km später rechts, direkt hinter dem *Riwaka River*, in die Riwaka Kaiteriteri Rd ein. Die Straße steigt sofort leicht an und windet sich

Ausflugsboot in Kaiteriteri

eine Anhöhe hinauf, von der aus Sie bald einen atemberaubenden Blick auf den beliebten Badeort **Kaiteriteri** haben. Sie fahren hinab an den Sandstrand in der lang geschwungen Bucht, wo Kajakverleiher und Wassertaxis auf Kundschaft lauern. Hinter der Uferpromenade laden großzügige Terrassen einiger Hotels zum Verweilen ein, im flachen Mündungsbereich des **Riwaka River** können Familien mit Kleinkindern geschützt baden, die Stadt ist ganz auf Strandurlaub eingestellt. Das riesige Kaiteriteri Beach Motorcamp liegt in Strandnähe direkt hinter der Straße und bietet sage und schreibe 400 Stellplätze mit Strom an. Am Strand gegenüber starten Touren in den Abel Tasman NP (**Abel Tasman Wilson`s Experiences**, Tel. 0800 221 888, www.abeltasmannz.com). Zwischen Kaiteriteri und dem ganz im Norden des Parks gelegenen Mutton Cove verkehren Wassertaxis, die Sie zu einem Zielort bringen und am Nachmittag an einem anderen wieder abholen. So können Sie den wunderschönen **Abel Tasman Coastal Track**, den jedermann bequem in 4-5 Tagen bewältigen kann, nach eigenen Wünschen in Tageswanderungen aufteilen.

(304) WOMO-Campingplatz: Kaiteriteri Beach Motor Camp

GPS: S 41°2'12" E 173°1'3". **WOMOs:** 400 mit Stromanschluss

Ausstattung/Lage: Spielplatz / Zentral an der Küstenstraße.

Preise: Stellplatz mit Strom für 2 Erwachsene 38 NZD.

Zufahrt: Im Stadtzentrum, an der Küstenstraße, nicht zu übersehen.

Kontakt: Kaiteriteri-Sandy Bay Road, Tel. 03 527 8010, www.experience-kaiteriteri.co.nz/campground

Beurteilung: Idealer Platz für Touren in den Abel Tasman National Park. Trotz der Größe unbedingt reservieren!

Sie verlassen diesen idyllischen Ort, um noch ein Stückchen näher an den *Abel Tasman NP* heranzufahren. Die enge Kaiteriteri Sandy Bay Road windet sich um die Felsnase, an der Kaiteriteri liegt und folgt schließlich der Sandy Bay Marahau Road durch Schwemmland bis **Marahau**. Der rund 500

Zwei Wassertaxis werden in Marahau an Land gezogen

Einwohner zählende Ort liegt direkt am östlichen Eingang des *Abel Tasman NP* und ist somit ein prädestinierter Ausgangspunkt für Ausflüge in den Park. Wir wurden gleich bei der Ankunft Zeuge eines beeindruckenden Schauspiels. Es war Ebbe und Ankunftszeit einer ganzen Reihe von Wassertaxis. Wegen des sehr flachen Wassers fuhren Traktoren ins kniehohe Wasser, dockten das Wassertaxi auf der Anhängerladefläche an und fuhren über eine Rampe an Land. Auf der Straße bleibt das Boot auf dem Anhänger und die Fahrgäste der Einfachheit halber im Boot bis das Ziel erreicht ist. Ein faszinierendes Schauspiel, das einerseits beschaulich wirkt, allerdings haben es die Traktoren eilig ins Meer zurückzufahren, um das nächste Boot abzuholen.

(305) WOMO-Campingplatz-Tipp: Marahau Beach Camp

GPS: S 41°0'19" E 173°0'32". **WOMOs:** 50 mit Stromanschluss
Ausstattung/Lage: Spielplatz / Direkt neben dem Anbieter *Abel Tasman Water Taxis* am Strand, der allerdings nicht zum Baden geeignet ist!
Parkgebühr: Stellplatz mit Strom 32 NZD, 10 pro weiterem Erwachsenem, 5 NZD pro weiterem Kind. **Zufahrt**: Mitten in Marahau an der Waterfront.
Kontakt: Franklin Street, Marahau, Tel. 0800 808 018, www.abeltasman-centre.co.nz/camp.html

Beurteilung: Idealer Platz zum Start in den Abel Tasman National Park. Gepflegt mit vielen Bäumen, alle andern Plätze in Marahau haben unzureichende sanitäre Anlagen. Allerdings gibt es zu wenige Toiletten und Duschen. Ein Restaurant ist dem Camp angeschlossen. Sie bekommen einen Platz in diesem Camp nur dann, wenn Sie auch das Water Taxi oder Kajaktouren buchen!

Wassertaxis an der Anchorage Beach

Wer den Nationalpark zu Fuß erkunden möchte, kann sich mit dem Wassertaxi in eine der vielen idyllischen Buchten bringen lassen (**Abel Tasman Aqua Taxi**, Tel. 800 278 529, www.aquataxi.co.nz und **Abel Tasman Sea Shuttle**, Tel. 0800 732 748, www.abeltasmanseashuttles.co.nz), wobei der Start natürlich wiederum an Land erfolgt, indem man das Wassertaxi auf der Landerampe eines Traktors besteigt! Der Traktor bringt das Boot über die Rampe zurück ins Wasser und lässt es von der Ladefläche herunter gleiten. Nun kann es zu seiner rasanten Fahrt in den Nationalpark starten. An den Ankunftspunkten verlässt man das Wassertaxi am Strand und sollte dazu seine Schuhe ausziehen. Die einzelnen Buchten, die von den Wassertaxis angefahren werden, sind durch schmale Wanderpfade hoch über der Tasman-See verbunden. Sie führen meist durch dichten Bewuchs, geben aber auch immer wieder einen bezaubernden Blick auf Meer und Strände frei. An manchen Stellen führen gesicherte Pfade/Treppen zu goldgelben Buchten hinab, in denen oft Kajak Fahrer bei einer Rast anzutreffen sind. Lässt man sich morgens mit dem Wassertaxi in den Park bringen, um den Weg nach Marahau zurückzulaufen (von der **Torrent Bay** benötigt man dazu etwa 4 Stunden, von der **Bark Bay** etwa 6,5 Stunden), so entfällt der Druck, zu einem vereinbarten Zeitpunkt am Abholpunkt zu sein. Für uns wurden die wundervollen Wanderungen im

Torrent Bay

Blick auf die Torrent Bay

Abel Tasman NP zum sehr eindrucksvollen und unvergesslichen Erlebnis. Auch der Weg vom Eingang des NP zurück nach *Marahau*, der teilweise über Holzstege durch das Schwemmland des Mündungsbereiches des *Marahau River* und einiger weiterer kleiner Einmündungen führt, ist sehr beeindruckend. Bei Ebbe fallen weite Bereiche trocken, dann ist das Meer ganz, ganz weit weg, ähnlich wie an der Nordseeküste. Statt dunklem Schlickwatt ist hier über weite Strecken welliges, goldgelbes Sandwatt zu sehen. In den verbliebenen Wasserpfützen planschen kleine Krebse und blaue Seesternchen. *White-faced Herons (Weißwangenreiher)*, deren bevorzugter Lebensraum hier im Gezeitenbereich an der Küsten zu finden ist, sind auf der Jagd und warten auf ihren langen Beinen starr im nassen Sand, um dann blitzschnell zuzuschlagen. Für eine benötigte Stärkung wartet am Parkausgang das empfehlenswerte **Park Café** (Tel. 03 527 8270, www.parkcafe.co.nz) auf Sie.

(306) WOMO-Stellplatz: Hawkes Lookout

GPS: S 41°1'25" E 172°54'29". **Max. WOMOs:** 5

Ausstattung/Lage: Toiletten / Parkplatz am Lookout, nahe der Straße.
Zufahrt: Am SH60 ausgeschildert, etwa 20 km hinter Motueka.
Beurteilung: Toller Blick, der aber von lauten nächtlichen Lastwagen getrübt wird. Ein Stopp, um vorbei an interessanten Felsformationen zum 400 m entfernten Lookout zu laufen, lohnt aber allemal. Prächtiger Blick auf die Tasman Bay, von Motueka bis Nelson.

Unweit des Parkausganges finden Sie die **Old Mac Donald's Farm**, einen Familienbetrieb mit großem Campingplatz. Auf den

Die Autoren an der Bark Bay

Weiden gibt es u.a. Lamas und Alpakas. Das Grundstück ist riesig, die Stellplätze auf Gras sind großzügig und von Büschen und Bäumen umgeben (Harvey Road, Tel. 03 527 8288, www.oldmacs.co.nz). Um den Nationalpark von der Wasserseite aus zu erkunden, leiht man sich in Marahau einen Kajak und paddelt nach einer ausführlichen Einweisung die Küste des Parks entlang, wobei auch Übernachtungen in DOC-Hütten möglich sind (ganzjährig buchungspflichtig, direkt in einem der DOC-Büros oder online über www.doc.govt.nz, Great Walks und dann Abel Tasman Coast Track auswählen). Es können auch geführte Touren und mehrtägige Touren mit Übernachtung gebucht werden (**Abel Tasman Kayaks**, Tel. 800 732 529, www.abeltasmankayaks.co.nz).

Mit Ziel **Golden Bay** verlassen Sie *Marahau* wie Sie gekommen sind, biegen jedoch nicht Richtung *Kaiteriteri* ab, sondern folgen der Riwaka Sandy Bay Road bis zum SH60. Dort fahren Sie rechts in den State Highway ein, der sich nun kurvenreich und steil den **Takaka Hill** hinauf windet. Unterwegs gibt es immer wieder Aussichtspunkte mit spektakulären Fernblicken auf Motueka, die Tasman Bay und die umgebende Bergkette der Richmond Ranges. Am *Hawkes Lookout* können Sie frei übernachten. Bereits 10,5 km hinter der Abzweigung erreicht die Straße die 791 m hohe Passhöhe des Takaka Hill, angezeigt durch das Schild „Welcome to Golden Bay“. Hier oben gibt es unzählige Höhlensysteme, die Forscher aus aller Welt anziehen. Kurz vor Erreichen der Passhöhe bietet sich Ihnen die Gele genheit eine dieser Höhlensysteme genauer anzuschauen.

(307) WOMO-Stellplatz: Uruwhenua Bridge

GPS: S 40°59’17” E 172°49’14”. **Max. WOMOs:** 10

Ausstattung/Lage:
Toilette, Picknicktisch / Grasplatz unter Bäumen am SH60.

Zufahrt: Sie biegen 16 km südlich Takaka, direkt vor der Brücke über den Takaka River, rechts in die East Takaka Road ein. Der Platz liegt sofort links.

Beurteilung:
Direkt am SH60, aber durch Bäume geschützt, Baden im Fluss ist möglich. Maximal zwei Nächte.

Die **Ngarua Caves**, die für den Tourismus erschlossen wurden, liegen auf der rechten Straßenseite. Eine kurze Schotterstraße bringt Sie zum Eingang der Karsthöhle, wo Sie effektvoll beleuchtete Stalaktiten und Stalakmiten erwarten. Auf einer Länge von 400 m können Sie die von Bächen und Regenwasser ausgehöhlte poröse Karstlandschaft der Tropfsteinhöhle in einer Führung erkunden. Der 40-minütige Rundgang zeigt auch mehrere Moa-Skelette (**The Ngarua Caves**, Takaka Hill, Tel. 03 528 8093, 10 bis 16 Uhr).

Pupu Springs

400 m hinter der Passhöhe gibt der *Harwood Lookout* den Blick auf das Takaka River Valley und die Golden Bay frei. Schautafeln informieren über die Geologie der Karstformationen und der Geschichte des Takaka Tals. Der unter extrem hohem Druck entstandene Takaka-Marmor wurde in vielen Neuseeländischen Bauten verarbeitet, u.a. dem alten Parlamentsgebäude in Wellington. Die Straße windet sich hinter der Passhöhe steil den Berg hinab. Kurz bevor Sie auf einer schmalen Brücke den Takaka River überqueren (Uruwhenua Bridge, Stellplatz 09), biegt links eine Straße zum **Cobb Stausee** mit dem *Cobb Kraftwerk* ab. Das Kraftwerk wurde 1944 gebaut und wird aus dem *Cobb Reservoir* gespeist, welches stattliche 819 m hoch liegt. Nur der erste Teil der 30 km langen Straße ist geteert (bis zum Kraftwerk). Sie ist sehr eng, steil und windungsreich und hat kaum Ausweichstellen. Dieser reizvolle Ausflug in den Kahurangi NP ist daher leider nur kleinen Wohnmobilen anzuraten (mit Vorbehalt). Wer den Ausflug wagt, findet am Ende des Stausees einen freien Stellplatz und die Möglichkeit zu ausgesprochen reizvollen Wanderungen. 17 km hinter der Uruwhenua Bridge erreichen Sie **Takaka**, das

(308) WOMO-Stellplatz: Waitapu River Bridge

GPS: S 40°49'53" E 172°47'33".
Max. WOMOs: 8
Ausstattung/Lage: Toilette / Parkplatz am Takaka River, etwas geschützt von der Straße.
Zufahrt: Am SH60 ausgeschildert, etwa 3 km hinter Takaka.
Beurteilung: Empfehlenswerter Übernachtungsplatz.
Bemerkung: Maximal zwei Nächte. Vorsicht, der Fluss kann nach Regenfällen schnell ansteigen.

Collingwood Corthouse Café

das Geschäftszentrum der Golden Bay (1.300 Einw.). Die Stadt kennzeichnet ein entspanntes miteinander von Farmern, Fischern, Aussteigern und Künstlern. Exponate von Letzteren können Sie in verschiedenen Galerien der Commercial Street (Takakas am SH60 gelegene Lebensader) bewundern, die auch moderne Bistro-Cafés und schicke Boutiquen für Sie bereit hält. Im empfehlenswerten **Bio-Laden** bekommen Sie Vollkornbrot. Gleich am Ortseingang finden Sie die i-Site und wenig später links die Bibliothek mit großem Parkplatz und freiem Wifi.

Kaffepause am Farewell Spit Leuchtturm

Sie verlassen Takaka zunächst Richtung Norden, überqueren den Takaka River (Waitapu River Bridge, Stellplatz 10) und biegen gleich hinter der Brücke links in die Pupu Rd ein, die Sie nach 3,5 km zum Parkplatz der *Te Waikoropupu Springs* bringt. Das für die Maori religiös bedeutsame Quellgebiet wird meist kurz **Pupu Springs** genannt und ist das Beeindruckendste seiner Art in Neuseeland. An insgesamt 16 Stellen werden pro Sekunde 14.000 Liter kristallklaren Wassers zu Tage gefördert. Die Unterwasser Sichtweiten sind unübertroffen. Bei einem ausgesprochen lohnenden 15-minütigen Rundgang können Sie sich das Quellgebiet über Bohlenwege anschauen. An dem kleinen See der Hauptquelle werden Sie an Schautafeln über die besonderen geologischen Gegebenheiten informiert, die das Wasser des Takaka River über ein steinaltes Röhrensystem hierher

Busse von Farewell Spit Eco Tours

Blick auf die Cape Farewell Arch

befördern und vermischt mit etwas Meerwasser aufsprudeln lassen. Der von weißem Sand bedeckte Seeboden wird an mehreren Stellen von kleinen Quell-Schloten aufgewirbelt. Diese sogenannten „dancing sands“ werden Ihnen sicherlich gefallen. Werfen Sie auch einen Blick durch die Glaswand auf die Unterwasserwelt des imposanten Quellsystems. Mit etwas Glück werden sie einen der einheimischen Flusskrebse entdecken. Ganz in der Nähe, am Ende der Pupu Valley Rd, können Sie einen leicht zu bewältigenden und sehr lohnenden Spaziergang machen, den **Pupu Hydro Walkway**. Er folgt einem ausgeklügelten System an Kanälen und Aquädukten. Das Wasser wurde zunächst für das Schürfen von Gold und in späteren Jahren zur Stromgewinnung genutzt. Die knapp zweistündige Wanderung führt an dem restaurierten Pupu-Wasserkraftwerk vorbei.

Ihr nächstes Ziel ist das 24 km nördlich gelegene Collingwood. 14 km hinter Takaka lohnt es sich links in die Onekaka Rd einzubiegen. Das Sträßchen bringt Sie nach 850 m zum **Mussel Inn**, das sich selbst als Bush Café bezeichnet (Onekaka RD 2, Takaka, Tel. 03 525 9241). In dem urigen Holzgebäude können Sie in bequemen Holzmöbeln selbstgebrautes Bier trinken, leckere Muscheln essen und Livemusik hören. Lassen Sie sich diese

Rosy Glow Chocolaterie

Farewell Spit Lighthouse

Institution der Golden Bay nicht entgehen.

Kaum zu glauben, aber das winzige **Collingwood** (250 Einw.) stand während des Goldrausches als Neuseelands Hauptstadt im Gespräch. Heute verlaufen sich in diesen abgelegenen Teil des Landes nur diejenigen Touristen, die den Heaphy Track laufen, oder das Farewell Spit erkunden wollen. Das im Herzen des Aorere Valley angesiedelte Collingwood liegt sehr ansprechend auf einer Landzunge zwischen dem Ruataniwha Inlet und der Golden Bay. Neben einem liebenswerten winzigen Museum gibt es ein ansprechendes Café im ehemaligen Gerichtsgebäude (**Corthouse Café**, Ecke Gibbs St / Tasman St, Tel. 03 525 8472) und das Office der **Farewell Spit Eco Tours** (Tasman St, Tel. 0800 808 257, www.farewellspit.com). Als beliebteste Tour wird hier eine 6,5 stündige Fahrt angeboten, die über das Farewell Spit zum Leuchtturm führt und auch den nördlichsten Punkt Neuseelands, das **Cape Farewell**, mit einschließt. Die Fahrt in einem allradgetriebenen Bus verläuft am Strand, entlang der Flutlinie. Es werden verschiedene Stopps eingelegt und immer wieder sind Robben und Seevögel zu sehen. Am Leuchtturm gibt es Kaffee und frische Muffins. Wir können diese Tour sehr empfehlen.

Beinahe hätten wir noch ein absolutes Highlight des Städtchens vergessen, die **Rosy Glow Chocolaterie** (54 Beach Rd, Tel. 03 524 8348). Alleine das entzückende kleine rosa Häuschen rechtfertigt für uns die Reise zur Golden Bay. In alten Verkaufsvitrinen werden handgemachte Schokolade und Pralinen liebevoll präsentiert. Nehmen Sie einen ausreichenden Vorrat mit, damit sie die einfallsreichen und extrem wohlschmeckenden Schokoladenvariationen für den Rest Ihrer Neuseelandreise genießen können.

(309) WOMO-Campingplatz: Collingwood Motor Camp

GPS: S 40°40'32" E 172°40'54". **WOMOs:** 30 mit Stromanschluss

Ausstattung/Lage: Standard / Auf einer Landnase, die in die Golden Bay, bzw. das Ruatanwha Inlet, hinein ragt.

Preise: Stellplatz mit Strom für zwei Erwachsene 36 NZD.

Zufahrt: Der SH60 bringt Sie 18 km hinter Takaka ins Zentrum von Collingwood. Dort biegen Sie links in die Tasman St ab, und an deren Ende rechts in die William St.

Kontakt: William Street, Collingwood, Tel. 03 524 8149, www.holidayparks.co.nz/collingwood

Beurteilung: Idealer Platz für Eco-Touren zum Farewell Spit. Schöne Lage, von Wasser umgeben, im Mündungsbereich des Aorere River.

Wharariki Beach

Von Collingwood aus bietet sich ein Ausflug in das *Aorere Valley* an. Am oberen Ende des Tales an der Brown Hut, 34 km von Collingwood entfernt, beginnt der **Heaphy Track**. Wer das grandiose Naturerlebnis dieser 78 km langen Wanderung durch den Kahurangi National Park mit ausgesprochen variationsreichen Landschaftsbildern genießen möchte, sollte dies rechtzeitig beim DOC anmelden. Die vier bis sechstägige Wanderung vorbei an den mystischen Gould Downs ist sehr beliebt und die Zahl der Übernachtungsplätze in den Hütten beschränkt.

Sie starten Ihre Fahrt in das Aorere Valley über die Collingwood-Bainham Main Rd, die Sie nach 9 km nach Rockville bringt. Dort führt ein nicht asphaltierter Abstecher zu den Goldfields, den Devil's Boots – einer Felsgruppe die an ein Paar Stiefel erinnern soll – und zu den **Te Tanaroa Caves**. Das System von Tropfsteinhöhlen können Sie über geführte Touren erkunden, bitte reservieren (526 Plain Road, Rockville, Tel. 0800 832 283, www.teanaroacaves.co.nz, info@teanaroacaves.co.nz).

Zurück in Rockville überqueren Sie den *Aorere River* und erreichen in Aorere den *Kaituna River*. Wenn Sie nun 2 km der Carter Rd folgen, stoßen Sie geradewegs auf das rustikale **Naked Possum Café** (Tel. 03 524 8433, www.nakedpossum.com). Dem Motto "undress the possum to redress our forest" folgend, sind die Kissen im Café mit Possumfellen bezogen. Von ursprünglichem Busch umgeben, können Sie an Picknicktischen auf einer großen Wiese ausgezeichneten Wildbeerkuchen genießen. Die Wildgerichte (*bush tucker*) sind die Speziali

(310) WOMO-Stellplatz: Puponga Gravel Yard

GPS: S 40°32'54" E 172°43'13".
Max. WOMOs: 9
Ausstattung/Lage: Nichts / Schotterplatz an der Mündung des Taupata Stream in die Golden Bay. Gut geschützt von der Straße.
Zufahrt: Am SH60, direkt vor der Taupata Stream Bridge, etwa 3 km vor Puponga.
Beurteilung: Empfehlenswerter Übernachtungsplatz, mit tollem Blick auf die Golden Bay und Farewell Spit. Gut besucht!

Wanderweg zur Wharariki Beach

tät des Hauses. Am Café startet der **Kaituna Track**, der an schönen Flussgabelungen und einer alten Goldwaschanlage vorbei zu den Kaituna Forks führt (2h hin und zurück). Wer die Fahrt zur Brown Hut fortsetzen will sollte berücksichtigen, dass in Bainham, 9 km hinter Aorere, die asphaltierte Straße endet.

Zurück in Collingwood wenden Sie sich nun auf der Collingwood-Puponga Main Rd nach Norden. Sie umfahren das *Ruataniwha Inlet* und folgen dann der Küste, an der **Pakawau Beach** ist Schwimmen möglich, insgesamt 24 km bis Puponga. Sie fahren an der Kreuzung zunächst geradeaus zum **Farewell Spit Visitor Centre** (Tel. 03 524 8454, 9.30-18.30 Uhr). Die Straße nach Norden endet hier und das Naturschutzgebiet um den Farewell Spit beginnt. Es bietet sich an, im benachbarten und etwas höher gelegenen **Paddlecrab Café** bei Kaffee und Kuchen die herrliche Aussicht auf die langgezogene Sandzunge zu genießen. Über verschiedene Wanderungen können Sie den vorderen Teil der Halbinsel erkunden. Weiter vordringen in das Naturschutzgebiet dürfen Sie jedoch nur über geführte Touren (Farewell Spit Eco Tours, Farewell Spit Nature Experience). In der DOC Broschüre „Farewell Spit and Puponga Farm Park“ sind elf Wanderungen beschrieben und mit detaillierten Wegskizzen versehen.

Das **Farewell Spit** ist mit seiner einzigartigen geographischen Formation und der ungewöhnlichen Flora und Fauna die Hauptattraktion der Golden Bay. Das Farewell Spit ist eine 600 – 800 m breite, etwa 35 km lange Landzunge, die ausschließlich aus Sand besteht. Geographische und klimatische Gegebenheiten sorgen dafür, dass hier jährlich fast 4 Millionen Quadratmeter Sand zusätzlich angehäuft werden. Die sichelförmige Landzunge wird so von Tag zu Tag ein kleines Stückchen größer und wächst immer weiter in die Tasman Bay hinein, etwa 400 m pro Jahr! Die fortwährende starke Strömung der Cook Strait gibt der Nehrung ihre hakenartige Form, die eine tödliche Gefahr für Wale darstellt. Ganze Walschulen – im Januar 1991 strandeten 325 Wale - verirren sich im Watt, finden nicht mehr aus der Bucht heraus und stranden. Trotz sofortiger menschlicher Hilfe können die Tiere oft nicht gerettet werden. Bei Ihrem Spaziergang an der Wattseite werden Ihnen zahlreiche Walskelette am Strand auffallen.

Dünen an der Tasman Sea

Während sich auf der der Golden Bay abgewandten Seite ein kilometerlanger Sandstrand befindet, ist die gegenüberliegende Seite größtenteils mit Vegetation bedeckt. Bei Ebbe zieht sich das Wasser bis zu sieben Kilometer zurück und es entsteht eine ausgedehnte Wattlandschaft, die zahlreichen Vögeln Nahrung bietet. Das Watt, die Salzmarschen und die Dünen mit ihren eingeschlossenen Seen bilden einen idealen Lebensraum für mehr als 100 Vogelarten. Schwarze Schwäne, große Schwarzschaben, Austernfischer, Regenbrachvögel, Uferschnepfen, Strandläufer und Steinwälzer teilen sich die schmale Landzunge, an deren äußerster Spitze von September bis April drei Kolonien Australtölpel brüten. Neben dem Watt finden die Vögel auf den grün bewachsenen Dünen Nahrung und Nistmaterial. Viele der gefiederten Gäste sind Zugvögel aus Sibirien oder Alaska, die am Farewell Spit den arktischen

(311) WOMO-Campingplatz: Wharariki Beach Holiday Park

GPS: S 40°30'31" E 172°41'13". **WOMOs:** 8 mit Strom

Ausstattung/Lage: Standard / Von grünen Hügeln und Felsen umgeben, nahe dem Wanderparkplatz zur Wharariki Beach.

Preise: Stellplatz mit Strom 41 NZD, 18 pro weiterer Person.

Zufahrt: Den SH60 bis nach Puponga zum Ende der Asphaltstraße fahren, dann 6 km der Gravelroad zur Wharariki Beach folgen.

Kontakt:
Wharariki Beach, Tel. 03 524 8507, www.whararikibeach.co.nz

Beurteilung: Neue sanitäre Anlagen, recht teuer, dafür in großartiger Lage. Nebenan finden Sie das Archway Café.

Golden Bay bei Pohara

Winter gegen den neuseeländischen Sommer eintauschen. Nach dem Farewell Spit besuchen Sie das *Pillar Point Lighthouse*, das *Cape Farewell* und die *Wharariki Beach*. Sie erreichen diese Attraktionen über die nicht asphaltierte Wharariki Rd, die in Puponga Richtung Nordwesten abzweigt oder über den famosen **Hilltop Walk** (2-3 h). Die **Wharariki Beach** ist einer der schönsten Strände Neuseelands. Sie ist durch kühne Steilküsten, hohe Felsbögen und Klippen, Höhlen, Felsen, Felsbrücken und durch riesige Dünen gekennzeichnet. Der Strand bietet mit den vorgelagerten hohen Dünen, einer Pelzrobbenkolonie, unzähligen Seevögeln und den vorgelagerten Felsinseln Archway Islands nicht zu übertreffende Fotomotive. Das Schwimmen ist wegen starker Unterströmungen allerdings nicht zu empfehlen. Sie erreichen die Wharariki Beach über eine knapp halbstündige Wanderung vom Wharariki Beach Holiday Park oder den kurz dahinter gelegenen Parkplatz. Sie können die wunderschöne Landschaft auch auf dem Rücken eines Pferdes erkunden (**Cape Farewell Horse Tracks**, 23 McGowan St, Puponga, Tel. 03 524 8031, www.horsetreksnz.com).

(312) WOMO-Campingplatz: Pohara Beach Top 10 Holiday Park

GPS: S 40°49′59″ E 172°53′4″. **WOMOs:** 60 mit Strom

Ausstattung/Lage: Standard / Von grünen Hügeln und Felsen umgeben, nahe dem Wanderparkplatz zur Wharariki Beach.
Preise:
Stellplatz mit Strom 48 NZD (in Strandnähe).
Zufahrt: Von Takaka aus dem Abel Tasman Drive 10 km Richtung Küste folgen.
Kontakt: 809 Abel Tasman Drive, Pohara, Tel. 0800 764 272, www.top10.co.nz/parks/pohara-beach
Beurteilung: Großer Platz mit guten Sanitäranlagen, direkt an der Beach, wobei einige Plätze weit von dieser entfernt sind. Duschen kostet extra. Staff nicht besonders freundlich. Wanderweg am Strand, in den Abendstunden können Pinguine beobachtet werden.

Zurück in Takaka steht nun der Besuch des östlichen Teils der Golden Bay an. Sie werden dort goldfarbene Sandstrände, die *Wainui Wasserfälle* und den Nordeingang des Abel

Tasman National Parks kennen lernen. Bereits drei Kilometer östlich von Takaka wartet der zauberhafte **Labyrinth Rocks Park** (Scotts Rd, ganztags kostenlos zugängig) auf Ihren Besuch. Auf einem 2h großen Gelände können Sie durch Kalksteinschluchten und ursprüngliche Wälder wandern. Eine weitere empfehlenswerte Gelegenheit seltsam geformte Kalksteinfelsen zu erleben, ist **The Grove Scenic Reserve**. Auf dem Weg nach Pohara ist es in Clifton nach rechts (1km) ausgeschildert. Prächtig rotblühende Ratabäume, die aus den bizarren Kalksteinfelsen heraus wachsen, und diese mit Ihren mächtigen Wurzeln tentakelgleich überwuchern, verleihen dem Ort einen leicht unheimlichen Charakter. Ein 10-minütiger Weg durch eine enge Felsspalte führt zu einem wunderbarenAussichtspunkt. Zwischen diesen beidenKalksteinformationen können Sie in Motupipi den Hinweisschildern zu den **Rawhiti Caves** folgen (Packard Rd, 3 km). Sie haben die Wahl, die atemberaubende Höhle entweder selbst erkunden oder im Rahmen einer Führung (**Kahurangi Guided Walks**, Tel. 03 525 7177, www.kahurangiwalks.co.nz). Zu der dreistündigen Wanderung benötigen Sie gute Wanderschuhe.

Golden Bay, Ligar Bay

(313) WOMO-Stellplatz: Pohara Boat Club

GPS: S 40°49'30" E 172°53'51". **Max. WOMOs:** 8

Ausstattung/Lage: Toilette, Dusche (2NZD), Waschmaschine, Trockner, nur zugänglich während der Öffnungszeiten des Clubs zwischen 9 Uhr und 17 Uhr / Parkplatz am Tarakohe Harbour.

Zufahrt: Von Takaka aus 11 km dem Abel Tasman Drive Richtung Küste folgen. Dem Küstenverlauf entlang der Ligar Bay folgen. Der Platz liegt am Hafen, links hinter einer kleinen Felsnase.

Beurteilung: Empfehlenswerter Übernachtungsplatz auf Gras.

Hinweis: Parkplätze nach Einfahrt links benutzen, bitte nicht vor dem Gebäude parken. Maximal zwei Nächte.

Nun ist es an der Zeit sich den Stränden der Golden Bay zuzuwenden. In dem kleinen Ferienort **Pohara**, der mit einem großen Campingplatz ausgestattet ist, treffen Sie auf den langgezogenen feinsandigen Strand der Golden Bay. An die-

Strandleben an der Golden Bay

sem Strand, der sich bis zur *Limestone Bay* erstreckt, können Sie sicher baden. Wenn Sie dem Küstenverlauf entlang der *Ligar Bay* folgen, treffen Sie auf eine Felsnase, die sich in die Golden Bay schiebt. Hier liegt *Tarakohe Harbour*, der Hafen Poharas (Stellplatz 15). Dahinter durchfahren Sie einen kurzen Tunnel und erreichen zunächst Ligar Beach und direkt danach *Tata Beach*. An diesen traumhaften und intensiv goldfarbenen Sandstränden wird sicherlich auch bei Ihnen der Eindruck entstehen, die Golden Bay hätte ihnen ihren Namen zu verdanken. Sie können an beiden Ständen sicher schwimmen und sich danach ein kurzes Sonnenbad gönnen. Die nahe gelegene graue Zementfabrik wird Sie sicherlich bald aus Ihren Träumen reißen.

Nicht weit entfernt finden Sie einen Parkplatz unterhalb des Denkmals für Abel Tasman. Wenn Sie dem Abel Tasman Drive weiter folgen, passieren Sie die Wainui Bay und das Wainui Inlet und erreichen 7 km hinter der Tata Beach einen Parkplatz, von dem aus Sie eine Wanderung zu den **Wainui Falls** unternehmen können (40 min hin und zurück). Der leicht zu gehende Weg führt durch faszinierenden Urwald entlang einem reißenden Wildbach, den Sie über eine wacklige Einpersonen-Hängebrücke queren müssen.Kurz hinter dem Parkplatz der Wainui Falls geht der Abel Tasman Drive in die Totaranui Rd über und erreicht nach 8 km eine Wegegabelung. Wie auch immer Sie sich entscheiden, Sie müssen nun auf Gravel weiter fahren. Rechts führt die Awaroa Rd zum herrlich an der Awaroa Bucht gelegenen **Totaranui**, mit großem DOC-Campingplatz. Wir können die 4,5 km lange Strecke nicht empfehlen, denn sie führt über eine

Wainui Falls

enge Serpentinenstraße und ist eine gehörige Zumutung für ihr Wohnmobil. Links von der Weggabelung führt eine leicht zu fahrende Schotterstraße zu einem Parkplatz, der am nördlichen Einstieg des Abel Tasman Tracks liegt. Sie können diesen Great Walk je nach verfügbarer Zeit ein Stück weit wandern, oder einen kurzen Spaziergang zur **Taupo Bay** unternehmen.

Kiwis am Mapua Smokehouse

Wenn Sie Ihren Ausflug in die Golden Bay beendet haben, fahren Sie zurück nach Motueka. Sie durchfahren Motueka und folgen dem SH60, der im weiteren Verlauf an der Küste entlangführt, mit fabelhaften Ausblicken auf die Tasman Bay. Direkt hinter *Port Motueka* liegt etwa 1 km vor der Küste zunächst Jackett Island und, nach einer schmalen Öffnung zum Meer, die *Kina Halbinsel*.

(314) WOMO-Stellplatz: Kina Beach Reserve

GPS: S 41°11'6" E 173°3'56". **Max. WOMOs:** 20
Ausstattung/Lage: Toiletten / Platz an der Tasman Bay.
Preise: 5 NZD pro Erwachsenem, 2 NZD bis 16 Jahre.
Zufahrt: Sie biegen 9 km hinter Mapua, kurz vor dem Moutere Inlet, rechts von der Küstenstraße (nicht SH60) ab. Die Kina Beach Rd verläuft nach rechts und wird zu Cliff Rd. Nach 2 km haben Sie den Platz erreicht.
Beurteilung: Ein uriger Platz, der vorwiegend von Kiwis genutzt wird. Das Meer ist sehr flach, fällt bei Ebbe trocken, nicht gut zum baden.

Verlassen Sie am Ende des *Motuere Inlet* den SH60 und fahren die küstennahe Aporo Road, die bald direkt an der Ruby Coast verläuft.

17 km hinter Port Motueka erreichen Sie **Mapua**, das Herz des Weinbaugebietes der Region Nelson. Der Name des 3500-Einwohner zählenden Ortes bedeutet „Fülle und Reichtum". Im Visitor Centre erhalten Sie zahlreiche Broschüren über die Weingüter der Region. Um nicht in Alkoholkonflikte zu geraten, kann man sich einer geführten Tour anschließen (z.B. **Nelson Excursions**, Tel. 03 544 4744). Mapua, mit seinem schönen am *Waimea Inlet* gelegenen Fischerhafen, hat sich in den letzten Jahren zunehmend vom ruhigen auf das Räuchern von Fisch spezialisierten Dorf zum sommerlichen Szene-Treff

Anlegestelle der Mapua-Ferry

gewandelt. Das Maskottchen des Ortes ist die Statue eines weißen Reihers, der für mehr als 18 Jahre an der Wharf des Ortes überwinterte. Das an der alten Wharf gelegene **The Smokehouse** (Shed 2, Mapua Wharf, Nelson, Tel. 03 540 2280) liefert geräucherte Fischspezialitäten, Muscheln und weithin beliebte Fischpasteten. Sie finden hier neben weiteren Restaurants und Cafés auch raffinierte Kunstgewerbeläden und reizvolle Galerien. In der **Cool Store Gallery** (7 Aranui Rd, Tel. 03 540 3778, 11 bis 17 Uhr) finden Sie vortreffliche Kunstwerke regionaler Künstler. Der in Neuseeland sehr populäre Maler Toss Woolaston lebte von 1936 bis 1949 in Mapua. Heute machen hier angesiedelte Maler, Bildhauer, Schriftsteller, Töpfer und andere Künstler Mapua zu einer ausgesprochen lebendigen Gemeinde.

(315) WOMO-Stellplatz: Mapua Parkplatz

GPS: S 41°15'25" E 173°5'59". **Max. WOMOs:** 10

Ausstattung/Lage: Toiletten / Parkplatz an der Mapua Wharf.

Zufahrt: Sie fahren auf dem SH60 Motueka. 16 km hinter Richmond biegen Sie rechts in den Mapua Drive ein, nach weiteren 2 km rechts in die Aranui Rd und 1,3 km später rechts in die Tahi St.

Beurteilung: Ein Parkplatz mit nagelneuen Toiletten. Auch die benachbarte Wiese kann zum Parken genutzt werden. Fährverbindung zur benachbarten Rabbit Island.

Das für Kinder interessante Aquarium *Touch the Sea* ist im September 2011 einem Brand zum Opfer gefallen. Eine kleine Personenfähre setzt Sie auf Wunsch nach Rabbit Island über (www.mapuaferry.co.nz). An der Anlegestelle können Sie sich ein Fahrrad mieten und so die beliebte Insel erkunden. Anschließend erwartet die *Golden Bear Brewing Company* (12 Aranui Rd, Tel. 03 540 3210) Ihren Besuch, um mit kräftigem frischgebrauten Hopfensaft ihren Durst zu stillen. Wer mehr über die Geschichte der Region erfahren möchte, kann das kleine Museum am Hafen besichtigen, dessen Artefakte vom Mapua Boat Club zusammengetragen wurden.

Strand auf Rabbit Island

Von Mapua aus haben Sie einen herrlichen Blick auf **Rabbit Island** und das malerische *Waimea Estuary*. Rabbit Island ist eine lange schmale Insel mit einem langen, goldenen Sandstrand. Hier kann man sich wundervoll erholen und relaxen. Es gibt hier tolle Grillplätze, die zum Lunch einladen. Der Strand ist sehr beliebt, ein Paradies für Jung und Alt. Viele Gäste spielen Volleyball oder lassen ihren Drachen in der Seebrise steigen. Man sollte allerdings beachten, dass die Zufahrtsstraße zum Strand jeden Abend bei Einbruch der Dunkelheit gesperrt wird und die Übernachtung auf der Insel verboten ist! An der Ecke SH60 und der Zufahrtstrasse nach Rabbit Island liegt eines der bedeutendsten Weingüter der Gegend (**Seifried Estate**, 184 Redwood Rd, Tel. 03 544 5599, www.seifried.co.nz), auf dem Sie auch ausgezeichnetes Essen bekommen. Zurück auf dem SH60 überquert der SH60 den Waimea River und trifft nach fünf Kilometern bei Richmond auf den SH6. Dieser bringt Sie nach 15 km in das Zentrum Nelsons.

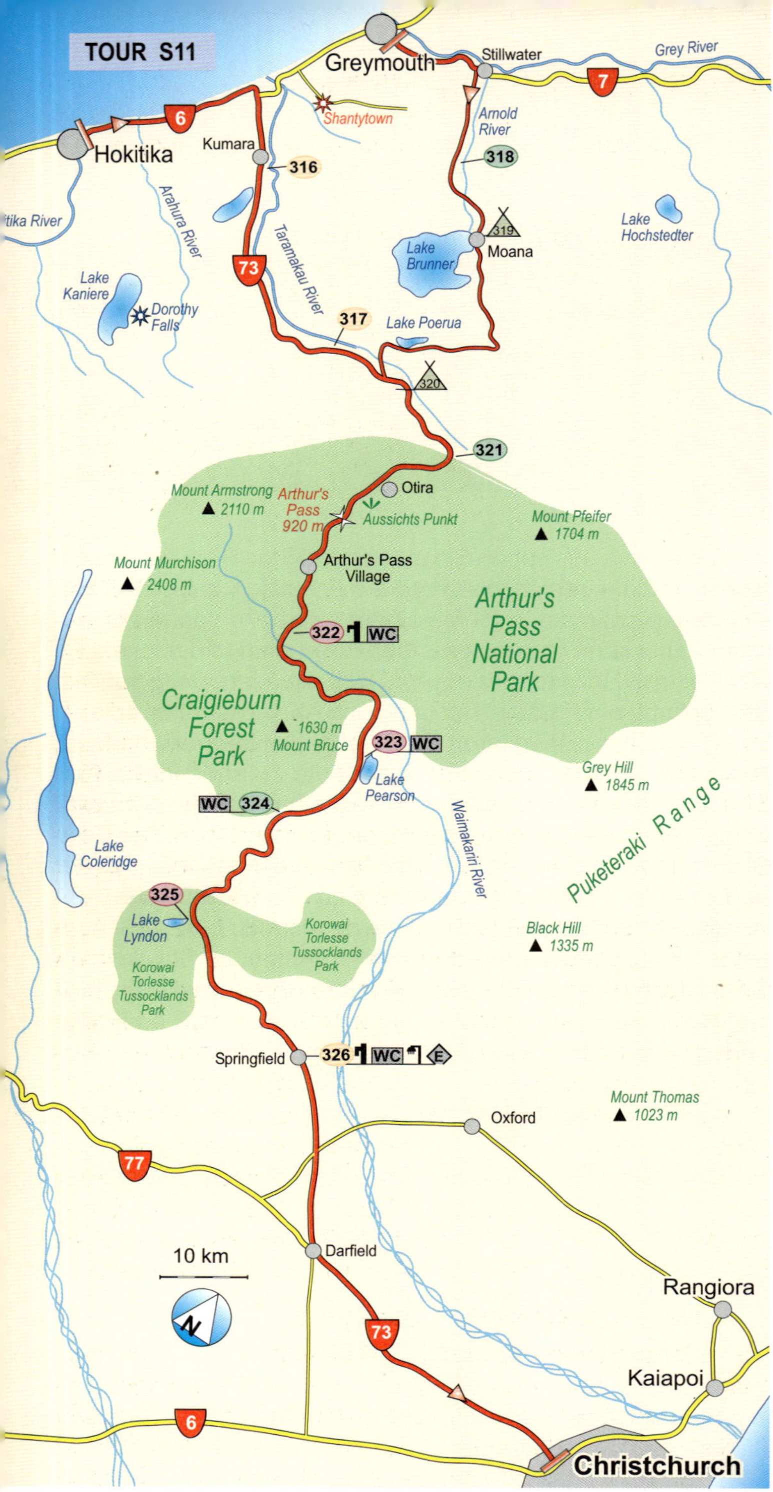
TOUR S11
Greymouth
Stillwater
Grey River
7
Shantytown
6
Hokitika
Kumara
316
Arnold River
318
tika River
Arahura River
Taramakau River
319
Moana
Lake Hochstedter
Lake Brunner
73
Lake Kaniere
Dorothy Falls
317
Lake Poerua
320
321
Otira
Mount Armstrong 2110 m
Arthur's Pass 920 m
Aussichts Punkt
Mount Pfeifer 1704 m
Mount Murchison 2408 m
Arthur's Pass Village
Arthur's Pass National Park
322 WC
Craigieburn Forest Park
1630 m Mount Bruce
323 WC
Lake Pearson
Grey Hill 1845 m
WC 324
Waimakariri River
Puketeraki Range
Lake Coleridge
325
Lake Lyndon
Korowai Torlesse Tussocklands Park
Korowai Torlesse Tussocklands Park
Black Hill 1335 m
Springfield
326 WC E
Oxford
Mount Thomas 1023 m
77
10 km
N
Darfield
Rangiora
73
Kaiapoi
6
Christchurch

Tour S11: Great Alpine Highway

Hokitika / Greymouth - Arthur's Pass - Springfield - Christchurch - 250 km

Camping:	Jacksons Retreat, Lake Brunner
Stellplätze:	Kumara, Taramakau River, Arnold Valley, Lake Poerua, Aitkens, Klondyke, Lake Pearson, Lake Lyndon, Springfield
Baden:	Lake Pearson, Lake Lyndon
Wandern:	Brunner Mine, Arthur's Pass Village: Historic Walk, Devil's Punch Bowl, Bridal Veil Nature Walk, Dobson Nature Walk, Bealey Valley Walk Brunner Mine, Arnold River Dam Walk, Taramakau Valley Walk, Craigieburn Forest Park: Hut Creek Walk, Dracophyllum Flat Walk, Craigieburn Vally Track, Cave Stream, Castle Hill,

Tour S11 bringt Sie von der Westküste über den **Arthur's Pass** nach **Christchurch**. Sie folgen dabei in weiten Teilen der Streckenführung des **TranzAlpine Express**, der täglich zwischen Christchurch und Greymouth verkehrt. Die 250 km lange Strecke von Greymouth nach Christchurch über den Arthur's Pass, der Great Alpine Highway, ist bei Neuseeländern sehr beliebt und gilt als eine der schönsten Passstraßen der Welt. Die Tour führt Sie vorbei am malerischen Lake Poerua und dem deutlich größeren Lake Brunner steil hinauf zum Arthur's Pass, der mit 924 m die höchste der drei Passstraßen über die Südalpen ist. Hinter der Passhöhe warten auf Sie eine atemberaubende Berglandschaft mit Gebirgsseen, Wasserfällen und ausgedehnten Südbuchenwäldern sowie die beiden Attraktionen **Cave Stream** und **Castle Hill** - **Kura Tawhiti**. Unterwegs bieten sich Ihnen immer wieder spektakuläre Gebirgspanoramen.

Wir beschreiben die Tour von den beiden Startpunkten *Hokitika* und *Greymouth* aus. Die beiden Routen treffen sich nach etwa 68 km am SH73 in *Jacksons*, 32 km vor der Passhöhe. Für beide Wegstrecken geben wir Übernachtungsmöglichkeiten an. Sie haben so die Möglichkeit, im Anschluss an Tour S07 von Hokitika aus einen Ausflug zum Arthur's Pass zu unternehmen und danach zurück nach Greymouth an die Westküste zu fahren um dann Ihre Reise mit Tour S08 fortzusetzen.

Route von Hokitika nach Jacksons

Sie verlassen **Hokitika** über SH6 Richtung Norden und überqueren den *Arahura River. 20 km hinter Hokitika* biegen Sie rechts in den SH73 ein und kehren damit der West Cost den Rücken zu. Nach 7 km treffen Sie auf das kleine Örtchen *Ku mara* (300 Ew.). Die ehemalige Goldgräbersiedlung hatte in

(316) WOMO-Stellplatz: Kumara Powerstation

GPS: S 42° 38' 6" E 171° 11' 45". **Max. WOMOs:** 10

Ausstattung/Lage: Nichts / An einer Nebenstraße, oberhalb des Taramakau River.
Zufahrt: Sie biegen am Ortsende von Kumara rechts in die Kumara-Inchbonnie Rd ein und folgen dieser ca. 600 m.
Beurteilung: Sehr schöner Blick über den Taramakau River.

früherer Zeit einmal 4.000 Einwohner. Highway 73, der die Westküste und Christchurch miteinander verbindet, verläuft für die nächsten 59 km im Tal des *Taramakau River*, bevor er sich in steilen Serpentinen die Südalpen hochwindet. Unterwegs zeigen wir Ihnen zwei freie Übernachtungsmöglichkeiten auf.

(317) WOMO-Stellplatz: Taramakau River

GPS: S 42° 46' 2" E 171° 21' 20". **Max. WOMOs:** 3

Ausstattung/Lage: Nichts / An der Straße, oberhalb des Taramakau River.
Zufahrt: Links neben dem Otira Highway (SH73), 18 km hinter Kumara.
Beurteilung: Windiger, schöner Grasplatz hoch über dem Tal. An der Straße gelegen, aber mit super Blick über den Taramakau River.

Route von Greymouth nach Jacksons

Sie verlassen die größte Stadt der *West Coast* über den SH7 Richtung *Reefton*. State Highway 7 verbindet die Westküste mit der Ostküste über den nördlichsten der drei Pässe über die Südalpen, den 864 m hoch gelegenen *Lewis Pass*. SH7 folgt zunächst dem *Grey River*, auf dessen gegenüberliegenden Seite nach 12 km das erste Industriedenkmal Neuseelands auftaucht, die Ruine der **Brunner Mine Industrial Site**. Hier wird an ein schweres Grubenunglück im Brunner Coalfield erinnert, das sich im Jahre 1896 ereignete. 65 Bergleute verloren dabei ihr Leben. Wer die denkmalgeschützte Ruine besuchen möchte (kostenlos), parkt - der Schornstein der Brunner Mine ist nicht zu übersehen – und kann auf einer alten Versorgungsbrücke den *Grey River* überqueren. Es gibt einen sehr informativen Rundgang mit Erklärungstafeln, eine Kokerei und eine Ziegelei und natürlich das Denkmal eines Kohlearbeiters mit Erinnerungstafel an die ums Leben gekommenen Kumpel. 2 km hinter dem Parkplatz biegen Sie rechts in die Arnold Valley Road ein und folgen dieser 22 km bis nach **Moana**. Der *Arnold River* ist dabei Ihr ständiger Begleiter. Der Fluss ist bei Wildwasserkajakfahrern und Forellenanglern sehr beliebt. Seine Wasserkraft wird im nahe der Mündung in den

Brunner Coalfield

(318) WOMO-Wanderplatz: Arnold Valley

GPS: S 42°31'26" E 171°24'27". **Max. WOMOs:** 3
Ausstattung/Lage:
Nichts / Von Wald umgebener Parkplatz nahe am Arnold River.
Zufahrt: Vom Lake Brunner kommend fahren Sie 11 km die Arnold Valley Rd und biegen dann rechts in die Stratford Rd ab. Nach 1 km biegen Sie an der Wegegabelung links ab. Nach 100 m liegt der Platz rechts.
Beurteilung: Gute Übernachtungsstelle, 1,3 km vom Wasserkraftwerk *Arnold Power Station* entfernt. Dort startet der *Arnold River Dam Walk,* ein schöner Rundweg für den Sie etwa 1h benötigen. Er führt durch Kahikatea- und Rimuwald zu einer höher gelegenen Terrasse mit herrlichem Blick.

Grey River gelegenen Kraftwerk Arnold Power Station zur Energiegewinnung genutzt. Der *Arnold River* wird seinerseits aus dem *Lake Brunner* mit Wasser versorgt. Der vormals aus einer Gletschermulde entstandene **Lake Brunner** ist mit einer Fläche von 40 km² der größte See im Nordwesten der Südinsel. Der See ist vom großen Touristenstrom bis heute verschont geblieben und die Kiwis lieben es, in ihm nach Forellen zu angeln. Die Maori nennen den See *Kotukumoana (Reihersee)*. Auch der kleine Urlaubsort *Moana* ist bei den Neuseeländern sehr beliebt. Auf Ihrer Weiterfahrt nach *Jackson* passieren Sie

(319) WOMO-Campingplatz: Lake Brunner Country Motel

GPS: S 42°33'43" E 171°28'39". **WOMOs:** 8 mit Stromanschluss
Ausstattung/Lage: Spielplatz, Hot Pools / Schön und ruhig gelegen, nahe dem Arnold River und 2 km nördlich Lake Brunner.
Parkgebühr: Stellplatz mit Strom 30-35 NZD für zwei Personen.
Zufahrt: Von Moana kommend fahren Sie 2 km die Arnold Valley Rd und biegen dann links zum ausgeschilderten Platz hin ab.
Kontakt: 2014 Arnold Valley Rd, Tel. 03 738 0144, www.lakebrunnermotel.co.nz
Beurteilung: Schöne gepflegte Anlage auf großem offenen Grasland. Kleine aber saubere Sanitäranlagen. Die Bahnstecke des bekannten TranzAlpine von Christchurch nach Greymouth führt nahe am Camp vorbei. Fotoapparat bereit halten!

bald den *Lake Poerua*. Wir empfehlen Ihnen an diesem malerischen und friedvollen See eine Rast einzulegen. Die Berge spiegeln sich im Wasser und es gibt neben einigen Kühen unzählige Libellen in schillernden Farben, die schwirrend durch die Luft sausen. Man hört nichts, außer den Geräuschen der Natur. Kurz hinter *Lake Poerua* biegen Sie links in die Kumara-Inchbonnie Road ein, der Sie 6 km bis Jacksons folgen.

(320) WOMO-Campingplatz-Tipp: Jacksons Retreat Campervan Holiday Park

GPS: S 42°44'45" E 171°30'40". **WOMOs:** 30 mit Stromanschluss
Ausstattung/Lage: Standard / Pittoreske Hanglage, oberhalb der Straße.
Parkgebühr: Stellplatz mit Strom 35-39 NZD für zwei Personen.
Zufahrt: Am SH73, 37 km hinter Kumara und 33 km vor dem Arthur's Pass. Unmittelbar an der Abzweigung zum Lake Brunner.
Kontakt: 4464 Great Alpine Highway, Tel. 03 738 0474. www.jacksonsretreat.co.nz

Beurteilung: Die Plätze auf Schotter sind terrassenförmig angeordnet und sehr schön durch Bepflanzungen voneinander abgetrennt. Die jeweiligen Picknicktische befinden sich auf Gras. So hat jeder einen großartigen Panoramablick über das Tal. Startpunkt von Bergwanderungen und Jetbootfahrten auf dem Taramakau River. Ausgezeichnete Sanitäranlagen. Etwas störend sind die diversen Verbotsschilder.

Weiterfahrt zum Arthur's Pass

Ihr nächstes Ziel ist der *Arthur's Pass*. Der an der Grenze zwischen Westland und Canterbury gelegene Pass verläuft auf einem Sattel zwischen den Tälern des *Otira River* auf der Westseite und des *Bealy River* auf der Ostseite. Die Maoris kannten den höchsten Pass über die Südalpen schon lange, bevor sein Namensgeber **Arthur Dudley Dobson** ihn entdeckte. Das Gebiet um den *Arthur's Pass* ist sehr regenreich und Sie dürfen sich nicht wundern, wenn die Berge, die Sie mit Ihrem Wohnmobil erklimmen wollen, wolkenverhangen sind. Die Strecke durch die enge **Otira Gorge** wird immer steiler, was verständlich macht, warum manche Vermieter vom Befahren des *Arthur's Passes* abraten. Bis 1990 war dieser steile Anstieg berüchtigt wegen häufiger Lawinen und Erdrutsche, doch dann erfolgten umfangreiche Ausbauarbeiten, die die Lage entschärft haben. Wichtigstes Ergebnis dieser Baumaßnahmen war der 1999 nahe der Siedlung *Otira* fertig gestellte eindrucksvolle **Otira-Viadukt**, der das Tal auf einer Länge von 440 m überspannt. Die Enge des Tales zwang die Baumeister, die Brücke mit einer außergewöhnlich hohen Steigung von 12-16% zu errichten. Sie lassen sich davon nicht schrecken und fahren Ihr Motorhome immer weiter die Südalpen hinauf.

Otira-Viadukt

(321) WOMO-Wanderplatz: Aitkens Rest Area

GPS: S 42°46'01" E 171°37'23". **Max. WOMOs:** 6

Ausstattung/Lage: Nichts / Rastplatz am SH73, nahe der Stelle an der der Otira River in den Taramakau River mündet (Hochwasser möglich!).
Zufahrt: Links am S73, 10 km bevor dieser Otira erreicht. Schild „Taramakau Valley" beachten!
Beurteilung: Einfacher Platz, gut für eine Nacht. Vor der Straße durch einige Büsche geschützt. Ausganspunkt für den **Taramakau Valley Walk**. Nachts fahren gelegentlich Güterzüge vorbei.

Es ist erstaunlich, dass es zu Beginn des 20. Jahrhunderts gelungen ist, eine Eisenbahnlinie durch die Südalpen zu bauen. Über 40 Jahre waren die Ingenieure mit deren Bau beschäftigt, alleine für den 8,5 km langen *Otira-Tunnel* benötigten sie 15 Jahre. Im Jahr 1923 konnte die Trasse von Christchurch nach Greymouth schließlich in Betrieb genommen werden. Heute wird auf der Strecke zwar noch Kohle transportiert, aber ohne den touristischen *TranzAlpine* würde sie wohl stillgelegt.

Arthur's Pass Village

Etwa 10 km hinter dem *Otira-Viadukt* erreichen Sie die Passhöhe von 924m, gekennzeichnet durch das **Arthur Dudley Dobson Memorial**. Häufig trifft man hier auf den "bekanntesten" Bergbewohner, den spitzbübischen **Kea**. Dieser berühmt berüchtigte Bergpapagei zeichnet sich durch Neugierde, Frechheit und einen Hang zur Kleptomanie aus. Lassen Sie in der Nähe eines *Keas* nie etwas unbeobachtet, Ihre Habseligkeiten könnten sonst leicht im Schnabel eines Keas davonfliegen.

Sie fahren noch 5 km über den Pass hinaus in die 740 m hoch gelegene Siedlung **Arthur's Pass Village**. Die reizvoll am *Bealey River* gelegene 40 Einwohner Gemeinde ist ein beliebter Ausgangspunkt für Ausflüge in den *Arthur's Pass National Park*. Der Nationalpark mit schneebedeckten Gipfeln, Gletschern und Geröllfeldern erstreckt sich über die Ost- und die Westseite und weist zwei völlig unterschiedliche Landschaftsbilder auf. Während das östliche Gebiet von breiten Flussbetten und ausgedehnten Wäldern bestimmt wird, ist die westliche Seite des Parks von häufigen Regenfällen und von Flüssen, die durch dichten Regenwald fließen, geprägt. Im Hochgebirge der Westseite herrscht artenreicher Koniferen-Hartholz-Wald vor und in den tieferen Lagen gedeihen die Podocarpaceen.

(322) WOMO-Picknickplatz: Klondyke Corner - DOC Basic

GPS: S 43°0'7" E 171°35'22". **Max. WOMOs:** 10

Ausstattung/Lage: Toilette, Wasser, Große Schutzhütte mit Picknicktischen / Offener Platz zum Bealey River hin.

Zufahrt: 8 km südlich Arthur's Pass, links vom SH73, direkt nachdem sich der Wald öffnet, um dem Waimakariri River Raum zu geben.

Beurteilung: Weiträumiger grüner Platz. Sie finden Stellplätze am Ufer des Bealey River, oder, dichter an der Straße, geschützte Plätze unter Bäumen. Der Platz wird gerne von Keas besucht

Höchste Erhebung des Nationalparks ist *Mount Murchison* mit 2.400 m. Im DOC Visitor Centre erhalten sie die DOC-Broschüre *Walks in Arthur's Pass National Park*. Neben dem **Historic Walk** (1h) bieten sich zwei leichte Touren an. Zum einen

Waimakariri River

der **Devil's Punch Bowl** (2 km, 1 h, hin und zurück, 100 Hm), der zum Fuß eines 131 m hohen Wasserfalles führt und zum anderen der **Bridal Veil Nature Walk** (2,5 km, 1,5 h, hin und zurück, 50 Hm), ein durch Südbuchenwald führender Naturlehrpfad. Wem das nicht genügt kann zwei jeweils vierstündige Wanderungen in Angriff nehmen, den **Dobson Nature Walk** und den **Bealey Valley Walk**. Das an der Hauptstraße gelegene DOC Visitor Centre zeigt ein 20-minütiges Video und sehenswerte Exponate zur Geschichte des Arthur's Pass. Vor einer längeren Wanderung sollten Sie sich hier über mögliche Wetterumschwünge informieren.

Vom Arthur's Pass nach Christchurch

Sie verlassen *Arthur's Pass Village* und folgen dem *Bealey River* nach Osten. Bald öffnet sich der Wald und gibt den Blick auf das imposante Flussbett des *Waimakariri River* frei. Hier liegt *Klondyke Corner*, ein weiträumiger Picknickplatz auf dem Sie frei übernachten können (siehe Picknickplatz 08). Der Platz lohnt einen Stopp, denn er wird oft von dem wohl bekanntesten Einwohner dieser Gegend besucht, dem **Kea**. Der Hochgebirgspapagei, der für seine Intelligenz und Neugier bekannt ist, findet es sehr amüsant, alles mit seinem Schnabel zu untersuchen. Alles wird unter die Lupe genommen, Ihr Schnürsenkel genauso wie Ihr Rucksack. Nicht selten zieht und pickt der an den Türrahmen- oder Scheibengummis der parkenden Wagen. Die Freude, dem Kea bei seinem Treiben zuzuschauen, kann dabei getrübt werden.

Wenig später treffen sowohl *Bealey River* als auch SH73 auf den mächtigen *Waimakariri River*. Hier liegt auf einer Anhöhe das altehrwürdige **Bealey Hotel**. Ein Zwischenstopp ist lohnend, denn neben preisgünstigen Stärkungen werden auch

Waimakariri River

einige geschichtliche Erinnerungsstücke geboten. Sie folgen dem breiten Schotterbett des *Waimakariri River*, biegen bald im weiten Bogen nach Süden ab und treffen auf den reizvollen **Lake Pearson**.

(323) WOMO-Picknickplatz: Lake Pearson - DOC Basic

GPS: S 43°5'38" E 171°46'47". **Max. WOMOs:** 20

Ausstattung/Lage: Toilette, Picknicktische / Platz unter Bäumen direkt am See.
Zufahrt: 33 km südlich Arthur's Pass, links vom SH73, ausgeschildert.
Beurteilung: Weiträumiger grüner Platz direkt am Lake Pearson. Die Stellplätze liegen wunderschön unter Bäumen in genügender Entfernung zur Straße. Sie werden sich hier wohl fühlen!

Der *Arthur's Pass National Park* wird jetzt durch den westlich der Straße gelegenen *Craigieburn Forest Park* abgelöst, der sich bis zum Wilberforce River erstreckt. Das Landschaftbild des Tales bestimmen subalpine Sträucher und braunes Tussock Gras. Am Picknickplatz *Craigieburn Recreation Area*, auf den Sie wenige Kilometer später treffen, haben Sie Gelegenheit in den Forest Park hinein zu wandern. Ein Unterstand mit Landkarte informiert Sie über zahlreiche Wanderungen, von denen wir Ihnen drei Beispiele nennen: **Hut Creek Walk** (1h), **Dracophyllum Flat Walk** (1-2h) und **Craigieburn Valley Track** (2-3h). Wenn Sie im Forest Park wandern wollen, hilft Ihnen die Broschüre *Craigieburn Forest Park Day Walks*.

Wanderwege am Cave Stream Scenic Reserve

Bei Ihrer Wanderung im moosbewachsenen Südbuchenwald (Mountain Beech), der im Sommer durch unzählige Misteln mit roten Farbklecksen versehen ist, werden Sie die Rufe eine Vielzahl heimischer Vogelarten wir dem Pfauenschwanz, Zwergschlüpfer oder Makomako hören. Auf dem Gelände gibt es auch eine bei Kletterern sehr beliebte DOC Campsite.

(324) WOMO-Wanderplatz: Craigieburn Shelter - DOC Standard
GPS: S 43°9'4" E 171°43'51". **Max. WOMOs:** 10
Ausstattung/Lage: Toilette, Schutzhütte mit Picknicktischen / Im Wald.
Preise: 6 NZD pro Erwachsenem.
Zufahrt: 40 km südlich Arthur's Pass, 300 m rechts vom SH73.
Beurteilung: Geschützter Platz, von Buchenwald umgeben.

12 km weiter südlich wartet eine besondere Attraktion auf Sie, das **Cave Stream Scenic Reserve**. Hier haben Sie die seltene Gelegenheit eine Kalksteinhöhle auf eigene Faust zu erkunden. Die **Cave Stream** Höhle, auch **Broken River Cave** genannt, ist 594 m lang und wird fast auf ihrer gesamten Länge von einem Wasserlauf durchzogen. Was sollten Sie für die Höhlenerkundung beachten: Gehen Sie nicht alleine! Tragen Sie geeignete Schuhe und Kleidung die triefnass werden kann! Sie werden teilweise hüfttief im Wasser stehen. Eine gute, wasserfeste Taschenlampe, am besten eine Kopflampe, ist absolut erforderlich. Für Fotos sollten Sie eine wasserdichte Kamera benutzen. Alles was nicht wasserfest ist, sollte besser im Wohnmobil bleiben. Vom Parkplatz führen zwei Wege zu den beiden Eingängen der Höhle. Wir empfehlen, die Erkundung der Höhle vom unteren Ende her zu beginnen. Das Wasser kommt hier knöcheltief aus dem Berg heraus. Wenn das Wasser am Eingang der Höhle mehr als hüfthoch ist, schnell

Wanderweg zu Castle Hill - Kura Tawhiti

fließt oder gar aufschäumt, sollten Sie auf das Abenteuer besser verzichten. Wenn alles gut geht, werden Sie nach etwa einer Stunde, und um eine tolle Erfahrung reicher, am oberen Ende der Höhle wieder das Tageslicht erblicken.

Feuchtes Höhlenabenteuer im Cave Stream

Der untere Eingang der Höhle ist leicht zu finden, es ist ein wunderbares rundliches Loch, aus dem das glasklare kühle Wasser strömt. Kaum sind wir in die Dunkelheit eingetaucht haben wir auch schon den ersten Pool vor uns. Nichts mehr mit knöcheltief! Schon stehen wir bis zum Hintern im kalten Wasser. Zum Glück gewöhnen wir uns recht schnell an die Temperatur des Wassers. Gegen den kalten Strom geht es nun durch Gänge und Pools leicht bergan. Wir nehmen uns immer wieder die Zeit auch mal nach oben zu blicken, und die Höhle in ihrer ganzen Schönheit zu bewundern! Sie erreicht oft eine Höhe von bis zu 10 m.

Gelegentlich gilt es, kleine Wasserfälle zu erklimmen, was sich jeweils als unkompliziert erweist. Ab und zu treten wir unvermittelt in einen tieferen Pool und wir stehen leicht erschreckt bis zum Bauchnabel im Wasser. **Tipp:** Leuchten Sie mit einer starken Taschenlampe unter Wasser. Das Licht bricht sich an der Wasseroberfläche und beleuchtet die ganze Höhle!

Zu guter Letzt steht uns plötzlich ein massiver Felsklotz mitten im Weg. Bei genauerer Betrachtung erweist er sich als eine

Castle Hill -Kura Tawhiti

drei Meter hohe Wand, die mit Metallsprossen ausgestattet ist. Wunderbar, wir steigen hoch - ein kurzer Quergang ist durch eine Eisenkette gesichert - dem Ausgang entgegen. Da die Höhle an ihrem Ausgang sehr niedrig ist, müssen wir die letzten zwei Meter über Felsgestein krabbeln.

Done! Die Höhlenerkundung war zwar recht feucht, aber sehr spaßig, spannend und ungefährlich. Super Sache!

Wer sich das feuchte Höhlenabenteuer nicht zutraut, kann die Umgebung des Parkplatzes auf zahlreichen Pfaden wandernd erkunden. Zu sehen gibt es neben den eindrucksvollen Bergketten der *Craigieburn Range* und der *Torelesse Range,* eine tiefe bachdurchrauschte Schlucht und im Gegensatz dazu stehend ein Trockental, das ehemalige Bachbett des Flusses, der heute im Untergrund durch die Broken River Cave fließt.

Kurz hinter dem Cave Stream Scenic Reserve passieren Sie die kleine Feriensiedlung *Castle Hill Village* und wenig sehen Sie rechts eine Gruppe markanter Kalksteinfelsen. Parken Sie und wandern auf gut präparierten Wegen zu den unterschiedlich großen, in der Gegend verstreut liegenden Felsblöcken, mit teils skulpturenartigen Formen. Das Areal wird **Castle Hill - Kura Tawhiti** genannt. Für die Maori ist es ein mystischer Ort, ebenso wie für den 14. Dalai Lama. Im Jahr 2002 bezeichnete Tendzin Gyatsho den

Mount White Bridge

Castle Hill als ein „Spirituelles Zentrum des Universums". Kein Wunder, das hier einige Szenen aus *Herr der Ringe* und auch Teile des Films *Die Chroniken von Narnia* gedreht wurden. Die Neuseeländische Kletterszene lässt sich durch all dies nicht davon abhalten, die zahllosen unterschiedlich großen Kalkblöcke zum Bouldern zu nutzen. Das **Bouldern** eine eigene Disziplin des Sportkletterns und erfolgt ohne Kletterseil und Klettergurt an Felsblöcken. In der sehr trockenen Gegend ist Bouldern meist möglich und Sie werden sicherlich Gelegenheit haben, den waghalsigen Kletterern zuzuschauen. Lassen Sie sich diesen stimmungsvollen Ort nicht entgehen!

(325) WOMO-Picknickplatz: Lake Lyndon

GPS: S 43°17'36" E 171°42'32". **Max. WOMOs:** 15

Ausstattung/Lage: Picknicktische / Übernachtungsplätze direkt am See.

Zufahrt: 62 km südlich Arthur's Pass, rechts vom SH73.

Beurteilung: Weiträumiger grüner Platz direkt am Lake Lyndon, der trotz vereinzelter Bäume recht kahl wirkt.

SH73 folgt nun dem Porter River und taucht in den **Korowai/Torlesse Tussocklands Park** ein, einem Schutzgebiet für das einzigartige *Tussock-Grasland*. Hier treffen Sie auf den 815 m hoch gelegenen Lake Lyndon (siehe Picknickplatz 10). Nur 3 km hinter Lake Lyndon liegt der **Porters Pass (939 m)** und hier erreicht der SH73 mit 945,5 m seine größte

SH73 im Korowai/Torlesse Tussocklands Park

Höhe, was einen großartigen Blick auf die Canterbury Plains ermöglicht. Der Highway führt nun kontinuierlich hinab ins 18 km entfernte Springfield, wobei des braune Tussock-Gras zunehmend durch saftig grünes Weideland abgelöst wird.

Springfield (220 Ew.) ist das Tor zu vier umliegenden Skigebieten und bietet Ihnen einen preiswert und geschützt liegenden kleinen Übernachtungsplatz, der von der Gemeinde betrieben wird (siehe Stellplatz 11). **Alpine Jet** (Tel. 0800 26 36 26, www.alpinejet.co.nz, Ablegestelle: Rubicon Road, Springfield) bietet Jetbootfahrten durch die enge *Waimakariri Gorge* an. Die 70 km lange flache Strecke nach Christchurch, durch die fruchtbaren Canterbury Plains, wird bestimmt durch hohe Windschutzhecken für Obst und Weinplantagen, die allgegenwärtig zu sein scheinen.

(326) WOMO-Stellplatz: Kowhai Pass Reserve Springfield

GPS: S 43°20'34" E 171°56'31". **WOMOs:** 15 mit Stromanschluss

Ausstattung/Lage: Toiletten, Wasser, Dusche (2 NZD für 4 Minuten), Spielplatz, Entsorgungsstation / Grüner Platz mit Baumbestand.

Preise: Stellplatz mit Strom 15 NZD für 2 Personen, 7 NZD ohne Strom

Zufahrt: Sie biegen 1,5 km hinter Springfield schräg links in die Domain Rd ein. Der Platz liegt nach 120 m auf der rechten Seite.

Kontakt: Domain Road, Springfield. Tel. 03 318 4864

Beurteilung:
Einfacher ruhiger Platz der Gemeinde Springfield, zwei Tennisplätze nebenan. Sehr freundliche Atmosphäre.

TOUR S12
N
5 km
Tasman Bay
Boulder Bank
Nelson
329
WC
327
328
Atawhai
Marybank
Wakapuaka
Glenduan
Cable Bay
Cable Bay
330
Hira
Deleware Bay
331
6
Whangamoa
Mt Duppa
1143 m
Bryant Range
Saddle Hill
1214 m
Maitai Dam
Pelorus River
Ray Valley
332
WC
Opouri River
Okiwi Bay
Mount Richmond Forest Park
Tennyson Inlet
Tennyson Scenic Reserve
Pelorus Sound
Mount Richmond Forest Park
Pelorus Bridge
333
WC
Canvastown
Pelorus River
Havelock
334
6
Paradise Bay Scenic Reserve
Mahau Sound
335
WC
Linkwater
Mt Cullen
1055 m
336
Kenepuru Sound
Te Mahia
Picton
WC
338
1

Tour S12: Zu den Marlborough Sounds

Nelson - Cable Bay - Pelorus Bridge - Havelock - Picton - 140 km

Camping:	Nelson, Maitai Valley, Cable Bay, Havelock, Picton
Stellplätze:	Nelson NewWorld, Rai Valley, Graham Stream, Pelorus Bridge, Double Bay, Kenepuru Sound, Whatamango Bay
Baden:	Nelson Tahunanui Beach, Cable Bay, Pelorus River
Wandern:	Botanical Hill, Pelorus Bridge Tawa Path, Totara Path,
Essen:	Nelson: The Boat Shed Café, Lambretta, Havelock: Slip Inn, Mussel Pot

In Tour S12 beenden Sie Ihre Rundreise durch Neuseelands Südinsel und fahren zurück nach Picton um dort nach Wellington auf die Nordinsel überzusetzen. Sie starten in der fruchtbaren, vom Sonnenschein verwöhnten Region **Nelson**. Sie werden die Mediterrane Atmosphäre dieser Stadt genießen und an ihren schönen Stränden baden. Dann verlassen Sie die weite Ebene der **Tasman Bay** und tauchen in die dichten, hügeligen Wälder des **Ray Valley** ein. Durch das **Pelorus Bridge Scenic Reserve** gelangen Sie nach **Havelock**, wo Sie die lokale Spezialität *Greenlip-Mussels* genießen und mit dem Postboot hinaus in den *Pelorus Sound* fahren können. Die Tour endet, nach kurvenreicher Fahrt über den bezaubernden *Queen Charlotte Drive,* in **Picton**.

(327) WOMO-Campingplatz-Tipp: Nelson City HP

GPS: S 41°17'5" E 173°16'7". **WOMOs:** 20 mit Stromanschluss
Ausstattung/Lage: Spielplatz / 20 min zu Fuß ins Zentrum Nelsons.
Preise: Stellplatz mit Strom 44 NZD für zwei Erwachsene.
Zufahrt: 2 km südwestlich Stadtzentrum, der Vanguard St folgen.
Kontakt: 230 Vanguard St, Nelson, Tel. 0800 778 898, www.nelsonholidaypark.co.nz
Beurteilung: Idealer Platz mitten in Nelson, sehr gepflegt.

(328) WOMO-Campingplatz-Tipp: Maitai Valley Motor Camp

GPS: S 41°17'25" E 173°19'27". **WOMOs:** 40 mit Stromanschluss
Ausstattung/Lage: Spielplatz / Zehn Minuten außerhalb von Nelson gelegen, mit vielen Bäumen.
Preise: Stellplatz mit Strom 14 NZD pro Erwachsenem. Dusche 2 NZD.
Zufahrt: Sie folgen dem Maitai River Richtung Matai entlang der Maitai Valley Rd. Der Platz liegt 6 km südöstlich von Nelsons Stadtzentrum.
Kontakt: 472 Maitai Valley Rd, Nelson, Tel. 03 548 7729, www.maitaivmc.co.nz
Beurteilung: Sehr günstiger, freundlicher und gepflegter Platz mit Bademöglichkeit im erfrischenden Maitai River, umgeben von viel Grün. Ausgesprochen großzügige Wiesen-Stellplätze.
Hinweis: Wegen eines alljährlich stattfindenden Festivals ist der Platz jeweils vom 24. Dezember bis zum 5. Januar nicht geöffnet.

Nelson Cathedral

Die Stadt **Nelson** liegt mit ihren etwa 50.000 Einwohnern am Südende der *Tasman Bay*. Sie ist Verwaltungssitz der *Region Nelson*, die mit einer jährlichen Sonnenscheindauer von durchschnittlich 2.400 Stunden (zum Vergleich: Der bundesdeutsche Durchschnittswert liegt bei 1.550 Stunden) an der nationalen Spitze liegt. Im Jahr 2009 wurde Nelson mit 2.571 Sonnenstunden (*National Institute of Water and Atmospheric Research*) zum wiederholten Male „Sunshine Capital" des Landes. Die *Region Nelson*, zu der auch die direkt neben Nelson liegende Stadt **Richmond** (ca. 11.000 Ew) zählt, ist von schützenden Bergketten umgeben, die ihr ein mediterranes Klima verschaffen. Das mediterrane Klima hat sich auch auf die Lebenseinstellung der Bewohner von Nelson niedergeschlagen.

Diese kann am treffendsten als entspannt, dem Leben zugewandt und bei Bedarf beherzt zupackend charakterisiert werden. So überrascht es nicht, dass die Stadt zum Refugium für Künstler wurde. Maler, Weber, Glasbläser und Töpfer haben sich hier niedergelassen. In zahlreichen Werkstätten oder Galerien kann den Kunsthandwerkern und Künstlern beim Fertigen ihrer Produkte über die Schulter geschaut werden.

Die jährlich stattfindende **Arts Festival** lockt viele Besucher in die Stadt. Sehenswert ist auch das **Nelson Provincial Museum**, das eine ansehnliche Sammlung von Kunst- und Handwerksgegenständen der Maori, sowie die größte Fotoausstellung historischer Bilder Neuseelands präsentiert. Eine der Hauptattraktionen der Stadt ist jedoch die 2001 eröffnete Museum **World of Wearable Art**, dessen Exponate irgendwo zwischen unkonventioneller Modekleidung und ausgeflippter Fantasiegarderobe einzuordnen sind. Im angeschlossenem Automuseum werden entsprechend einzuordnende „Traumautos" ausgestellt. Die Stadt ist das wirtschaftliche und gesellschaftliche Zentrum einer sehr fruchtbaren Region, in der sich Obst- und Tabakplantagen mit Hopfengärten abwechseln. Begünstigt durch die gleichmäßig milde Witterung gedeiht hier fast der gesamte Hopfenbedarf der neuseeländischen Brauereien. Auch Äpfel wachsen in der Region Nelson, einem Zentrum des Obstanbaus in Neuseeland, prächtig. Die Apfelproduktion im Jahre 2009 betrug 5,2 Mio. Kartons (31 % der nationalen Ernte). Das entspricht der höchsten Apfelproduktion seit 10 Jahren. Auch Tabak und Tee werden angebaut.

Nelson, Founders Historical Park

Die Besiedlung der Region durch *Pakehas* begann 1841, als drei Emigrantenschiffe im Hafen von Nelson einliefen. Der Aufbau Nelsons erfolgte nach einem strengen Schachbrettmuster. Die Straßen der Stadt verlaufen noch heute in Ost-West und Nord-Süd Richtung. 1842 landete die „Sankt Pauli", ein aus Hamburg kommendes Schiff, mit 123 norddeutschen Auswanderern, die sich in *Sarau* nieder ließen. Die 1865 eingetroffene Glocke läutet noch heute in der neugotischen Kirche des Ortes. Im Jahr 1858 wurde Nelson als zweitem Ort Neuseelands das Stadtrecht zuerkannt. Am 14. Mai 1870 fand in *Nelson* das erste Rugby-Spiel in Neuseeland statt, im Rugby verrückten Land der **All Blacks** ein besonders erwähnenswertes Ereignis. Im Stadtbild des heutigen *Nelson* finden sich noch viele aus Holz erbaute Häuser aus den Gründerjahren. Die Frühgeschichte der Stadt lässt sich etwa ein Kilometer nördlich der Kathedrale in einem nachgebauten Dorf aus der Kolonialzeit, im **Founders Historical Park** besichtigen. Jeden Mittwoch findet der hoch interessante und sehr beliebte **Farmer's Market** statt (Ecke Hardy St / Morrison St, 12-16.30 Uhr). Den Nelson Market können Sie samstags von

Nelson, Founders Historical Park

Christ Church Cathedral

8 bis 13 Uhr am Montgomery Square besuchen. In der Nähe der *Christ Church Cathedral* befindet sich in der *South Street* eine restaurierte Häuserzeile mit Arbeiterunterkünften aus dem 19. Jahrhundert. Die im Art Deco Stil erbaute **Christ Church Cathedral** thront auf einem Hügel über dem Hafen der Stadt. Schon 1925 wurde mit dem Bau der Kathedrale begonnen, doch, durch diverse Streitereien verzögert, konnten die Arbeiten erst 1967 abgeschlossen werden. Der 35 m hohe durchbrochene Westturm fällt besonders ins Auge. Die Bühne dient heute bei feierlichen Anlässen benutzt. Wer den steilen Aufstieg über eine Freitreppe nicht scheut, wird mit einem eindrucksvollen Blick auf den Hafen belohnt. *Port Nelson* ist immerhin Neuseelands wichtigster Fischereihafen.

Gastronomische Tipps: Ein kleiner Teil der frisch angelandeten Fische werden in den Speisekarten der Restaurants des pittoresken Hafenviertels am **Wakefield Quay** zum Verzehr angeboten. Eine besondere Spezialität sind Austern. Besonders stimmungsvoll können Sie im **The Boat Shed Café** (350 Wakefield Quay, Tel. 03 546 9783) dinieren, das auf Pfeilern über dem Wasser steht. Bestellen Sie das "Vertrau dem Chefkoch (Trust the Chef)" Menü. Die Auszeichnung „Nelson's Top Café 2010" gewann das sehr beliebte und familienfreundliche **Lambretta** (204 Hardy St, Tel. 03 545 8555).

(329) WOMO-Stellplatz: Nelson New World

GPS: S 41°16'31" E 173°16'40". **Max. WOMOs:** 5
Ausstattung/Lage: Toilette im Supermarkt / Parkplatz des Supermarktes, mitten in der Stadt. **Zufahrt:** Im Herzen Nelsons gelegen.
Kontakt: 73 Vanguard St, Nelson, Tel. 03 548 9111
Beurteilung: Nach Schließung zweier Freedom Camping Sites im Jahre 2012, ist der Parkplatz des Supermarktes die einzige legale Möglichkeit zum Freien Campen in Nelson. Camper sind am südlichen Ende des Parkplatzes zur Vanguard St hin willkommen! Freies Wi-Fi im Markt.

Die gesamte Pieranlage des geschäftigen Hafens wurde 2009 neu gestaltet. Ein und Ausfahrt von Nelsons Hafen wurde von Beginn an durch die *Boulder Bank*, eine 15 km lange Dünennehrung, behindert. Bereits 1906 entschloss man sich zu einem Durchbruch um eine kürzere und sichere Fahrrinne in die Tasmansee zu bekommen. Aus der Nehrung wurde

Cable Bay

dadurch die Düneninsel *Haulashore Island*. *Nelson* ist wegen seiner zahlreichen Parks als „grüne Stadt“ bekannt. Verschiedene Anlagen zeigen neben botanischen Raritäten auch Skulpturen einheimischer Künstler. In der Nähe des Hafens findet man den *Trafalgar Park* und den *Rutherford Park* mit seinen abends beleuchteten Wasserspielen. Der Namensgeber des letztgenannten Parks, **Ernest Rutherford**, einer der Väter der Atomphysik, wurde 1871 in *Brightwater* bei Nelson geboren.

(330) WOMO-Campingplatz-Tipp: Cable Bay HP

GPS: S 41°9’42” E 173°24’45”. **WOMOs:** 17 mit Stromanschluss
Ausstattung/Lage: Toilette, Dusche, Küche / Nahe Cable Bay.
Preise: Stellplatz mit Strom 18 NZD pro Erwachsenem.
Zufahrt: 14 km hinter Nelson, bei Hira, vom SH6 links in die Cable Bay Road abbiegen und dieser 8 km folgen. **Kontakt:** 800 Cable Bay Rd, Nelson, Tel. 03 545 0003, www.cablebayfarm.co.nz

Beurteilung: Ein wirklich liebenswerter, gepflegter und absolut ruhiger Platz mit sauberen sanitären Anlagen. In der nahe gelegenen Cable Bay können Sie eine Wanderung mit tollen Ausblicken unternehmen oder in der entzückenden Badebucht schwimmen. Sie werden sich hier sehr wohl fühlen.
Tipp: Laufen Sie den Cable Bay Walkway auf den Hügel hinauf!i

Im Osten der Stadt liegt der viktorianische *Queens Gardens* und auf der anderen Seite des *Maitai River,* ist die *Botanical Reserve* zu finden. Vom Sportplatz der Botanical Reserve aus führen verschiedene Naturlehrpfade den 147 m hohen **Botanical Hill** hinauf. Eine Skulptur markiert hier das „Centre of New Zealand“. Geografisch stimmt das nicht exakt, aber man wird für die etwa einstündige Wanderung (hin und zurück) mit ei-

Badevergnügen an der Pelorus Bridge

nem atemberaubenden Ausblick über Nelson bis hin zur Küste belohnt. Bei schönem Wetter sollten Sie sich diesen Ausblick keinesfalls entgehen lassen.

(331) WOMO-Picknickplatz: Graham Stream

GPS: S 41°11'7" E 173°29'12". **Max. WOMOs:** 10
Ausstattung/Lage: Nichts / Picknickplatz auf einer von Wald umgebenen Wiese neben dem Graham Stream. **Zufahrt:** Am SH6, 5 km vor Whangamoa.
Beurteilung: Sehr schöner Platz mit Bademöglichkeit im Flüsschen.

(332) WOMO-Stellplatz: Rai Valley, Carluke Reserve

GPS: S 41°12'58" E 173°35'31". **Max. WOMOs:** 5
Ausstattung/Lage: Toilette / Neben Rai River und Opouri River, am Wald.
Zufahrt: Am SH6 kurz vor Rai Valley links Richtung French Pass in die Opouri Road abbiegen. Nach 500 m überquert die Straße den Opouri River. Direkt hinter der Brücke liegt der Platz.
Beurteilung: Schön gelegener Platz.

Sie verlassen *Nelson* über den SH6, dem Sie auf landschaftlich sehr schöner Strecke durch die Berge bis *Havelock* folgen. Unterwegs treffen Sie auf die berühmte **Pelorus Bridge**, die den vom *Pelorus River* tief eingegrabenen Canyon überspannt. Das Wasser ist tief genug, um sich von der Brücke herab mit einem Hechtsprung ins kühle Nass stür-

Muschelfarm im Pelorus Sound

zen zu können. Trotz warnenden Schildern machen immer wieder Wagemutige von dieser Möglichkeit Gebrauch. Weniger Mutige können sich zum Fluss hinab begeben und in einer der

(333) WOMO-Wanderplatz: Pelorus Bridge - DOC Serviced

GPS: S 41°17'56" E 173°34'20". **WOMOs:** 14 mit Strom
Ausstattung/Lage: Toilette, Wasser, Dusche / Im Wald nahe dem Fluss und der Pelorus Bridge. Verschiedene Wanderungen werden angeboten. Nehmen Sie ein erfrischendes Bad im Fluss!.
Preise: Stellplatz mit Strom 15 NZD pro Erwachsenem.
Zufahrt: Am SH 6 direkt hinter der Pelorus Bridge rechts abbiegen.
Beurteilung: Sehr schöner, großzügiger Platz auf einer grünen Wiese im üppigen Wald gelegen. Ein Shop und ein Café sind nebenan.

zahlreichen Mulden und Wannen („Rock Pools"), die der Fluss über die Zeit im harten Gestein herausgebildet hat, ein erfrischendes Bad im tiefgrünen Wasser nehmen. Die Umgebung dieses idyllischen Fleckchens ist als *Pelorus Bridge Scenic Reserve* geschützt und wird von zahlreichen Wanderwegen durchzogen. Der **Tawa Path** und der **Totara Path**, die beide durch üppige grüne Wälder führen, sind gut ausgebaut und besonders zu empfehlen (beide 30 Minuten). Der *Pelorus River* mündet nicht allzu weit entfernt in den **Pelorus Sound**, einen der längsten Meeresarme Neuseelands. Er windet sich zwischen

Havelock Marina

Pelorus Sound

steilen, bewaldeten Hügeln fast 50 km in Nord-Süd-Richtung. Haupt Wirtschaftszweig der Gegend um den *Pelorus Sound* ist die Forstwirtschaft, die sich heute weitgehend auf Kiefern gründet, obwohl auch einige Gebiete des ursprünglichen Waldes erhalten geblieben sind. Daneben sind die Muschelfarmen wichtige Erwerbsquelle am Sound. Die meisten Siedlungsplätze sind schwer von Land zu erreichen und werden hauptsächlich über den **Pelorus Express** bedient. Dieses Postboot mit 40 Passagierplätzen startet in unserer nächsten Station *Havelock* und fährt einmal in der Woche in drei verschiedenen Routen im Sound (Pelorus Mail Boat, Tel. 03 574 1088, www.mail-boat.co.nz).

(334) WOMO-Campingplatz-Tipp: Havelock Motor Camp
GPS: S 41°16'43" E 173°46'5". **WOMOs:** 50 von 90 mit Strom
Ausstattung/Lage: Standard / Zentrumsnahe Lage am Hafen.
Preise: Stellplatz mit Strom 34 NZD. Dusche 1 NZD.
Zufahrt: Die Inglis Street zweigt im Ortszentrum vom SH6 ab (100 m).
Kontakt: 24 Inglis Street, Havelock, Tel. 03 574 2335, www.havelockmotorcamp.co.nz **Beurteilung:** Ordentlicher und sauberer aber enger Platz. Marina und Schiffsanleger sind leicht zu erreichen, auch Shops und Restaurants sind nur 5 min entfernt.

Am Südende des *Pelorus Sound* befindet sich die Gemeinde **Havelock**. Die 500 Einwohner Stadt wurde 1860 gegründet und nach dem britischen *General Henry Havelock* benannt. War Havelock früher Exporthafen und diente als Versorgungsbasis für Holzfäller und Goldgräber, so besitzt es heute einen Jachthafen, dessen ansprechender Ausbau sehr zur touristischen Entwicklung beigetragen hat. Informieren Sie sich im **Info Centre** (46 Main Road, tgl. 8.30-21.30 Uhr).

Havelock hat sich in den letzten Jahren zum Zentrum der neuseeländischen Muschelzucht entwickelt. Besonders die

Greenlip-Mussels gelten als absolute Spezialität der Gegend. Sie werden an Tauen wachsend im Pelorus Sound und seinen zahlreichen Nebenarmen gezüchtet. Der an der Hauptstraße gelegene Mussel Pot ist auf Muschelgerichte spezialisiert (**The Mussel Pot**, 73 Main Road, Havelock, Tel. 03 574 2824). Bei maritimem Flair können Sie diese lokale Köstlichkeit im **Slip Inn** (Havelock Mari, › Tel. 03 574 2345) genießen. Die Muschel lassen sich auch ausgezeichnet auf einer dreistündigen **Greenshell Mussel Cruise** (Tel. 0800 99 0800, tgl. 13.30 Uhr) genießen. Direkt am Bootshafen gibt es einen netten kleinen Campingplatz.

(335) WOMO-Picknickplatz: Double Bay

GPS: S 41°15'25" E 173°51'55". **Max. WOMOs:** 8

Ausstattung/Lage: Toilette, Picknicktische / Grasplatz am Mahau Sound.

Zufahrt: In Linkwater links vom Queen Charlotte Drive in die Kenepuru Rd abbiegen, dieser 4,8 km folgen. Dann links in die 36 Moetapu Bay Rd einbiegen. Den Platz erreichen Sie nach 300 m, kurvenreich und steil!

Beurteilung: Sehr schöner geschützter Platz. **Hinweis:** Maximal zwei Nächte sind erlaubt.

(336) WOMO-Stellplatz: Mahau Sound - Ohingaroa Bay

GPS: S 41°14'52" E 173°53'5". **Max. WOMOs:** 4

Ausstattung/Lage: Nichts / Auf einem Parkplatz direkt am *Mahau Sound.*

Zufahrt: In *Linkwater* links vom *Queen Charlotte Drive* in die *Kenepuru Rd* abbiegen, dieser 7 km folgen.

Hinweis: Sie müssen leider auf dem Schotterplatz stehen. Auf dem direkt dahinter liegenden Picknickplatz sind Übernachtungen nicht erlaubt. Nebenan starten geführte Halb- und Ganztagestouren mit kleinen Motorbooten in die Sounds (**Waterways boating safaris**, www.waterways.co.nz, Tel. 03 574 1372).

Beurteilung: Stimmungsvoller Platz, maximal zwei Nächte sind erlaubt.

Auf der weiteren Fahrt nach *Picton* verlassen Sie den SH6, denn zwischen *Havelock* und *Picton* verläuft mit dem **Queen Charlotte Drive** eine bezaubernde Alternative, die immer wieder prächtige Ausblicke bietet. Die atemberaubende und

Whatamango Bay

kurvenreiche Straße entlang der Steilküste führt buchstäblich von einem Highlight zum anderen. Im dunkelblauen Wasser des Sounds sind weiße Boote festgemacht und zahlreiche Aussichtspunkte laden zum Verweilen und Fotografieren ein. Für die nur 35 km lange Strecke kann man so leicht zwei oder drei Stunden benötigen. Etwa 1 km vor **Picton** ergibt sich plötzlich eine Lücke in der grünen Wand zum Sound hin und von einem Lookout aus können Sie den Hafen und die Stadt überblicken und wenn Sie Glück haben sehen Sie eine der Fähren ein- oder auslaufen (vielleicht ist es Ihre eigene?). Bitte nicht vergessen: Der **Check-In** erfolgt ein bis zwei Stunden vor der Abfahrt. Wer zu spät kommt verliert seine Reservierung!

(337) WOMO-Campingplatz-Tipp: Picton Top 10 HP

GPS: S 41°17'18" E 174°0'54". **WOMOs:** 49 mit Stromanschluss
Ausstattung/Lage: Spielplatz / Zentrumsnahe Lage (800 m).
Preise: Stellplatz mit Strom 42 NZD für 2 Personen, 21 NZD für jeden weiteren Erwachsenen, 12 NZD für jedes weitere Kind.
Zufahrt: Vom Zentrum in Richtung Waikawa fahren, Platz liegt rechts.
Kontakt: 70-78 Waikawa Rd, Picton, Tel. 03 573 7212, 0800 277 444, www.pictontop10.co.nz
Beurteilung: Schön bepflanzter Platz mit vielen Bäumen, aber enorm eng. Die Sanitäranlagen sind sehr gut. 2 km zum Fährterminal.
Hinweis: Wir empfehlen folgenden Fußweg in die Stadt: Laufen Sie zunächst in das gegenüber dem Campingplatz liegende Hafengebiet. Dort führt eine hohe Fußgängerbrücke mit schönen Ausblicken direkt ins Zentrum Pictons.

(338) WOMO-Picknickplatz: Whatamango Bay - DOC Standard Campsite

GPS: S 41°16'9" E 174°4'31". **Max. WOMOs:** 25
Ausstattung/Lage: Toiletten, Wasser, Picknicktische / Großer, freier Grasplatz direkt an der Waterkant. Umgeben von einigen Büschen und Neuseelandflachs.

Parkgebühr: 6 NZD pro Erwachsenem.
Zufahrt: Sie folgen der Waikawa Rd 11 km Richtung Nordost. Die kurvige Straße bietet Ihnen immer wieder tolle Ausblicke auf den Queen Charlotte Sound.
Beurteilung: Ruhiger, friedvoller Platz nicht weit von Fähranleger. Bei Ebbe können Sie frische Muscheln für das Abendessen sammeln.

Tipps und Infos

Anreise

Die Anreise mit dem **Schiff** dauert 4 bis 5 Wochen und ist auch auf einem Frachtschiff mit Kabinenplatz teurer als ein Flug. Die allermeisten Neuseelandbesucher wählen deshalb den Luftweg mit einer reinen Flugzeit von ca. 24 Stunden. Sie können zwischen der Ost- (Asien) und Westroute (Amerika) und den **Ankunftsflughäfen Auckland** und **Christchurch** wählen. Die Preise liegen in der Economy Class zwischen 900,- € und 1500,- €. Flugtickets erhält man online direkt bei den Fluggesellschaften oder aber in Reisebüros. Auf Neuseeland spezialisierte Reiseanbieter bieten Flüge in Verbindung mit Pauschalangeboten oder dem Anmieten von Wohnmobilen an.

Wegen des großen Zeitunterschiedes von 12 Stunden ist zu prüfen, ob Sie nicht einen längeren Zwischenstopp in Australien, Asien oder den USA einlegen wollen. Ebenfalls möglich ist es, im Rahmen eines *Round-the-World-Tickets*, in Neuseeland einen längeren Zwischenstopp einzulegen. Vor allem *Air New Zealand* hat spezielle Angebote mit Hinreise über Asien und Rückreise via dem Pazifik und Los Angeles oder umgekehrt. Diese Optionen stehen aber nur den wenigen Reisenden mit sehr viel Zeit zur Verfügung.

Wer weniger Zeit für seine Neuseelandreise hat, kann einen Gabelflug wählen. Er muss sich dann entscheiden, ob er nach Auckland fliegen will und von Christchurch aus die Heimreise antritt oder umgekehrt.

Folgenden **Airlines** bieten Flüge nach Neuseeland an:

• Air New Zealand	www.airnewzealand.de	0800 1830619
• Air China	www.airchina.de	00800 86100999
• Cathay Pacific	www.cathaypacific.com/de	0180 5288285
• Emirates	www.emirates.de	01805 425652
• Korean Air	www.koreanair.com	0180 5009800
• Lufthansa	www.lufthansa.com	01805 805805
• Malaysia Airlines	www.malaysiaairlines.com	069 13871910
• Qantas	www.qantas.de	01805 250620
• Singapore Airlines	www.singaporeair.de	069 7195200
• Thai Airways	www.thaiair.de	069 92874444

Zwischen Lufthansa und Air New Zealand besteht Code Sharing. Die angegebenen Buchungstelefonnummern sind nur in Deutschland gültig. Für weitere Informationen zum Thema An- und Abreise steht Ihnen das Fremdenverkehrsamt zur Verfügung.

Tourism New Zealand, Rossmarkt 11, D-60311 Frankfurt, Tel. 069 9712110

Tipp: Wenn Sie über 55 Jahre alt sind oder eine Venenerkrankung haben, sprechen Sie vor der Reise mit Ihrem Hausarzt wegen einer Thrombosespritze für diesen Langstreckenflug.

Automobilclub, Pannenhilfe

Neuseelands Automobilclub AA (New Zealand Automobile Association) leistet landesweit **Pannenhilfe (Tel. 0800 500 222)**. Die Mietwagen haben meist einen AA-Servicevertrag. Mitglieder ausländischer Automobilclubs erhalten gegen Vorlage ihres Mitgliedsausweises eine kostenlose halbjährige Mitgliedschaft im AA. Für Wohnmobile über 3,5 t müssen Sie ein Upgrade auf AA Motorhome Plus vornehmen (75 NZD pro Jahr). Mit Ihrer AA-Mitgliedschaft können Sie den AA-Service in Anspruch nehmen und erhalten darüber hinaus kostenlos ausgezeichnetes Kartenmaterial. AA hat fast überall im Lande Vertretungen.

AA-Office, Level 17, 99 Albert St, Auckland, Tel. 09 966 8800 (8819), www.aa.co.nz, info@aa.co.nz

Campen

Campingparadies Neuseeland

Neuseeland ist wie für einen Wohnmobilurlaub gemacht! Die Flexibilität, die Ihnen ein Womo bietet, passt ideal zu dem entspannten Lebensstil der Neuseeländer. Neuseeland ist so groß wie die alte Bundesrepublik und hat gerade einmal 4,3 Millionen Einwohner. Sie werden also fast überall genügend Platz vorfinden, um sich nach Belieben entfalten zu können. Überfüllte Straßen gibt es nur in den wenigen Großstädten. Das Landschaftsbild ändert sich nach fast jeder Kurve und oft haben Sie die enorm vielfältigen Naturschönheiten Aotearoas ganz für sich alleine. Zudem ist Neuseeland extrem gut für Camper ausgestattet. Es gibt eine Vielzahl von Campingmöglichkeiten, Picknickplätzen und öffentlichen Toiletten, denn auch die Kiwis (Neuseeländer) lieben den Urlaub mit dem Wohnmobil (*Motorhome, Camper, Campervan, RV, Mobile Home*). Neuseeland mit dem Wohnmobil zu erkunden ist ein einzigartig schönes Erlebnis, das Ihnen ein Höchstmaß an Unabhängigkeit bietet.

Kommerzielle Campingplätze

Neuseeland verfügt über eine Vielzahl von Campingplätzen verschiedener Preisklassen, die oft an den schönsten Stellen des Landes liegen. Sie werden beeindruckt sein von den umfassenden Ausstattungen (*Facilities*), die auf den Campingplätzen angeboten werden, wie sanitäre Einrichtungen, große und gut bestückte Gemeinschaftsküchen, Waschmaschinen, Trockner, Grillbereiche, Spielplätze, Swimmingpools und vieles mehr. Auf großen Plätzen werden diese Einrichtungen mehrfach angeboten, alles befindet sich in erreichbarer Nähe. Häufig gibt es auch einen gemeinsamen Speiseraum sowie ein gemütliches Fernsehzimmer. Für die Nutzung der Waschmaschinen und Trockner sollten Sie Ein- und Zwei-Dollar-Münzen bereithalten. Sie können zwischen Plätzen mit (*powered Sites*) oder ohne Stromanschluss wählen. In den i-Sites finden Sie ein kostenloses Heft von Jasons „Holiday Parks, Campgrounds", in dem die allermeisten Campingplätze aufgelistet und beschrieben sind. Allgemein gilt die Regel, *Holiday Parks* gehören zur gehobenen Kategorie, während *Campgrounds, Motor Camps* oder *Caravan Parks* preisgünstiger zu haben sind. Fast alle Campingplätze verfügen über *Tourist Cabins* und *Motel Units*, bieten also auch PKW-Reisenden Unterkunftsmöglichkeiten.
Die Holiday Parks werden von drei Ketten angeboten:

- Top 10 Holiday Parks — www.top10.co.nz
- Kiwi Holiday Parks — www.kiwiholidayparks.com
- Family Parks — www.familyparks.co.nz

Wenn Sie die Kundenkarte einer dieser Ketten erwerben, erhalten Sie auf allen Plätzen der jeweiligen Kette Rabatte. Informieren Sie sich über die aktuellen Angebote! Ein Beispiel: Mit der Mitgliedskarte der Top 10 Holiday Parks sparen Sie 10% bei Nutzung der Interisländer Fähre. Neben den Holiday Parks findet man, oft abseits der Hauptreiserouten, privat geführte Campingplätze, die gemütlicher, individueller und auch preisgünstiger sind.

DOC Campingplätze

Die Alternative zu kommerziellen Campingplätzen bieten DOC Campingplätze (siehe **Department of Conservation**). Diese vom DOC unterhaltenen **Conservation Campsites** sind immer naturnah und liegen meist landschaftlich besonders schön inmitten von National Parks und umgeben von herrlichen Wanderwegen. Die Preise für die Übernachtung sind vergleichsweise niedrig. Verzeichnisse aller DOC Campingplätze der Nord- und der Südinsel finden Sie in jedem Information Centre. Fragen Sie dort auch nach dem **DOC Campsite Pass**. DOC-Website zum Download:

www.doc.govt.nz/parks-and-recreation/places-to-stay

Für Wohnmobile gibt es vier Kategorien von DOC Campsites:

Basic Campsite, keine Gebühr (*fee*)
Einfache Ausstattung mit Plumpsklo und Wasser vom Tank, Fluss oder See.

Standard Campsite, 6 NZD pro Erwachsenem und Nacht
Bessere Ausstattung, die zusätzlich Picknicktische, Duschen (kalt), Müllentsorgung, Kochgelegenheit sowie Grill und Feuerstelle umfassen kann.

Scenic Campsite, 10 NZD pro Erwachsenem und Nacht
Ausstattung: Toiletten und Wasserversorgung, oft Grillvorrichtungen, kalte Duschen und Abfalleimer. Sie liegen oft in beliebten Küstenlagen.

Serviced Campsite, 15 NZD pro Erwachsenem und Nacht
Zur Ausstattung gehören: Toiletten mit Wasserspülung, fließendes Wasser, Küche, heiße Duschen und Müllentsorgung. Auch Waschmaschine, Barbecue und Feuerstelle sind möglich.

Kinder zwischen 5 und 17 Jahren zahlen den halben Preis, Kinder unter 5 Jahren sind frei. Für Basic Campsites gibt es keine Reservierung, für Standard- und Scenic Campsites nur in der Hauptsaison. An der Einfahrt der Campsites finden Sie eine Preistafel und Umschläge zur Selbstregistrierung. Diese beschriftet man sofort bei Ankunft, steckt die Gebühr hinein und wirft den Umschlag in eine Box. Bei Unterlassung wird man am nächsten Morgen zwischen 6 und 7 Uhr von einem DOC Ranger geweckt! Bei Serviced Campsites gibt es einen Host. Sie können online über ein DOC Visitor Centre gebucht und bezahlt werden.

Freies Campen

Freies Campen (*Freedom Camping*) hat in Neuseeland eine große Tradition und ist im Selbstverständnis der Kiwis ein natürlich gegebenes Recht. Leider hat der zunehmende Tourismus negative Auswirkungen gebracht, die in Neuseeland heftig diskutiert werden. Fälle, in denen freie Camper den Übernachtungsplatz verschmutzt zurücklassen, häufen sich. Das hat in den letzten Jahren zu Einschränkungen geführt. In der Folge hat heute jeder Bezirk (*District*) in Neuseeland seine eigenen Vorschriften darüber, wo freies Campen erlaubt ist und wo nicht. Im Internet können Sie sich unter www.camping.org.nz einen sehr guten Überblick verschaffen. Sie können sich aber auch an jede i-Site wenden, wenn Sie Auskunft über Campingmöglichkeiten an einem bestimmten Ort haben möchten.

Wohnmobile freier Camper sollten auf jeden Fall ihre eigene Toilette und ihren eigenen Abwassertank (*Greywater Tank*) an Bord haben, also *self-contained* sein (Prüfplakette erforderlich!). Freie Camper, die diese Voraussetzung nicht erfüllen, müssen mit erheblichen Strafen rechnen (bis zu 10.000 NZD). Wir appellieren an Sie, Ihren freien Übernachtungsplatz so zu verlassen, wie Sie ihn angetroffen haben. Wenn die Fälle von Verschmutzungen der Übernachtungsplätze weiter ansteigen, ist mit einer Verschärfung der Regelungen zu rechnen. In diesem Buch werden eine Reihe von Plätzen aufgezeigt, an denen im März 2014 eine freie Übernachtung möglich war.

Achtung: Lassen Sie sich nicht durch das Schild „No Camping" mit rot durchgestrichenem Zelt abschrecken. Es gilt nicht für Self-contained Motorhomes! Nach unserer Erfahrung wird freies Campen an vielen anderen Stellen praktiziert und auch geduldet. Einmaliges Übernachten zur Wiederherstellung der Fahrtauglichkeit wird im allgemeinen akzeptiert. Folgende Regeln sollten Sie für freies Campen beachten:

- Ihr Wohnmobil muss self-contained sein (Prüfplakette erforderlich!)
- In Nationalparks ist freies Campen verboten
- An allen Stellen, die in öffentlicher Hand sind, ist freies Campen möglich, wenn es nicht ausdrücklich durch Schilder oder Regelungen des Distriktes ausgeschlossen wird
- Auf privatem Gelände die Erlaubnis des Eigentümers einholen
- Den Übernachtungsplatz so verlassen, wie Sie ihn angetroffen haben

Department of Conservation (DOC)

Dem Kürzel DOC werden Sie während Ihres Neuseelandurlaubes immer wieder begegnen. Es steht für **Department of Conservation (www.doc.govt.nz). DOC**, die Behörde zum Schutz des Natur- und Kulturerbes, definiert ihre eigene Aufgabe wie folgt: „Das ursprüngliche und historische Erbe Neuseelands zur Freude aller, heute und in der Zukunft zu bewahren". In Neuseeland gibt es 14 Nationalparks, die zusammengenommen rund 10% der Gesamtfläche des Landes einnehmen. Für den Unterhalt dieser Parks ist das DOC zuständig, genauso wie für Naturschutzgebiete, Waldparks und einige Formen von Reservaten. Der Zugang ist, mit einigen wenigen Ausnahmen, kostenlos. Die meisten Wanderwege führen durch vom DOC verwaltete Naturschutzgebiete. Auch die Gebiete der neun „Great Walks" werden vom DOC verwaltet. Sie befinden sich in Staatsbesitz und stehen unter Naturschutz. Das DOC ist zuständig für die Instandhaltung der Hütten, Campingplätze, Wanderwege, Brücken und aller anderen Einrichtungen. Sie sind für den öffentlichen Gebrauch zugängig, jedoch werden für die Unterkunft in den Hütten und für die Nutzung der Campingplätze Gebühren erhoben. Auch der Erhalt einheimischer Arten gehört zu den Aufgaben des DOC. Darunter fällt auch das Aufstellen von Fallen für eingeschleppte „Schädlinge", die Ihnen bei Ihren Wanderungen immer wieder begegnen werden. Das DOC unterhält eigene Visitor Information Centres, deren Besuch sehr zu empfehlen ist. Sie erfahren dort viel über die einzigartige Tier- und Pflanzenwelt Neuseelands, oft in ausgezeichneten audiovisuellen Vorführungen. In den i-Sites (siehe Touristeninformation) erhalten Sie ein Verzeichnis dieser Informationsbüros.

Diplomatische Vertretungen in Neuseeland

Botschaft Deutschland
90-92 Hobson Street, P.O.Box 1687, Thorndon, Wellington
Telefon 04 473 6063, Mobil 021 651 987
German.Embassy@iconz.co.nz, www.wellington.diplo.de

Honorarkonsulat Österreich
Level 4, 75 Ghuznee Street, P.O.Box 9395, Wellington
Telefon 04 384 1402, Mobil 021 535 510
austria@vodafone.co.nz, www.bmeia.gv.at

Botschaft Schweiz
10 Customhouse Quay, Level 12, P.O.Box 25004, Wellington
Telefon 04 472 15 93
www.eda.admin.ch

Einreise

Für Staatsbürger aus Deutschland, Österreich oder der Schweiz ist ein Urlaub in Neuseeland ohne Visum möglich, wenn Sie nicht länger als drei Monate bleiben wollen und folgende Bedingungen erfüllen:

(1) Nachweis eines gültigen Ausreisetickets innerhalb von drei Monaten

(2) Nachweis von 1500 NZD für jeden Monat Aufenthalt in Neuseeland.

(3) Reisepass, der drei Monate länger gültig ist als das geplante Ausreisedatum.

Der Nachweis zu (2) kann über Ihre Kreditkarte geführt werden. Wer länger als drei Monate bleiben möchte, muss bei der Botschaft von Neuseeland ein Besuchervisum beantragen. Dazu senden Sie bitte einen an Sie adressierten und frankierten A4 Rückumschlag an folgende Anschrift:

Botschaft von Neuseeland
Friedrichstr. 60, D-10117 Berlin
Tel. 0049 30 206 210, Visaabteilung 0049 30 2065 3900
www.nzembassy.com/de/deutschland

Die neuseeländische Botschaft in Berlin ist auch für Österreich und die Schweiz zuständig. Das Antragsformular (INZ 1017) können Sie auf der

Webseite von Immigration New Zealand herunterladen:

www.immigration.govt.nz/migrant/stream/visit/visitors/process/default.htm

Elektrizität

Die Netzspannung beträgt 230/240 Volt bei 50 Hertz. Dreipolige Flachstecker sind üblich, entsprechende Adapter bekommt man in neuseeländischen Flughäfen, in Duty Free Shops, in Outdoor Geschäften, in Baumärkten oder beim AA. Da Sie, abends an Ihrer *Powered Site* angekommen, sicherlich diverse Geräte betreiben oder aufladen wollen, raten wir Ihnen, eine deutsche **Mehrfachsteckdose** mitzunehmen. Sie können dann alle elektrischen Geräte über einen Adapter betreiben.

Essen und Trinken

Restaurants

Äpfel, Kiwi, Honig, Lamm- und Wildfleisch, Fisch und Muscheln sind neben dem Wein wohl die bekanntesten neuseeländische Nahrungsprodukte. Lange Zeit dominierte in Neuseeland die englische Küche. Vor allem die zahlreichen Einwanderer aus Asien und der Südsee haben die „Kiwi-Küche" in den letzten Jahren bereichert, indem sie Spezialitäten aus ihren Heimatländern mitbrachten. Heute gibt es eine Multikulti-Mischung, in der auch mediterrane Einflüsse sichtbar sind. Schaf, Rindfleisch und Wild, Langusten, Austern, Muscheln und Fische, frisches Gemüse und Obst, die neuseeländische Küche ist sehr vielfältig geworden! Es ist jedoch nicht ganz einfach, ein gutes Restaurant zu finden, daher der **Tipp:** Dort, wo die Tische sehr schön und liebevoll eingedeckt sind, ist das Essen fast immer gut. Das gilt insbesondere für die ausgezeichneten Restaurants der Weingüter. In den besseren Restaurants wird Ihnen ein Platz zugewiesen. Ein Restaurant, das über keine Lizenz zum Ausschank von Alkohol verfügt, erlaubt in der Regel das Mitbringen von Alkohol (BYO - Bring Your Own). Es wird dann ein Korkengeld erhoben.

Das charakteristische neuseeländische Frühstück ist reichhaltig, mittags gibt es einen leichten Lunch und die warme Hauptmahlzeit wird abends eingenommen. Eine Besonderheit ist das **Maori-Hangi**, eine Zubereitungsmethode, die von den polynesischen Vorfahren übernommen wurde. Fleisch und Gemüse werden in Blätter eingewickelt und in einem mit heißen Steinen ausgelegten Erdofen gegart. Das traditionelle Hangi wird im Rahmen von Maori-Veranstaltungen für Touristen angeboten. Die beliebteste Nachspeise trägt den Namen **Pavlova** und besteht aus einer zuckersüßen Baiser-Basis, die je nach Belieben mit Früchten und viel Sahne gefüllt wird.

Lebensmittel

Als Selbstversorger können Sie in folgenden **Supermärkten** einkaufen: *New World, Pack'n Save, Countdown* oder *Woolworth*. Sehr zu empfehlen sind die Theken mit frischem Fisch, der sehr preisgünstig zu haben ist. Probieren Sie auch mal die *Süßkartoffel (Kumara)*, die Sie in den Farben lila-rot und orange erwerben können. An die Rechnung des Supermarktes angehängt, erhalten Sie *Gutscheine für Preisnachlässe an kooperierenden Tankstellen*. Pack'n Save wirkt wenig einladend und ist sehr unübersichtlich, hat aber die günstigsten Preise. In kleineren Orten gibt es oft den kleinen und recht teuren *4Square Supermarkt*. Daneben finden Sie in ländlicheren Gegenden Läden, die **Dairy** genannt werden. In diesen „Tante-Emma-Läden" können Sie alle Grundnahrungsmittel erwerben. Etwas, das Sie in Neuseeland sicher vermissen werden, ist das gute deutsche Brot. In den Supermärkten werden Sie eine schier unendliche Auswahl an Toastbrotvariationen vorfinden. Auch in einer Bakery ist in der Regel kein besseres Brot zu haben. Es gibt jedoch eine stattliche Anzahl Bäcker in Neuseeland, bei denen Sie die Chance haben, Ihre Lust auf gehaltvolles Brot zu befriedigen.

Getränke

Das Leitungswasser hat in Neuseeland eine ausgezeichnete Qualität und wird Ihnen in Cafés und Restaurants kostenlos angeboten. Neuseeland hat zwar keine namhaften **Biere**, aber die Brauereikultur kann sich durchaus sehen lassen. Die neuseeländische Brautradition begann schon mit der Ankunft der ersten europäischen Siedler. Der in der Region Nelson angebaute Hopfen wird heute in ca. 50 Brauereien zu Bier verarbeitet. Der neuseeländische Biermarkt ist von den beiden Großbrauereien *Dominion Breweries* und *Lion Nathan* geprägt, die zusammen knapp 90% des Umsatzes generieren.

Die südlichsten **Weinbaugebiete** der Welt liegen in Neuseeland und sind heute jedem Weinkenner ein Begriff. Die Wachstumsbedingungen für Weinreben sind durch die starken Winde rund um den 40. Breitengrad nicht ideal, doch die hohe Sonneneinstrahlung, der mineralische Boden und der Pioniergeist der Kiwis machen das mehr als wett. In den 1980er Jahren wurde aus Frankreich die Rebsorte *Sauvignon Blanc* importiert und brachte es bis zur Jahrtausendwende zur Spitzenqualität. Auch der *Chardonnay* nimmt heute eine bedeutende Position auf den Weltmarkt ein. *Riesling* und *Pinot Gris* werden ebenfalls angebaut und unter den Rotweinen ist der *Pinot Noir* der erfolgreichste.

Hochprozentigen Alkohol gibt es nur in speziellen Shops zu kaufen **(Liquor Stores** oder **Bottle Shops)**. Supermärkte verkaufen ausschließlich Bier, Wein und Sekt, Tankstellen dürfen überhaupt keinen Alkohol verkaufen. Wer jünger als 25 Jahre aussieht, darf beim Kauf nach seinem Alter gefragt werden.

Geld und Devisen

Währung ist der **Neuseeland-Dollar (NZD)**, der in 100 Cents (c) unterteilt ist. Gängige Kreditkarten werden im ganzen Lande akzeptiert, aber z.B. nicht an jedem Campingplatz. Zu Bargeld kommen Sie am einfachsten an **Geldautomaten** mit Kredit- oder ec-Karte und PIN-Nummer. **Banken** haben montags bis freitags zwischen 9.30 und 16.30 Uhr geöffnet und werden Ihnen dann gerne Ihre Euro- oder USD-Reisechecks einlösen. Die Einfuhr von Bargeld-Beträgen im Gegenwert von 10.000 NZD erfordert das Ausfüllen eines Cash Reports beim Zoll.

Gesundheit, Ärzte, Apotheken

Um in Neuseeland einzureisen, sind keine speziellen **Impfungen** vorgeschrieben. Aus ärztlicher Sicht sind jedoch die folgenden Impfungen generell zu empfehlen: *Tetanus, Diphtherie, Polio, Masern, Mumps, Röteln und Hepatitis A + B.* Der medizinische Standard in Neuseeland ist hoch, die Versorgung mit Ärzten und **Apotheken** (*Chemists, Pharmacies*) sehr gut. Im Krankheitsfall wenden Sie sich zunächst an einen **Allgemeinarzt** (*General Practitioner, GP*). Das Büro des Campingplatzes oder die i-Site können Ihnen bei der Suche weiterhelfen. In dringenden Fällen steht Ihnen der **Notruf 111** zur Verfügung. In Neuseeland gibt es nicht alle in Europa erhältlichen Medikamente unter dem gleichen Namen. Darum empfiehlt es sich, dringend benötigte **Medikamente** mitzubringen. Bei Medikamenten, die Narkotika enthalten, müssen die entsprechenden Rezepte beziehungsweise Originalverpackungen mitgeführt werden (Zollvorschrift).

Während das Leitungswasser bedenkenlos getrunken werden kann, sollte man kein Wasser aus Seen, Teichen oder Flüssen trinken, ohne es vorher drei Minuten abgekocht zu haben. Diese Vorsichtsmaßnahme ist erforderlich, da der eine schwere Darminfektion auslösende **Parasit Giardia** recht weit verbreitet ist. In dem heißen Wasser natürlicher *Hot Water Pools* kommen oft **Amöben** vor, die Meningitis verursachen können, wenn sie durch Nase oder

Ohren in den Körper eindringen können. Sie sollten also beim wohligen Bad im *Hot Water Pool* den Kopf über Wasser lassen, es sei denn, der Betreiber des Pools erlaubt dies ausdrücklich.

Beim Baden im Meer sollten Sie immer große Vorsicht walten lassen, da es an den Küsten Neuseelands recht oft gefährliche Strömungen gibt.

Neuseeland hat eine klare, unverschmutzte Atmosphäre und liegt dem Äquator deutlich näher als Deutschland. Daher ist die **Sonneneinstrahlung** in Neuseeland wesentlich stärker als bei uns. Da meist ein leichter Wind weht, wird die Temperatur als angenehm empfunden und eine Sonnenbrandgefahr oft zu spät bemerkt. Es empfiehlt sich immer, Sonnenbrille und Sonnenschutzkleidung dabei zu haben und eine Sonnencreme mit einem Lichtschutzfaktor von mindestens 30 aufzutragen. Neuseeland hat die höchste **Hautkrebsrate** der Welt.

Die gute Nachricht ist, in Neuseeland lebt keine einzige giftige Schlange, die schlechte, es gibt hier Millionen von *Sandflies*. Speziell beim Durchfahren der Westküste der Südinsel stürzen sie sich sofort in großen Schwärmen auf jeden potentiellen Blutlieferanten. Die winzigen Kriebelmücken verursachen mit ihren Bissen Quaddeln, deren Größe etwa dem 50-fachen ihres eigenen Körpervolumens entsprechen. Die Pusteln jucken etwa drei bis vier Tage lang teuflisch, nutzen Sie also rechtzeitig Mückenschutzmittel.

Internet

Die meisten Campingplätze bieten WLAN an, manche sogar kostenlos. Wenn Sie online gehen, erscheint die Startseite des Anbieters und bietet Ihnen verschiedene Zeitpakete zum Kauf an (Kreditkarte erforderlich).
Prüfen Sie die Anschaffung eines Surfsticks mit Prepaid-SIM-Karte. Telecom, Vodafone und 2degrees haben Stände an den Flughäfen. Suchen Sie sich dort das für Sie passende Angebot aus.

www.telecom.co.nz/mobile/mobilebroadband/plansandpricing/prepaid

www.vodafone.co.nz/mobile-broadband

www.2degreesmobile.co.nz/mobilebroadband/valuepacks

Kostenlosen Internetzugang bieten manche Cafés und alle öffentlichen Bibliotheken! Die Public Library liegt oft neben der i-Site.

Kleidung

In Neuseeland brauchen Sie immer alles: Sie erleben manchmal alle Jahreszeiten an einem Tag. Das Wetter wechselt sehr schnell, wo es eben noch sonnig und warm war, ist es auf einmal unangenehm kalt und windig. Auch im Sommer kann es nachts richtig kalt werden, und wenn Sie in einem Tief reisen müssen, freuen Sie sich über warme Socken und eine Fleecehose. Eine Regenjacke ist unbedingt notwendig und gute Wanderschuhe sind sehr wichtig. Zu empfehlen ist Kleidung, die vor Kälte schützt, aber auch schnell wieder trocknet. Eine gute Idee ist es auch, warme Kleidung mitzunehmen, die Sie lagenweise tragen können. Wenn Sie sich nun Sorgen machen, so sei Ihnen versichert: Neuseelands Bekleidungsgeschäfte sind auf Kälte vorbereitet, überall bekommen Sie sehr schöne, warme Kleidung zu kaufen. Aus Merino- und Opossum-Wolle gefertigte Produkte sind sehr angenehm zu tragen.

Kiwis lieben es leger - Shorts und ein einfaches Shirt gehören zur Standardkleidung - und so wird in Neuseeland zu fast allen Anlässen ungezwungene Kleidung getragen. Schicke Freizeitkleidung wird auch in feinen Restaurants und Nachtclubs akzeptiert. Es gibt nahezu keinen Anlass, zu dem man lässige Kleidung nicht tragen könnte.

Klima, Jahreszeiten, Reisezeit

In Aotearoa sind die Jahreszeiten gegenüber Europa vertauscht: Wenn in Deutschland die Blätter anfangen bunt zu werden, beginnt im *Land der langen weißen Wolke* der Frühling. Neuseeland hat ein sehr ausgeglichenes, maritimes Klima und kann zu allen Jahreszeiten bereist werden. Die Temperaturen in den warmen, sonnigen Sommermonaten und den milden Wintern unterscheiden sich in den meisten Teilen des Landes nur um 10°C. Die wärmsten Monate sind Januar und Februar, wer also der Winterkälte der Nordhalbkugel entfliehen möchte, für den ist von Dezember bis März die ideale Reisezeit. Allerdings verbringen über Weihnachten und Neujahr auch die Kiwi-Familien an den begehrtesten Stellen des Landes ihre Sommerferien, Fähren und Campingplätze sollten dann vorgebucht werden.

Aber auch von Ende September bis Anfang Mai ist das Klima angenehm warm. In den Spätsommermonaten März und April ist das Wetter sehr stabil und diese Monate eignen sich hervorragend für Aktivitäten im Freien. Ein schöner Reisemonat ist auch der in Deutschland oft so graue November, wenn am anderen Ende der Welt die Bäume blühen. Die Durchschnittstemperatur liegt im Sommer zwischen 20-30°C und im Winter zwischen 10-15°C. Die Nordinsel steht eher unter subtropischem Einfluss, während die Südinsel überwiegend in gemäßigten Breiten liegt. Im Winter erwarten Sie in den Bergregionen Schnee und hervorragende Skipisten. In allen anderen Regionen sind die Winter mild, und die Temperaturen fallen normalerweise nicht unter den Gefrierpunkt. Informationen zum Wetter in Neuseeland finden Sie auf der Website des *New Zealand Met Service* (neuseeländischer Wetterdienst).

Das Wetter kann sich in Neuseeland aufgrund plötzlicher Kaltfronten oder tropischer Wirbelstürme abrupt ändern. Sie sollten auf diese Veränderungen vorbereitet sein, insbesondere wenn Sie wandern gehen oder andere Aktivitäten im Freien unternehmen. Mitten im Ozean, zwischen tropischer Südsee im Norden und frostiger Antarktis im Süden, sind rasche Wetterwechsel fast schon die Regel. Bei uns nennt man das „Aprilwetter". In Neuseeland kann man vier Jahreszeiten an einem Tag erleben. Die Kiwis leben daher nach folgender Wetterweisheit: *„Wenn euch das Wetter nicht gefällt wartet 10 Minuten"*.

Kriminalität

Neuseeland ist eines der sichersten Reiseländer der Welt, auch wenn die Zeiten, in denen die Kiwis ihre Autos und Häuser nicht abzuschließen brauchten, der Vergangenheit angehören. Es gibt eine leicht, aber kontinuierlich steigende Kriminalitätsrate. Insbesondere kommt es vermehrt zu Diebstählen und Autoaufbrüchen, von denen häufig Touristen betroffen sind. Schließen Sie Ihr Womo immer ab und lassen Sie keine Wertsachen (insbesondere Ihren Pass, Bargeld oder Kameras) im geparkten Wohnmobil zurück. Dies gilt besonders an populären Aussichtspunkten oder an den Startplätzen beliebter Wanderwege. Dort werden Sie durch das Schild ***„lock it or lose it"*** permanent daran erinnert. Sein Wohnmobil ohne Rucksack oder Taschen zu verlassen signalisiert, da ist was zu holen. Der Abschluss einer Reisegepäckversicherung ist eine sinnvolle ergänzende Maßnahme. Melden Sie einen Diebstahl sofort der Polizei. Die **Notrufnummer 111** können Sie von allen Telefonen aus anrufen.

Maori

Die aus Polynesien kommenden ersten Einwanderer Neuseelands werden Maori genannt. Die Polynesier waren große Seefahrer, die nach den Sternen, Meeresströmungen und Zugvögeln navigierten. Beginnend vor etwa 1000 Jahren kamen sie in mehreren Einreisewellen in Reisekanus (*Wakas*) über den Pazifik. Vermutlich war Überbevölkerung die Ursache für diese wagemutigen Seereisen. Die Maori nennen das Heimatland ihrer Vorfahren **Hawaiki**. Viele ihrer traditionellen Künste wie Schnitzen, Weben und Tätowieren werden heute noch im ganzen Land praktiziert. Gäste werden überall in Neuseeland mit der Maori-Sprache konfrontiert, da die Mehrzahl der Ortsnamen eine Maori-Bedeutung haben. Die Maori-Sprache und Kultur ist reich an Geschichten und Legenden. Diese Mythen werden Ihnen bei verschiedenen Kulturveranstaltungen, in den Versammlungshäusern (*Marae*) oder von Maori geführten Wanderungen begegnen. Bei dem Besuch eines Versammlungsplatzes lernen Sie die eindrucksvolle formelle Begrüßungszeremonie der Maori kennen. Mit weit aufgerissenen Augen, herausgestreckten Zungen, imposanten Posen und lautem Brüllen prüfen die Maori-Krieger die Absichten der Neuankömmlinge. Dieser **Haka** genannte Tanz ist durch die All Blacks, die neuseeländische Rugby-Nationalmannschaft, weltbekannt geworden. In aller Regel bestehen die Touristen diese Prüfung und werden mit einem Nasenkuss (**Hongi**) willkommen geheißen. Danach folgt ein gemeinsames Essen, das in einem *Hangi-Erdofen* zubereitet wurde. Schauen Sie sich die Gesichtstätowierungen der Maori an, sie sind faszinierend ebenso wie ihre Reliefschnitzereien, ihr Nephrit-Brustschmuck sowie die Federmäntel aus Kiwi-Federn. Die Motive der traditionellen Gesichtstätowierungen in Spiralmustern geben Auskunft über Identität und soziale Stellung. Die Maori sind für ihr kunsthandwerkliches Geschick bekannt.

Der 1840 unterzeichnete **Vertrag von Waitangi** besiegelte die politische Inbesitznahme **Aotearoas** - so der Maori-Name für Neuseeland - durch Großbritannien und sicherte den Maori den Schutz der englischen Krone zu. In der Folgezeit kam es zu sehr billigen Landkäufen durch die Krone und zu mehreren kriegerischen Auseinandersetzungen als Folge von Unklarheiten des Vertrags. Bis in die Gegenwart gibt es Unstimmigkeiten über die Auslegung des Vertragstextes. Sie werden im sogenannten *Waitangi Tribunal* behandelt. Die Maori stellen heute 15% der Bevölkerung und besitzen 5% des Landes.

In der heutigen neuseeländischen Gesellschaft sind die Maori sehr gut integriert. Viele Ranger in den Nationalparks, Mitarbeiter in den i-Sites und manche Reiseführer, denen Sie auf Ihrer Reise begegnen werden, sind Maori. Das durchschnittliche Pro-Kopf-Einkommen der Maori liegt jedoch immer noch deutlich unter dem gesamtneuseeländischen und die Maori sind in der sozialen Unterschicht überproportional häufig vertreten.

Einige Maori Begriffe:

aotearoa	Das Land der langen weißen Wolke (Neuseeland)
haka	Kriegstanz
haere mai	willkommen
hangi	im Erdofen gegartes, traditionelles Mahl
hongi	Begrüßung durch Aneinanderdrücken der Nasen.
iwi	Stamm
kia ora	Hallo, Danke, alles Gute
kumara	Süßkartoffel
marae	Versammlungshaus, heiliger Boden
pakeha	Nicht-Maori, Fremder, (heute: Europäer)
pounamu	Jade
tane	Mann
wahine	Frau
wai	Wasser
waka	Kanu
whanga	Bucht, Hafen, Meeresarm

Nationalparks, Naturschutzgebiete

In Neuseeland gibt es 14 Nationalparks, drei Meeresparks und zahlreiche weitere Naturschutzgebiete. Insgesamt wird in einem Drittel des Landes das natürliche Erbe Neuseelands geschützt. Dabei werden 10 Prozent der Gesamtfläche von Nationalparks eingenommen. Geschützt werden darin eine große Vielfalt verschiedener Landschafts- und Vegetationsformen sowie die einheimischen Tierarten. In den Nationalparks werden Sie Neuseeland in seiner ursprünglichen Schönheit kennen lernen. Bitte erkundigen Sie sich beim DOC (siehe Department of Conservation) über die jeweiligen Regelungen. Dort erhalten Sie auch die Broschüre *Exploring New Zealand's Parks.*

Neuseeländer

Es kann kein Zuckerschlecken gewesen sein, sich in einer Wildnis am Ende der Welt ein neues Leben aufzubauen. Die *europäischen Pioniere,* die Neuseeland besiedelten, waren tapfer, rau und unabhängig. Ein ruhiger, bisweilen derber Individualismus zeichnet manchen Neuseeländer heute noch aus. Die Isolation und die Tatsache, den Elementen ungeschützt ausgesetzt zu sein, zwang die Neuankömmlinge abgehärtet und vielseitig zu werden. Zusammenhalt war gefragt. Wenn man etwas aus der alten Welt benötigte, musste man monatelang darauf warten, da war es oft leichter, sich Dinge selbst zu bauen. Handwerkliche Begabung, Findigkeit und Einfallsreichtum wurden damals überlebenswichtig. Heute gehören Gefrierfleisch, das Jetboot und das Bungy-Jumping zu den bekanntesten neuseeländischen Erfindungen.

Die Neuseeländer sind abgehärtet und zwischen November und April meist in Shorts und T-Shirt unterwegs, auch wenn es für unser Empfinden eisig kalt ist. Die Frage „Wie ist die Wassertemperatur?" ist für einen echten Kiwi völlig unverständlich. Wenn er schwimmen will, geht er ins Wasser, sonst nicht, so einfach ist das. Die Wassertemperatur spielt da keine Rolle!

Neuseeländer sind stolz auf ihr Land und viele lieben die Landschaft und die freie Natur. Wandern, Mountainbiken, Kajakfahren und Angeln sind beliebte Freizeitbeschäftigungen. Bei 15.000 km Küste ist es kein Wunder, dass die Neuseeländer das Wasser mögen. Sie haben eine Leidenschaft für meeresgängige Boote, stehen an der Spitze des internationalen Jachtdesigns und gewinnen von Zeit zu Zeit den prestigeträchtigen America's Cup oder olympische Medaillen im Segeln, Windsurfen, Kajakfahren und Rudern. Nationalsport ist jedoch Rugby und die All Blacks, die neuseeländische Rugby-Nationalmannschaft, sind der ganze Stolz der Nation. Die ganz in schwarz gekleideten All Blacks gelten als beste Mannschaft der Welt. Vor jedem Spiel tanzen sie den Haka, um die gegnerische Mannschaft einzuschüchtern und sich selbst auf das Match einzustimmen.

Nach der OECD Studie „How's Life" gehören Neuseeländer weltweit zu den Menschen, die am zufriedensten mit ihrem Leben sind. Ein Kiwi ist demnach glücklicher als die meisten Angehörigen anderer Nationen. Am stärksten schnitt Neuseeland beim Sozialfaktor ab. 97 % der Befragten gaben an, Freunde oder Verwandte zu haben, die ihnen jederzeit helfen würden. Loyalität gegenüber Freunden und Nachbarn ist ein geschätzter sozialer Wert. Der Gemeinschaft wird in Neuseeland eine große Bedeutung zugeschrieben. Es ist weit verbreitet, Aktivitäten gemeinsam zu unternehmen, mit den Freunden oder der Familie. Man genießt das Zusammensein auf dem Sportplatz, im Pub, beim Barbecue oder beim Campen.

Mit dem Fortschreiten des 20. Jahrhunderts begann sich die Zusammensetzung und der Charakter der neuseeländischen Bevölkerung radikal zu ändern. In den 70er Jahren des 20. Jahrhunderts ließen sich viele Einwanderer von den pazifischen Inseln in Neuseeland nieder, gefolgt in den 80er und 90er Jahren von Asiaten und Europäern. Die kulinarischen Geschmäcker, Moden und Lebensstile dieser Neuankömmlinge wurden in die bestehenden eingefügt und trugen so, zusammen mit technischen und wirtschaftlichen Veränderungen, zu einer vollkommen neuen nationalen Identität bei. Neuseelands Regierung bemüht sich sehr darum, diese Entwicklung zu erhalten, denn sie trägt wesentlich zur Vielseitigkeit und Identität Neuseelands bei. In den letzten zwanzig Jahren haben die Neuseeländer die Herausforderungen der globalen Wirtschaft und die neuesten technischen Errungenschaften angenommen. Pro Kopf der Bevölkerung haben die Neuseeländer die meisten Handys und Internetzugänge auf der Welt.

Trotz aller Veränderungen hat Neuseeland immer noch eine ansehnliche ländliche Bevölkerung und die Landwirtschaft gehört zu den wichtigsten Exportbranchen. Diversifizierung und Technologisierung machten Neuseeland zu einem der produktivsten und effizientesten landwirtschaftlichen Produzenten der Welt. Während die traditionellen Exporte von Wolle stark zurückgegangen sind, haben Fleisch und Milchprodukte ihre Bedeutung erhalten können. Heute sind Rehfleisch, Blumen, Früchte, Biotechnologie und Wein wichtige Exportgüter.

Im Land der langen weißen Wolke ticken die Uhren langsamer als bei uns. *„Take it easy!"* ist das allgegenwärtige Motto der Kiwis. Geduld ist eine ihrer Haupttugenden. In einem Land, das regelmäßig von Erdbeben erschüttert wird und in dem es oft heftig stürmt und wolkenbruchartig regnet, können vom Menschen erbaute Strukturen nicht dauerhaft widerstehen. So werden zum Beispiel regelmäßig Straßen am Hang ganz oder teilweise weggeschwemmt (*washouts*) oder von Erdrutschen überdeckt (*slides*), Bäume stürzen auf Stromleitungen und Dächer werden vom Wind abgedeckt. Der Neuseeländer lebt in und mit der wilden Umwelt und baut ohne zu Murren wieder auf, was ihm die Naturkräfte zuvor kaputt gemacht haben. Entsprechend bringt einen Kiwi auch nichts so schnell aus der Ruhe und ein sehr beliebter Spruch ist *„she'll be alright!"* was so viel heißt wie: *„das wird schon (wieder)!"*.

Kiwis sind weltoffen und interessiert und lieben es, ein Schwätzchen zu halten. Der leichte, unverfängliche Plausch wird häufig eingeleitet mit *„how are you?"*, oder *„where are you coming from?"*. Sie werden fast überall in Neuseeland auf Gastfreundschaft und Hilfsbereitschaft stoßen. Kiwis sind höflich und helfen bereitwillig, ohne von Ihnen eine Gegenleistung zu erwarten. Wer nach Neuseeland reist, der wird eine Zeit mit herzlichen und gastfreundlichen Menschen erleben.

Pflanzen

Neuseeland verdankt seine üppige und vielfältige Pflanzenwelt dem Zusammenwirken von starken Niederschlägen, vielen Sonnenstunden und dem insgesamt milden Klima. Trotz großflächiger Rodungen, vor allem seit Ankunft der Europäer, ist noch immer ein Viertel des Landes bewaldet (vor Ankunft der Maori waren es etwa 80 %). Waldflächen mit einheimischen Arten werden dabei in zahlreichen Nationalparks vor der Ausbeutung durch den Menschen geschützt. So können Sie auch heute noch von den Kauri-Wäldern im hohen Norden und der Coromandel-Halbinsel bis zu den Südbuchenwäldern vor allem der Südinsel und dem alpinen Tussock-Grasland der alpinen Vegetationszone der Southern Alps überall faszinierende Pflanzen und Bäume finden. Die majestätischen, immergrünen Wälder werden Sie beeindrucken: Rimu, Totara, Südbuchenarten und der größte einheimische Baum, der gigantische Kauri, werden Ihnen besonders auffallen. Aktuell sind die Kauri-Bestände durch eine übertragbare Pilzerkrankung (Phytophtora agathis) bedroht, und als Wanderer werden Sie am Beginn mancher Wanderwegen deshalb aufgefordert, Ihre Schuhe an den eingerichteten Waschstationen zu säubern. Beachten Sie diese Maßnahme sorgfältig.

Unterhalb der Bäume befindet sich meist dichtes und üppiges Unterholz mit heimischen Sträuchern, einer Vielzahl von Farnen, Moosen und Flechten. Im typisch neuseeländischen Wald sind die riesigen Baumfarne allgegenwärtig und Kletterpflanzen und Epiphyten lassen ihn wie einen tropischen Dschungel erscheinen. Von den 200 Farnarten ist der bis zu 10 m hohe Silberfarn (Maori: Ponga) mit der silberfarbenen Blattunterseite der bekannteste. Er dient als nationales Symbol im Landeswappen, als Emblem von Air New Zealand und Symbol verschiedener Nationalmannschaften. Der sich entfaltende Farnwedel (Koru) wird symbolisch als Zeichen von Stärke und Wachstum gedeutet und findet sich im Schmuck der Maori.

Wenn Sie in der Weihnachtszeit die Nordinsel besuchen, werden Ihnen wunderschön blühende, immergrüne Bäume aus der Familie der Myrtengewächse auffallen, die sich im neuseeländischen Sommer in einen dunkelroten, leuchtenden Feuerball verwandeln. Die Rede ist vom Pohutukawa, dem neuseeländischen Weihnachtsbaum, der vorwiegend in Küstenregionen wächst und 15 m bis 20 m hoch werden kann. Leider haben ihn auch die

Possums „zum Fressen gerne“ und gefährden seinen Bestand.

Auch die südlichste Palmenart der Welt, die bis zu 15 m hoch werdende Nikau-Palme, gehört zu den nur in Neuseeland heimischen Pflanzen. Sie trägt keine Nüsse, sondern kleine rote Früchte, eine Nahrungsgrundlage einheimischer Vogelarten, ebenso wie der Nektar der Blüten.

Besonders auffällig ist der Cabbage Tree, dessen schwertähnliche Blätter von den Maoris zum Herstellen von Medizin genutzt wird. Eine weit verbreitete Pflanze ist der neuseeländische Flax (Maori: Harakeke, nicht verwandt mit unserem Flachs, sondern ein Tagliliengewächs), aus dessen Fasern die Maori Matten, Unterlagen, Körbe, Seile oder auch Angelschnüre fertigten. Auch als Medizinpflanze fand Flax bei den Maori Anwendung.

Im Pflanzenreich gibt es in Neuseeland jedoch unerwünschte Einwanderer, die sich unkontrollierbar ausbreiten und so die einheimischen Pflanzen verdrängen. Dazu gehören zu allererst Stechginster, Lupinen und die gemeine Waldrebe, aber auch die exotische Alge Didymo, die sich in Flüssen und Seen ausbreitet. Sie wird z.B. über Sportboote und verunreinigtes Angelgerät weiter verbreitet wird. Hier gilt die Devise: check, clean, dry!

Post

Postshops gibt es in fast jedem Dorf. Die Postämter in Neuseeland haben in der Regel Öffnungszeiten montags bis freitags von 9.00-17.00 Uhr. Sonntags gibt es vereinzelt geöffnete Postshops, hauptsächlich in großen Shopping Malls (10.00 Uhr bis 16.00 Uhr). Die Luftpost ist ca. 5 Tage nach Europa unterwegs. Das Porto nach Europa beträgt für eine Luftpostkarte normaler Größe 2 NZD, für Übergrößen mehr. Neuseeland ist eines der ersten Länder, in denen uneingeschränkte Konkurrenz bei den Postdiensten zugelassen ist, was leider zu einigem Chaos führt. Wenn Sie in einer i-Site oder einem Souvenir-Shop ein Set der sehr hübschen Briefmarken kaufen, dann müssen Sie die frankierten Postkarten in dafür vorgesehene blauen Briefkästen einwerfen oder auch in den i-Sites wieder abgeben.

Die Briefkästen der NZ-Post sind rot. Der Einwurfschlitz für Internationale Postsendungen ist mit einem blauen Aufkleber versehen. Wir raten Ihnen, die Briefmarken erst dann zu kaufen, wenn Ihre Postkarten oder Briefe versandbereit sind. Sie können dann Ihre Post dort abgeben, wo Sie die Briefmarken erworben haben. Zumindest kann man Ihnen dort einen geeigneten nahen Briefkasten nennen.

Reiseführer

Dumont, Richtig Reisen: Neuseeland
Diesem sehr informativen Buch ist anzumerken, dass es von einem absoluten Kenner Neuseelands geschrieben ist. Es zeichnet sich durch eine Fülle von Hintergrundinformationen aus.

Iwanowski's: Neuseeland
Reiseführer mit Routenbeschreibungen und einem übersichtlichen Informationsteil: Pro Reiseziel Unterkünfte, Restaurants, Aktivitäten, etc.

Lonely Planet: Neuseeland
Bei Backpackern beliebter Reiseführer mit umfassenden praktischen Informationen und Tipps. Alles Wichtige wird angesprochen.

Mana: Aotearoa, Ein Reiseführer durch das Neuseeland der Maori
Liefert kulturelle Angebote, die Einblicke in Vergangenheit und Gegenwart der Ureinwohner und Zugang zur Maori-Kultur vermitteln.

Stefan Loose: Neuseeland
Bei Backpackern beliebter Reiseführer mit vielen praktischen Informationen und Tipps. Alle Regionen werden vorgestellt, wobei jeweils am Anfang die Highlights aufgezeigt werden.

Terra NaturReiseführer: Neuseeland
Pflanzen und Tiere Neuseelands werden anschaulich, informativ und mit schönem Bildmaterial beschrieben. Enthalten sind auch Wander- und Tourenvorschläge mit Karten.

360°Medien: Als Dach der Sternenhimmel: Camping in Neuseeland
Enthält vielfältige Informationen rund um das Campen, die Ihnen bei der Vorbereitung auf einen Wohnmobil-Urlaub in Neuseeland helfen können.

Sprache

Seit 1987 ist **Maori** (siehe Maori) neben dem Englischen 2. Amtssprache. Neuseeländisches Englisch ist irgendwo zwischen dem australischen Englisch und dem britischen Englisch angesiedelt. Neuseeländer sind meist gut zu verstehen. Im folgenden sind einige nützliche Begriffe vorgestellt:

Aussie	Australier
Awesome	Klasse, super
Bach	Ferienhaus
Bucks	Dollar, Geld
Bush	Regenwald, Urwald
Camping Ground	Campingplatz
Caretaker	Verantwortlicher (Z.B. an Campingplätzen)
Concealed Road	versteckte Einfahrt, schlecht einsehbare Seitenstraße
Cattle	Rinder, Rindvieh, Vieh
Dairy	Tante-Emma-Laden, Eck-Kiosk
Dump Station	Entsorgungsstation
EFTPOS	mit Karte zahlen (wie mit der EC Karte in Deutschland)
Fee	Gebühr, Preis
Give Way	Vorfahrt achten
G'day	guten Tag
Good on ya	ausgezeichnet, gut gemacht
Greywater	Abwasser
Guys	Leute (are you guys ready? – seid ihr fertig?)
Indicator	Blinker
Long drop toilet	Plumpsklo, chemische Toilette
Loop	Schleife, Rundweg
Mate	Kumpel
Metal Road	Schotterstraße
No worries	keine Sorge, alles ok
One Lane Bridge	Einspurige Brücke
Passing Lane	Überholspur
Peninsula	Halbinsel
(Powered) Site	Stellplatz (mit Strom)
Public (Toilet)	öffentlich(e) (Toilette)
Range	Bergkette, Gebirgszug
Roadworks ahead	Straßenbaustelle folgt
Roundabouts	Kreisverkehre
Speed limit	Geschwindigkeitsbegrenzung
See ya	bis dann
(live)Stock	Vieh
Track	langer Wanderweg
Traffic Lights	Ampeln
Tramp, tramping	Wanderung, wandern
Uneven Surface	unebener Straßenbelag
Walk	Spaziergang
Windscreen	Windschutzscheibe

Strände

An den 15.000 km langen Küsten Neuseelands finden Sie neben schneeweißen oder goldgelben Sandstränden auch schwarzgraue Kies- oder Felsstrände. Es gibt unzählige einsame, romantische und bezaubernde Strände, aber auch wilde und ursprüngliche, von Wind und Wellen umtoste Küstenabschnitte.

Ob Sie surfen, schnorcheln, tauchen, angeln, Kajak fahren oder einfach nur schwimmen wollen, Neuseelands Strände bieten Ihnen die Gelegenheit dazu. Oft können Sie in unmittelbarer Nähe dieser Strände auch Campen. Die Neuseeländer verbringen gerne viel Zeit in oder am Wasser, trotzdem werden Sie nie einen überfüllten Strand erleben. Was Ihnen immer wieder an den Stränden begegnen wird, sind Autos! Für Neuseeländer ist es ganz selbstverständlich, mit ihren Fahrzeugen auf den Strand zu fahren, wo immer dies möglich ist.

Sicherheit im Wasser

Die Wassertemperaturen erreichen maximal 22°C. Bei dem immer erfrischenden Bad im Wasser sollten Sie vorsichtig sein. Es gibt oft starke Strömungen, Querströmungen, kalte Unterströmungen oder sogar Bodensog. Am sichersten ist es, nur dort zu baden, wo offizielle und überwachte Strände sind. Wir empfehlen Ihnen, die Webseite von *Water Safety New Zealand* zu besuchen, www.watersafety.org.nz, die Ihnen Tipps für den sicheren Aufenthalt an Neuseelands Stränden und Gewässern gibt.

Telefonieren

Die größten Anbieter sind die *Telecom New Zea-land* und *Vodafone.* Gespräche ins Ausland können in Neuseeland von jedem Münz- und Kartentelefon aus getätigt werden. Diese Gespräche sind in der Regel auch nicht allzu teuer. Beim Telefonieren aus dem Festnetz oder aus der Telefonzelle ist die preisgünstigste Möglichkeit die Nutzung einer aufladbaren *Prepaid Calling Card* oder *Prepaid Phone Card.* Diese sind in Postämtern, vielen Hotels, Herbergen, Zeitungsläden, Internet-Cafés und in allen Dairies (Tante-Emma-Läden) erhältlich.

Es gibt viele Telekommunikationsanbieter auf dem Markt. Informieren Sie sich gut über die Preise, ein Vergleich lohnt bei Auslandsgesprächen auf jeden Fall. Wir empfehlen Ihnen, Ihr Handy mitzunehmen und eine Prepaid SIM-Karte zu erwerben. Derzeitige Anbieter sind Telecom, Vodafone und 2°. Telecom und Vodafone sind teurer, haben aber die bessere Netzabdeckung. Auf den folgenden Webseiten sind die verschiedenen Netzabdeckungen grafisch dargestellt:

www.telecom.co.nz/mobile/ournetwork/coverage

www.vodafone.co.nz/coverage

www.2degreesmobile.co.nz/why-2degrees/coverage

Einige Unternehmen in Neuseeland bieten eine kostenlose Servicenummer an, unter der Sie Buchungen vornehmen können. Diese beginnt mit 0800 (in Ausnahmefällen auch mit 0508) und kann nicht aus dem Ausland genutzt werden. In den größeren Städten sind die Polizei, Feuerwehr und der Rettungsdienst über die **Notrufnummer 111** zu erreichen, andernfalls finden Sie entsprechende Informationen auf den ersten Seiten des Telefonbuchs oder in jeder Telefonzelle. Die Telefonauskunft hat die Nummer 018 für das Inland und 0172 für das Ausland. Die Vorwahl für Deutschland ist „0049", Österreich „0043" und in die Schweiz „0041". Um von Deutschland aus in Neuseeland anzurufen, wählen Sie bitte die „0064" vor.

Tiere

Als Neuseeland sich vor etwa 80 Millionen Jahren vom urzeitlichen Superkontinent Gondwana löste, gab es dort weder Schlangen noch Säugetiere. Vielmehr prägten Vögel, Reptilien und Insekten die Tierwelt. Zu den direkten

Nachkommen der prähistorischen Tierwelt gehört neben den Vögeln z.B. die Brückenechse Tuatara, die als „lebendes Fossil" gilt. Sie kann beachtliche 75 cm lang werden, ist jedoch völlig harmlos und am besten im Museum von Invercargill zu bestaunen. Von der Isolation profitierten vor allem die Vögel, die ungestört einzigartige Formen bilden konnten. Es gab keine feindlichen Säugetiere, sodass die Vögel sich ohne Gefahr auch auf dem Boden aufhalten, fressen und brüten konnten. So verloren einige Arten im Laufe der Evolution nach und nach ihre Flugfähigkeit. Der bekannteste der flugunfähigen Vögel ist der Kiwi, Neuseelands Nationalsymbol, der heute vom Aussterben bedroht ist. Flugunfähig sind auch Weka, Takahe und der Kakapo, mit bis zu 3,5 kg der weltweit schwerste Papagei. Weithin bekannt ist der neugierige Bergpapagei der alpinen Region der Südinsel, der Kea, einer der intelligentesten Vögel der Welt. Er ist gegenüber Menschen wenig scheu und liebt vor allem ihre Autos, von denen er gerne Scheibenwischer oder andere Gummiteile anknabbert! Leider musste er vor kurzem auf die neuseeländische Rote Liste der bedrohten Arten gesetzt werden.

Von den zahlreichen heimischen Singvögeln sollte der Tui besonders hervorgehoben werden, der in ganz Neuseeland anzutreffen ist. Er hat einen wunderschönen, markanten Gesang und ein auffälliges Paar aufgeplusterter weißer Kehlfedern („Pastorenkragen"). Sein dunkles, schwarz wirkendes Federkleid hat einen grünlich-bläulichen Schimmer.

Für Vogelliebhaber empfiehlt sich ein Besuch auf Kapiti Island (nördlich von Wellington) und Tiritiri Matangi (nördlich von Auckland). Beide Inseln wurden von Ratten und anderen Beutegreifern befreit, um den neuseeländischen Vögeln eine Chance zu geben. Zu den Seevögeln, die in Neuseeland brüten, gehören Königsalbatros, Australtölpel (Morus serrator) und Silberreiher. Auch die Zwergpinguine (Little Blue Penguins, Eudyptula minor) und die seltenen Gelbaugenpinguine nisten hier. Aotearoa ist außerdem Winterquartier für viele arktische Zugvögel wie Regenpfeifer, Flussuferläufer, Zwergstrandläufer, Brachvogel und Steinwälzer. Viele legen beachtlichen Strecken von bis zu 12.000 km zurück.

Als die Maori in ihren Kanus in Neuseeland anlandeten und die polynesische Ratte und Hunde mitbrachten, endete die paradiesische Zeit der Vögel. Die Europäer beförderten einige hundert Jahre später 30 weitere Säugetierarten nach Aotearoa, darunter zwei Rattenarten, Wiesel (syn. Hermelin), Katzen und Füchse. Diese fanden unter den flugunfähigen Vögeln und ihren Eiern reichlich Nahrung. Die eingeführten Tiere richten bis heute großen Schaden an, da sie keine natürlichen Feinde haben und gelten als große Plage. Dazu gehört zuallererst das aus Australien eingeführte Possum, (Deutsch: Fuchskusu). Die Population dieser kletternden, nachtaktiven Beuteltiere war nach Aufgabe permanenter Bejagung geradezu explodiert. Heute bedrohen ca. 30 Millionen (in den 80er Jahren sollen es 60-70 Millionen gewesen sein) der etwa katzengroßen Possums sowohl die einheimische Pflanzen- als auch Tierwelt. Die Ausbringung von Giftködern (1080 Poison) ist ein umstrittener Versuch zur notwendigen Dezimierung der Possums. Abschuss und Fang mit Fallen sind weitere angewandte Methoden.

Der Mensch trug und trägt zur Dezimierung von Arten bei. Der Moa, der größte Laufvogel, der jemals auf der Erde gelebt hat, wurde von den Maori bis auf das letzte Exemplar gejagt und getötet. Heute ist die Hälfte der endemischen Vogelarten Neuseelands ausgestorben und weitere Arten sind bedroht. Mit zahlreichen Schutzprogrammen versucht man, ihr Überleben sicherzustellen. Informationen dazu finden sich auf der website des Department of Conservation (www.doc.ovt.nz). Nicht zu unterschätzen ist die Gefährdung von Lebensräumen, z.B. ursprünglich klaren Seen und Flüssen durch die intensive Milchviehwirtschaft und die damit verbundene Überdüngung.

Neben den tierischen Attraktionen an Land ist auch das Meeresleben in Neuseeland reich und vielfältig. Das Beobachten von Robben, Seelöwen und Walen sowie das Schwimmen mit Delfinen sind zwei der besonders zu empfehlenden Touristenattraktionen. Der Hector-Delfin ist der seltenste Delfin der Welt und kommt nur in den Gewässern Neuseelands vor. Auch Orcas, Bottlenose-, Dusky- und Common-Dolphins tummeln sich vor den Küsten, ebenso wie zahlreiche Fischarten. In Kaikoura sind neben Whale Watching Bootsfahrten mit Schwerpunkt Albatros-Beobachtung lohnend, da die Vögel auf Armeslänge an den Beobachter herankommen.

Toiletten

Es ist kein Problem, in Neuseeland eine öffentliche Toilette zu finden. Es gibt sie überall, selbst an abgelegenen Stränden, Picknickplätzen, Sehenswürdigkeiten und kleinen Ortschaften. Und sie sind in den allermeisten Fällen sauber und mit Toilettenpapier ausgestattet. Die bekannteste - und mit Abstand kunstvollste - öffentliche Toilette in Neuseeland ist die Hundertwasser-Toilette in Kawakawa.

Touristeninformation

Fast jeder kleine Ort in Neuseeland hat ein *Visitor Information Centre*. Es ist zu unterscheiden zwischen kommerziellen Büros, die in erster Linie eigene Produkte vermarkten wollen und offiziellen Fremdenverkehrsämtern, die objektiv informieren. Diese sind an grün-weiß-grauen Schildern mit der grünen Aufschrift **i-Site** zu erkennen. Die i-Sites (www.newzealand.com/travel/i-sites) sind immer sehr gut ausgeschildert und haben in der Regel Parkplätze, die für Wohnmobile geeignet sind. Während in kleineren Ortschaften auch weniger gut ausgebildetes Personal anzutreffen ist, zeichnen sich die i-Sites in größeren Orten durch Kenntnisreichtum, enorme Hilfsbereitschaft und sehr guten Service aus. Sie werden dort umfassend und objektiv informiert, z.B. über Attraktionen und mögliche Aktivitäten in der Region. Außerdem erhalten Sie in den i-Sites kostenloses Kartenmaterial der jeweiligen Umgebung, wobei Ihnen Campingplätze auf Nachfrage eingezeichnet werden. Die i-Sites buchen für Sie auch Touren oder fragen bei Campingplätzen verfügbare Plätze an. Auch die Fähre zwischen Nord- und Südinsel können Sie hier buchen. Broschüren, in denen Wanderungen der Region beschrieben werden, können Sie gegen eine kleine Gebühr erwerben.

Neben den i-Sites betreibt das DOC (siehe Department of Conservation) ausgezeichnete und sehr informative Besucherzentren. Über die Webseite von Neuseelands Tourismusorganisation *Tourism New Zealand (www.newzealand.com)* können Sie sich sehr gut über Neuseeland informieren. Die Basisinformationen gibt es auch in deutscher Sprache. Ausgesprochen informativ sind auch die deutschsprachigen Online-Magazine www.neuseeland-news.co.nz und www.360grad-neuseeland.de.

Die Fremdenverkehrsämter haben einen **Radio**-Service für Touristen eingerichtet. Wissenswertes in deutscher Sprache empfangen Sie unter 100.4 FM.

Trinkgeld

Alle Preise in Bars, Cafés, Hotels, Restaurants oder Taxis sind Komplettpreise, Trinkgeld wird also nicht erwartet. Auf der anderen Seite ist in den letzten Jahren ein Trinkgeld in den besseren Restaurants durchaus üblich geworden. Also scheuen Sie sich nicht, den Rechnungsbetrag großzügig aufzurunden, wenn Sie mit dem Service zufrieden sind.

Verkehr

Verkehrsregeln

Die wichtigste Verkehrsregel vorweg: Auf der linken Straßenseite fahren! Die Umstellung auf den Linksverkehr wird Ihnen wahrscheinlich nicht schwer fallen, dafür werden Sie in den ersten Tagen die Hebel von Blinker und Scheibenwischer vertauschen.

Trotz Linksverkehr gilt *rechts vor links*. *„Give Way"* bedeutet *„Vorfahrt achten"*. Die Regel rechts vor links bewirkt, dass der Kreisverkehr Vorfahrt hat. Ansonsten gelten meist die uns bekannten Verkehrsregeln. Detaillierte Straßenverkehrsregeln sind zu finden unter:

www.nzta.govt.nz/resources/roadcode/road-code-index.html

Die **Höchstgeschwindigkeit** beträgt innerhalb geschlossener Ortschaften 50 km/h und außerhalb 100 km/h. Ein haltender Schulbus darf mit maximal 20 km/h überholt werden. Geschwindigkeitskontrollen werden häufig vorgenommen und es gibt keine Toleranz. Vor Kurven wird oft eine maximale Richtgeschwindigkeit angegeben. Wir empfehlen dringend diese einzuhalten. Bei 15 km/h wird's eng! Europäische nationale Führerscheine werden anerkannt, sofern eine englische Übersetzung vorliegt.

Einfacher ist es zusätzlich zum nationalen Kartenführerschein einen **internationalen Führerschein** mitzuführen. Er wird von den Bürgerämtern ausgestellt und ist drei Jahre gültig. Man muss persönlich erscheinen, seinen nationalen Führerschein und ein Passfoto mitbringen. Das gesetzliche Mindestalter, um ein Auto in Neuseeland zu mieten, beträgt 25 Jahre. In Neuseeland herrscht Sitzgurtpflicht für Fahrer sowie alle Insassen. Für Alkohol am Steuer gilt unter 20 Jahren 0,3 Promille und ab 20 Jahren 0,8 Promille. Gelbe Linien am Straßenrand bedeuten Parkverbot. Kleine blaue Schilder zeigen die maximal erlaubte Parkzeit an.

Straßennetz

Das neuseeländische Fernstraßennetz besteht aus den so genannten State Highways und ist sehr gut ausgebaut. Die State Highways sind in der Regel zweispurig ausgebaut, verfügen also über eine Fahrspur in die jeweilige Richtung. Die Bezeichnung der State Highways, wie sie auch in diesem Buch verwendet wird, besteht aus den beiden Buchstaben „SH", sowie der Nummer des Highways (z.B. „SH77").

Es gibt immer noch viele Schotterstraßen *(metal surface, unsealed* oder *gravel road)* in Neuseeland. Schauen Sie bitte in Ihren Vertrag, ob Sie diese fahren dürfen. Manche dieser Straßen sind sehr unschön und löchrig, das Womo leidet. In Neuseeland haben viele Brücken aus Kostengründen nur eine Spur (*one lane bridges*). Der rote Pfeil in Fahrtrichtung heißt Vorfahrt gewähren. Das Verkehrsschild *„concealed road"* heißt *„Vorsicht, versteckte Einfahrt oder schlecht einsehbare Seitenstraße"*. Selbst auf Highways müssen Sie immer damit rechnen, dass Farmer Rinder oder Schafe über die Fahrbahn treiben. Nicht immer wird mit einem Hinweisschild (etwa *„Stock on the Road"*) oder gelbem Blinklicht vor dem Tiertrieb gewarnt. Haben Sie Geduld, der Viehtrieb kann eine Weile dauern.

Straßenzustand

Die Straßen sind überwiegend in einem guten Zustand. Die geografischen Gegebenheiten in Neuseeland führen jedoch häufig zu schmalen, kurvenreichen und steil ansteigenden Straßen. Viele Straßen sind jedoch *„bumpy"*. Das Hinweisschild *„uneven surface"* sollten Sie ernst nehmen, um Ihr Womo nicht zu heftig ins Schaukeln zu bringen. Bei Sturm und starken Regenfällen kommt es regelmäßig zu Erdrutschen oder Auswaschungen. Die Straße wird dann schnellstmöglich wieder fahrbereit gemacht. Der Automobilclub Neuseeland (AA) kann Ihnen aktuelle Informationen über den Straßenzustand in den genannten Gebieten geben.

Fahrtzeiten

Außerhalb der Städte sind die meisten Straßen in beiden Richtungen einspurig und teilen sich nur hier und da in zwei Spuren, um ein sicheres Überholen zu ermöglichen. Da die Straßen zudem häufig eng und kurvenreich verlaufen, müssen sie mit längeren Fahrtzeiten als erwartet rechnen. Planen Sie mit einer Durchschnittsgeschwindigkeit von 50 km/h. Nehmen Sie sich viel Zeit, damit Sie die Reise entspannt genießen können.

Versicherungen

Eine Auslandskrankenversicherung ist sehr zu empfehlen. Über Ihre Kreditkarte sind die ersten sechs Wochen in aller Regel abgedeckt. Für längere Aufenthalte benötigen Sie eine Langzeitversicherung, die möglichst auch einen Rücktransport umfassen sollte.

In Neuseeland gibt es keine Versicherungspflicht für Autofahrer. Wenn Sie ein Wohnmobil anmieten, werden Sie in Sachen Versicherung beraten und haben verschiedene Optionen. Alle anderen sollten eine Unfallversicherung abschließen. Eine einfache *Third Party-Versicherung* ist preiswert und unbedingt zu empfehlen. Diese erhalten Sie z.B. beim AA (siehe Automobilclub).

Wandern

Es gibt kaum eine bessere Möglichkeit, die unberührten Landschaften und außergewöhnlichen Naturschönheiten Neuseelands kennen zu lernen, als zu Fuß. Neuseeland ist von einem dichten Netz aus Wanderwegen durchzogen und damit ein Eldorado für Wanderer. Dabei wird jeder eine Vielzahl von für ihn geeigneten Trecks vorfinden. Das Spektrum reicht von *Short Walks*, die nicht länger als eine Stunde in Anspruch nehmen, bis zu den mehrtägigen *Great Walks*. Das vielfältige Angebot an Wanderungen kann in jeder *i-Site* erfragt werden. Dort erhalten Sie kostenlose oder kostengünstige Broschüren, in denen die Wanderwege beschrieben sind. Bei Wanderungen in Nationalparks empfiehlt es sich vor Ort bei einem *DOC Visitor Information Centre* (siehe *Department of Conservation*) Informationen zu Wetter, Beschaffenheit, Dauer und Schwierigkeit der Ausflüge zu besorgen.

In vielen Städten gibt es Historic Walks, die an historisch interessanten Stätten vorbeiführen. Es werden Wanderungen in allen **Schwierigkeitsgraden und Längen angeboten.** Wählen Sie die Strecke entsprechend Ihrer Fähigkeit und aktuellen Kondition aus. Die *Walking Tracks* sind in der Regel relativ einfach und auch für wenig geübte Wanderer geeignet. Alle Wege sind gut ausgeschildert und am Startpunkt auf einer Schautafel beschrieben. Bedenken Sie bitte, dass es zu sehr schnellen Wetterwechseln kommen kann, daher sollten Sie bei Wanderungen in der neuseeländischen Natur immer gut ausgerüstet sein. Bei längeren Ausflügen raten wir Ihnen zu guten Wanderschuhen, warmer Thermo-Kleidung (Fleecejacken haben sich gut bewährt), Regenjacke, Mütze und Sonnenschutz. Auch ein „Erste-Hilfe-Päckchen" und ausreichend Verpflegung sollten Sie mit auf den Weg nehmen. Informieren Sie sich beim nächsten Visitor Centre über die aktuellen Wanderbedingungen und über den Wetterbericht. Die neun mehrtägigen *Great Walks* werden vom DOC verwaltet. Um sie wandern zu können, benötigen Sie einen *Great Walk Pass*, den Sie in den Büros der *DOC Visitor Information Centre* bekommen. Der Pass beinhaltet die Übernachtungen in Hütten. In Neuseeland lohnt sich jede Wanderung! In der Rubrik „Tipps & Infos" finden Sie unter dem Stichwort Reiseführer Wanderführer, die wir Ihnen für Neuseeland empfehlen können.

Wohnmobil, eine Liebe auf Zeit!

Es gibt verschiedene Wege, in Neuseeland zu einem Wohnmobil zu kommen:

1. Sie mieten ein Wohnmobil
2. Sie tauschen ihr Wohnmobil gegen das eines Kiwis
3. Sie kaufen ein Wohnmobil in Neuseeland
4. Sie verschiffen ihr eigenes Wohnmobil nach Neuseeland

1. Mieten:

Da dies die mit Abstand gebräuchlichste Variante ist, werden wir ausführlich auf die WOMO-Vermieter eingehen. Es gibt inzwischen eine unglaubliche Vielzahl von Firmen. Für die wichtigsten Anbieter geben wir Ihnen die Kontaktdaten:

Alpha Campervans	09 275 9919	www.alphacampervans.co.nz
Apollo	09 889 2976	www.apollocamper.co.nz
Britz	09 255 3919	www.britz.co.nz
Iconic Motorhomes	03 366 4364	www.iconicmotorhomes.com
Kea	09 448 8800	www.keacampers.com
Maui	09 255 3983	www.maui.co.nz
Pacific Horizon	03 357 1525	www.pacifichorizon.co.nz
United Campervans	09 275 9919	www.campervan.co.nz
Wilderness Motorhomes	09 255 5300	www.wilderness.co.nz

Die hochwertigste Fahrzeugflotte haben Iconic Motorhomes und Kea. Über die Webseite **www.newzealand.com/de** von *Tourism New Zealand* gelangen Sie über die Auswahl „Transport" und den Knopf „Wohnmobile" zu den restlichen Verleihern von Wohnmobilen. Beachten Sie bei der Auswahl auch die Gütesiegel von Qualmark. Bewertungen zu den einzelnen Anbietern finden Sie auf folgender Webseite:

www.rankers.co.nz/tags/motorhomes-campervans-rv

Von fast allen Anbietern werden ähnliche Fahrzeugtypen angeboten: Zwei verschiedene Modelle für 2 Personen, ein Modell für 4 Personen und ein Modell für 6 Personen. Bei den letztgenannten Modellen ist ein Doppelbett über dem Führerstand (Alkoven) platziert. Auch wenn Sie zu zweit durch Neuseeland reisen wollen, ist die Anmietung eines Womos für 4 Personen in Erwägung zu ziehen. Es bietet Ihnen zwei wesentliche Vorteile. Ihnen steht mehr Platz zur Verfügung und Sie brauchen ihr Bett nicht jeden Tag umzubauen. Abhängig von der Saison gibt es große Preisunterschiede. Buchen Sie möglichst früh, das spart Ihnen viel Geld (Frühbucherrabatt).

Es gibt gute Gründe, das Wohnmobil über deutsche Reiseunternehmen zu buchen. Sie erzielen damit nicht unbedingt die besseren Konditionen, haben aber einen deutschen Vertragspartner. Selbstverständlich können Sie auch über das Internet ein Wohnmobil in Neuseeland anmieten:

www.camperboerse.de

www.bestcamper.de

Ausstattung der gemieteten Wohnmobile

Die Wohnmobile aller Anbieter sind mit einem Kühlschrank, einer Spüle sowie Gasherd und Gasflasche ausgestattet. Gasflaschen können Sie ohne Probleme an fast jeder Tankstelle nachfüllen lassen. Leider werden auch Camper ohne WC angeboten. Wegen der eingeschränkten Möglichkeiten zu freiem Campen raten wir davon ab. Die Küchenausstattung ist im Preis enthalten. Ebenso ein Laken, Bettdecke und Kissen mit Überzug, Handtücher und Geschirrtücher. Die Größe des Stauraumes für Gepäck und der Schrankfläche für Ihre Kleidung schwankt stark. Zur Unterbringung im Wohnmobil sollten Ihre Gepäckstücke elastisch sein. Sie können Ihre Koffer zwar kostenlos bei den Vermietern unterstellen, aber es ist oft praktischer, mit nicht ausgepacktem Koffer loszufahren, bzw. vor Abgabe des Campers zu packen.

Darauf sollten Sie bei der Auswahl besonders achten:

- wie hoch ist die Selbstbeteiligung?
- sind Fahrzeugunterboden, Dach, Windschutzscheibe und Reifen versichert?

- verfügt der Camper über ein Navigationsgerät?
- gibt es eine Rückfahrkamera oder einen Rückfahrwarner?
- ist die Dieselsteuer im Preis enthalten (ca. 6 NZD / 100 km)?
- ist die Campingausrüstung im Preis enthalten?
- verlangt der Vermieter einen internationalen Führerschein?
- wie hoch ist das Mindestfahreralter?
- zahlt ein junger Fahrer mehr?
- gibt es Gebühren für einen zweiten Fahrer?
- ist der Transfer zwischen Flughafen und Mietstationen kostenfrei?
- gibt es eine 24-Stunden-Notfallnummer?
- gibt es eine Einwegmiete zwischen Auckland und Christchurch?
- gibt es einen Sonderpreis für die Fähre zwischen Nord- und Südinsel?
- welche Straßen dürfen nicht befahren werden?

Ankunft und Übernahme des Wohnmobils

Wegen der meist anstrengenden Anreise und dem Jetlag, raten wir, zumindest die erste Nacht im Hotel zu verbringen. Sollten Sie den Camper gleich bei Ankunft übernehmen wollen, empfehlen wir für die erste Nacht, den nächstgelegenen Campingplatz anzusteuern. Bei den meisten Anbietern ist der Transfer vom Flughafen bzw. dem Hotel zum Depot inklusive. Die Übernahme des für Sie bereitgestellten Wohnmobils erfolgt in der Regel gegen Mittag oder sogar erst am frühen Nachmittag. Bitte nehmen Sie sich bei der Fahrzeugübernahme Zeit und lassen Sie sich das Fahrzeug genau erklären. Die meisten Anbieter haben deutschsprechendes Personal. Nach der gründlichen Einweisung in die Handhabung des Fahrzeuges und die Ausrüstung, sowie die Benutzung von Propan-Kühlschrank, Herd und Heizung, richten Sie sich häuslich in Ihrem Fahrzeug ein. Planen Sie für die Fahrzeugübernahme mindestens eine Stunde ein. Eventuelle Fahrzeugmängel sowie Kratzer und Dellen sollten Sie sofort reklamieren. Sie werden in einem Übergabeprotokoll vermerkt. Die Fahrzeuge werden mit aufgefüllter Gasflasche und vollen Wasser- und Treibstofftanks übernommen. Nachdem Sie Ausrüstung und die Funktionsfähigkeit Ihres Wohnmobils selbst kontrolliert haben, geht es los. Ihr erstes Anlaufziel wird ein großer Supermarkt sein, gute Fahrt!

Mietvertrag und Kaution

Falls dies nicht schon vorher geschehen ist, schließen Sie vor der Übernahme des Wohnmobils einen rechtsgültigen Mietvertrag ab. Lassen Sie sich seinen Inhalt genau erklären. Bei Fahrzeugübernahme ist eine Kaution fällig, deren Höhe vom Vermieter und der gewählten Versicherung abhängig ist. Die Kaution zahlen Sie über Ihre Kreditkarte. Bei einigen Anbietern wird der komplette Betrag umgehend von Ihrem Konto abgebucht. Bitte beachten Sie für diesen Fall, dass Ihre Kreditkarte die entsprechende Deckung aufweist. Die Kaution wird nach einwandfreier Fahrzeugrückgabe ohne Schäden und unter Einhaltung der Mietbedingungen rückerstattet. Die Rückzahlung auf Ihr Kreditkartenkonto dauert in der Regel ca. 2-3 Wochen. Der Vermieter haftet dabei nicht für eventuelle Kursverluste. Bei anderen Anbietern ist die Kaution mittels *Kreditkarten-Imprint* zu hinterlegen. Diesen erhalten Sie bei ordnungsgemäßer Rückgabe zurück, bzw. er wird in Ihrem Beisein vernichtet.

Wohnmobilrückgabe

Die Fahrzeuge müssen besenrein und vollgetankt zurückgebracht werden. Die Endreinigung ist meistens im Mietpreis inklusive. Abwassertank und Bordtoilette müssen leer sein. Ansonsten wird Ihnen eine Gebühr berechnet.

Bei einem vorzeitigen Reiseabbruch werden nicht genutzte Miettage nicht rückerstattet, ebenso wenig wie nicht genutztes Gas. Das Wohnmobil wird auf Schäden untersucht und gegen das Übergabeprotokoll gecheckt.

2. Tauschen (Swap):

Wir haben damit sehr gute Erfahrungen gemacht. Sie stellen Ihr Wohnmobil einer Kiwi-Familie zur Verfügung und nutzen im Gegenzug deren Motorhome in Neuseeland. Die folgende Internet-Tauschbörse macht es möglich:

www.motorhomeholidayswap.com/index.php

3. Kaufen und Verkaufen:

Wohnmobile sind in NZ sehr teuer, selbst für ältere Modelle zahlen Sie viel Geld. Zudem ist es nicht einfach, den Camper wieder punktgenau zur Abreise zu verkaufen. Oft wird das erworbene Wohnmobil zum Ende der Saison wieder verkauft, also nicht gerade zum günstigsten Zeitpunkt. Mit etwas Glück können Sie bei Kauf und Verkauf eines Wohnmobils einen sehr preisgünstigen Urlaub haben. Wenn es dagegen schlecht läuft, bleiben Sie auf Ihrem Womo sitzen. Das kann Ihnen nicht passieren, wenn Sie ein Womo mit einem garantierten Rückkauf (*Buy Back*) erwerben, wie es von einigen Autohändlern angeboten wird. Einen sehr guten Überblick über alle Details gibt Ihnen die folgende Internetseite:

www.nzinfo.de/camper_kauf_1.php

4. Verschiffen:

Für einen sehr langen Aufenthalt ist auch das Mitbringen des eigenen Wohnmobils eine Option. Das Verfahren von der Einschiffung in Deutschland bis zur Zulassung in Neuseeland ist jedoch sehr aufwendig, und dann sitzen Sie auch noch auf der falschen Seite.

Zeitunterschied

Der Zeitunterschied zu Neuseeland schwankt zwischen 10 und 12 Stunden. Er ist abhängig von der jeweiligen Sommer- und Winterzeit, denn die Uhren werden sowohl in Deutschland, als auch in Neuseeland entsprechend den Jahreszeiten umgestellt. Die Sommerzeit in Neuseeland beginnt am letzten Sonntag im September und endet am ersten Sonntag im April. In unserer Winterzeit ist uns Neuseeland 12 Stunden voraus, wenn dort Sommerzeit ist. In Neuseelands Winterzeit, d.h. in deutscher Sommerzeit, beträgt der Zeitunterschied lediglich 10 Stunden. In den dazwischenliegenden Phasen beträgt der Zeitunterschied kurzfristig 11 Stunden.

Zollbestimmungen

Um Neuseeland frei von Schädlingen, Pflanzenkrankheiten und Tierinfektionen zu halten, wird die Einfuhr folgender Waren mit erheblichen Geldstrafen geahndet:

- Tierprodukte, einschließlich Häuten, Fellen, Dung, Federn, Knochen, Korallen, Eiern und Muscheln.
- Frische verderbliche Lebensmittel wie Obst, Gemüse und Fleisch.
- Aus Pflanzenprodukten hergestellte Artikel. Diese können keimfähige Samen oder Insekten mit sich führen.

Beispiel: Wenn man in Ihrem Gepäck einen nicht angemeldeten Apfel findet, haben Sie 200 NZD Strafe zu zahlen. Einen angemeldeten Apfel nimmt man Ihnen ab. Bevor Sie durch die Passkontrolle gehen, müssen Sie eine Arrival Card (Zollkarte) ausfüllen. Bitte deklarieren Sie hier alle Waren, von denen Sie nicht sicher sind, ob sie eingeführt werden dürfen. Verschreibungspflichtige Medikamente können Sie nur einzuführen, wenn Sie eine ärztliche Verschreibung vorweisen können.

Der WOMO®-Knackerschreck

* ist die universelle und **sofort sichtbare Einbruchssperre**.
* Wird einfach in die beiden Türarmlehnen eingehängt, zusammengeschoben und abgeschlossen. (tagsüber unter Einbeziehung des Lenkrades, nachts direkt, somit ist Notstart möglich).
* Passend für Ducato, Peugeot, Renault Master, MB Sprinter und VW (alle Typen).
* Krallen aus 10 mm massivem Stahl, d. h. nahezu unverwüstlich.

Nur 49,90 € – und nur bei WOMO!

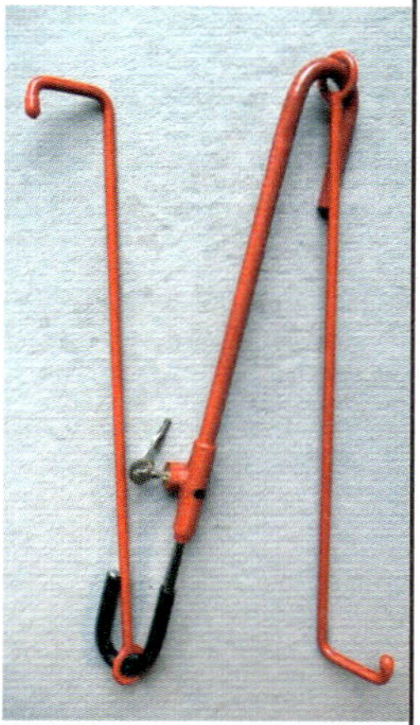

Der WOMO®-Aufkleber

* passt mit 14 cm Breite auch auf Ihr Wohnmobil.
* ist das weit sichtbare Symbol für alle WOMO-Freunde.

0,00 € – und nur bei WOMO!

Der WOMO®-Leserservice

Passend zu unseren Reiseführern bieten wir in unserem Online-Buchshop unter **www.womo.de** an:

* Die besten **Autokarten** von Michelin, Freytag & Berndt, Reise-know-how, die garantiert die komplette Reiseroute abdecken.
* Die Kauderwelsch-**Wörterbücher** für jede Sprache unserer Reiseländer.
* Von jedem Reiseland mindestes einen Rother-**Wanderführer** über die schönsten Wanderregionen.
* Eine **GPS-CD** für jeden Reiseführer mit allen Koordinaten zur schnellen Übertragung auf Ihr Navi (Garmin, TomTom, Falk).

Info-Blatt aus dem WOMO-Buch: Neuseeland '15
(komplett ausgefüllt erhalte ich 10% Info-Honorar auf Bestellungen direkt beim Verlag)

Lokalität: Seite: Datum:
(Stellplatz, Campingplatz, Wandertour, Gaststätte, usw.)

unverändert gesperrt/geschlossen folgende Änderungen:

Lokalität: Seite: Datum:
(Stellplatz, Campingplatz, Wandertour, Gaststätte, usw.)

unverändert gesperrt/geschlossen folgende Änderungen:

Lokalität: Seite: Datum:
(Stellplatz, Campingplatz, Wandertour, Gaststätte, usw.)

unverändert gesperrt/geschlossen folgende Änderungen:

Lokalität: Seite: Datum:
(Stellplatz, Campingplatz, Wandertour, Gaststätte, usw.)

unverändert gesperrt/geschlossen folgende Änderungen:

Lokalität: Seite: Datum:
(Stellplatz, Campingplatz, Wandertour, Gaststätte, usw.)

unverändert gesperrt/geschlossen folgende Änderungen:

Lokalität: Seite: Datum:
(Stellplatz, Campingplatz, Wandertour, Gaststätte, usw.)

unverändert gesperrt/geschlossen folgende Änderungen:

Meine Adresse und Tel.-Nummer:
(nur komplett ausgefüllte, zeitnah eingesandte Infoblätter können berücksichtigt werden)

Wir bestellen zur sofortigen Lieferung: (Alle Preise in € [D], Preisänderungen vorbehalten)

- ❑ Wohnmobil Handbuch ... 19,90 €
- ❑ Wohnmobil Kochbuch ... 12,90 €
- ❑ Heitere WOMO-Geschichten ... 6,90 €
- ❑ Multimedia im Wohnmobil ... 9,90 €
- ❑ Gordische Lüge – WOMO-Krimi ... 9,90 €
- ❑ Albanien ... 19,90 €
- ❑ Allgäu ... 17,90 €
- ❑ Auvergne ... 19,90 €
- ❑ Baden-Württemberg ... 19,90 €
- ❑ Bayern (Nordost) ... 19,90 €
- ❑ Belgien & Luxemburg ... 18,90 €
- ❑ Bretagne ... 18,90 €
- ❑ Burgund ... 17,90 €
- ❑ Dänemark ... 19,90 €
- ❑ Elsass ... 18,90 €
- ❑ England ... 18,90 €
- ❑ Finnland ... 18,90 €
- ❑ Franz. Atlantikküste (Nord) ... 17,90 €
- ❑ Franz. Atlantikküste (Süd) ... 17,90 €
- ❑ Griechenland ... 19,90 €
- ❑ Hessen (Norden + Osten) ... 19,90 €
- ❑ Hunsrück/Mosel/Eifel ... 19,90 €
- ❑ Irland ... 19,90 €
- ❑ Korsika ... 17,90 €
- ❑ Kreta ... 14,90 €
- ❑ Kroatien / Montenegro ... 19,90 €
- ❑ Latium/Rom/Abruzzen ... 18,90 €
- ❑ Ligurien ... 17,90 €
- ❑ Loire-Tal/Paris ... 17,90 €
- ❑ Languedoc/Roussillon ... 19,90 €
- ❑ Marokko ... 19,90 €
- ❑ Namibia ... 19,90 €
- ❑ Neuseeland ... 24,90 €
- ❑ Niederlande ... 19,90 €
- ❑ Nord-Frankreich ... 18,90 €
- ❑ Normandie ... 17,90 €
- ❑ Norwegen (Nord) ... 19,90 €
- ❑ Norwegen (Süd) ... 19,90 €
- ❑ Österreich (Ost) ... 19,90 €
- ❑ Österreich (West) ... 18,90 €
- ❑ Ostfriesland ... 19,90 €
- ❑ Peloponnes ... 18,90 €
- ❑ Pfalz ... 19,90 €
- ❑ Piemont/Aosta-Tal ... 19,90 €
- ❑ Polen (Nord/Masuren) ... 17,90 €
- ❑ Polen (Süd/Schlesien) ... 17,90 €
- ❑ Portugal ... 17,90 €
- ❑ Provence & Côte d'Azur (Ost) ... 18,90 €
- ❑ Provence & Côte d'Azur (West) ... 18,90 €
- ❑ Rumänien ... 19,90 €
- ❑ Pyrenäen ... 17,90 €
- ❑ Sachsen ... 19,90 €
- ❑ Sardinien ... 19,90 €
- ❑ Schleswig-Holstein ... 19,90 €
- ❑ Schottland ... 18,90 €
- ❑ Schwarzwald ... 17,90 €
- ❑ Schweden (Nord) ... 18,90 €
- ❑ Schweden (Süd) ... 19,90 €
- ❑ Schweiz (Ost) ... 19,90 €
- ❑ Schweiz (West) ... 18,90 €
- ❑ Sizilien ... 18,90 €
- ❑ Slowenien ... 17,90 €
- ❑ Spanien (Nord/Atlantik) ... 19,90 €
- ❑ Spanien (Ost/Katalonien) ... 18,90 €
- ❑ Spanien (Süd/Andalusien) ... 17,90 €
- ❑ Süditalien (Osthälfte) ... 19,90 €
- ❑ Süditalien (Westhälfte) ... 17,90 €
- ❑ Süd-Tirol ... 18,90 €
- ❑ Thüringen ... 19,90 €
- ❑ Toskana & Elba ... 19,90 €
- ❑ Trentino/Gardasee ... 17,90 €
- ❑ Tschechien ... 18,90 €
- ❑ Tunesien ... 17,90 €
- ❑ Türkei (West) ... 18,90 €
- ❑ Türkei (Mitte-Kappadokien) ... 17,90 €
- ❑ Umbrien & Marken mit Adria ... 18,90 €
- ❑ Ungarn ... 17,90 €
- ❑ Venetien/Friaul ... 19,90 €

WOMO *WOMO* *WOMO* *WOMO*

Absender:

Datum Unterschrift

WOMO®-VERLAG

Versandabteilung

Wiesenweg 4-6

98634 Mittelsdorf/Rhön

DIE REISE- UND ERLEBNISFÜHRER

* Bequeme Touren durchs ganze Urlaubsland.
* Viele Plätzchen für freie Übernachtungen mit GPS.
* Genaue Hinweise auf viele Trinkwasserstellen.
* Die schönsten Badeplätze, die nicht jeder kennt.
* Bergtouren und Spaziergänge für groß und klein.
* Die besten Anreiserouten, Fähren, usw.
* 300 Tipps und Tricks – für Ausrüstung, Reisevorbereitung und Urlaub.
* Ausgefeilte Profipackliste.
* Spezialkarten mit präzisen Einträgen der freien Stellplätze, Trinkwasser- und Entsorgungsstellen.

DAS KOCHBUCH

* Einrichtung der WOMO-Küche.
* Lebensmittel-Grundausstattung.
* Konserven selbst gemacht.
* Backen in der Bratpfanne – Kuchen, Pizza, Brote.
* Viele, viele WOMO-Rezepte für zwei Gasflammen – einfach, schnell und lecker!
* Einkochen im Urlaub.
* Spezialrezepte für den Dampftopf.
* Der WOMO-Pfannenknecht.

DAS HANDBUCH

* Beratung bei Kauf und Miete.
* Gas-, Wasser-, Elektroinstallation.
* Einrichten des Wohnmobils.
* Tipps & Tricks fürs Wochenende.
* 3200 freie deutsche Stellplätze.
* 700 deutsche Entsorgungsstationen.
* Urlaubsvorbereitung, Profipackliste.
* .Stellplatz-Infos für ganz Europa.
* Wohnmobil und Wintersport.
* Der WOMO-Urlaubspartner-Service.
* Gastankstellen in ganz Europa.

Unsere Bücher erhalten Sie in jeder Buchhandlung oder auf Rechnung direkt vom Verlag. Hier gibt's auch die aktuellen Infos über unsere ständigen Neuerscheinungen. (Versandkosten 1,20 €, ab 10 € portofrei / Ausland 4 €, Preisänderungen vorbehalten).

24 Std.-Bestell-Telefon: 036946-20691*Fax: 036946-20692
Internet: www.womo.de * eMail: verlag@womo.de**

WOMO *WOMO* *WOMO* *WOMO*